# 考古学家眼中的

陈星灿 —— 主编

The Dawn of
Chinese Civilization

# 中华文明起源

From the Perspectives
of Archaeologists

文物出版社

**图书在版编目（CIP）数据**

考古学家眼中的中华文明起源／陈星灿主编．—北京：文物出版社，2021.10（2023.2 重印）

ISBN 978 - 7 - 5010 - 7230 - 9

Ⅰ．①考…　Ⅱ．①陈…　Ⅲ．①文物 - 考古 - 中国 - 通俗读物　Ⅳ．①K87 - 49

中国版本图书馆 CIP 数据核字（2021）第 199272 号

## 考古学家眼中的中华文明起源

主　　编：陈星灿

封面设计：李　红
责任编辑：杨新改　张晓雯
责任印制：张道奇

出版发行：文物出版社
社　　址：北京市东城区东直门内北小街 2 号楼
邮　　编：100007
网　　址：http://www.wenwu.com
经　　销：新华书店
印　　刷：文物出版社印刷厂有限公司
开　　本：710mm×1000mm　1/16
印　　张：24.25
版　　次：2021 年 10 月第 1 版
印　　次：2023 年 2 月第 2 次印刷
书　　号：ISBN 978 - 7 - 5010 - 7230 - 9
定　　价：128.00 元

# 前　言

## 陈星灿

从考古学上讨论中国文明的起源，是中国考古学诞生一百年来最重要的一个主题。中国文明起源，有时候又等同于中国文化起源。从考古学上讨论中国文化起源，大致经过了如下四个阶段。

从 1921 年安特生发现仰韶文化开始的前 10 年，中国文化西来说甚为流行。仰韶文化发现之后，一方面，安特生推断仰韶村是"中国人的第一个史前遗址"，仰韶文化是"中华远古之文化"，另一方面，因为仰韶文化最有特色的彩陶，跟中亚地区今土库曼斯坦安诺遗址等地出土的彩陶又很相似，所以安特生又提出了仰韶文化即中国文化西来的假说。

1928 年吴金鼎在山东历城发现了城子崖遗址。1930 年的正式发掘，在这里发现了卜骨、黑陶和城墙，城子崖遗址的面貌明显更接近刚刚发掘揭露的安阳殷墟小屯商文化。中国的考古学家和历史学家，因此认为城子崖龙山文化的发现，证实了中国东西部分属于不同的文化系统，也即证实了傅斯年根据古代文献提出的所谓"夷东夏西"说。徐中舒认为，小屯文化和仰韶文化各有渊源，分属两个系统，仰韶为虞夏民族的文化，小屯的文字和青铜器说明它应该另有来源，直说"殷民族颇有由今山东向河南发展的趋势"，"小屯文化的来源当从这方面来探求，环渤海湾一带或者就是孕育中国文化的摇床"①。因为当时龙山文化主要发现在河南安阳以东的地区，仰韶文化主要发现在河南中西部及其以西地区，所以就在考古学上建构出龙山文化在东、仰韶文化在西的东西二元对立说。20 世纪三四十年代，中

---

① 徐中舒：《再论小屯和仰韶》，《安阳发掘报告》第 3 期，1931 年，556～557 页。

国史前文化的东西二元对立说成为显学。

　　尽管从 20 世纪 30 年代中期开始，刘燿（尹达）就怀疑安特生把仰韶村的仰韶文化和龙山文化遗存搞混了，并通过类型学的研究，正确地把龙山文化遗物从仰韶文化遗存里分离出来，但直到 50 年代中期，仰韶文化向东发展，龙山文化向西发展，在河南形成所谓"混合文化"的理论，还很流行。直到 1956 年安志敏发掘河南陕县庙底沟遗址，发现夹在庙底沟仰韶文化和龙山文化之间的庙底沟二期文化，证明至少在河南地区，龙山文化是从仰韶文化经由庙底沟二期文化发展而来。张光直明确提出，从仰韶到商，"是一个黄河流域土生土长的文化的传统的演变与进步。把仰韶与龙山当作两个'文化'，再在文化之外去找殷商文化的来源，似乎是不必要了"①。张光直还指出，中原地区的文化向四方发展，形成所谓"龙山形成期"或者"龙山化时期"，最终奠定了历史时期中国文明的基础②。这样，就在考古学上建构出中国文化起源的一元说，仰韶文化、龙山文化同时并存、东西对立的二元论，最终被仰韶文化发展到龙山文化，再发展到历史时期商文化的一元论或中原中心论所取代。这个学说，一直流行到 20 世纪 80 年代初期。

　　与此同时，由于 20 世纪 50 年代特别是 60 年代以来，在中原地区之外的广大地区也有相当多的重要的考古新发现，碳 - 14 测年又揭示出各地史前文化的年代，夏鼐在 1977 年率先提出中国文化的起源是多元的，否定了中国文化起源于中原地区，并向周围地区传播的旧学说③。1981 年，苏秉琦和殷玮璋发表著名的《关于考古学文化的区系类型问题》，把中国古代文化分为六个区域，即陕晋豫邻境地区、山东及邻省一部分地区、湖北及邻近地区、长江下游地区、以鄱阳湖—珠江三角洲为中轴的南方地区和以长城地带为重心的北方地区，明确指出"在历史上，黄河流域确曾起过重要的作用，特别是在文明时期，它常常居于主导的地位。但是，在同一时期内，

---

　　① 张光直：《中国新石器文化断代》，《史语所集刊》第 30 本，1959 年，后收入氏著《中国考古学论文集》，生活·读书·新知三联书店，1999 年，60 页。

　　② 张光直：《新石器文化中原文化的扩张》，史语所中国上古史编辑委员会编《中国上古史（待定稿）》第一本《史前部分》，1972 年，293 页。

　　③ 夏鼐：《碳 - 14 测定年代和中国史前考古学》，《考古》1977 年第 4 期。

其他地区的古代文化也以各自的特点和途径在发展着。各地发现的考古材料越来越多地证明了这一点。同时，影响总是相互的，中原给各地以影响，各地也给中原以影响"①，对中原中心论提出公开挑战。张光直在 1986 年新版的《古代中国考古学》中，提出相互作用圈理论，也否定了中原地区一枝独秀的学说。他把从公元前四千年开始还没有迈过国家门槛的中国相互作用圈，分为内蒙古长城地带，以兴隆洼文化最早；仰韶文化；大汶口文化；大溪文化；太湖长江三角洲文化；大坌坑文化等多个文化圈，明确指出，这些区域文化在相当长的时间内相互作用，"布定了最早的中国历史文明的地理舞台"。又指出，每个区域的新石器时代文化在文化上和社会上都越来越复杂、越分歧、越分层，终于导致这些区域中产生文明的基础。严文明把中国的新石器文化分为中原文化区、山东文化区、燕辽文化区、甘青文化区、江浙文化区、长江中游区等六个地区，认为后五个文化区都紧邻和围绕着中原文化区，很像一个巨大的花朵，五个文化区是花瓣，中原文化区是花心。"假如我们把中原地区的各文化类型看成是第一个层次，它周围的五个文化区是第二个层次，那么最外层也还有许多别的文化区，可以算作第三个层次……它们同第二个层次的关系较同第一个层次的关系更为直接也更为密切，好像是第二重的花瓣。而整个中国的新石器文化就像一个巨大的重瓣花朵。"② 在肯定"在文明的发生和形成的整个过程中，中原都起着领先和突出的作用"的同时，也强调"中国早期文明不是在一个地区一次发生，而是在许多地区先后发生的，是在这一广大地区中的许多文化中心相互作用和激发的结果。早期文明的起源地区应包括整个华北和长江中下游"③。虽然学者之间的论说有不少区别，但大都认为中国文化的起源是多元的。到 20 世纪 80 年代中叶，中国文化起源的多元论终于取代了一元论。

但是，中国文明起源又不等同于中国文化起源。文明起源，更确切地说是中国早期国家的起源。如果不算李济 1957 年在美国出版的《中国文明

---

　　① 苏秉琦、殷玮璋：《关于考古学文化的区系类型问题》，《文物》1981 年第 5 期。后收入《苏秉琦考古学论述选集》，文物出版社，1984 年，226 页。

　　② 严文明：《中国史前文化的统一性与多样性》，《文物》1987 年第 3 期。后收入氏著《史前文化论集》，科学出版社，1998 年，15～16 页。

　　③ 严文明：《中国史前文化的统一性与多样性》，《文物》1987 年第 3 期。后收入氏著《史前文化论集》，科学出版社，1998 年，16 页。

的开始》一书，明确在考古学上提出中国文明起源问题的研究，是 1985 年夏鼐出版的《中国文明的起源》①。他说"我以为中国文明起源的问题，像别的古老文明的起源问题一样，也应该由考古学研究来解决。因为这一段历史阶段正在文字萌芽和初创的时代。纵使有文字记载，也不一定能保存下来，所以这只好主要地依靠考古学的实物资料来作证"②。作为"保守"的考古学家，他又说："二里头文化同较晚的文化相比较，是直接与二里岗文化，间接与小屯殷代文化，都有前后承继的关系。所以，我们认为至少它的晚期是够得上称为文明，而又有中国文明的一些特征。它如果不是中国文明的开始，也是接近开始点了。比二里头更早的各文化，似乎都是属于中国的史前时期。"③ 尽管如此，他也认为，中国文明的起源，应该到诸如晚期河南龙山文化、山东晚期龙山文化、晚期大汶口文化、江浙地区的良渚文化和西北地区的"甘肃仰韶文化"等中国的"晚期新石器文化"中去寻找。他说，"中国虽然并不是完全同外界隔离，但是中国文明还是在中国土地上土生土长的。中国文明有它的个性，它的特殊风格和特征。中国新石器时代主要文化中已具有一些带中国特色的文化因素，中国文明的形成过程是在这些因素的基础上发展的。"④

1986 年，在《辽西古文化古城古国——兼谈当前田野考古工作的重点或大课题》一文中，苏秉琦提出了"古文化古城古国"的概念，根据红山文化牛河梁遗址的发现，提出"我国早在五千年前，已经产生了植基于公社、又凌驾于公社之上的高一级的社会组织形式"⑤。在稍后发表的《中华文明的新曙光》一文中，苏秉琦又明确提出，"这一发现把中国文明史提前了 1000 年，但还不是我们文明的起点，寻找比这还早的文明，是下一步工作的重点。"这一论断，把中国文明的起源明确追到了 5000 年前的红山文化晚期⑥。

苏秉琦的观点一方面激起很多争议，有赞成的，也有反对的，另一方

① 夏鼐：《中国文明的起源》，文物出版社，1985 年。
② 夏鼐：《中国文明的起源》，文物出版社，1985 年，81～82 页。
③ 夏鼐：《中国文明的起源》，文物出版社，1985 年，96 页。
④ 夏鼐：《中国文明的起源》，文物出版社，1985 年，100 页。
⑤ 苏秉琦：《辽西古文化古城古国——兼谈当前田野考古工作的重点或大课题》，《文物》1986 年第 8 期，41 页。
⑥ 苏秉琦：《中华文明的新曙光》，《东南文化》1988 年第 5 期，2 页。

面也很大程度地推动了中国文明起源问题的研究。1989 年 9 月和 1991 年 11 月，中国社会科学院考古研究所和《考古》杂志编辑部先后两次召开中国文明起源研讨会，多位学者对中国文明的起源发表意见，也推动了中国文明起源的研究。随后不久，苏秉琦又提出了"古国、方国、帝国"的国家起源和发展三部曲①。1997 年，苏秉琦发表《中国文明起源新探》，提出："秦汉统一时中国幅员内各地大都经历了从氏族到国家的历史过程，各地相差幅度一般不超过五百到一千年，但都可追溯到四千年、五千年、六千年前，甚至还可追溯到更早。总之，在距今五千年前后，在古文化得到系统发展的各地，古城、古国纷纷出现，中华大地社会发展普遍跨入古国阶段。"② 苏秉琦还认为，古国时代以后是方国时代，方国的最早出现是在夏以前，良渚文化被认为是最早的方国，把良渚文化放在跟夏商周等早期国家一样的地位上。

2001 年以来，"中华文明探源工程"启动，集合全国学者开展对中国文明起源问题的多学科综合研究，取得了更加深入的研究成果。到今天为止，虽然学界的意见远非一致，但不少学者认为，距今 5300 年前后，包括黄河和长江中下游地区和西辽河地区在内的广大地区，已经步入文明化的轨道，或曰出现了"古国"政体；公元前三千纪龙山时代的不少考古学文化已经进入文明社会的门槛。比如严文明就认为："在公元前 3500 年前后，黄河中下游和长江中下游以及燕辽地区都已经步入文明化的轨道，出现了许多象征国家的大型聚落或城址。古代城就是国，城里人叫国人，广大的乡村叫野或鄙。所以大量城址的出现就意味着小国林立局面的形成。这些小国的统治者往往握有政权、军权、财权和神权，这只要看看那些最高等级的墓葬的随葬品就明白了。各国的情况不同，在相互的斗争和交往中，有的兴盛了一段时期就衰落了，有的只是昙花一现，有的则不断发展壮大，社会也更加复杂化，从而为下一阶段世袭王朝的建立做好了充分的准备。"③

---

① 苏秉琦：《中国考古学的黄金时代即将到来——纪念北京大学创设考古专业四十周年》，《中国文物报》1992 年 12 月 27 日；《北京大学"迎接二十一世纪考古学"国际学术讨论会的讲话（提纲）》（1993 年），见氏著《华人·龙的传人·中国人》，辽宁大学出版社，1994 年。
② 苏秉琦：《中国文明起源新探》，生活·读书·新知三联书店，1999 年，144～145 页。
③ 严文明：《序》，《早期中国：中华文明起源》，文物出版社，2009 年，21 页。

张光直对此也有详细的描述："在公元前第四千纪中间形成了一个'相互作用圈'，布定了最早的中国历史文明的地理舞台。每个区域的新石器时代文化在文化上与社会上都愈来愈复杂、愈分歧、愈分层，终于导致这些区域中产生文明的基础。"[①] 在《王的兴起与城邦的形成》一文中，张光直又说："到了龙山时代的初期，大约公元前三千年左右，现代中国境内的黄河流域、长江流域，和东海岸地区，分布着成千上万的城邑。通常数个城邑构成一个'国'，国的居民在国内国外组成宗法制度的亲属群。这些宗族内部有结构性的社会层次，在上层的统治者以积聚财富为业。他们积聚财富的手段，完全是政治性的。第一是战争，希望能够战胜将敌邑吞并，将它的财富据为己有。第二是增加劳动力：或增加劳动人口，或增加原有人口的生产量。无论是哪一个手段，国王的政治权力必须不断增加。政治权力不断增加的一个主要手段便是国王对巫术的独占。"[②]

这只是对中国文明起源时间和地点的探讨，最近 20 年来，学者们也对中国文明起源的模式、动力和机制进行了不少研究。

这部文集，收集了自 20 世纪 80 年代中期以来中国考古学界关于中国文明起源研究的 40 篇文章，因为考虑面向公众，收文兼顾了学术性和可读性，文章大多是短篇，有学术论文也有通俗性的报纸文章，虽不能把学界的研究成果悉数纳入本书，实际上收录的文章只能是其中很小的一部分，但也大致反映最近三四十年来中国考古学界有关中国文明起源探索的过程和样貌。全书分为上下两部分，第一部分是宏观的讨论，第二部分是与主题相关的专题性论述。两部分皆大致依照发表时间的早晚排序。韩建业先生为本文集的出版出力不少，杨新改和张晓雯女士为此书的编校尽心竭力，在此对他（她）们表示诚挚的感谢。由于编者水平有限，本书所选文章或有疏漏，也难免偏颇，诚恳地希望批评指正。

2021 年 10 月 5 日

---

① 张光直：《中国相互作用圈与文明的形成》，《中国考古学论文集》，生活·读书·新知三联书店，1999 年，151 页。

② 张光直、徐苹芳主编：《中国文明的形成》，中国新世界出版社，2004 年，8 页。

# 目　录

# 中国文明的起源

夏　鼐

（中国社会科学院考古研究所）

## 文明起源的早晚

"文明"一词，在中国文献中最初见于《易经·文言》中"天下文明"。孔颖达疏："有文章而光明也。"现今汉语中用它来翻译西文中 civilization 一词，指人类社会进步的状态，与"野蛮"相对。摩尔根—恩格斯的社会发展史学说（Morgan-Engels Theory）将"野蛮"分为"蒙昧"与"野蛮"两时期，和"文明"时期合为人类社会发展的三个时期。人类从野蛮时期的高级阶段经过发明文字和利用文字记载语言创作而进入文明时期。

现今史学界一般把"文明"一词用以指一个社会已由氏族制度解体而进入有了国家组织的阶级社会的阶段。这种社会中，除了政治组织上的国家以外，已有城市作为政治（宫殿和官署）、经济（手工业以外，又有商业）、文化（包括宗教）各方面活动的中心。它们一般都已经发明文字和能够利用文字作记载（秘鲁似为例外，仅有结绳纪事），并且都已知道冶炼金属。文明的这些标志中以文字最为重要。欧洲的远古文化只有爱琴—米诺文化，因为它已有了文字，可以称为"文明"。此外，欧洲各地的各种史前文化，虽然有的已进入青铜时代，甚至进入铁器时代，但都不称为"文明"。

英国剑桥大学丹尼尔教授（G. Daniel）在 1968 年曾认为全世界最古老

的独立发展的文明是六大文明：埃及、两河流域、印度、中国、墨西哥（包括奥尔密克文化和玛雅文化）和秘鲁。前二者是有互相影响的关系，这有考古学的资料为证。印度河流域和两河流域二者之间的关系，也是如此。荷兰著名考古学家法兰克福（H. Frankfort）在 20 世纪 50 年代初便指出全世界范围内独立发展的文明可能只有三个：近东（埃及、两河流域）、中国和中南美（墨西哥、秘鲁）。后者远在新大陆，与旧大陆遥隔重洋，一般认为它们的起源与旧大陆无关。只有中国文明的起源这一问题，成为传播论派和独立演化论派的争论的交锋点。它不仅是中国史学和中国考古学中的一个重要课题，也是世界文化史上的一个重要课题。

我以为中国文明的起源问题，像别的古老文明的起源问题一样，也应该由考古学研究来解决。因为这一历史阶段正处在文字萌芽和初创的时代。纵使有文字记载，也不一定能保存下来，所以这只好主要地依靠考古学的实物资料来作证。

六十年以前，"五四"新文化运动的主将之一、文史研究的权威胡适博士，在 1923 年 6 月写给顾颉刚的一封信中还说道："发见渑池〔仰韶村〕石器时代的安特森近疑商代犹是石器时代的晚期（新石器时代）。我想他的假定颇近是。" 1925 年法国考古学家第·摩根（J. de Morgan）以为中国文明的开始大约在公元前 8 ~ 前 7 世纪，更早的便属于中国史前时代，情况完全不清楚。

自从 1928 年安阳小屯的考古发掘开始以后，经过了最初几年的田野工作，便取得了很大的收获。到了 20 世纪 30 年代，已可确定商代文化实在是一个灿烂的文明。但是当时一般学者仍以为小屯殷墟文化便是中国最早的文明。有人以为这便是中国文明的诞生。我们知道小屯殷墟文化是一个高度发达的文明。如果这是中国文明的诞生，这未免有点像传说中老子，生下来便有了白胡子。所以有些人以为中国文明是西来的，是把近东两河流域成熟了的文明整个拿过来。这是中国文明西来说者用最简单的办法以解决中国文明起源这一复杂问题。

但是这个问题并不是这样简单。我们经过了三十多年的考古工作，对于小屯殷墟文化有了更深刻的认识。我们先来谈一谈小屯殷墟文化的面貌。

## 小屯的殷墟文化

我是 1935 年春季在安阳殷墟初次参加考古发掘的，也是我第一次到这考古圣地。那一季我们发掘西北岗墓群。发掘团在侯家庄租到几间民房住下去。因为当时盗墓贼猖狂，曾寄来匿名信，要我们不要染指他们视为宝藏的西北岗墓群，否则当心性命，所以住处的门前有威风凛凛的武装士兵站岗。我最近一次去安阳，是 1976 年妇好墓发现后去参观这墓的出土物。经过这四十年的时光，这里的农民生活变化很大，社会治安良好。我们考古研究所在小屯村西建立了工作站，盖了楼房，有办公室、工作室、陈列室和仓库。工作人员的条件改善了。日本朋友们去安阳参观的，我们都很欢迎。

这四十多年来变化更大的是商代考古的研究方面。我们不仅累积了更多的考古资料，并且研究工作也更加深入了。1982 年 9 月我在美国檀香山参加商文化的国际讨论会时，与中国台湾来的代表和外国的同行们（包括日本的朋友）谈到这事时，大家也都有这种感觉。我们现在不是把甲骨片、铜器和玉器当作古董铺或收藏家的古董来看待，也不是把陶器、陶片、铜器、玉石器和骨器作为孤立的考古标本来做研究，而是把商文明作为一个文明的整体来做研究。

## 作为都市的殷墟

小屯殷墟是在今日河南安阳市西北约 3 千米，在洹水南岸。它是商朝后期的首都。这是有文献记载的。秦汉之际（公元前 3 世纪末），大家还知道这里是"洹水南殷墟"（《史记·项羽本纪》）。关于都城的年代，虽有各种不同的说法，一般认为是盘庚迁殷一直到纣王被周所灭，共 273 年，都在这里建都。它的绝对年代，一般采用约公元前 1300～前 1027 年的说法，但是也有提早数十年到一百来年的可能。

根据考古发掘结果，我们知道远在公元前第二个千年后期，小屯殷墟已是一个都市规模的城市。这里的中心区有几片夯土地基。其中较大的一座是 20 世纪 30 年代发掘的 A 区 4 号房子，宽 8 米，长近 30 米。根据遗迹，这房子大致可以复原。小屯及其附近，还有铸铜、制陶、制玉石器、制骨等手工业作坊。当时手工业不仅已经和农业分工，并且已经相当发达，集中于城市内。中心区也有祭殉坑，当为房屋奠基及祭祀鬼神时的牺牲品。占卜是一种宗教活动，甲骨片刻辞后贮藏在坑穴中，有点像后世的档案处。在小屯没有发现城墙。工作站曾经有意地作了调查和试掘，仍是没有找到。只是在小屯村西约 200 米的地方，发现南北向的一条殷代灰沟，已探出的部分达 750 米。沟宽 7～21、深 5～10 米。发掘者推测它可能是王室周围的防御设施。这还有待于继续探测。如果这个推测将来被证明是正确的，如果这条灰沟向南伸延后转而东行直达洹水，那么，小屯就不需要筑城垣了。它的北边和东边已有天然的洹水河道作为防御之用。

最引人注意的是离小屯约 2.5 千米的西北岗帝王陵墓的墓地。西北岗在洹水北岸的武官村的西北。当时我们的发掘团住在侯家庄，所以叫它为"侯家庄西北岗"，实际上它是在侯家庄的东北。这墓地有"亚"字形大墓 8 座，其中最大的 1217 号墓，墓室面积 330 平方米，加上四个墓道，总面积达 1800 平方米。深度在 15 米以上。各墓的墓中和附近埋有殉葬的人，少则数十，多的可达一二百人。殷墟西区近年来发现了 1000 多座小墓，一般长度只 2～4 米，宽 0.8～1.2、深 2～3 米。它们的规模比起大墓来，相差很大。随葬物丰俭则相差更大。这些都可以看出当时社会中阶级和等级的分化程度，和当时的埋葬习俗。

## 商殷时代的文字制度

一个文明的重要标志之一，便是有了文字制度。商文明的遗物中，在陶器、玉石、甲骨的上面，都曾发现过文字。尤其是刻字甲骨出土最多，已发现的当达 16 万片以上。1971 年我们在小屯西地发现一堆完整的卜骨，其中有字的 16 片，无字的 5 片；1973 年在小屯南地又发现有字的大小碎片达 4800 余片。商代的文字制度，是用汉代所谓"六书"的方法，以记录语言。许慎《说文解字·叙》中说六书是指事、象形、形声、会意、转注、假借。这实际上是指象形、象意（包括象事）和象声，而以象形为基本。象形的字，如画一圆圈以代表太阳，画一个半圆以代表月亮，比较容易明白。象意的字，或用两个或更多的象形字合为一字使人领会意思，像许慎所说的止戈为武，人言为信（会意），或用几个不成字的点划以表示意思，如许慎所举的上、下二字（指事）。象声的字是用同音的象形字以代表无法象形或象意的抽象概念或"虚字"（假借），或于同音的象形字之外，又加一表示含义的象形字（后世称为"部首"），合成一字（形声）。这样使用不同的部首，便可使同音而异义的字区别开来，不致混淆。至于"转注"到底指什么，两千年来各种说法纷纭，我们暂时可以不必去管它。我是学过埃及象形文字的。古代埃及人的文字制度也不外于象形、象意、象声而已。它也是以象形为基本，以形声字为最多。古埃及语是多音节语言，所以每字长短不一，不像单音节的汉语，所用以记音的文字是方块字。这和拼音文字完全依靠象声这一方法，很是不同。汉字到今天虽然字体有了变化，字形已改变得不再像原来的物形了，但是它基本上还是沿用商代文字制度。所以甲骨文字只要能改用楷书字体来写，其中大多数仍是可以认识的。不过，甲骨文仍保留一些原始性，例如同一个象形字，写法可以稍有不同。同一形声的字，可以用意义相近的不同偏旁。假借的字较多，只有一部分加上偏旁成为形声字。这些不统一的现象是象形文字演化过程中不可避免的。但是商代文字已经成熟到足以记录语言，不能再当作只是一些符号而已。甲骨文已能记录史事，包括帝王及臣僚的名字，战争、祭祀和狩猎等的事迹，史事发生的月日和地点。这表示小屯殷墟文化已进入历史时期，不仅只是有了文字而已。为了创造文字制度，象声方法的采用是一个突破点，否则所写的仍是符号和图画，不是文字。试想如果我们只用象形和象意（包括象事）的方法，那么，不仅是"之、乎、者、也"等虚字无法表示，便是那些在理论上有可能用象形或象意的方法表达的，实际上也是办不到的。例如甲骨文以一划表示一，一直到用四划表示四；但是十千为万的"万"字，我想谁也不肯写上一万道的笔画来表示它的。这便需要用同音的字来表达。

## 已经发达的青铜器铸造技术

有人以为青铜器是文明的各种重要因素中最重要的一项。这种说法似乎并不正确。古今中外许多已掌握冶炼青铜甚至于炼铁技术的民族，仍是"野蛮"民族，不算是"文明"民族。但是我们可以说，最能代表商文明的高度水平是它的发达了的冶铸青铜的技术。商代青铜器包括礼器（举行仪礼时用的酒器、食器等容器）、乐器（铎、铃）、武器和工具、车马器。其中形状奇伟、花纹瑰丽的礼器，一般被认为是上古文明世界中技术方面最突出的成就之一。从前有人以为这一类的青铜器只能使用失蜡法才可铸成。失蜡法是用一种易于塑刻又易于熔化的蜂蜡一类的材料做成模子，刻上花纹，然后涂抹上几层细泥和粗泥，留出灌铜口和出气口，最后用火烧烤厚壁的泥范，使蜡熔化流出。使用时把青铜熔液灌进范内的空隙，凝固后打碎泥范，取出成品，再加修整。近三十年来我们在安阳小屯及其附近不断地发现陶范碎片。最近几年我们又做了模拟试验，知道商代铸造青铜容器是用复合范，不用失蜡法。这和西方各文明（包括印度河文明）很早便采用失蜡法，似乎代表不同的传统。中国最早使用失蜡法的实物是属于春秋时代，例如近年发现的河南淅川下寺楚墓的铜禁（放置酒器的小方桌）和随县曾侯乙墓的尊和盘。安阳妇好墓出土的四百多件铜容器，其中许多是器形整齐、花纹清晰的佳品，有的器形奇伟，如鸮尊，有的还是前所未见的，如三联甗和偶方彝。至于那两件通高达80余厘米、重达百余千克的方鼎则以凝重庄严见胜。在湖北崇阳，还发现一件商代铜鼓。冶铸青铜技术的发明和广泛采用是有其重要的意义的。首先青铜的原料铜和锡不像石器时代那些制造石器的石料，并不是到处都有，可以就地取材。其次，铜和锡都是矿物，其中自然铜的产地很稀少，一般铜矿和锡矿都要经过提炼才能提出金属的铜和锡。这不像石料那样可以利用天然物如砾石、页岩、板岩等，不必经过化学方法来提炼。金属提炼出来后，还需要翻铸，才能铸造出可用的青铜器来。这就意味着要有一批掌握冶金技术的熟练工匠，又要一定的贸易活动和保证交通路线的畅通，才能解决原料和产品的运输问题。这又需要社会组织和政治组织上一定的改革，以适应新的经济情况，包括生产力的发展。

关于金属冶炼方面，又有一个商代用铁的问题。最近十多年来，在河北省藁城和北京市平谷县刘家河都曾发现过铁刃铜柄钺一件。年代可能比安阳殷墟文化第一期早，或可早到郑州二里岗上层文化。但是经过分析，这两件都是由陨铁锻造而成，所以并不能作为殷代已能冶炼铁的证据。现已发现的中国最早用冶炼的铁制成的器物，是在春秋晚期（公元前五六世纪之交）。

# 殷墟文化独有的特点

除了上述三个文明的普遍性特点以外，殷墟文化还有它的一些自己独有特点。但是这些不能作为一般文明必须具备的标志。殷代玉石的雕刻，尤其是玉器，便是这种特点之一。别的古代文明中，除了中美洲文明之外，都没有玉器，但是它们仍够得上称为文明。妇好墓中出土玉石器750余件，其中绝大多数是玉器。这是迄今发掘出来的数量最大的一批玉器，而且品种众多，雕刻也很精美，有许多实在超过了从前的传世品和发掘品。它们在制作技术上，已有熟练的操作水平，而造型和花纹方面，许多都是头等的美术品。这些花纹和殷墟铜器的花纹，有很多的共同点，都是殷墟艺术的重要表现。殷墟又出土了许多骨雕和象牙雕刻，它们的花纹也是和殷墟铜器上的相类似。妇好墓出土的一对镶嵌绿松石的象牙杯，便是这一类中的特出的精品，是前所未见的。

使用驾马的车子，是殷墟文明的另一个特点。但是这也不能算是一切文明都必具的标志。中美洲文明和秘鲁文明中，在欧洲人于15世纪末侵入新大陆以前，始终没有马匹，也没有车子，当然没有驾马的车子。埃及的马车是希克索人于公元前17世纪左右由亚洲入侵时引进的。这时离开尼罗河文明的开始已是一千多年了。20世纪30年代在安阳曾发现过几座殷墟文化时期的车马坑。1947年安阳发掘的老将石璋如先生说："（车子的）木质均已腐朽，仅余不相连续的铜饰。各种装饰的部位，也非绝对正确。所以精确的结构如何仍难复原。"1935年我在安阳工作时也曾亲手发掘过一座车马坑，颇有同感。但是1950年在辉县琉璃阁发掘到战国时代的一座大型车马坑。我亲自动手和熟练发掘工人一起探索，终于搞清楚了车子的木质结构，复原了车子的原状。后来在安阳又发掘过八九座车马坑。发掘是采用辉县车马坑的发掘方法，大多数都可以大致复原。

殷墟文明的另一特点是制陶业的发展。这主要表现在灰陶占绝对优势（占所采集陶片的90%）。它替代红、褐、黑陶而成为主要陶系。这发展的另一表现是刻纹白陶的出现和原始瓷（proto-porcelain 即加釉硬陶）的烧造。最后一项当为南方长江下游地区的发明，然后传到安阳来而成为小屯陶器群的一个组成部分。浅灰色的细泥灰陶，颜色均匀，表示陶工控制陶窑中还原气氛的技术更加完善。原始瓷后来在长江下游地区逐渐改善，终于在汉末出现了瓷器，成为中国文明的特点之一。

总之，现下我们可以确定商代殷墟文化实在是一个灿烂的文明，具有都市、文字和青铜器三个要素，并且它又是一个灿烂的中国文明。中国文明有它的个性、它的特殊风格和特征。在上述三个要素方面，它都具有中国色彩的特殊性。在其他方面，例如玉石雕刻、驾马的车子、刻纹白陶和原始瓷、甲骨占卜，也自有特色。殷墟的艺术也自成一风格。中国文明各时代都有变化，每个时代各具有一定的特点，但仍维持中国文明的共同特点。

中华人民共和国成立以前，有人认为殷墟文化便是中国文明的开始；也有人推测在这以前中国文明还有一个更古的、更原始的阶段，但是，由于没有证据，这只好作为推测而已。中华人民共和国成立后三十多年的考古发掘工作，使我们对于中国文明的起源问题的研究，可以从殷墟文化向上追溯。第一步是追溯到郑州二里岗文化。

## 郑州二里岗文化

郑州二里岗遗址是 1951 年发现的。当时我们考古所的河南省调查发掘团到了郑州。当地一位对历史和考古有兴趣的小学教师韩维周，在二里岗一带采集了一些陶片、石器和卜骨。他把它当作新石器时代遗址。他把采集到的标本给我们看，并且引我们去观察一些已露出的文化层。我们认为这不是新石器时代的。它的遗物近于安阳殷墟的，很值得注意。1952 年第一届考古工作人员训练班便拿这个遗址作为实习地点，证实了二里岗文化的重要性。它是早于安阳小屯的商殷文化。后来河南省考古队的同志为了配合基建，在这里做了多年的考古工作，现已基本上搞清楚二里岗文化的大致面貌。

二里岗文化的时代，根据层位关系，可以确定为早于小屯殷墟文化。至于绝对年代，根据几个碳－14 测定年代，是约公元前 1600～前 1500 年（年轮校正过），误差约为 150 年。这便是说，它的年代有 68% 的可能是在公元前 1750～前 1350 年的范围以内。相对年代要较小屯殷墟文化为早。它的分布地区，以郑州二里岗为中心，根据已知道的材料，北达河北藁城，南抵湖北黄陂，西到陕西华县，东至山东益都，近年来都发现过二里岗文化的遗迹。

我们就上述文明的三个主要标志而言，二里岗文化都已具备了。它在郑州的商城，有夯土城垣。城的周长近 7 千米，城内外遗址总面积约 25 平方千米。城内东北部发现有大片夯土台基，当为宫殿遗迹。城外近郊有几处手工业作坊遗址，包括铸铜、制骨、烧陶等手工业。黄陂盘龙城也有夯土城墙，周长虽只 1.1 千米，但城内也有保存较好的宫殿遗址。其次，二里岗文化已有文字制度。这里曾发现过三件有字的骨。其中两件各只有一个字。其余一件有十个字，似为练习刻字而刻的，是在翻动的地面上找到的。二里岗文化的陶器和陶片上也有划刻记号的，但那不是文字，只是符号。古今有文字制度的各民族常有在器物（包括陶器）上面用符号为记。当然他们也可以在陶器上刻划文字。但是我们就《郑州二里岗》这本报告中所发表的资料而言，这批陶片上刻划的似乎都是符号，不是文字。再其次，关于铸造青铜器，二里岗文化已有单范或双合范的武器和工具，还有复合范的容器，其中有郑州杜岭街出土的两件大型方鼎。除了上述三点以外，器物方面，它的陶器自成一组，但是可以与小屯殷墟的排入一个系列。青铜器也是这样。花纹方面，铜器、陶器和玉器上的花纹，显然是商代艺术的风格，但较为简单。占卜等宗教活动也带有中国特点。所以二里岗文化够得上称为文明，并且是属于中国文明中的商文明。

## 偃师二里头文化

我们还可以从二里岗文化向上追溯到偃师二里头文化。二里头遗址在河南偃师县西南 9 千米。这是 1957 年发现的。1959 年夏天我们考古研究所的徐旭生老先生，做河南省西部"夏代废墟"的调查时，到这里进行考察，指出这里可能是商汤的都城西亳。这年秋季起，考古所派遣发掘队前往工作。这二十多年做了十几次的发掘，到现在仍未停，不过现下正将一部分力量放在编写正式报告上。这项工作，在考古学方面取得了很大的收获。

二里头文化现已可确定比郑州二里岗文化更早。根据层位关系，我们已搞清楚：它是压在河南龙山文化层之上，而又被二里岗文化所压住。它的绝对年代根据碳－14 测定年代，其范围约相当于公元前 1900～前 1500 年。它可分早（1～2 期）、晚（3～4 期）两期。它的分布范围，据已知的材料，集中于河南省西部和山西省西南部。它西达陕西华县，北达山西襄汾地区，但是南面和东面似乎都没有超越今日的河南省境。

二里头文化，至少它的晚期，是已达到了文明的阶段。第一，在二里头遗址本身，便发现过二里头文化晚期的宫殿遗迹。已发掘出来的一座，它的台基近正方形，每边各约百米，总面积达一万平方米左右。宫殿的基座，略高出于台基，呈长方形，东西长 36、南北宽 25 米。建筑物的规模是面阔八间，进深三间。四周有挑檐柱。屋顶可能是四坡出檐式。宫殿区以外，还有制陶、铸铜等手工业作坊。第二，它似乎已有文字制度。发掘物中有刻划记号的陶片，都属于晚期。记号已发现的共有二十四种，有的类似殷墟甲骨文字，但都是单个孤立，用意不清楚。这还有待于进一步的探讨。第三，冶铸青铜器，这里不仅有工具和武器，并且也有爵杯这种小件容器。此外，陶器具有一套有一定特色的陶器群。其中如觚、爵、盉等专用酒器也在墓中开始普遍出现。玉器中有的器形和花纹，已是殷墟玉器的祖型。总之，二里头文化同较晚的文化相比较，是直接与二里岗文化，间接与小屯殷代文化，都有前后承继的关系。所以，我们认为至少它的晚期是够得上称为文明，而又有中国文明的一些特征。它如果不是中国文明的开始，也是接近于开始点了。比二里头更早的各文化，似乎都是属于中国的史前时期。最近发现的甘肃马家窑文化、马厂文化和山东龙山文化的小件青铜器，如小刀和锥，如果被证实，也只能说它是青铜冶炼的开始，与二里头青铜容器的铸造水平是不能比较的。

至于二里头文化与中国历史上的夏朝和商朝的关系，我们可以说，二里头文化的晚期是相当于历史传说中的夏末商初。但是夏朝是属于传说中的一个比商朝为早的朝代。这是属于历史（狭义）的范畴。在考古学的范畴内，我们还没有发现有确切证据把这里的遗迹遗物和传说中的夏朝、夏民族或夏文化连接起来。我们知道，中国姓夏的人相传都是夏朝皇族的子孙。我虽然姓夏，也很关心夏文化问题，但是作为一个保守的考古工作者，我认为夏文化的探索，仍是一个尚未解决的问题。

## 文明的起源和新石器文化

有人以为"文明"这一名称，也可以用低标准来衡量，把文明的起源放在新石器时代中。不管怎样，文明是由"野蛮"的新石器时代的人创造出来的。现今考古学文献中，多使用"新石器革命"（neolithic revolution）一名词来指人类发明农业和畜牧业而控制了食物的生产这一过程。经过了这个"革命"，人类不再像旧石器或中石器时代的人那样，以渔猎采集经济为主，靠天吃饭。这是人类经济生活中一次大跃进，为后来文明的诞生创造了条件。

中国新石器时代遗址，这三十多年新发现并已发表的，大约有7000处，经正式发掘的也在百处以上。这些遗址，散布在全国。由于碳－14测定年代法的采用，使不同地区的各种新石器文化有了时间关系的框架，使中国新石器时代考古学有了确切年代序列而进入了一个新时代。

最引人注意的是20世纪70年代后半所发现的早期新石器文化，即中原地区的磁山·裴李岗文化，年代约在公元前6000～前5700年（校正过，以下同）。当时人民的主要农作物是粟类，已知驯养猪、狗，住宅是半地穴式，屋旁还有储粮的窖穴。陶器较为原始，都是手制的，陶质粗糙，火候不高。石器有带齿石镰、磨盘和磨棒。这种文化还有它的渊源。如能找到更早的新石器文化，或可解决中国农业、畜牧业和制陶业的起源问题。

20世纪50年代发现和发掘的半坡遗址，现今成为仰韶文化早期的代表。现已建立遗址博物馆。它以精美的彩陶闻名于世。但是我们现在把它作为一座当时的村落遗址来研究，想搞清楚他们的住宅结构和布局、手工业、墓葬制度和墓地的位置、生产工具和经济生活、社会组织等各方面。半坡文化年代是约公元前5000～前4500年。彩陶的美术图案，反映了当时的审美观念。彩陶在中原地区后来到了龙山文化时期便衰退了。但是在黄河上游的甘肃青海地区，反而更为发展了。那里的马家窑文化和半山马厂文化，都有图案华丽的彩陶。年代则前者为约公元前3000年，后者为公元前2500～前2000年。1974～1980年，我们在青海乐都柳湾墓地发掘1700余座以半山马厂文化为主的墓葬，随葬陶器达1万余件，其中彩陶壶、罐便有七八千件。现以564号墓为例，出土陶器便达91件之多，彩陶占81件，其中有 73 件为彩陶壶。

长江流域最近有许多重要发现，其中最重要的是浙江余姚河姆渡文化的发现。它的年代与北方黄河流域的仰韶文化早期（半坡）同时，或许开始稍早。当时这一带气候比较温暖潮湿，居住点的周围环境是分布有大小湖沼的草原灌木地带。河姆渡文化的房子是木结构。主要农作物是水稻。这是中日两国人民的主要粮食（水稻）的最早的实物标本，年代约在公元前 5000 年。家畜有狗、猪，可能还有水牛。石器有斧和锛。还发现有木质和角质的柄以及骨耜等。因为这里的文化层已在潜水面以下，所以像日本弥生时代的登吕遗址一样，有许多木器如船桨、耜、碗、筒等保存下来。陶器制作比较原始，都是手制的。胎壁粗厚，造型不整齐。表面多平素，但是也有刻划花纹的。从前我们认为良渚文化（约公元前 3300～前 2250年）是我们所知道的长江下游最早的新石器文化，并且认为良渚文化是龙山文化向南传播后的较晚的一个变种。实则这里是中国早期文化发展的另一个文化中心，有它自己独立发展的过程。此外，庙底沟二期文化的发现，证实了仰韶到河南龙山文化的过渡期的存在，纠正了前人以为二者曾同时存在、东西对立的看法。

山东地区的新石器文化，从前我们只知道有龙山文化，以光亮的黑陶著名。后来于 1959 年发现了大汶口墓地，以另具一种风格的彩陶而著名。这种大汶口文化后来被证明较龙山文化为早，而分布范围大致相同。20 世纪 60～70 年代，我们又发掘滕县北辛庄和平度县东岳石。前者比大汶口文化更早，碳－14 年代约公元前 5300～前 4300 年。后者却填补了山东龙山文化和商文化之间的空隙，现称为岳石文化，年代约为公元前 1900～前 1500年。岳石文化中已出现青铜小件器物，陶器上印压有云雷纹和变体夔纹。这样看起来，山东地区史前文化的发展自有演化的序列，与中原地区和长江下游地区的各不相同。黄河中下游是有东、西相对的两个文化圈，不过与仰韶文化相对的是大汶口文化，而不是山东龙山文化。

## 中国文明是否系独立地发展起来的

上面所说的以外，在其他地区还有别的新石器文化，例如湖北省的屈家岭文化等，今天不谈了。关于各个文化中类型划分、早晚分期以及各个文化之间的互相影响等问题，今天也不谈了。我只谈那些与中国文明起源问题关系最密切的史前文化。这主要是上述三个地区中的晚期新石器文化。偃师二里头文化就其文化内容和所在地点而言，显然是从晚期河南龙山文化发展过来的。但可能又吸收了其他地区一些文化中的某些元素，例如山东晚期龙山文化（陶器的某些类型、铜器），晚期大汶口文化（陶器上的刻划符号，可能还有铜器），江浙地区的良渚文化（玉璧、玉琮等玉器），西北地区的"甘肃仰韶文化"（陶器上的符号，铜器）等。我以为中国文明的产生，主要是由于本身的发展，但这并不排斥在发展过程中有时可能加上一些外来的影响。这些外来的影响不限于今天的中国境内各地区，还可能有来自国外的。但是根据上面所讲的，我们根据考古学上的证据，中国虽然并不是完全同外界隔离，但是中国文明还是在中国土地上土生土长的。中国文明有它的个性，它的特殊风格和特征。中国新石器时代主要文化中已具有一些带中国特色的文化因素。中国文明的形成过程是在这些因素的基础上发展的。但是文明的诞生是一种质变，一种飞跃。所以有人称它为在"新石器革命"之后的"都市革命"（urban revolution）。当然，中国文明的起源问题还有许多地方仍不清楚，有待于进一层的探讨。

（原载《文物》1985 年第 8 期）

# 中华文明的新曙光

苏秉琦

（中国社会科学院考古研究所）

## 文明史提前一千年是怎么回事？

首先要澄清文化史和文明史两个不同的概念。原始文化即史前文化可以上溯到 100 多万年前；而文明史则是社会发展到较高阶段和具有较高水平文化的历史。

通常说，中国同巴比伦、埃及和印度一样，是具有 5000 年历史的文明古国。但是在辽西考古新发现之前，按着历史编年，中国实际上只有商周以后 4000 年文明史的考古证明。司马迁《史记·五帝本纪》所记载的商以前的历史，由于缺乏确切的考古资料，始终是个传说，而其他文明古国早在 19 世纪到 20 世纪初，就有了 5000 年前后的文字、城郭、金属等考古发现。从考古学角度看，中华文明史比人家少了 1000 年。

中国历史自公元前 841 年起，有文字记载的编年史就没有断过，这在人类历史上是独一无二的。4000 年前的商代文明就是无与伦比的，特别是发达的冶炼青铜技术，其质地、形状、花纹，堪称上古文明世界最突出的成就。然而，如果说这就是中华文明的诞生，未免有点像传说中的老子，生下来就是白胡子，叫人难以置信。所以，有些人认为，中国的文明是西来的，是近东两河流域成熟了的文明的再现与发展。可是，考证结果却与这一论点大相径庭：中国商代青铜器铸造用的是复合范（模子），与西方文明古国（包括印度）采用的失蜡法，完全是不同的传统。而且商周文化还有个独有特点，即殷代玉石雕刻，是别个所没有的。

总之，灿烂的中华文明具有自己的个性、风格和特征，迫切需要找到自己的渊源。

## 为什么至今才找到五千年的证据？

考古学与其他学科一样，是与人类社会发展及特定的历史条件相联系的，也与其他学科的发展相关联。

以田野考古为基础的近代考古学产生于19世纪中叶，而中国考古学作为提倡科学、民主的新文化运动的产物，却只有60多年的历史。

1920年，北洋政府矿业顾问瑞典人安特生在河南渑池仰韶村第一次发现了仰韶文化，便被深深吸引住了。从那以后，他用17年的时间探寻这一文明的起源。我国一批考古学前辈也为此做了不懈奋斗。

中华人民共和国成立前近30年中，中国考古学初步揭开了旧史书有关古代传说的神秘面目，显示出从原始社会至阶级社会这一社会发展的轨道。中华人民共和国成立近40年来，考古事业得到了大发展，新发现的新石器时代遗址大约有7000处，经正式发掘的也在100处以上，取得了新石器、青铜器和早期铁器时代的大量考古成果。

在中华民族形成这个重大问题上，考古学的认识曾有过偏差，表现为过分夸大中原古文化，贬低了北方古文化。现在看来，把黄河中游称作中华民族的摇篮并不确切。如果把它称作在中华民族形成过程中起到最重要的凝聚作用的一个熔炉，可能更符合历史的真实。

这一认识大大开阔了考古学家观察中华辽阔国土上古代各族人民创造历史真相的视野，开始了从文化渊源、特征、发展道路的异同等方面进行考古学区系类型的划分，为中华文明起源问题研究取得突破提供了可能。

## 中华文明的曙光是怎样发现的？

1979年5月，辽宁开展全省文物普查试点，在西部大凌河流域的喀喇沁左翼蒙古族自治县东山嘴村发现了一处原始社会末期的大型石砌祭坛遗址。这一发现，启发考古人员在邻近地方寻找其他有关遗迹，几年之后，果然在相距几十千米的建平、凌源两县交界处的牛河梁村，相继发现了一座女神庙、多处积石冢群，以及一座类似城堡的方形广场的石砌围墙遗址，发现了一个如真人一般大的彩色女神头塑以及大小不等年龄不同的成批女性裸体泥塑残块及多种动物形玉、石雕刻，特别是几种形体不同的"玉猪龙"。这些考古发现，说明了我国早在5000年前，已经产生了植基于公社、又凌驾于公社之上的高一级的社会组织形式。在我国其他地区还没有发现相应时间的类似遗迹群。这一发现把中华文明史提前了1000年，但还不是我国文明的起点。寻找比这还早的文明，是下一步工作的重点。

看来，距今4000年前后，是辽西地区社会发展、文明昌盛的时期。它的文化特征是：聚落密集分布在河谷地带，几乎都有防御设施，由一串小城堡组成的群体恰恰分布在战国秦汉时代古长城线上，我们是否可以理解为"原始长城"？由此，也可以对秦长城性质得出新的认识，长城除了防御外，也有个标志两种经济文化类型，即农牧区分界的作用，长城内是农区，长城外是牧区。长城也不应理解为当时的北疆。

## 辽西考古新发现的意义何在？

辽西考古这项新发现之所以特别引起海内外专家学者以及亿万华人的关注，原因是多方面的，第一，它们明确无误地属于一向认为是新石器时代，大致和中原仰韶文化相对应的一种分布在燕山南北、长城地带的红山文化的遗存，而在仰韶文化大量遗址中却还从未发现过类似的遗迹。第二，从喀左到凌源，横跨几十千米范围内，除掉这类特征鲜明的遗迹之外，极少同一时期一般聚落或墓地，例如，已揭露的几处所谓"积石冢"，确切地说，是建在特地选择的岗丘上，主要用作埋葬一些特殊人物，可能同时又是进行某种祭祀活动的场所，它们普遍保留下来的与东山嘴那处祭坛颇相近似的遗迹遗物就是明证。第三，在同一范围内发现的6处埋藏成组大件商周之际青铜礼器坑，按东北—西南方向连成一线，达几十千米，这又进一步说明该范围内曾至少在两三千年间作为原始宗教性的社会活动场所，女神庙近旁发现的冶铜址同样说明这一地段的特殊性。

从1979年最初发现东山嘴祭坛，到1983年经过第一次论证会后所获一系列重要发现，其间经过了八九年时间，目前工作还在继续中。资料的积累消化要有一个长期过程，问题的研究认识也要逐步深入，对"凌源—建平—喀左"三县交界的小三角范围内已揭露出的诸重要遗迹现象的进一步工作与研究，没有三五年时间不成。我曾把这项工作比作一条牛，我们现已掌握的材料仅只是有如牵住牛鼻子，最多不过是看到牛的头部，整个牛身还在后边。全牛的形体大致包括从辽西走廊的医巫闾山以西到七老图山以东，中间是努鲁尔虎山，三县交界的小三角位置正在它的南端，向北放射呈扇面形。地理范围：东侧是大凌河流域的阜新、朝阳两市；西侧是老哈河流域的赤峰市（昭盟）。1987 年在敖汉旗揭露的同一时期"城堡型"遗址，呈"凸"字形，总面积 3 万余平方米。这又是一个新的突破。如果说"小三角"的坛庙冢的发现可称作文明的曙光，谜底的揭露也为期不远了。

要回答这问题还应向更深、更广的时空范围进行开掘。

第一个层次：在上述空间，即一条山梁（努鲁尔虎山）、两条河流（大凌河、老哈河）和三个地、市（朝阳、阜新、赤峰）范围内，远自前红山文化的"兴隆洼—赵宝沟"类型（约距今 8000～6000 年），下至秦汉统一前的燕文化（公元前一千纪），过去我们曾把这一带远古文化用两种新石器文化（红山与富河）、两种青铜文化（夏家店下层与夏家店上层）加以概括。实际上，现在越来越清楚，这提法还是过于简单化了。不论是从中国民族文化体系基础结构的形成，还是从中国文化传统的连绵不断这两种不同角度进行分析、观察，这里给我们的启发太多、太重要了。专讲些有关龙类形象的出现与发展吧。

红山文化坛庙冢所出多姿多彩的玉雕猪龙具有很高的工艺和艺术水平，而在它之前千余年前赵宝沟—小山类型文化中已有长期发展历史，并已出现达到神化境界的陶器刻划麟（麒麟）与龙在云端遨游的图案（图一），甲骨文中龙字的多种形态，以及殷墟妇好墓出的玉雕龙可以大致追溯到距今 5000～3000 年间的龙形变化过程。燕下都出的大量所谓"饕餮纹"瓦当，似乎使我们不能简单地理解为就是从殷周文化承袭而来的。道理也简单，燕式鬲既可以追溯到相当夏商之际的夏家店下层文化，这种饕餮纹瓦当为什么不可以是源于燕山南北的古老传统？

由此可见，远自距今约 8000 年以来的兴隆洼—赵宝沟类型到距今约 2000 余年的燕下都，上下五千年，燕山南北地区，由于一个"凌源—建平—

图一　红山文化的玉雕龙和赵宝沟文化的陶器刻划龙纹图案
1. 玉雕猪头龙　2. 猪头龙　3. 鹿头麟

喀左"小三角的新发现，使我们不能不刮目相看，它涉及中国历史上两大课题（中国统一多民族大国如何形成和中国五千年文明连绵不断的奥秘和轨迹），意义重大，不可不认真对待，花大力气，搞个水落石出。

第二个层次：把上述空间（燕山南北）放到更大的范围内，即把以燕山南北、长城地带为重心的北方和以晋南、关中、豫西为中心的中原两大古文化区系连接起来，进行横向研究，从宏观角度就各个历史阶段、不同地区性文化之间的相互关系、影响、作用及其后果等方面，考察和衡量辽西考古新发现的意义，在此范围内（北方与中原两大文化区系）近十年来内许多重要发现几乎是和辽西这一新发现同步展开的。其中有些重点工作（如冀西北张家口蔚县西合营、晋中太谷白燕两地 1979～1982 年间的发掘）是特为追踪两者的中间环节而进行的。到 1985 年初告一段落，提出辽西古文化古城古国的论点，又以晋文化考古为题，阐述从关中西部起，由渭河入黄河，经汾水通过山西全境，在晋北，向西与内蒙古河套地区连接，向东北经桑干河与冀西北，再向东北与辽西老哈河、大凌河流域连接，形成"Y"字形的文化带。它在中国文化史上曾是一个最活跃的民族大熔炉，又是中国文化总根系中一个重要直根系，我们还能从这一地带古文化发展中一系列连贯的"裂变—聚变—裂变"中认识到中国文化发展的辩证法。为了扼要地向参加晋文化讨论会①的朋友们介绍这个总概念，当时画了一张示

---

①　晋文化讨论会，1985 年 11 月在山西侯马举行，苏秉琦先生作了《谈"晋文化"考古》的讲话，刊于文物出版社为纪念该社成立三十周年于 1986 年 12 月出版的《文物与考古论集》（见第 44～54 页）。山西省文物考古研究所于 1985 年出版了《晋文化研究座谈纪要》文集。

意图，用"Y"字形示意图标明几处重要地点。还诌了四句七言诗，烦张政烺教授即席篆写悬挂墙上，作为讲话提纲，现抄录如下：

华山玫瑰燕山龙，

大青山下斝与瓮。

汾河湾旁磬和鼓，

夏商周及晋文公。

讲话落脚点自然是晋文化渊源。论证的核心部分正是依据辽西新发现，这就在更高层次上阐述了对这一系列考古新发现的新认识。

"华山玫瑰"：指的是源于华山脚下仰韶文化的一个支系，它的一部分重要特征是重唇口尖底瓶和一枝玫瑰花图案彩陶盆。

"燕山龙"：指的是燕山北侧大凌河流域红山文化的一个重要特征——龙（或鳞）纹图案陶器（或玉器）。

仰韶文化的关中一个直根系统曾经历过两次裂变。第一次分化出一个以壶（罐）形口尖底瓶和鱼纹图案彩陶盆为其主要特征的支系（图二）；第二次分化出一个以重唇口尖底瓶和一枝玫瑰花图案彩陶盆为其主要特征的支系（图三）。

源于大凌河流域的红山文化前身则曾有两个支系：其一是产生"之字纹"压印纹筒形罐的母体；其二是产生"篦纹"压印纹筒形罐的母体。二者曾经先后两次发生聚变，产生两个新的支系：其一是以包含刻划麟（麒麟）和龙纹罐为其突出特征；其二是以包含鳞纹彩陶罐为其突出特征。

北方的红山文化与中原的仰韶文化在各自第二次演化（聚变或裂变）出的两个支系约当距今五六千年间在冀西北桑干河上游交错相会。这就是辽西新发现红山文化坛庙冢产生的历史背景，而后者正是北方与中原两大文化区系在大凌河上游互相撞击、聚变的产物。这也是我们从宏观角度对辽西新发现意义的认识。以上是对第一句"华山玫瑰燕山龙"的解释，也是提出中华5000年文明曙光论点的依据。

"大青山下斝与瓮"以下三句是什么意思呢？

从距今约5000～2500年，中原与北方两大文化区系间既有大致同步发展的一面，又有类似的错综复杂难于梳理的一面。但仔细分析，不难看出二

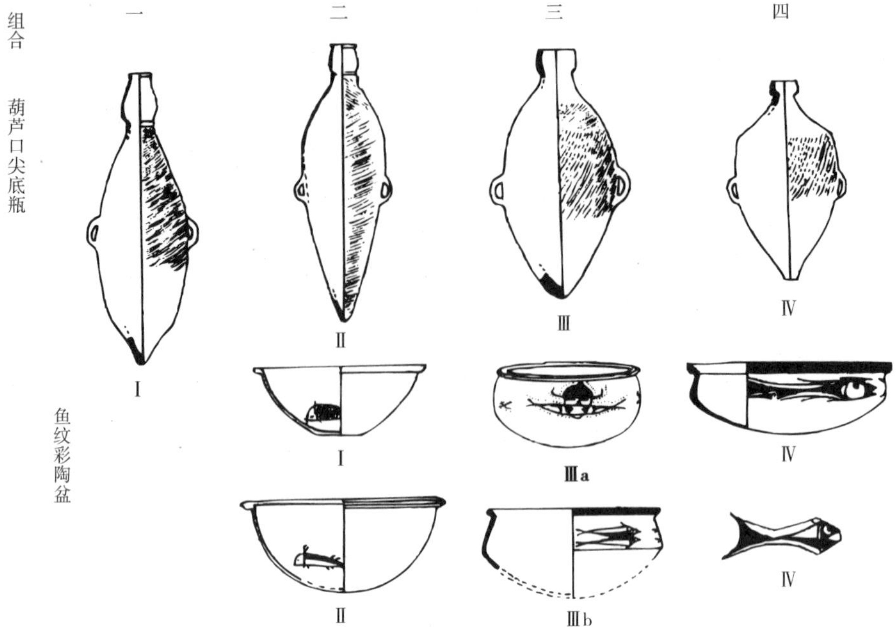

图二　仰韶文化半坡类型典型器类发展序列

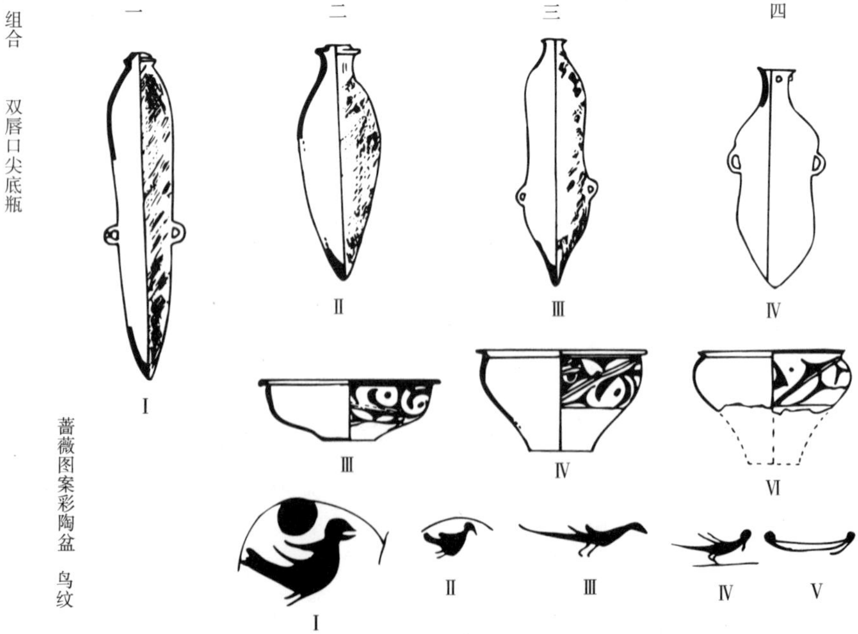

图三　仰韶文化庙底沟类型典型器类发展序列

者实有微妙的差异。特别是在我们前边所讲的大"Y"字形的北方—中原连接地带。这就是后三句的全部含意。

紧接红山文化末期的辽西地带，大凌河流域材料贫乏，老哈河流域发现两处颇具时代和地方特征的遗址（赤峰的大南沟墓地和敖汉旗的小河沿）自成一个亚区系。辽西与内蒙古河套地带（伊盟、乌盟间）加上"三北"（冀西北、晋北、陕北）中间隔着锡盟这块中间地带。后边这个地带正是黄河的几个支流（浑河等）、桑干河、滹沱河与汾河的发源地或上游。这一地带又形成独具一格的亚区系。由此往南，直至晋南的曲沃—夏县一带，晋中（太原附近）是它和前者的中间地带，形成第三个亚区系。

把这三个亚区系联成一片，和中原同时期对比，上下两千几百年间，确有若干衔接环节是中原地区所难以理解的。例如：

——伊盟准格尔旗发现晚期小口尖底瓶（从绳纹过渡到篮纹）与早期罋类（从绳纹过渡到篮纹）并行迹象；

——赤峰、敖汉两地发现的彩陶与彩绘黑皮陶衔接迹象，鳞纹过渡到原始雷纹迹象，红山文化"之字纹"压印纹后期形成的"类篮纹"与真正拍印篮纹衔接迹象；

——从尖腹底罋经过罋鬲（过渡型）到真正由三袋足拼接而成"腹足不分"的鬲的全过程；

——"真鬲"出现后，经过约千年间演化过程，直到西周初期这一带还保留着自己传统特征，腹与袋足间留有清晰界线。

这不仅说明晋文化有其自身传统历史背景，还说明这条北方—中原连接地带既有活跃的民族大熔炉性质，[①]又具有比中原相对稳定的、连绵不断的文化传统特色。秦汉统一前的几千年如此，秦汉统一后的两千年更为明显。

中国文化起源问题、中国文明起源问题、我国统一多民族形成问题、中国文化传统问题的深入探索将永远会给我们以启迪，从野蛮到文明是社会发展史问题，又是我国各族人民曾经实实在在经历过的历史问题。回答

---

① 从距今 5000 年左右，到距今 3000 年左右在河套至曲沃地区，一系列社会文化发展变化均具有明显的聚变特征。

这个问题，第一条，要从我国历史的、现实的实际出发；第二条，要目的明确，为了我们的明天，更为了我们今天的社会需要；第三条，要方法对头，只有应用唯物辩证法才能回答中国历史的辩证发展，只有它才会真正给人们以有益的启示。愿与同行及一切朋友们共勉之！

（根据 1986 年 8 月 4 日《人民日报》海外版记者专访稿改编，原载《东南文化》1988 年第 5 期）

# 试论文明的起源

## 安志敏

（中国社会科学院考古研究所）

### 一

在人类社会发展史上，文明时代是继野蛮时代之后的更高阶段，它不同于物质文明或精神文明的含义，也不是考古学文化的同义语。当今学术界，一般把文明一词，用来指一个氏族制度已然解体而进入有了国家组织的阶级社会，代表着社会发展的一个阶段。至于史前时期的氏族公社还处在野蛮时代，并不能称之为文明。但是，最近国内的一些报刊的报道中，竟把辽宁凌源牛河梁①和甘肃秦安大地湾②的考古发现，说成："这一重大发现使中华文明史提前了一千多年"，"五千年前这里曾存在过一个具有国家雏形的原始文明社会"③，"将中华文明提早了一千多年"④，"甘肃出土五千年殿堂遗址提供了探索中华文明起源和形成的重要线索"⑤ 等等，不仅对这些考古发现的时代及其社会属性造成错误的理解，同时也使文明的概念陷

---

① 辽宁省文物考古研究所：《辽宁牛河梁红山文化"女神庙"与积石冢群发掘简报》，《文物》1986 年第 8 期。

② 甘肃省文物工作队：《甘肃秦安大地湾 901 号房址发掘简报》，《文物》1986 年第 2 期。

③ 《辽西发现五千年前祭坛女神庙积石冢群址》，《光明日报》1986 年 7 月 25 日。

④ 《中华文明发祥地有"四大区域"》，《光明日报》1986 年 9 月 23 日。

⑤ 《甘肃出土五千年前殿堂遗址》，《人民日报》1986 年 8 月 7 日。

于含糊不清。

牛河梁和大地湾遗址是近年来崭新的考古成果，也是我国新石器时代考古的重大发现，但它们仍处在氏族制度的原始社会，还没有进入文明时代。至于有的同志提出"相当红山文化后期的祭坛遗址、牛河梁的'女神庙'遗址以及附近多处积石冢等，说明了我国早在五千年前，已经产生了植基于公社，又凌驾于公社之上的高一级的社会组织形式"①；以及"红山文化坛、庙、冢三种遗迹的发现，代表了我国北方地区史前文化的最高水平，它的社会发展阶段已向前大大跨进了一步，从这里我们已经看到了中华五千年文明的曙光"② 等提法本身就是相互矛盾的，既然承认红山文化属于史前时期，又说成"凌驾于公社之上的高一级的社会组织形式"或"文明的曙光"，事实上已把上述的考古发现统归属于文明时代。更有甚者，还强调什么："中国之大，很难说明什么地方有文明起源，什么地方没有。文明的起源恰似满天星斗一样分布在我国九百六十万平方公里的土地上。"③这种把文明起源看成遍地花，确是前所未有的一种提法，如果能够成立的话，一部中国古代史就需要从头改写，甚至影响到世界古代史的重新认识。不幸的是，这一论点缺乏充分的事实或理论根据，它既不同于目前学术界的一般理解，其基本论点也是值得商榷的。

什么是文明？在人类历史和社会发展史上是个重大的理论问题。因此有必要在这里阐述人们对文明起源的认识过程，同时对当前国内的某些倾向稍加澄清。

## 二

文明一词，在中国古代文献中，最早见于《易经·文言》："天下文明"，《尚书·舜典》："浚哲文明"。但据考证，上述两段引文的出现时代较晚，文明一词恐不能上溯到先秦时代④。现代汉语用它翻译西文中的 Civili-

---

① 苏秉琦：《辽西古文化古城古国——兼谈当前田野考古工作的重点或大课题》，《文物》1986 年第 8 期，43 页。

② 孙守道、郭大顺：《中华五千年文明的曙光》，《人民画报》1986 年第 8 期，5 页。

③ 《中华文明发祥地有"四大区域"》，《光明日报》1986 年 9 月 23 日。

④ 夏鼐：《中国文明的起源》，文物出版社，1985 年，101 页。

zation 一词，这个词源来自拉丁文的 Civitas（城市）①，是指人类社会的发展状态，与野蛮相对而言。按文明一词的出现，在英文中并不太早，大体开始于 18 世纪，从 19 世纪后半广泛应用以来，一百多年来在认识上有了充分的发展。尽管在西方社会科学中还有不同的学派和相异的观点，但对文明的理解却是比较一致的②，有关的论著众多不胜枚举，可举几个主要的例证来说明。

摩尔根（Lewis H. Morgan，1818～1881 年）③ 和恩格斯（Friedrich Engels，1820～1895 年）④，从社会发展史上，将人类社会分为蒙昧、野蛮和文明三个时代⑤，主张人类社会从野蛮的高级阶段，经过文字的发明和应用，铁器的使用，伴随着国家和城市的出现，进入了文明时代。特别是恩格斯还曾经指出"国家是文明社会的概括"，这个有关文明的界说，一直为后来的研究者奉为圭臬。

从考古学遗存上进行论证的，以柴尔德（V. Gordon Childe，1892～1957年）为最早，并提出"城市革命"的论点⑥，以强调文明的特征和作用。

目前在考古学、历史学、人类学和民族学等一系列著作中，大抵以城市、文字、金属器和礼仪性建筑等要素的出现，作为文明的具体标志。尽管在世界各地之间，由于历史、地理、经济和文化上的种种原因，进入文明时代的标志并不整齐划一，但是文明的诞生，就是国家和阶级社会的出现，象征着社会进化史上的一个突破性的质变，这在学术界几乎是没有任何异议的。

关于中国的文明起源，从历史研究的传统观点着眼，一般把夏、商、

---

① Arthur Cotterell（ed.），*The Encyclopedia of Ancient Civilization*. 1980，p. 14.

② 关于文明的认识和发展，可参照 Charles L. Redman，*The Rise of Civilization*. pp. 215～243，1978；Arthur Cotterell（ed.），*The Encyclopedia of Ancient Civilization*. 1980，pp. 12－20；G. Daniel，*The First Civilization*：*The Archaeology of Their Origins*. 1968，pp. 15－35.

③ 摩尔根：《古代社会》，商务印书馆，1971 年，11～27 页。

④ 恩格斯：《家庭私有制和国家的起源》，《马克思恩格斯选集》第四卷，人民出版社，1972年，17～23、154～175 页。

⑤ 蒙昧（Savagery）和野蛮（Barbarism）两词的意义相近，均为野蛮和未开化的意思，仅有程度上的差异。《古代社会》的新译本（摩尔根：《古代社会》，商务印书馆，1971 年，11～27 页），将Savagery 译为"野蛮"，将 Barbarism 译为"开化"，易于同惯用的译法相混淆，故不予采用。

⑥ V. Gordon Childe，*The Most Ancient East*. 1928；*Man Makes Himself*. 1937；*What Happened in History*. 1960.

周的所谓"三代"作为中国文明的具体代表。不过从考古学发现的实证来看，中国文明至迟开始于商代。正像已故夏鼐先生（1910～1985年）所指出的那样："二里头文化同较晚的文化相比较，是直接与二里岗文化，间接与小屯殷代文化，都有前后承继的关系。所以，我们认为至少它的晚期是够得上称为文明，而又有中国文明的一些特征。它如果不是中国文明的开始，也接近于开始点了。比二里头更早的各文化，似乎都属于中国的史前时期"①，而商代已"具有都市、文字和青铜器的三个要素"，表明它已进入灿烂的文明时代。当然随着今后考古学的进展，新的发现或许会把中国文明的起源更加提早，不过像5000年前的红山文化和仰韶文化，显然还处在史前时期，因为牛河梁和大地湾遗址都缺乏商代文明所具备的那些要素。尽管牛河梁遗址有"女神庙"和积石冢群（墓地）的存在，但在50平方千米的范围内，还没有发现人类的居住遗址，在这种情况下尚难于全面地衡量它的社会结构。特别是所谓的"坛、庙、冢结合"②，也不可能解释成："有点类似北京的天坛、太庙和明十三陵"③，因为一处是史前时期的原始社会遗址，另一处是封建社会后期的北京城，两者又如何能对比呢？即使"女神庙"是一处礼仪性建筑，但目前尚未进行全面发掘，建筑的形制和结构也全然不详。所谓"女神庙有主室和侧室，泥塑残块证明有体魄硕大的主神和众星捧月的诸神"④，无非是根据局部迹象来推断的，未必符合实际的情况。何况女像的出现可以早到旧石器时代晚期，神庙的存在也未必是文明的唯一标志。特别是像城市、文字、金属器那些基本要素，在这里也是完全缺乏的，因而像"文明的曙光""文明黎明"或"原始文明"一类的提法，似乎还难以成立。此外，大地湾的F901，虽然规模庞大，结构复杂，胜于同时的其他房址，但还不能认为这座"五千年前殿堂遗址"的发现，"对探索中国文明的起源和形成提供了重要的线索"⑤。事实上这里也同样缺乏文明诞生的那些基本要素，只能表明它仍处在史前时期的原始社会。

---

① 夏鼐：《中国文明的起源》，文物出版社，1985年，96页。

② 苏秉琦：《辽西古文化古城古国——兼谈当前田野考古工作的重点或大课题》，《文物》1986年第8期，43页。

③ 《辽西发现五千年前祭坛女神庙积石冢群址》，《光明日报》1986年7月25日。

④ 《辽西发现五千年前祭坛女神庙积石冢群址》，《光明日报》1986年7月25日。

⑤ 《甘肃出土五千年前殿堂遗址》，《人民日报》1986年8月7日。

总之，问题的关键在于如何理解文明的特殊含义，如果把文明同史前文化混为一谈，那就难以得出正确的答案。正像"然而中国之大，并不只有中原和北方两个古文明中心。中国古文化起源很难说什么地方有，什么地方没有，恰似满天星斗一样分布在我国九百六十万平方公里的土地上"①一段话，如果其中的"古文化"不是出于误排，那就已经把文明和文化混淆在一起了。

<h2 style="text-align:center">三</h2>

关于文明的起源，究竟是一元的还是多元的？是独立诞生的还是相互影响的？历来在学术界有着不同的理解和认识。大体说来，从最初的一元说发展到后来的多元说，既承认独立发生，又不否认相互影响，当然这些变化也是随着考古资料的积累，而不断更新人们的认识。

有些人最初把世界文明的起源看成是一元的，例如传播论的主要鼓吹者史密斯（G. Elliot Smith，1871～1937 年），便把埃及作为文明起源的中心，主张人类的一切文化成就都是由埃及传播过去的②。此外，早在 18 世纪的后半，欧洲的一些汉学家也曾认为中国文明起源于西方。当 1921 年安特生（J. G. Andersson，1874～1960 年）发现仰韶文化的彩陶以后，对于西来说更加推波助澜，但不久连安特生本人也不得不否认西来说的可能性③。时至今日，中国文明独立起源的事实，已为学术界所广泛接受，所谓西来说早已成为历史的陈迹。

随着考古学的发展，人们对文明起源的认识愈来愈深刻，于是多元说也就应运而生了。弗兰克福特（Henri Frankfort，1899～1954 年）于 20 世纪 50 年代提出，在世界范围内独立发展的文明只有三处，即近东（埃及、两河流域）、中国和南美④。丹尼尔（Glyn Daniel）则认为全世界最古老的独立发展的是六大文明，即两河流域、埃及、印度、中国、墨西哥和秘鲁⑤。

---

① 魏亚南：《中华文明史的新曙光——就辽西考古新发现访考古学家苏秉琦》，《人民日报》（海外版）1986 年 8 月 4 日；又载《新华文摘》1986 年第 10 期，86 页。

② G. E. Smith, *The Migrations of Early Culture.* 1929.

③ J. G. Andersson, *Researches into the Prehistory of the Chinese*, 1943, p. 291.

④ Henri Frankfort, *The Birth of Civilization in the Near East.* 1951, p. 15.

⑤ G. Daniel, *The First Civilization: The Archaeology of Their Origins.* 1968, p. 24.

最近《古代文明百科全书》的编者科特雷尔（Arthur Cotterell）又把全世界的古代文明划分成埃及、西亚、印度、欧洲、中国和美洲六个地区①。此外，还有各种不同的说法，尽管各家的划分标准不甚一致，但都承认世界上存在着不同的文明发祥地，既是独立发生的，又经过相互影响而逐渐扩大文明的领域，并从不同的传统上影响了人类历史的发展。

作为世界文明古国之一的中国，当然有着自己的发祥地，一般把黄河流域视作中国文明的摇篮。从历史上看，夏、商、周首先在这里建立了阶级国家，为长期的集权统治奠定了基础。从考古发现上证实，商、周遗存也以这里最为集中，特别是商代文明继承史前文化的脉络尤为清晰可鉴，因此黄河流域的中原地区，无疑是中国文明的发祥地，并且很快地扩展到长江中下游以及更广阔的地带，但周围的某些地区直到较晚的时候才逐渐结束氏族制度，这种发展上的不平衡性是客观存在的。可见商周文明的出现，不仅标志了早期国家的诞生，随着疆域和影响的不断扩大，还起着逐渐统一的作用，后来的历代王朝也基本承袭了这一历史传统。我们并不排除中国文明的起源可能更早，或许有着不同的来源，但这些问题还有待于深入探索。但目前的一些论点，显然不足以反驳中原地区在文明起源上的重要地位，以及商周文明在统一上所做出的历史贡献。

至于"满天星斗"说或"四大区域"说所提出的，中国文明起源在全国土地上的实质，不过是否认中国文明起源于黄河流域，并忽视商周国家的历史作用。无论从历史记载和考古发现上都不能否认这样的事实，即商周文明是立足于中原地区而发展壮大的，虽然在发展过程中也吸收了其他地区的文化要素，毕竟在当时已成为最先进的文明核心，根本不存在什么"表现为过分夸大中原文化，贬低了北方古文化"②的可能性，所谓"辽西发现只是开了个头。而这个开头使我们掌握了解开长城地带文化发展脉络的手段，并且找到了联结我国中原与欧亚大陆北部广大地区的中心环节，

① Arthur Cotterell（ed.），*The Encyclopedia of Ancient Civilization*. 1980，p. 8. 按：本书所收的六个古代文明地区，其年代的上下限颇不一致。中国部分包括了商代至西晋（公元前 17 世纪～公元 316 年）。

② 魏亚南：《中华文明史的新曙光——就辽西考古新发现访考古学家苏秉琦》，《人民日报》（海外版）1986 年 8 月 4 日；又载《新华文摘》1986 年第 10 期，85 页。

认识到以燕山南北、长城地带为重心的北方古文化在我国古代文明缔造史上的特殊地位和作用"①。但事实并非如此，像牛河梁一类遗址尚处在史前时期，同中原地区的商周文明缺乏直接的文化联系，在年代上也有较大的差距，如何能作为文明的发祥地来对待呢？长城地带的文化发展脉络并不甚清楚，也无法同商周文明相提并论。那么，"联结我国中原与欧亚大陆北部广大地区的中心环节"，只能是一句不着边际的空话。至于所做的进一步解释："从文化传统上看，我国统一的多民族国家形成的一连串问题之所以集中地反映在这一北方地区；秦及秦以后，从'五胡乱华'到辽、金、元、明、清，许多历史的'重头戏'，也都在这个舞台上演出，不能不说与北方古文化传统特点有关"②，更是站不住脚的，因为统一的多民族国家的形成比较晚近，同文明起源根本扯不到一起；所举的北方地区的"舞台"，依然没有离开黄河流域；什么是"北方古文化传统的特点"，尤其含混不清。这些论点的本身便相当脆弱，无从证明古代北方和中原地区是并驾齐驱的两个文明发祥地。最后的结论更加牵强附会："几千年来，中华民族之所以始终屹立在东方，窝里反反不了，外来打打不进，即使在最落后的时代，侵略者也无法将其灭亡；国内南北战争，军阀割据，战乱如何频仍，最终总要归于统一，这是与满天星斗一样的文明起源有密切关系的。如果文明起源像一根蜡烛那样一吹就灭；我们的国家和民族就不会是这个样子。"③ 所谓"满天星斗一样的文明起源"的重要性竟达到匪夷所思的程度，令人难以理解。

如果说中国 960 万平方千米的土地上都是文明的发祥地，据此推而广之，在全世界范围内也应当遍地皆是了。那么文明的起源还有什么意义呢？世界历史还会发展成今天这个样子吗？所以"满天星斗"说，只能是虚无缥缈的幻想，并不符合历史发展的实际。关于中国的文明起源是个重要的理论课题，许多问题还有待于深入探讨。如果不从实际出发，片面夸大某

---

① 魏亚南：《中华文明史的新曙光——就辽西考古新发现访考古学家苏秉琦》，《人民日报》（海外版）1986 年 8 月 4 日；又载《新华文摘》1986 年第 10 期，86 页。

② 魏亚南：《中华文明史的新曙光——就辽西考古新发现访考古学家苏秉琦》，《人民日报》（海外版）1986 年 8 月 4 日；又载《新华文摘》1986 年第 10 期，86 页。

③ 魏亚南：《中华文明史的新曙光——就辽西考古新发现访考古学家苏秉琦》，《人民日报》（海外版）1986 年 8 月 4 日；又载《新华文摘》1986 年第 10 期，86 页。

些发现在文明起源上的作用，那是没有任何意义的。

## 四

从野蛮到文明是人类社会发展的必然规律，文明的诞生是一种质变的飞跃，同时在世界上也有着不同的中心，并不断地交互影响。虽然学术界对于文明起源尚有不同的观点，但对有关的概念及其社会意义却有着比较一致的认识。至于目前国内所出现的把中华文明提早到5000年和遍地都是文明发祥地的提法，既不符合历史实际，在理论上也是难以成立的。那么，模糊文明的概念和大肆宣扬的后果，势必造成一定的混乱，这些是亟须予以澄清的。

文明的诞生，主要由于本身的发展，并不排斥在发展过程中接受外来的影响。中国的商代文明是在河南龙山文化的基础上发展而成的，同时也吸收了其他地区史前文化的一些因素。它是黄河流域首先出现的阶级国家，已拥有城市，应用文字和金属器，形成文明发祥中心，并逐渐向周围地区扩大其影响。嗣后在古代中国的发展过程中，长期以中原地区为核心，是有它的历史渊源的。那种把文明发祥地视作"满天星斗"的提法，无论从历史或考古上都缺乏充分的事实或理论根据。

中国是世界文明古国之一，它的诞生和发展，对于了解人类历史规律有着重要的意义，特别是"这三十年来中国考古学的飞跃的进展，使研究世界古代文明史的学者们对于全球性的理论问题提出新看法或修改旧看法的时候都要把中国考古学的新成果考虑进去"①。因此研究世界古代史，不能不涉及中国史，同时研究中国古代史，也不能不涉及世界史，只有相辅相成，才能更好地阐明社会发展史的基本理论。关于中国文明的起源，当然还有不少问题需要进一步研究。不过对于已经明确的历史规律和约定俗成的基本概念，必须给予充分的理解和尊重，那种别出心裁的轻率推断，只会增加理论上的混乱，这是我们必须加以反对的。

（原载《考古》1987年第5期）

---

① 中国社会科学院考古研究所：《新中国的考古发现和研究》，文物出版社，1984年，3页。

# 中国文明起源研讨会纪要

（1991 年 11 月 27～30 日）

考古编辑部

（中国社会科学院考古研究所）

**徐苹芳**（中国社会科学院考古研究所所长、研究员）：1990 年考古所文明起源课题组的五位同志到浙江、上海、江苏、辽宁，对良渚文化和红山文化的重大发现进行学术考察。今年考古所邀请上述四省（市）的学者，对考古所的陶寺、二里头、偃师商城、安阳殷墟等考古遗址作学术考察，也可以说是"回访"。在考察的过程中承山西省文物考古研究所、河南省文物考古研究所和北京大学的厚意，顺访了襄汾丁村、垣曲古城、曲沃曲村、侯马、三门峡各地。在这些考察的基础上，在北京举行这个研讨会。根据参加研讨会的各位学者的意见，这次研讨会拟定了三个议题：①关于文明的概念和因素，②中国古代文明起源的特点和模式，③文明起源研究在中国考古学中的地位和今后探索的途径。为了搞好这次研讨会，在考察中考古所有关各考古队，无保留地提供了全部资料。为了考古事业和学科的发展，学者之间的学术交流在资料上应是无保留的，当然资料的发表著作权，还是应按著作权法实施。中国文明起源的课题是中国考古学上的大课题，也是中国古代史上的重要课题，有着重要的理论意义和现实意义。希望这次研讨会本着"百花齐放，百家争鸣"的方针，畅叙己见，共同切磋。

**苏秉琦**（中国考古学会理事长、中国社会科学院考古研究所研究员）：

这次研讨会日程安排紧，大家辛苦了，没来得及喘息。同志们可放松神经，听我讲话，代替休息。

讲话无题，又有题，可名《题解》，即对课题的解释、理解。

这是继续同志们在一路参观中提出的问题，谈我的理解。研讨会就是大家研究、讨论。不像"学会"，那是"以文会友"；也不像学校的"Seminar"（课堂讨论），那是由教师领导的。我们是大家出题，大家发表议论。日程安排最后有个总结，叫闭幕词。我看有个闭幕词也就够了。真正的总结是今后的实际工作，或工作取得成果之后。研讨会的结果，我意，取得某些共识是主要的。叫结论也可，不过，那是要大家同意才算数。

讲话不是无的放矢。前天（11月25日）苹芳同志转告我，同志们在考察途中对会议的议题曾议论过。所以，会前取得一些共识，对开好这次会是必要的。不知妥否？

对于"文明起源问题"，这次研讨会不要在"文明"或"文明因素"的概念上转圈子，花费过多的精力，而应在理论联系实际的基础上取得一些共识。

文明起源，我意就等于恩格斯《家庭、私有制和国家的起源》（简称《起源》）的另一种简化的提法。它是马克思主义哲学的组成部分。恩格斯在其《起源》中沿用了摩尔根《古代社会》一书的"文明"一词，还在书末不加改变地引用了摩尔根《古代社会》的一段作为结语。那是由于当时的具体情况，用他的原话说，"可惜我没有时间做这个工作了"。

其实"文明起源"的确切含义，恩格斯的书名已经很清楚地表达出来了，指的就是家庭、私有制和国家的起源。全部人类历史的中国分界线不就是这些吗？作为革命导师，19世纪80年代谆谆提醒人们的不就是为了说明，私有制和国家都不过是人类历史的、有条件的，一种阶段性现象，并非永恒的真理。恩格斯讲得非常明确，我们不应对其含义有何怀疑，也无须在概念上多花时间推敲。

现在，需要我们进一步取得共识的是中国文明起源问题。

这个问题，远在中国考古学这门学科创建初期，就被一些进步学者提出了。郭沫若在1929年写的《中国古代社会研究》一书《自序》中说，"本书的性质可以说就是恩格斯的《家庭、私有制和国家的起源》的续篇"。

而他写这部书的目的则是"对于未来社会的待望逼迫着我们不能不生出清算过往社会的要求。目前虽然是'风雨如晦'之时,然而也正是我们'鸡鸣不已'的时候"①。这话说得多么透彻、令人鼓舞!

"《起源》的续篇",确切地讲,却不像证明殷商是奴隶制社会那样容易。关于中国文明起源,中国考古学者经过几代人的探索才找到开启这道大问题的钥匙。这个占人类近1/4、有着56个民族的文明古国、世界文明中心之一的来头,犹如长江、大河,源远流长,怎能像单枝独苗、一语破的、一下子梳理得一清二楚?路的艰难曲折,是始料所不及的。现在已有的,一是阶段性的成果,二是今后一个时期的初步规划设想。半个多世纪的过程,不好细讲。几个大的转折点,当前的立足点,今天的起跑线,不太遥远的目标也已大致清楚,已初具轮廓,不再是漫无边际了。关于这些,我在1989、1991年两次中国考古学会年会的闭幕词中讲到一些,可供参考;三篇"重建"文章也可供参阅②。

**纪仲庆**(南京博物院研究员):中国古代文明起源问题,是近年来我国考古界的一个热门话题。最近我就这个问题做过一些思考,有些不成熟的想法,提出来向大家请教,算是抛砖引玉吧!

关于文明起源的概念或定义,如果从人类社会到了原始公社制末期,由于生产力的进一步发展,贫富的分化,阶级的分化,阶级矛盾的激化,最后导致国家的出现,文明也就诞生了。这大致是没有什么争议的。但是仅仅按照这么一个原则上的认识,要去解决考古学上所遇到的各种各样的实际问题,那是远远不够的。多年来各国的考古学家和人类学家都试图为文明起源下一个定义,但至今仍没有一个统一的认识。有的西方学者说,有多少考古学家,就有多少关于文明起源的定义,这话虽然不免过分夸张,但的确说明了在考古界对于文明起源还没有一个普遍认可的定义。

所谓文明起源的定义,就是概括地阐明人类社会进入到文明时代所必须具备的若干条件或要素。而认识上的分歧,除了对所列举的要素项目上

---

① 郭沫若:《中国古代社会研究》,群益出版社,1947年,5~6页。

② 苏秉琦:《重建中国古史远古时代》,《史学史研究》1991年第3期;苏秉琦:《关于重建中国史前史的思考》,《考古》1991年第12期;苏秉琦:《重建中的中国史前史》,《百科知识》1991年第3期。

有所不同外，在同一要素的强调程度上，也有差异。这样就会导致在研究同一对象的时候，产生截然不同的结论。

综合考古界各家提出的文明诸要素，大致有如下几点：（1）城市的出现；（2）文字的书写；（3）冶金术和金属工具的使用；（4）密集型的农业；（5）宗教的统一力量；（6）礼仪性的建筑等。

当然，世界上各民族，在具备什么样的条件下开始步入文明社会，是不尽相同的。有些民族并不一定要具备这样或那样的要素，就已经进入了文明社会。但就中国的实际历史进程来看，这些要素都应该予以考虑。此外还应该注意的是，任何一种要素都有其发生、发展和成熟的过程，而这一点往往会被人们所忽略。

首先关于城市的出现问题。城市的形成有一个发展过程，有了城垣并不一定标示着真正意义上的城市的出现。在原始公社时期，人们为了防御洪水和猛兽，也可以在聚落周围筑起类似城垣的寨墙；由于掠夺战争的频繁发生，就可能出现单纯的军事性质的城堡，以便敌人来犯时躲进城堡抗击敌人。作为文明要素的城市，应该具有一定的规模（克拉孔认为要有5000人以上的人口，可供参考），是统治阶级集中居住和从事活动的地方，是一定地域范围内的政治、经济和文化的中心。有了这样的大城市，我相信就应该到了文明时代。当然，出现了大城市，并不等于小城市就消失了，在早期文明社会中的"都、邑、聚"的格局也应是客观存在。我觉得在古代文明的考古学探索中，似应更加注重于大型城址的发掘和解剖，了解其规模、布局和各类遗存，以确定其性质。

文字的出现是人类历史上的一件大事。文献记载仓颉造字时"天雨粟，鬼皆夜哭"，说明文字的发明是一件惊天地、泣鬼神的大事。国外有的学者把文字的书写放在文明诸要素的首位，并不是没有道理的。文字出现的最大作用是在人类沟通思想、传递信息方面，扩大和延长了时间和空间范围。它可以用于法典和历史事件的记录而传之后世，可将国王的旨意传递到全国各地，可以用来在商人之间订立契约或书信往来，总之，文字是复杂社会赖以存在的、不可或缺的工具。但是作为文明要素的文字，应该是一种比较成熟的文字。首先它应在相当范围的人群中得到通行和认可，其次它应该能比较完整地、系统地表达人们的思想。因此作为文明要素的文字，至少要发展到"辞章"阶段，而不仅仅是一种简单的刻划符号或带有符号性质的单字。

冶金术和金属工具的使用，是人类生产力发展进入一个新阶段的标志。但它在促进文明的进程中的作用到底有多大，要做具体分析。我国到了商代以后，青铜器铸造才达到了成熟阶段。大规模的青铜铸造需要强有力的社会组织力量，而且它的出现也促进了相应手工业的发展。但我们也应注意到，商周时期的青铜器主要是作为礼器和兵器来使用的，手工业工具很少，农业上基本上还是使用石器。青铜器的使用在促进农业生产发展上的作用是微不足道的。因此对于龙山文化和齐家文化遗址中发现的少量小件青铜器，虽然应予重视，但对其作用不应过分强调，更不能简单地和文明挂钩。

国外有的学者把密集型（或集合型）农业的出现作为文明要素之一，我认为这在我国也是适用的。农业的发展与我国文明的起源有很密切的关系。我国的中心地区黄河和长江流域，均是以农业生产为主。农业食物的生产必须要有足够的盈余，才能使手工业者、巫师以及从事公共事务管理的人，从农业中分离出来。但农业的分散经营，其生产力的发展是有一定限度的，要进一步发展农业，就有赖于集合型农业的出现。这里所讲的集合型农业，并非指集体的耕作和收获，而是指耕地相对集中，并出现了统一管理水利灌溉系统的组织力量。在研究中国文明起源问题上，我觉得在对我国古代的水患和治理水患的考察上，应给予足够的重视。良渚文化和山东龙山文化之所以突然由盛极而衰落，不少人以为与当时的特大水患有关，也并非没有道理。大禹治水的古史传说，也应该有一定的历史依据。中原地区夏商文明社会得以迅速形成，应与当时水利事业的发展有关。当然，从考古上如何去发现当时的水利系统，确非易事。

关于宗教和文明起源的关系问题。宗教发展到什么程度才能与文明挂钩呢？国外有学者提出了"宗教的统一力量"。我以为"统一力量"这个词汇很重要。即宗教在这时已发展为一个广大地域范围内的统一力量，由领袖人物加以控制，代表了统治阶级的利益，对人民进行精神统治的工具。历史记载帝颛顼"命重黎绝地天通"，这在中国古史上是一件大事。说明这一时期不仅代表神权的祭司阶层已经形成，而且更加重要的是王权已凌驾于神权之上。因此我觉得在考古上所发现的某些与宗教有关的遗迹，尽管它可能是某种"神庙"，或反映了"祭司"阶层的出现，但是否就标志着进入了文明时代，确实是一个需要慎重对待的问题。

最后是礼仪性建筑问题。宫殿、宗庙、祭坛、陵寝都可以看作是礼仪性建筑，是早期文明社会的重要标志，这方面我不想多说了。我们已发现的新石器时代晚期城址中，有没有这一类的建筑遗迹，现在还不知道，还需要进一步做工作。

我讲的这些要素，根据目前的考古发现，似乎只有殷墟基本上都具备了。当然我并不是说在龙山文化、良渚文化、红山文化时期，不存在进入文明社会的可能。只是根据目前的资料，尚不足以做出肯定的结论而已。

**任式楠**（中国社会科学院考古研究所第一研究室副主任、研究员）：我谈三个问题。

一、关于文明起源的含义

文明起源的时限，应包括文明诸因素的孕育、发展以至成熟分娩，最终文明时代诞生（或曰文明社会形成）。它是由量变、渐变到质变、飞跃，经历了相当漫长和复杂多变的历史过程。

恩格斯精辟地指出："国家是文明社会的概括。"文明起源的实质，就是在原始社会废墟上，氏族制度解体，在相当水平的物质生产和精神生产的基础上，建立了国家组织而进入对抗性阶级社会的这一历史进程。它是从原始共产制到私有制生产方式本质性的更替，也就是社会形态的整体转变。

二、探讨我国早期文明时代的标志

历史上的第一个文明社会是奴隶制文明时代，其时空上的存在有普遍性。就是说，文明时代作为社会发展的一个阶段，只要具备一定条件，生产力与生产关系相互作用的结果，便会由氏族制原始社会跨入奴隶制文明时代。文明中心则是另一个概念，需具备更高的条件。无论世界和中国，都是如此。并不是四周皆"野蛮"唯有中心才"文明"。在中国基本上同时或略有先后进入早期文明社会的地区，远不会是一两处，文明发祥地是多源的；而中国古文明的中心是在广义的中原地区。我国中原古文明中心吸收、凝聚、融合了中华诸文明社会地区之精华，加以发展、推进，又向四外辐射影响。奴隶制文明社会也有一个发展过程和水平高低的差别。有两层意思，一是指同一个奴隶制文明社会由小到大、从初级到高度发展，无疑是有变化的。二是指在同一时期的几个奴隶制文明社会，总体发展水平上会出现差别；但即使总体上有高低之差的情况，双方往往会在局部领域相反地存在优劣、长短或有无，以致产生互补性。

从考古学上，透过实物资料所能反映的，哪些可作为早期文明社会的基本标志呢？除一般文明必备的标志外，中国古文明又有什么自身的特点和个性呢？现初步归纳为以下五个方面。

1. 与人民大众分离的公共权力的确立。与全体固定成员相脱离的特殊的公共权力，就是国家在形式方面的特征，国家的本质特征则是阶级压迫。这种公共权力的物化形态表现在较多地方，例如：①奴隶制国家公共权力的最高代表者是国王。"王"字源本像斧、钺之形。玉钺、铜钺中的突出者，有的是军事统率权的象征物，有的甚至可能为王权的象征物。王陵更是直接的物证。②成批的武器。公共权力的主体就是武装起来的军队。"国之大事，在祀与戎"。③宫殿、官署，统治者发号施令的场所，往往有大面积夯土基址的土木建筑。④都邑（国邑、城邑）的出现。这绝不是居住形态的自然变化，而是在政治力量驱使下营建的社会工程。先秦文献中，国常指都城。《礼记·礼运》："天子所都曰国"。国、或古字相通，或即国之初文，意指用武力保卫疆土安全。《左传·庄公二十八年》："凡邑有宗庙先君之主曰都，无曰邑。"至于"都"有无城墙，关系不大，均可称都城。中国早期都城关键是集中体现政治中心和宗教中心。大型手工业作坊基本上是为王室贵族服务的，都城的手工业经济地位不能与上述两个中心相提并论，民间商业交换也不发达。中国最初的都邑主要作为统治阶级建立和实施政治权力的基地，与后来经济地位显要、商品货币关系发达的严格意义上的城市、都市有所差别。更不能简单套用西方"城市革命"的诸多标准。

2. 以阶级对立为核心的社会分层现象。社会分裂，从根本上说就是出现了占有劳动力和劳动力被占有两种社会现象。劳动力的占有者自然也就成了剩余产品的占有者和社会财富的支配者。常见的是从墓葬布局、规格、棺椁、随葬品等反映出来，还有人殉、人牲制度等。当然，刚从原始社会脱胎出来的早期国家，阶级对立部分尚未充分发展起来，到处残存血缘氏族制的痕迹，尤其在王都与普通居民点，阶级对立的表现程度当不尽相同。

3. 较复杂的礼仪制度和为王权服务的宗教力量的形成。《礼记·礼运》中比较了"大同"与"小康"的不同，认为小康时代"大人世及以为礼，城郭沟池以为固，礼义以为纪"。在以私有制为基础的阶级社会，通过一套礼仪制度，一定程度上可维护和巩固统治秩序。按古文字学家考释甲骨文"礼"字，就是在鼓乐声中以玉为敬礼求福的主要"礼"品。玉礼器先于青铜礼器而成为早期礼器的阶段性代表。系列化的玉礼器可视为中国早期文明的指示物之一。礼仪中心建筑的出现，特别是宗庙，成为王都所在地的重要标记。还有崇奉主神的大型祭祀遗迹。人间的等级与神世界等级相对应，借宗教行为加强政治权力。

4. 文字系统。强调文字记载，以此作为"史前史""有史以前"和"成文史"的分界。在《共产党宣言》《家庭、私有制和国家的起源》等著作中都有上述用语。在中华原生古文明中必有文字，肯定还有早于殷代的古文字存在。但因早期文明社会掌握和使用文字的范围甚窄，即使在王都也不可能处处出土文字资料，倘能在都邑以外的地方偶见个别文字，便很难得，应予重视。

5. 青铜铸造和玉雕业的兴盛。以多块陶范内模浇铸铜器和玉雕的发达，具有中国文明的个性。这两个密集型劳动部门，专业化分工强，集中体现了工艺生产的高超水平，代表了物质文化的时代性尖端成就。另一方面它是为社会政治服务的，渗透了强烈的观念形态。

三、良渚文化中、晚期遗存当已进入方国文明时代。二里头文化的发展水平不像是中国文明时代的开端。综观龙山时代各个文化中的发现，已有相当突出的迹象。现以中晚期的良渚文化为例，试作简析。良渚镇一带的遗址群，在一定地域范围内居于中心的地位。其中包括几个区域，比如专辟有贵族墓地。良渚文化多座墓中发现人殉现象。反山几座大墓内，有一件精致玉钺，当属墓主生前掌用之物。同墓还有十多件、二十多件石钺，与玉钺质量不同，在墓里放置部位也有别。其墓主不会仅是一个武士，众多石钺也不可能一人独用（王明达插话：我提供一些材料。反山14号墓有24件石钺，20号墓有26件石钺。今年挖的汇观山4号墓出土1件玉钺和48件石钺，是迄今所见一墓出土石钺最多的一座墓）。这种重要现象当可说明随从亲兵制的存在，经过某种葬仪放入亲兵的武器，既表示亲兵对首长的忠诚，又表示首长死后仍在继续统率。若此，这种随从亲兵已与氏族社会血缘居民集体自卫性的武装根本不同，成了凌驾于部落之上的特殊的武装力量。吴县澄湖、上海马桥、昆山太史淀等地，都在陶器上发现了文字。良渚中、晚期的成批玉器，已是早期礼器和礼仪制度的代表物。特别是玉琮和其他配套组装的玉器件，制作专业化，形制纹饰规范化，作用上富含政治性宗教性象征意义。神人形象的标准化，意味着广大区域内已被人们共同崇奉，是主神。统一的神是因有相应的王的存在并加以神圣化的结果。这时已借助宗教作为加强政治统治的一种途径。《左传·哀公七年》记载"禹会诸侯于涂山，执玉帛者万国"。反映存在"邦国""方国"的史实。这种方国文明应是中国文明时代始创期的普遍形式，良渚文化中期以后即处于方国文明时代。

**杨锡璋**（中国社会科学院考古研究所第二研究室副主任、研究员）：在讨论中国文明起源问题时，对文明的概念应有一个共识或较接近的看法，这样才能有一个讨论的基础。

关于文明的概念，最早是由摩尔根于 1877 年在其《古代社会》一书中提出来的，他把人类社会划分为蒙昧、野蛮和文明三个阶段，他认为"文明社会始于标音文字的使用和文献记载的出现"。给人的印象，文字即是文明社会的标志，但由其全书的叙述看，他的重点是讨论社会组织的变化，即由基于血缘和亲属原则结成的社会向基于功能和居住原则的政治组织的转变，以及与各进化阶段相适应的社会生产力的发展。

根据摩尔根的著作及马克思关于《古代社会》一书的笔记，恩格斯写了《家庭、私有制和国家的起源》（1884 年）一书，他用经济条件的变化来解释社会由一个阶段向另一个阶段转化的原因，在《野蛮时代和文明时代》一章中讨论了由野蛮向文明转变的过程。特别强调分工的加强和巩固的作用。社会阶级和国家的出现是恩格斯文明进程的核心，他认为，国家是文明的概括。

在摩尔根和恩格斯的书中，由于条件的限制，很少用考古材料。但在 19 世纪末到 20 世纪初的半个世纪中，在西亚和北非的大规模的考古发掘，使考古学家可利用考古材料来探讨文明的起源问题。20 世纪 30 年代，英国考古学家柴尔德用考古材料考察西亚、北非地区文明出现的进程，其焦点是"城市革命"。在其1936年出版的《人类创造了自己》（中文译名《远古文化史》）一书中即讨论了这一问题。该书描绘了文明出现以前村社中的农民如何开始组成较大和较复杂的文明社会的过程。他发现，城市是与摩尔根作为文明社会标志的文字同时出现的。据此，柴尔德演释出了一套文明的标准。

目前，在讨论文明起源时，常把城市、青铜器和文字作为文明的三要素，这是根据西亚文明化的进程提出来的，它不一定有普遍意义。如众周知，世界上有五个地区是独立进入文明社会的，即原生国家（西亚、埃及、中国、中美和南美）。但是，中国的城市内涵不同于西亚，有人把埃及称为没有城市的文明，中美在进入文明时尚未使用青铜器，而南美的印加文明则没有文字，用结绳记事。

按某些学者的意见，人类社会曾经历过三次大革命，即农业革命、城市革命和工业革命，前二者与考古研究有关。农业革命是人类由采集、狩猎经济向定居的农业经济转变的过程，是人类改造和利用自然的结果，这是人与环境关系的变化。城市革命即文明的出现，即由平等的社会向有阶级的不平等社会的转化，由氏族社会向国家社会的过渡，与农业革命不同，它是人与人关系的变化。由此可见，在讨论文明起源时，应着重于人际关系变化这一方面。

判断一个社会进入文明的标志是：农业生产已达到不仅可供直接生产者的需要，而且有剩余；有一个用强制手段管理和组织一定地域内人群的权力和机构（即靠暴力支持的政府）；在这地域内有不同类型的居住地，有不同层次的管理者，权力机构对食物、原料和奢侈品有再分配的权力；有一批脱离直接生产的专业人员，如手工业匠人、商人、官员、军人和巫师等。

现在，我们来看看中原地区是何时进入文明社会的。

公元前第三千年末到第二千年初是中原地区社会大变革的时代。这一时期大致与龙山文化相当，在其以前是仰韶文化，以后是相当于二里头遗址文化的时期。大多数学者认为，仰韶文化是氏族社会时期，而二里头阶段已进入文明时期，龙山文化则是一个有争议的时期。

如果我们把仰韶文化与二里头遗址反映的社会情况比较一下，其间的区别是很明显的。例如，在聚落形态方面，仰韶文化的居民居住在规模大致相同的圆形房屋内，这些房子有规律的分布着，中间则是几座作公共活动场所用的长屋，居住地外围以壕沟，沟外分布着墓葬。墓葬的大小大致相近，随葬一些陶器和石器，其多寡虽不完全相同，但也无明显差别，显示了氏族社会一派平等的景象。再看一看二里头遗址的情况。遗址内有大型夯土基址，有中型居住地，有半地穴式房屋。至于墓葬，有随葬青铜器和玉器的墓，有随葬几件陶器的墓，还有一无所有的墓和乱葬坑。居住地和墓葬都反映这是一个阶级对立的不平等的社会。如何由平等的氏族社会进入不平等的文明社会，龙山文化是一个关键时期。

恩格斯说，国家是文明社会的概括，是阶级矛盾不可调和的产物。由无阶级到出现阶级以至发展到不可调和，这是一个向文明社会迈进的过程。龙山文化处在这一过程的哪一个点上呢？

从聚落形态看，由于战争和掠夺的出现，中原龙山文化时期已有城址和围墙。如淮阳平粮台的城墙，每边长 185 米，墙基宽 13 米，城内有长十几米的建筑基址。登封王城岗和安阳后冈则有每边近 100 米、墙基厚约 4 米的土围子式的围墙，在后冈和白营遗址内，都是圆形的白灰面建筑，排列整齐，规模大致相同。中原龙山文化时期的墓葬，只山西襄汾陶寺墓地的揭露面积较大，发掘了约 1300 座，可分大、中、小三型。大型墓占约 1.3%；中型墓占约 11%，都有许多随葬品；小型墓占 87%，没有或很少有随葬品。

从中原龙山文化的聚落形态看，已可分出中心和次中心等不同等级，既有大的城址，也有中等的土围子式的居民点，也有无墙的村落。由后冈及白营遗址内房屋的规模及分布情况看，还保持着氏族社会的平等的景象；陶寺墓地的情况，反映了这时社会中已分成了不同的等级，但还没有出现"王"这样的单独的墓地。从陶寺的中型墓围着大型墓埋葬看，说明两者有着紧密的血缘关系，氏族或部落酋长与其有着不同亲疏关系的成员埋在一起。从中型墓中大部分随葬有石钺看，一个围绕在部落领袖周围的武士集团正在形成中。

由以上情况看，中原龙山文化正处在社会大变革的时代，即我们常说的英雄时代，这时阶级矛盾已日益尖锐化，但还没有冲破氏族组织的樊篱，它正处在文明社会的大门口，尚未进入作为文明概括的国家社会。

**邵望平**（中国社会科学院考古研究所研究员）：我们这次研讨会的命题包括相互联系又相互区别的三层概念，即"文明""文明起源"和"中国文明的起源"。我想先谈谈对有关"文明"的马克思主义权威性论述的理解以及考古学如何承担这一重大课题研究任务的看法。

人类社会从野蛮进入文明是一场全面性巨变。表现在社会生产上，由"学会靠人类的活动来增加天然产物生产的方法的时期"进步为"学会对天然产物进一步加工的时期，是真正的工业和艺术产生的时期"（引号内为《家庭、私有制和国家的起源》文，下同）；经济结构上，从以自然分工、共同劳动、平均分配的原始共产制为经济基础变为以随社会大分工而来并逐步得到充分发展的私有制、奴隶制为社会经济基础；社会结构上，从以血缘为纽带、平等的氏族制度发展出以阶级对立为基础的金字塔式多层社会结构，最终导致国家的出现；在上层建筑意识形态领域里，出现了维护新社会"秩序"的礼制、法制，"幼稚的宗教观念"随之蜕变，卑劣的贪欲成为社会的动力，个人财富的追求成为"唯一的、具有决定意义的目的"；家庭形态上出现了父权家长制家庭……而三大差别则是这一社会、经济结构巨变的直接后果。一句话："国家是文明时代的概括"。

而文明起源则是指上述那些与氏族制度及其经济基础、上层建筑相对抗的社会因素萌发、积累、渐变的历程，文明社会的形成是这一历程突变的结果。

"文字的发明及其应用于文献记录"使野蛮时代过渡为文明时代。所以，对文明起源的研究，不得不主要依靠发掘的遗存，因而成为我们的考古学的天职。一般说来，考古遗存能反映社会、经济发展的大致状况，甚至可分析出家庭形态来，但相当多的资料却未必能说明其赖以产生的确切的社会背景。如，许多墓葬材料可反映阶级分化与对立，但未必能说明当时阶级对立已否达到不可调和的程度，已否跨进了"文明的门槛"？于是，一些中外学者主张城市、文字、青铜器作为文明门槛的三要素。我认为，这三者当然可视作文明因素，但不必指为缺一不可的要素。三者之外的遗存，若被判明是只有在社会大分裂，少数统治者占有大多数财富的条件下，只能在有"第三种力量"支配下为少数人生产的产品，或能充分体现文明社会秩序——礼制、法制的遗存都可视为文明因素，甚至作为进入文明社会的标志。

从理论上区分野蛮与文明的社会界线较清楚，但历史是一个连续的过程，不易一刀切，若要结合有限的考古资料来判明"文明门槛"内外，就更加不易了。

关于中国文明起源的研究，我想谈六点：

一、夏商文明已是相当发达的原生文明，它的形成既是以中原为中心的更是多源的。黄河长江两河流域及部分周围地区早已存在的各历史文化区系是夏商文明的源泉和基地，其间的社会经济文化发展大体同步。文明因素的萌发当在公元前5000～前4500年间，亦即氏族制度由鼎盛转向衰落的时间。公元前3000年前后，各区系稍有早迟地进入龙山时代，随社会的发展及军事的兼并，各区系最初出现的是一些跨越若干自然聚落但范围又不是很大的社会实体，它虽未必具备完善的国家机器，却已是矗立于氏族制度废墟上的新的金字塔式社会结构。如泰安大汶口中晚期墓地所示，其规模及内涵绝非任何一个原始自然聚落所能拥有。现今一县之境必能存在数个如此规模的墓地。这一历史进程虽尚不清晰，但却必定是存在过的。此后这种团聚与兼并有增无已，逐步导致都、邑的出现。约在公元前2500年，进入邦国时代。众邦之中必有较强大、更强大和最强大者居于盟主、宗主的地位。东有九夷、夏有万邦当视为这种数量可观的邦国存在的反映。也许正是在这一意义上，苏秉琦先生把中国文明的起源形象地比喻为满天星斗。

二、公元前3000年良渚文化那种刻有细如毫发、复杂规范化神兽纹的玉礼器，绝非出自野蛮人之手，它必定是在凌驾于社会之上的第三种力量支配下，由专职工师匠人为少数统治阶级而制作的文明产物。由于同类玉礼器分布于太湖周围甚至更大的一定地区，或可认为该区存在着一个，甚至数个同宗、同盟、同礼制、同意识的多层金字塔式社会结构或是邦国集团。

三、陶寺墓地所显示的葬仪表明礼制的成熟。大墓随葬品多非日常用品而系礼器，有些似乎来自东方、南方或西方。如鼍鼓，如果当时当地没有鳄鱼生长的自然环境，那么这种鳄鱼皮制品或许是来自其东水乡泽国的贡品。陶寺文化显现了中央王国的气派与核心地位。

四、龙山城址，平粮台、边线王、城子崖、丁公的城垣，不论从用工量或结构看，其社会功能不同于原始聚落的寨墙或原始公益建筑。王城岗、郝家台城址虽小，但因龙山大城的存在，仍可视其为较低等次的文明社会城邑。

五、中国文明根深基广的多源性决定了它比其他原生文明更富生命力，能经受住天灾人祸的考验，历经 5000 年而愈益光大。秦汉之前的中国古代文明社会以农为本（对土地的依附）、商为末（如尖端技术主要不用于商品制作，铜玉礼器基本不参与社会商品流通等）的传统，使氏族血缘纽带蜕变为宗法而得以延续；随之而来的祖先崇拜高于自然崇拜、王权高于神权、都邑是以宗庙、宫室为重心的政治中心而不主要是经济中心等等一些不同于西方原生文明的特点，甲骨文代表的方块字系统在中国文明社会发展团聚过程中突出的纽带作用等都是与中国文明起源、发展有关的课题，需予以研究。

六、20 世纪 20 年代兴起的疑古派史学思潮其影响并非全是积极的。先秦史籍内含有珍贵的三代史料。徐旭生《中国古史的传说时代》一书所示的治学态度及某些研究成果，如对五帝时代三大历史事件、夏商时代政治形势的分析，都给我以极大启发，应重视先秦文献的研讨，我们不可捧着金饭碗讨饭吃。

**宋建**（上海博物馆考古部副主任、助理研究员）：我接着邵先生谈点看法。刚才邵先生引了恩格斯的语录，我觉得"国家是文明社会的概括"这句话最为重要。在某种意义上，国家与文明社会是一个含义，都是指达到一定复杂程度的社会或人们共同体。文明社会与国家一样都是指复杂社会。从恩格斯以来，有关文明与国家起源的理论很多，比如刚才提到原生文明与次生文明问题，国家也有原生国家与次生国家的区别。在氏族部落社会与国家社会之间，过去多称军事民主制，现在有些不同的提法，例如酋邦就是一种提法。20 世纪初以来，世界各地的考古材料也相当多。我们应根据大量的新材料进行研究，丰富国家与文明起源的理论。

"文明"是多种社会科学学科常用的词汇，但用在考古学上应有其特定的含义。文明应反映在一定的考古学内涵中。文明起源问题的实质就是复杂社会的形成过程。因此探讨文明起源就是分析那些促进社会向复杂化方向发展的考古学内涵。我认为这样的考古学内涵，也就是文明要素，共有六项。

首先我想从"国家是文明社会的概括"谈起。国家的本质是一个阶级统治另一个阶级的工具，国家是阶级矛盾激化到不可调和时的产物。这与杨锡璋先生说的"文明就是人与人的关系发生变化"是同一个含义。国家建立的基础是人与人的关系发生变化，社会成员可以分为几个不同的集团，它们的经济状况、社会地位、社会职能各不相同，甚至相互对立。不同集团的分化或称阶层分化是第一项文明要素，这种分化的最终结果是设立凌驾于社会之上的合法公共权力，形成复杂形式的社会。

第二项是城市。一般也把文明时代的开始叫作"城市革命"。对于城市的界说有几种不同的理解，对是否有城墙也有不同的看法。我认为城市应具备几个"集中"。一是人口的集中。在城乡分化过程中，人口向中心地区集中，人口数量增殖很快。城市是人口集中的聚落，乡村是人口分散的聚落。另一种情况是，若干个聚落分布集中，关系紧密，可能也与城市起源有关。二是手工业的集中，城乡分化的内容之一是城市生产以手工业为主，乡村以从事农业为主。还有权力与财富的集中、文化知识的集中。考古学遗存中如能反映这几个集中，就能够称为城市。

第三项是大型工程建筑。比如夯土城墙，像王城岗、城子崖那样的；宫殿、宗庙等大型建筑；还有良渚文化的高台墓地。建造大型建筑的能力来自生产力达到一定水平、宗教的统一力量和强大的社会组织机构，这些都是社会向复杂化方向发展的标志。

第四项是文字。商代的甲骨文是中国最早的成熟文字，是为王室服务的。而西亚的成熟文字主要用于商业。中国文字的发明肯定比甲骨文早许多时间，文字的起源和文字系统的形成过程实际上就是社会复杂化的过程。因为在简单社会，人们的交往空间狭窄，信息延续时间短，所以没有产生文字的必要。随着社会的复杂化进程，迫切需要扩大信息传播的空间、延续信息保留的时间，文字的功能正在于此。

第五项是青铜器。它首先代表了新的生产力。虽然用于生产的青铜器所占比例很低，青铜器并未直接开发生产力，但是青铜的冶铸是以生产力的总体发展水平为基础的，它的生产过程也体现了生产力的进步。例如，青铜的冶铸就是相当复杂的工艺过程，多次改变了物质的物理属性，冶炼将固态的矿石与燃料变为液态，然后凝固再熔解，浇铸成固态的多类器具。同时因外力作用，物质的内在化学结构也随之发生变化。青铜器也说明了生产关系的变化。因生产工艺的复杂，需要严密的生产组织机构，它要组织管理不同层次与职能的生产者、筹集原材料、设计工艺流程、安排生产，还要分配制成品。但是青铜器最重要的还是它所蕴含的观念、礼制。在夏商周三代文明中，政治活动、军事行动和宗教生活都离不开青铜器。青铜器是国家政权、宗教观念和等级制度的物化形式。综合生产力、生产关系与观念礼制三个方面，青铜器肯定是一项重要的文明要素。

但是，铜器成为国家政权、等级制度的物化形式并不是一开始就有的。现在发现最早的复合范铸品是陶寺的铜铃，出在一座小墓中。陶寺墓地代表较高等级的是漆木器与彩绘陶器（高炜插话：出铜器的小墓是晚期的，晚期尚未发现大墓）。当然将来有可能在陶寺晚期大墓中也发现铜器，但是根据现有材料看来，当时铜器与等级、礼制观念的关系并不密切。因此三代文明中的青铜器除了有生产技术的起源，还有一个观念形态的起源问题。这就必须谈到良渚文化的玉器。良渚文化玉器的主要功能不是装饰，而与青铜器相同，也是政权、等级和宗教观念的物化形式。良渚文化神像、兽面等纹样所反映的观念可能对三代青铜文明产生过深刻的影响。从这个意义上，我认为良渚文化的玉器，应该是我这里所说的第六项文明要素。

根据上面所谈的，我想讨论中国文明起源，重点应该是社会阶层的分化、城市、大型工程建筑、文字、青铜器和与青铜器礼制观念来源有关的玉器。

**黄宣佩**（上海博物馆副馆长兼考古部主任、研究员）：我国在古代何时从野蛮进入文明，应从当时的生产力与生产关系这两方面来进行分析。在生产力方面，发展到一定程度，使一部分人能脱离生产，从事统治和管理。这在考古上的标志如：有了石犁，农业进入犁耕；生活用具中大批酒器的出现，反映食品有所剩余；手工业中陶器的制造使用轮制，还有工艺复杂的玉器、青铜器等出现，可以说明手工业已与农业分离，成为独立的生产部门。在生产关系方面，是社会出现了不同的等级，如居址有宫殿与民居之分；墓地有显贵区与平民区，尤其是出现了以奴隶殉葬；器物中有了象征权力和等级的礼器等，是生产管理、阶级矛盾，促使国家产生。我以为文明的因素要强调城市、铜器和文字的出现，城市是宫殿与民居，以及各种生产组织与统治管理机构的综合体；铜器的制造，从采矿、冶炼，到制模浇铸是一个复杂的生产过程，是组织生产的成果，并且它在我国又主要是制作礼器，还是社会有了等级的反映；而文字既为记事的需要，也可说明出现了知识阶层。因此分析文明因素，还是可以根据各地的特点，依照生产力与生产关系的变化进行探讨，而不一定要局限于城市、铜器与文字这几个具体的条件。总之，我赞同杨锡璋先生的意见。

**牟永抗**（浙江省文物考古研究所研究员）：我也同意杨锡璋同志的提法。文明社会需要以物质生产和社会财富的积累为基础，其中包含着人与自然的关系，但是从总体上讲是人与人的关系，文明社会的出现是人与人关系的根本性变化，而不是一般的人与人之间的关系。在人类社会出现以后，在改造自然的同时也在改变着人与人的关系。从血缘为基础的氏族社会向文明社会的变化是人类社会的一次重大质变。我们讨论中华文明起源，首先要承认它是社会的质变。那么前面发言的同志讲的许多意见，是否还可以从这个角度做进一步探索呢！

刚才宋建同志讲的文字部分，讲得很好！究竟什么是文字的功能？思维是人类特有的，语言是表达思维的，文字则是以书面符号形式记录的语言。因此，文字是思维活动发展到高级阶段的产物。其实语言只是以声学方式记录、传播的思维活动形式，它是通过听觉系统加以接收。另外还有一种通过视觉系统记录、传播的思维活动信息，这就是表意性图画。听觉系统的信息在传递过程中，受到时间和空间的极大限制，但语言信息毕竟比表意图画丰富得多、生动得多。文字将语言和表意画结合在一起，使丰富而生动的听觉信息，通过视觉信息的形式，突破时、空的局限，从而极大地加速了思维活动成果的积累和传播，发挥了推动社会前进的积极作用。说明了思维活动在人们的社会生活中开始占据重要地位，反映了社会上已经出现了脑力劳动阶层。他们的脑力劳动成果必须用共同能接受的记录和表达形式出现。这就是文字。

　　唐兰先生当年将大汶口文化的"符号"叫作"意符"文字，对我们很有启发。如何分辨某符号是否记音，还需要研究。出现像殷墟那样成熟的文字，应有相当长的发展过程。在表意画到意音文字之间，可能有一个大体和东巴文相似的原始文字的阶段。按照目前的材料，这阶段很可能在良渚文化或崧泽文化晚期就开始了。

　　文字的功能和载体，也是我们需要考察的另一方面。有些次生性文明——如匈奴可以没有文字，但是和文字的载体没有保存下来或没有被发现是两个概念。假如殷墟的埋藏条件是杭州以南的酸性土壤，那么甲骨也可能被腐烂掉的。

　　刚才有位同志讲到青铜是物理化学的产物。确实，在青铜的生产过程中有物理化学变化。陶器也是物理化学变化的产物，自然界还存在着天然铜和陨铁，但是世界上没有像陶器那样天然的硅酸盐材料。从这个意义上青铜和陶器没有太大的差别。将青铜作为生产力发展的重大标志，因为从矿石冶炼铜，再以铜铸器是一个运用高技术多工序的复杂劳动过程，它和以不改变加工对象的质态为标志的简单劳动的区别，是在劳动过程中人与人的关系出现了管理和组织指挥的职能。我们决不能因为青铜器主要不是用作生产工具，直接从事社会物质财富的生产而否认它是生产力发展的标志。大概自文明出现到现在，最先进的材料和技术成果往往首先用作武器。况且青铜并不曾给西亚和南欧带来文明，而且在中、南美洲的文明中还不知道青铜为何物。青铜在中华文明时代的作用是礼器，而且它们已成为社会权力的象征。所以表现在青铜背后的人与人的关系，产品的占有关系比人们在生产过程中的关系更重要。青铜礼器的造型多样化和花纹之精美，使得设计、刻模、制范直到铸造的过程，都比真正实用的生产工具复杂得多。使得产品凝聚着更多的劳动价值，而这些劳动消耗将无法以物质财富的形式得到补偿，从而使管理职能显得更为重要。这种管理的职能，其中包含着某种社会权力的因素。设若青铜主要用作实用的（非礼仪性）生产工具，不仅生产流程较为简单，它的拥有者也不一定成为社会权力的象征。如果此议不误，那么在中华大地上，最早出现代表高技能、多工序的复杂劳动的产品，并使其占有者具有权力象征的礼器，目前已知的是玉礼器，其中可能包含着漆器。青铜礼器应是文明制度日益发展时期的产物。

城市和都邑的出现，从居住形态上反映人与人的关系。聚落形态的变化不仅是村落、居住址的范围大小，房屋大小的变化。聚落形态的多级分化，是社会财富流向不平衡的结果。其核心是中心聚落的出现，这里是政治（包括宗教信仰）、军事、经济和文化的中心。其中第一项是最重要的，政治中心即权力中心。在太湖流域，往往马家浜文化阶段的遗址比较大，良渚文化时期每一遗址的面积显然要小得多，而遗址的密度要大得多，我们称之为遗址群。更为重要的是出现像大观山果园那样规模宏大的中心址。它的功能可能和信仰及权力有关。至于如何判断城市和都邑，在城墙和宗庙两者之间，我认为后者更为重要。为什么商周的宫殿都建立在高大的夯土台基之上？台基的工程量远远超出建筑物承重和使之显得高大的要求。这不由使人联想到它们的前身是一些高台土冢上的建筑。这种高台土冢式的祭坛，则在自然崇拜阶段就已经出现了。它们虽然消耗巨大的劳动，但不曾产生人与人关系的质变。随着自然崇拜经由图腾崇拜发展成直接而具体的祖先崇拜时，在崇拜形态上亦经历了由互不从属的多神信仰转变为以一神为主体的信仰模式。赋予直接而具体的祖先以原先属于自然或图腾的"神力"，正是现实生活中人与人关系产生质变的真实写照。由祭坛演化成为宗庙，正是这种质变的表现。很有可能，在庙堂建筑中，宗庙出现在宫殿之前。

其他诸如财富的多寡和社会权力，信仰和祭祀，礼仪和礼制以及人祭和人殉等等，也不能简单地认作反映人与人关系的质变，都需要逐一地进行分析。例如：残酷的人祭行为，早在文明出现之前就已经存在。

**王明达**（浙江省文物考古研究所考古室主任、副研究员）：非常感谢徐苹芳所长和考古所的领导和师长为我们提供了这样一次考察和研讨的机会。十多天来，日程安排很紧凑，去了这么多重要的地点，看到了这么多精彩的实物资料，加上各位的介绍，十多位师友边看边议，这种形式的小会，太难得了，太难忘了！

为了参加这次会，我作了些准备，虽然文章还没有定稿，但想说的话很多。我来自良渚文化的故乡，我是以5000年前良渚人和现代一名考古工作者的观念结合起来的一种心情来表达我的意思。这层意思就是在考察过程中，怀有一种"朝圣"的心情，到了陶寺、二里头、偃师商城、殷墟，还有曲村、虢国墓地、垣曲古城等著名的遗址。中原地区在中华文明的形成和发展过程中，确实起了一个核心作用。我看了之后对这一点感触尤深。虽然过去也在书刊上看过很多材料，但接触到实物，特别是置身现场，那种规模、气魄，印象至深，我确实有朝圣的心情。另一层意思，如果我以"良渚人"的身份看，觉得我们良渚有不亚于这些看到的地点的先进的东西。不是指同期相比，同期相比有不平衡性，可能反而比不上，而是在它们之先，比陶寺更早年代的东西，已经有了很多发达、先进的内容。在当时处于某些领先的状态下，有"逐鹿中原"的心情。承主人的好意，这次考察活动，见到的大量的考古材料，使人目不暇接。这十几年来，苏秉琦先生提出区系类型理论以来，各地的考古新发现美不胜收，丰富多彩。在这样的条件下，我们如何看问题，做出分析、判断，做出比较符合历史真实面貌的看法，这是摆在大家面前的任务。

　　主持会议的徐所长、已经发过言的同志，都强调了要以马克思主义指导我们的研究，这是十分必要的。马克思主义是我们的理论基础。我们应该怎样以马克思主义的"矢"，来射中国考古材料这个"的"，特别是我们直接接触大量的考古材料，探索文明起源这个重大课题，迫切地摆在面前。在讨论过程中，有提出文明三要素，也有提六要素、七要素的，我都支持。但我理解，这些要素的提出，是以马克思主义的原理，去分析具体的材料得来的，而不是先定好几个"框子"去套任何材料。马克思主义放之四海而皆准，指的是原则，指导思想，而不是教条。把马克思主义原理与实际相结合，以"实事"去"求是"就发展，就胜利。学术上同样要发展前进，而不能把百多年前的某些具体结论束缚住今天考古学上大量新发现的丰富材料。所以我理解三要素也好，六要素七要素也好，实质是什么？大家对金属器谈了很多，我认为核心是体现了生产力水平的问题。当年恩格斯把铁器的出现作为进入奴隶制国家的一项标志。中国是否非要把青铜的出现作为进入文明社会的标志？如果以生产力水平来衡量，要谈的问题就会更广更深了。生产力是在社会发展中最基本的东西，离开物质基础去谈那就不是唯物主义。冶金术最根本的就是体现生产力水平，这是第一项。城市的问题，我理解"城"指的是与"农"与"乡"的差别和对立，要抓住这个实质性标志，看有没有出现"中心址"，宫殿、宗庙类基址等，而不一定非要有城邑或围起来的东西。殷墟迄今未发现"城",找不到,难道能否定殷墟这个阶段的文明吗?殷墟与那个时期的一般遗址的差别不是明显摆在那里吗?还有文字,大家谈的不少。我认为文字最能说明脑力劳动与体力劳动的分化和差别。生产的分工,其结果必然会使一部分掌握特殊技能的人、掌握当时先进的尖端技术的人,这包括非物质生产的巫觋一类人,上升为统治者。例如良渚文化的精美玉礼器,我认为不可能是"奴隶"或一般成员所能制作的,更不能拥有了,琢玉工艺既尖端又神秘,掌握这类技能的人逐渐分化出去,成为统治者的来源之一。文字的出现是非常复杂的过程,要与一批脑力劳动为主的人的出现结合起来考虑。如果说甲骨文称为"卜辞",以特殊的质材传递特殊的信息,对探研文字的出现与形成,无疑是有启发的。我谈的一些看法不一定对,总之我认为我们搞考古的,面对大量材料,探索文明形成的过程,比确定几个框框去套材料更重要,也就是说发现比证明更有意义。

另外我就中华文明发展的大进程谈一点看法。全过程有两个巅峰,第一个巅峰是夏、商、西周,夏是文献上说的,二里头是夏还是哪个是夏,还有争论,我们现在说二里头、商、西周;第二个巅峰是秦、汉。经过这两次巅峰,基本上奠定了中华大一统的格局。两个巅峰前都有一个上升发展的阶段,这两个阶段的考察很重要。第一个巅峰到来前,从目前考古材料来看,距今5000年左右开始,红山文化、良渚文化是代表,当然除了这两个外,中国960万平方千米的土地上会有新的发现。这个阶段是社会发生大变革,各地各种先进因素积极涌现,如果没有这些土著文化的优秀贡献,它们的精华融汇在中华大地上,不可能出现龙山时代。龙山时代是在红山、良渚文化等高度发展的基础上形成的。正是通过互相融汇的结果,有和平的、战争的手段,当然还有自然的原因,包括水灾等。这种融汇,互相较量、吸收,把优秀的先进的领先的因素逐渐统一,才会产生第一个巅峰。所以我刚才讲的"逐鹿中原",看来良渚文化是光荣的失败者,它的很多先进因素被中原地区的文化吸收了。第一个巅峰状态下,就是中原地区有夏、商、西周,中原以外各地有没有文化?还是有的,只不过它们不能代表当时的先进罢了。但是地方上的土著文化还是非常顽强地表现出来。到了东周,王室衰微,地方土著文化又积极上升,江浙地区的吴越文化就是,它们能问鼎中原去争霸就是这种发展的结果。春秋战国你争我夺，正是各有实力的反映，最后秦国统一。秦汉成为第二个巅峰，中华大一统定局，在文化上变化就不明显了。当然我们不能不看到，中华文明的形成，确实有个向心力、凝聚力，最后在中原地区先形成一个大一统的王朝。在考察前一个上升阶段的时候，良渚文化引起大家的关注和重视，发表了很多文章，认识上有不一致，这是很正常的，今天我亮明自己的观点，良渚文化已进入文明，文章完稿后请大家批评指正。

黄宣佩：讨论我国的文明起源，现在增加了许多资料，除殷墟和二里岗之外，又有了二里头、陶寺、大汶口、红山和良渚等重要发现，但是有些材料仍感不足，例如红山文化的神庙、祭坛和石冢大墓已发现不少，然而对居住遗址还不了解。关于良渚文化，近二十多年虽然发掘清理了一批高台大墓，对有关社会性质有了更多的了解，但同样是墓地发掘多，居住区发掘少，有许多问题仍未解决。例如，良渚是否有铜器至今还是个谜，按照良渚的生产力，和邻近有许多铜矿，应该已具有制铜条件，而良渚铜器，目前一件未见。所以今天的讨论，仍有很大局限性，只能从几个主要方面做些分析。

太湖地区在崧泽文化晚期，在浙江吴兴的邱城和上海淞江的汤村庙已经发现石犁，农业开始进入犁耕，陶器出现轮制，至于酒器觚杯更是崧泽文化晚期器物的特征之一。因此，从崧泽晚期起已为进入文明社会提供了条件。到了良渚文化时期，遗址与墓葬中，除经常发现石犁之外，农业工具尚有砍伐田边杂草的三角形斜柄大石刀，中耕锄草的耘田器，以及木质的用于积肥、施肥的千篰和泥船等，种植技术之进步，几乎与近代江南水乡相似。良渚文化的手工业，以陶器与崧泽文化作比较，崧泽陶器每件器形都有差异，在类型学上往往一器一型一式，这是一种分散的、家庭制陶的迹象。而良渚陶器，无论是双鼻壶、竹节把豆、圈足盘，或丁字足鼎，都非常规格化，似乎属于批量生产。在浙江余杭良渚镇棋盘坟发现的陶窑，其产品为单一的成批的双鼻壶和圈足盘，可以证明良渚的制陶业，已进入了专业的手工作坊的阶段。良渚的玉雕，工艺上经历锯割、雕琢、镂空、细刻，以至整体高度抛光，其纹饰之精细，技艺之高，连现代的玉雕工艺师都表示，在未出现金属工具之前，能达到如此高水平，真是不可思议。

良渚玉器也是专业的作品。至于反山出土的一件镶嵌玉粒的漆杯，玉工与漆木工结合，工艺更为复杂，非一家一力所能完成，所以良渚的手工业，已经形成各类手工作坊。生产力的提高与生产部门的繁复，促使社会管理机制的产生。

　　良渚文化的社会组织，已经存在等级。以墓葬资料分析，显贵埋于高台墓地，例如在福泉山、反山、瑶山、草鞋山、寺墩等发现的一批大墓。高台墓地是组织上万劳动力在平地或高坡上堆筑而成，墓葬有墓坑，有带彩绘的棺椁，并随葬大量玉制斧、钺、琮、璧，及细刻纹陶鼎、陶壶甚至象牙雕刻器等珍贵的礼仪用器。在福泉山成组大墓的顶上，尚有大规模的燎祭祭坛。有的大墓还使用奴隶作人牲，例如M145在墓坑的北部，另挖一小坑，内塞一青年女性和一儿童，人骨有反缚挣扎的迹象。M139在木棺和墓坑的东北角上，有一青年女性屈肢葬人骨，形似跪着倒下，这些人牲有的身上佩戴小件玉器，分析不是战俘。而在良渚居住遗址近旁发现的墓地，其中都为小墓，随葬品仅有寥寥数件生前使用的石器或陶器。根据驱使大批劳力为显贵堆筑高台墓地，以及这些大墓使用礼器、人牲与大规模祭祀等迹象，似乎良渚文化已开始进入阶级社会。

　　如以时间来划分，太湖地区在崧泽文化时期进入父系氏族社会，良渚文化早期开始使用人牲，而人工堆筑的高台大墓地，大部分属于良渚文化的中、晚期。在这一时期，还出现了文字（江苏吴县澄湖古井出土的贯耳壶上有四个陶文，上海马桥遗址出土的宽把杯上也发现二个陶文），所以这一地区从良渚的中晚期起，应该已经进入文明时期。

　　**汪遵国**（南京博物院副研究员）：探索文明起源是研究古代历史的重要课题，大家已谈得很多。我以为进入文明时代的主要标志是出现国家。国家是生产力发展促使社会分工、社会分化导致私有制、阶级产生进而阶级矛盾不可调和的产物。考古发掘所得实物资料有各种局限，很难直接证明国家这个实体，只能从各种现象上分析论证。在中国，作为上层建筑的礼制看来是一个重要特点。

　　至于金属冶炼、文字、城市、宫殿、礼仪建筑、陵墓等文明诸因素，无非是分工和分化发生质变的各种表现，只有相对的意义，不一定所有因素全都具备（如玛雅古文明没有金属冶炼，秘鲁古文明没有文字等），每项因素也有发展程度的差异（如欧洲多数地区是有了铁器冶炼才进入文明时代）。因而要具体分析，作综合考察。恩格斯在《家庭、私有制和国家的起源》一书中，对希腊、罗马、德意志就是分别做出具体分析的。中国是一个大国，对各个地区要分别进行考察。

我想以这几年苏北新沂花厅的发掘为起点，简略说一说对海岱地区文明起源的初步认识。

花厅遗址在1987年和1989年进行了两次较大规模的发掘，在墓地的北区发掘62座大汶口文化中晚期之交的墓葬，从随葬大型或精致的陶器和带有良渚文化特征的玉器看，社会分工明显。在8座大墓中发现了人殉现象。所有人骨由上海自然博物馆黄象洪先生现场鉴定。M60的墓主是30岁左右的男子，左侧殉葬中年男女各一，女体身旁依偎着一个10～12岁的儿童，在其头上方有一6~7岁幼儿，右下侧有一少年，共殉葬5人。M50的墓主是25岁左右的男子，脚后并排殉葬儿童二人，一为10～11岁，另一为8~9岁。在M16、M18、M20、M34、M35、M61诸墓中，在墓主的两侧下方或脚后殉葬1、2个少年、儿童或幼儿，8座墓共计殉葬至少16人。可见当时社会上层使用人殉已很普遍，成为固定的礼制，阶级分化已很突出。这为认识奴隶制的起源提供了重要例证。

到了龙山文化时期，发现了城子崖、边线王等城址，城子崖城面积达20万平方米。龙山文化墓葬贫富悬殊，尹家城、朱封的大墓反映了鲜明的礼制。自大汶口文化后期至龙山文化时期，图像文字、铜器冶炼先后出现。看来，龙山文化时期，地区性的由大部落发展而形成的雏形国家已经出现，海岱地区开始进入文明时代。然而，目前的情况正如苏秉琦先生曾经说过的："未知数是大大的，已知数是小小的。"龙山文化的大墓最近才发现数例，城址的发掘才刚刚开始，就江苏的工作说，花厅要做资料整理和进一步的发掘，龙山文化的重要遗址还要寻找，还要做出很大的努力，才能提供更多的实例，具有充分的说服力。

我初步认为，根据礼制的延续性，根据已显露的部分文明因素，龙山文化、良渚文化看来都已形成雏形国家，进入文明的起始阶段。然而不可否认，还有待于进一步的考古实践，发现多方面的实物资料，进行细致的科学的整理和研究。我们的工作是艰巨的，我们的任务也是光荣的、有意义的。

**邹厚本**（南京博物院考古部副主任、副研究员）：关于文明、文明因素和中国文明的诞生，我与诸位先生在理论上没有什么不同的看法。文明的形成过程，是社会发生重大变革的时期反映在考古学文化中从量变到质变的过程，无论分析哪种因素，必须注意它深层次的变化。现在关键是具体分析解释某一地区、某种现象，认识上可能存在差距。由于接触南方良渚文化材料稍多些，结合实际，简单谈点看法。

金属器的出现，从采矿、冶炼、铸造是生产的组织过程和连续过程，决非单纯的技术进步，从生产到使用是一种革命。良渚文化手工业蓬勃发展，精致刻划花纹的陶器，造型多样镌刻精湛的玉器，手工业专业化程度如果没有达到一定高度，不可能制作出如此高、精、尖的产品。然而它毕竟是在传统制陶、制玉石工艺基础上发展起来的技术手段，是一种进步，还不能说是革命性变化。

宗教祭祀建筑在氏族部落时期已经出现，当时的首领或巫师，有很强的号召力，动员全社会成员参加非强制性的劳动。良渚时期的土筑高台，反山、瑶山是一次形成的祭台，确实需要事先周密规划设计，统一调动全社会力量堆筑。也有些土台，如草鞋山、张陵山和昆山赵陵山，是由各个时期堆筑形成的土台，规模大小不等。所以同样是土台，要具体分析。

良渚文化陶器上的文字，总的讲发现不多，一般是比较简单的几个字，个别地方出土的实际上是图画或符号，应该说当时还处在文字的草创阶段，还没有形成系统文字。

埋葬制度反映社会形态。良渚文化时期的墓地存在多种状况，有的即在村落附近，有的是公共墓地。反山、瑶山墓地从葬制、陪葬品规格看，可能属于血缘关系比较亲近的家庭或者是某一特定层次人物的墓地。尽管当时贫富分化明显，还不足以反映阶级对立的情形。

总的来说，我同意良渚文化中期以后，从社会经济到社会形态都处于发展和上升时期，处于变革的时期。但是是否已经步入文明社会，从目前资料看还不能得出进入文明社会的结论。

文明的形成，除了内因以外，外因也是不可忽视的，战争是促使社会动荡变革的催化剂，还有自然因素，联系到中国古史传说，对我们有很多启发。良渚文化高度发展为什么后来突然消退，我认为是战争和洪水造成的后果。良渚文化墓地中较普遍出现断肢、缺首以及大量陪葬石钺的墓葬，正是当时战争频繁的一种反映。

社会变革是由综合的复杂因素造成的。从考古学角度考察，可以从大的文化谱系、区系类型作横向比较，为什么一种高度发展的文化突然消失，自然和人为原因，联系到社会得出结论。可以从聚落形态研究考察，当某一聚落如果体现出知识、财富、权力高度集中的种种迹象，本质上讲这一聚落基本具备了城池的性质。考察中还要考虑地区特点，例如南方，水位高，城址出现较晚。现在龙山时期北方发现一些城址，但其形制大小不同，性质尚在探讨之中。南方有些聚落周围围以水沟，直至春秋时期仍有以围水沟起城墙作用的城。特别重要的是全面揭露和大范围、大景观研究，例如浙江瓶窑、良渚一带大土筑高台的全面考察。

**郭大顺**（辽宁省文化厅副厅长）：参加这次考察和研讨活动，一个突出的感受是，中国作为五千年文明古国，把它的起源列为学科重点研究课题，时机已经成熟。这不仅是指一系列约 5000～4000 年前的典型遗存的发现，更重要的是我们已经找到了一条探索中华文明起源的正确途径。正如中国考古学会第八次年会所总结的，学会从第一个十年到第二个十年，学科已跨进到一个新的阶段，其标志是由考古文化区系分析到社会分析，即中国文明起源的重新提出，是区系研究深入的必然结果。所以这一次文明起源的讨论，起点较高，不再局限于一般定义、概念的理解，而是十分注意了理论上的建树。讨论的范围也自然而然地从二里头文化向前追溯到四五千年前，从中原扩大到中原以远广大地域。正是在这种思想指导下，我们对中国文明起源的认识，几年来经历了一个不断深化的过程。

20 世纪 70 年代后期，一批早已流传于世、出土于辽宁西部和内蒙古东部、属于红山文化的玉器被鉴别出来，这批玉器中以龙形玉为代表的神化动物题材的玉器群占有主要地位，它们制作的规范化、专门化程度之高、使用等级化之严格、所反映的浓厚神秘色彩的思想意识以及造型、纹饰与商代玉器的接近，都似不是原始氏族公社所应具有的，据此，我们提出了"原始文明"的概念。以后不久，喀左县东山嘴发掘的红山文化建筑址以其全部使用石材砌筑及南圆北方、左右对称的布局引起注意，因为这同以往所知新石器时代聚落布局差异甚大而具有中国古代传统建筑特点，它与红山文化玉器所提供的信息是相应的。所以，到 20 世纪 80 年代初牛河梁红山文化大型坛庙冢发现时，我们并不感到意外，而是郑重地向社会公布，这是中华五千年文明曙光的一个象征。以后，我们主要依据对苏秉琦先生把古文化与古城古国联系起来和文明起源是一个发展过程的思路，结合中原特别是中原以外地区的考古新发现，以及中国古史关于五帝事迹与活动地域的记载，进一步明确了，在中国文明起源过程中，于三代之前，即四五千年前应有一个"早期国家"阶段，这个早期国家阶段虽然具有不成熟性和过渡性，却已经或正在经历着从氏族到国家演变过程中质的转折。

大家都谈到人与人间的社会关系的变化导致国家机器的产生是文明起源的主线，中国考古学中反映这种关系变化的"礼"的出现是中华文明起源的一个重要标志，红山文化在这方面表现出一定典型性。红山文化积石冢除一般不葬陶器而只葬反映等级身份的玉器以外，还有两个显著特点，一是有中心大墓，墓上封土积石，墓外石框界的砌筑，成排彩陶筒形陶器的使用以及周围小墓都是围绕中心大墓而布置的；二是这类积石冢已从氏族公共墓地分化出来，独立坐落在山丘顶部，墓上建筑又层层叠起如金字塔式。这两大特点都十分突出了墓主人凌驾于众人之上"一人独尊"的地位，这同一般所见新石器时代墓地出现的贫富分化差别显然是进了一大步。苏秉琦先生将其称为"山陵"，恰如其分地表达了墓主人具有的相当于"王者"的身份和权力。牛河梁以远的积石冢和阜新胡头沟也具备这种特点，说明新型的、与氏族公社根本对立的社会关系已经制度化。当然，积石冢也是分层次的，坛庙冢配套是更高层次。牛河梁坛庙冢遗址群占地 50 平方千米上下却有以南北轴线布局的意图，远离聚落又处于红山文化分布区的中心地带，看来作为该文化最高层次的遗址，已不仅是宗教活动中心。它所包括的墓主人与人的偶像崇拜一体化的内涵，把以发达的祖先崇拜体现王权与神权结合的传统上溯到 5000 年前。联系建造这种巨型公共建筑物所需动员和组织庞大的社会力量，以及大规模采石、制玉、制陶的专业化分工程度、神职人员等特殊阶层的出现等，我们看到了高于氏族部落的、稳定的、独立的政治实体的存在。

地处长城以北属于彩陶时期的红山文化在中国文明起源过程中"先走一步"，它的背景是什么，这是我们正在探讨的一个问题。可以肯定的是，文化交汇是其中一个重要原因。初步认识如，红山文化分布集中的辽西丘陵地区，在大凌河与老哈河这两河之间，并与蒙古高原、华北与松辽平原以及渤海为邻，独特的地理环境形成农牧结合的经济类型，具有稳定而不封闭的优势，出现了区内以红山文化为主、多种文化类型（如已知的赵宝沟文化、富河文化等）共处，区外主要是与仰韶文化的接触，并由大幅度吸收到南北"撞击"，后者可以理解为文化关系中较激烈也是较高的一种形式，它对红山文化的社会突变可能起到催化剂的作用。

把红山文化的变革与其后东南沿海良渚文化、晋南陶寺文化作一比较，可以看出中国早期国家发展的一些轨迹，如各自植根于各地古文化中，形成自身特色和发展道路；发展的不平衡性和中心的转移集中表现为自北而南的趋向；文化交汇是重要背景，各地表现形式又有不同，由红山文化与仰韶文化的南北交汇到东南沿海诸文化向西积极影响导致晋南陶寺遗址北、东、东南、中多种文化因素的大熔合，从而为距今四千年前后龙山时代最初文化共同体的形成奠定了基础。

以上中国早期国家阶段跨越的约距今 5500～4500 年即仰韶文化晚期到龙山文化早期，正好相当于古史传说的五帝时代。据记载，五帝时代各集团间战争、接触频繁，著名的黄帝与蚩尤战于涿鹿之野所反映的五帝前期主要代表人物在北方地区活动及南北接触在中国上古史上的重要地位，以及五帝后期由四周向中原的汇集，与上述考古文化所反映的情况是相吻合的，考古文化与古史传说的有机结合正在成为中国文明起源研究继续深入的一个标志。

**孙守道**（辽宁省文物考古研究所名誉所长、研究员）：为了探讨中国文明起源问题，中国社会科学院考古研究所组织的从陶寺、偃师到安阳的考察，对我们是一次非常难得的机会。一路上观看、交流、沟通、切磋，获得了许多新知，促使我们深一层地考虑了有关文明起源问题。我的几点认识是：

一、文明起源与文明时代可以说是两个概念，不完全是一回事，不宜混为一谈。文明时代主要是指文明的发展与演进，而文明起源主要是研究文明的产生与形成过程。两者既互相关联又有所区别，大体说是先后相衔接的两个阶段，即一为文明发生阶段，一为文明发展阶段，发展中当然有其兴衰史。这发生与发展两个阶段，都是中国文明史所必须研究的课题，是一个整体的两个不能简单地加以分割的部分。这两者一起构成了中国文明史。就中，尤以中国文明起源的历史进程以及中国于何时进入文明时代，已成为当前学术界迫切需要探讨解决的重大课题与争论焦点所在。对此，既不能急于定格，也不宜轻率地下结论，要容许争鸣，多方探讨，具体剖析，运用马克思主义的理论观点，提出合乎中国历史考古实际的认识来。

　　二、中国文明起源与文明诸要素，当然相关。然而，所说文明三要素或五要素，从总的方面看，乃是指进入文明时代构成文明社会而言。即使对此而言，也不能硬性搬套西方关于文明的框框和某种固定的模式，来个一刀切。对于构成中国早期文明终究应具备哪些要素，具有哪些内涵，带有哪些特色，产生的机制与条件是什么，仍是一个相当复杂、亟待学术界探究阐明以求共识的问题。不过想在中国文明起源一开始就硬以文明时代才齐备的诸要素来要求，约束对整个起源问题的探索，是不现实的。实际上对文明起源所要研究的课题之一，也包含了对各要素自身起源的探索。各文明要素不会一开始就齐备，应有先有后，各有其产生形成的过程。至于中国古文明应具备哪几种要素才算文明，缺哪一、二要素便不算文明；诸要素中何者带有普遍意义，何者带有独特意义或具有决定意义，都应结合中国历史实际，来具体论之。所以，探讨文明的一个重要方面，便是要搞清这各要素是如何起源，何时形成，作用大小以及怎样互为条件，转相促发，交叉汇合，终而导致中国文明时代的到来。

　　三、文明的发生发展是有阶段性、有高低层次的。一部中国古代文明史，同样有若干从低级到高级的发展阶段。不能说文明一生下来就长白胡子；不能说中国早期只有一个夏商周的三代文明；不能说中华民族只有一部早到三四千年的文明史，不能再早了，再上溯就只能是原始文化时代了。看来，说绝了，问题就不好研究，应当留有余地。因为从起源角度看，摆在我们面前一个不可回避的问题是：三代文明是如何起源、如何形成的？其文明渊源、源头在哪里？这一过程经历了多长时间、几个演进阶段？

　　我们认为三代文明是中国早期已相当发达、十分成熟了的灿烂文明，可以称之为中国奴隶社会时期的"古典文明"。我在1986年的一篇文章中曾提到此一古典文明，应有其形成的前身，有个黎明期，即有一个孕育发生的阶段。对此，我们称之为原始文明，是文明的曙光。文明产生的本源，首先与较发达的农业分不开，所谓原始文明，基本上就是农业文明。所谓古典文明，也可说是城市文明。然而，正是农业才从根本上奠定了整个物质文明的基础，古典文明也离不开这一物质基础。

四、中国最初文明的发端，是一源还是多源？是单中心还是多中心？是单一体系还是多体系的？或可形象地问：中国古文明之花是一枝还是多枝？花开一处还是多处？难道三代文明真的有如"红梅一枝独自开"？这是近十年来由于我国南北一系列重大考古遗存相继发现，使人们不得不重新对中国文明起源予以新的思考，出现一场论争，也就是自然而然的了。

经过长年的探索思考，我却认为：在地域辽阔、民族众多的中国古代，是可以形成多文明、多源流、多中心、多体系的。不仅仅限于黄河流域中原地区的一支华夏文明。其实就华夏之族说，当也不止一文明、一源流、一中心。依据我国几大流域种种考古发现，不难推想至少在距今约 5000～4000 年，即约当传说中的"五帝"时代，中华大地上已呈现出文明初始那种蕴育激荡、递相迭起、东西相映、南北交辉的历史趋势；进而多源交汇从中铸就出夏商周三代文明；再进而六合一统于秦汉文明。这亦只是侧重、着眼于占有主导地位的文明主体而言，是主流，是大势。然各文明的交替兴衰，又有个时空落差，有个发展不平衡，以致有的一脉相承、历久不衰，有的兴盛一时，昙花一现，其间不同民族交光互影，不同经济环境制约，各种矛盾与斗争，都渗透其中，变化纷繁、错综复杂，正所谓"理还乱"，一时难搞个清楚。但又不能简单化、绝对化，用唯一中心论、单元论、辐射论来解释。对此，有机会容当另撰一文，陈述自己的看法。

五、还要提的一点是，北方在中国文明起源史上的地位与作用问题。用李济先生在 20 世纪 50 年代的话说，中国两千年来的史学家上了秦始皇的一个大当，把中国古史看作长城以南的事。李济指出：汉朝以前，我们中国人列祖列宗活动的范围是否以长城为界限，是很有问题的。倘若以为中国的文化及民族都是长城以南的事情，这是一件大大的错误。中国人应该多多注意北方，这些都是中华民族的列祖列宗栖息坐卧的地方，忽略了历史的北方，我们民族及文化的原始，仍沉没在"漆黑一团"的混沌世界。近年来，苏秉琦先生更不止一次地提出以燕山南北、长城地带为重心的北方，有它特殊的重要性。认为从文化传统、民族融合、影响社会进程的重大历史事件多方面考察，应当说"发展的重心常在北部"。这些提法很值得我们认真思索、推敲和阐发。

因此，在探讨我国文明起源这一重大课题上，除了黄河、长江等流域，我觉得对北方的考古新发现，对有关其文明的原始与发端、兴起与演进，亦应列为一急需研究的重点项目，是所至愿。

最后，我想引用夏鼐先生在所著《中国文明的起源》开卷中的一段话："幸得在中国几乎每一年都有一些考古新发现，而这些新发现不仅只是补充已有的知识，有时还使我们完全改变原来的看法，重新考虑问题，形成了新的看法。"这对我们研究中国文明起源的人来说，很有启发。我们应当采取这个态度。所以，如上所谈几点个人看法，倘有不实之处，我将改正，重新考虑问题。

**高炜**（中国社会科学院考古研究所第二研究室副主任、副研究员）：会上许多同志都谈到，由野蛮到文明，从氏族社会进入阶级社会，是人类历史的一次飞跃，是社会性质的大变革。因此，对文明起源课题，必须从历史角度做全方位的研究，从生产力、生产关系、经济基础到上层建筑、意识形态做历史唯物主义的通盘考察，才能揭示文明赖以存在的各种条件从孕育、萌发、成熟以至聚变的漫长历史进程。构成文明因素的有关考古发现，只是历史的局部表象，当然包括能反映本质、具有特征性的表象，不能把它们同已消失的社会生活割裂开而孤立地、静止地看待。需要的是通过对这些个别的、特殊的事物的认识，逐步揭示历史运转的轨迹，把握其运行的机制。

一切都是从生产的发展开始的。如半坡早期和姜寨一期所显示的那样，在公元前5000~前4000年间，氏族制度已达到鼎盛阶段。剩余产品（首先是剩余农畜产品）的出现，导致社会分工和分化。公元前3500年前后，分工和分化的过程加速了。在黄河、长江两大河流域，公元前第三千纪（公元前3000~前2000年）属于考古学上的"龙山时代"，这又是一个社会大变革的时代。氏族制"共同劳动，平均分配"的原则已被打破，权力、财富和文化知识集中到少数上层人物（父系家族）手中。私有制的出现，使氏族、部落成员之间由利益一致变为对抗，族内人群分化为不同阶级和等级，形成"金字塔"形社会结构。上述现象，在大汶口文化中、晚期和良渚文化墓葬中都可看到，尤其在约当公元前 2500 年的陶寺早期墓地有明白无误的反映：大墓属于拥有完全权利的"王"者，多层次的中型墓属于占有部分权利的贵族，占总数 80% 以上的小墓则属一般社会成员（即平民）。贵族内部已分成若干等级；贵族同平民间则横着一条阶级的鸿沟，平民处于被统治的地位。奴隶是社会最底层的被压迫阶级，但中国奴隶制的特点是种族奴隶，如周初的殷民六族、殷民七族，商代用作人牲的一般是外族俘虏。龙山时代至今还缺乏得到确证的关于奴隶阶级的成批材料。很多地点有人牲、人殉或瘗埋在灰坑、文化层中的"特葬"出现，这些遗存中死者的身份需做具体分析，不可一概而论。

经济基础的变化必然导致上层建筑的变化。作为阶级矛盾不可调和的产物——国家的出现，是进入文明社会的一项根本性的特征和标志。同任何事物一样，国家形态和职能也有一个从不成熟到成熟、从不完备到逐步完备的发展过程。战争、对外掠夺和某些大型工程（如治水等），则在国家的形成与成熟过程中起到催化作用。在中国境内，早期国家或称"高于氏族部落的、稳定的、独立的政治实体"，或"雏型的国家实体"，或"部落方国"，公元前第三千纪已出现于各大文化区则是事实。在没有文字记载一类明确证据的情况下，对于这个凌驾于社会之上的公共权力机构的存在，我们是根据一，考古材料所反映当时社会已分裂为对抗的阶级；二，出现代表王权的宗庙、宫殿、陵墓和某些王室重器，来做出判断的。

自颛顼"绝地天通"把宗教变为统治者垄断的工具以来，几千年间没有同王权分庭抗礼的独立宗教，王权高于神权、崇尚祭祖成为中国古代的传统。如果说反山、瑶山、汇观山等良渚大墓，有的以璧、琮为主，有的以钺为主，尚具王权、神权并重的味道；那么，从出土礼器的功能看，陶寺遗存同颛顼以后的传统较吻合，可以理解为国家朝成熟的方向又迈进一步。

进入文明时代，社会上占统治地位的思想是统治阶级的思想，其集中反映是建立在私有制和宗法等级制度基础上的礼制。龙山时代尚未出现青铜礼器，但各地已普遍存在由玉器、彩绘漆木器、彩绘陶器或蛋壳陶器、象牙器等构成的象征贵族身份和等级特权的礼器，可称"前铜礼器"。它们同礼制性建筑都是礼制的物化形式。由陶寺看，大、小贵族已普遍使用礼器，并已按等级高低形成一套使用礼器的规则，证明至迟在公元前第三千纪中叶，即大致相当传说中的五帝后期，礼制已经形成①。礼制的核心是贵族的等级名分制度，用以确定尊卑、上下的隶属服从关系，解决统治阶级内部权力和财产的分配与再分配问题。至三代，礼制逐步发展成维系宗法等级秩序的一整套政治体系和道德规范，构成中国古代文明的特点和要素之一。与礼相对的是刑，即镇压被统治阶级的暴力手段。礼与刑并行不悖，相辅相成，标志国家职能的完备。

　　下面，我想从埋葬制度这个侧面谈谈中国文明的形成过程。

　　一定的埋葬制度是一定社会关系的产物。作为私有制、人群分化和等级特权的反映，大汶口文化中、晚期已出现墓葬类型分化和大、小墓分区现象，良渚文化大墓都葬在人工堆筑的墩台上，红山文化大墓则是结构特殊的积石冢。龙山时代后半叶，中原已出现家族墓地和夫妻并穴合葬。至此，埋葬习俗上所保留的氏族制度躯壳，最终被抛弃。标志贵族身份的木椁墓，约当大汶口文化中、晚之交首先出现在海岱地区，尹家城、西朱封等龙山大墓已成为包括头厢、边厢的成熟木椁。从陶寺晚期墓可看到棺帷和殓衾遗存。综观各地木椁墓的出现有早有晚，随葬品的特点不同，但都朝着随葬成组礼器的木椁墓方向演进。大凡商周葬制中的墓地制度、棺椁制度、衣衾制度和随葬品制度，龙山时代均已具滥觞。这套葬制传统一直延续到西汉中期，前后达二千多年，构成中国上古、三代文明的重要组成部分。

　　从陶寺材料看，中原龙山文化随葬礼器种类较多，组合比较完备，规则比较清晰，礼器制度、用牲制度以及其晚期的墓地制度、殓衾制度与商周接近的成分不少，同其他区系已知材料相比，似可认为在形成三代葬制的过程中，中原处于核心地位。这并非说中原一枝独秀，事事领先。中原龙山文化陶寺类型的本源是仰韶文化，其间有明确的传承关系。但在陶寺

────────────

　　① 高炜：《龙山时代的礼制》，《庆祝苏秉琦考古五十五年论文集》，文物出版社，1989 年；白云翔、顾智界：《中国文明起源座谈纪要》，《考古》1989 年第 12 期。

早期的礼器中，包括玉石器、彩绘陶器和漆木器的器形或纹样却同东方的大汶口文化、东南方的良渚文化有相当多的联系，同北方的红山文化系统较晚的遗存以及南方的屈家岭文化也存在某些联系。有的彩绘纹样可明显看出源于大汶口，至于回纹、几何勾连纹、云纹、雷纹、鳞纹的渊源甚至可追溯到辽西的赵宝沟文化。陶寺晚期的几种陶器又同西方的齐家文化有相似处。从上述情况看来，我们对龙山时代甚至更早各大区系间的文化交汇状况应给予充分估计。"礼尚往来"（《礼记·曲记》），礼器作为物质文明和精神文明最高成就的体现物，无疑是文化交流中最活跃的因素。在各区系互有交错的网络格局中，以华夏族为主体的中原地区，占有优越的地理位置和地理环境，并且具有极强的开放性和凝聚力，能博采众长，纳四方之精华，从而造就出蓬勃生机，并最终在公元前第三千纪后半叶形成高于周邻的中心地位，奠定了三代文明的根基。形象地说，陶寺是站在仰韶、红山、大汶口、良渚诸文化的肩膀上向上攀登的，倘若没有红山、大汶口、良渚文化的成就，就难说有今天看到的陶寺，也就难说有灿烂的三代文明。以上，就是我对中国古代文明多源一统观的理解。

**郑光**（中国社会科学院考古研究所副研究员）：在讨论我国何时进入文明社会时，自然涉及文明的定义。在文明的若干定义中，我认为文明是文化发展的高级阶段这一概括更为恰当。文明又是与人类社会由低级阶段的游群、氏族社会进入到高级阶段的国家社会相联系的。故曰国家是文明的概括。

文明是由人们所创造的物质和精神两部分有机组合而成的，而主要应指高级的精神活动。如同一个人有躯体，有精神灵魂，躯体是精神灵魂的外壳和依托，而精神灵魂则是人体的主宰。人要由不懂事的孩提成长为思想成熟的大人，社会也要由不开化、野蛮状态进入到文明，社会思想由简单而升华为高级的哲学、政治、伦理、礼仪、道德、文学、艺术、宗教、科学等等，而政治、哲学、伦理、道德是治国之经纬，人立身处世之原则。

文明若干要素中，城市、青铜、丝绸、漆器、玉器、文字等等既是为上层统治者占有的物质产品，又是高级的精神产品，文明的重要体现。也就是说坚固设防的城市是国家，也是文明的同义语；文字是记录和传播人类思想的工具，是文明存在和发展不可或缺的手段；青铜、玉器等在中国则主要用为礼器，当然也是精神意识、宗教、哲学、艺术、科学的体现，是表现文明的手段和外在形式。我是这样来理解文明的定义和它诸要素的层次结构，体与用之关系。

中国古代社会何谓文明时代，何谓非文明的时代，我认为，作为文明躯体、脊柱的国家，特别是它的中央集权的政治机构的存在与否是判断一个社会是否进入文明时代的重要标准。良渚文化、红山文化的社会已呈现分层的等级政治结构是没有多大问题，除了存在若干高等级的墓葬群体和大型公共建筑如祭坛等外，还有反映不同等级层次的大量精美的玉制礼器。大汶口文化也出现阶级分化，但是它们是否有一个中央集权的政府，不得而知。在文化人类学中，酋邦也存在分层等级的政治结构（较为简单），因而这几种文化处于国家社会和前国家社会均有可能。

再看中原地区古文化。二里头文化大家公认已进入文明时代，且不是最早或原始的文明，其前必有一个较长的发展阶段。作为虞夏文化的中原龙山文化中、晚期甚至更早一些时候已进入文明时代、国家社会，我看是顺理成章的。此点，无论从考古或从文献考察都可以得到印证。如山西襄汾陶寺遗址，虽未发现布局为城市的居址、大型公共建筑，可是它的墓地的规模和结构正是当时活着的人的居址规模和社会结构的反映。从我们对墓地实地考察和对随葬品的分析，不难得出这样的结论：该墓地的规模、气魄相当宏大，它已显示出一个像金字塔那样的社会分层的等级政治结构。处于其顶端、居于墓地核心的大墓，其规模、形制、随葬物之高级和丰富多彩皆令人惊叹，也部分与古文献关于上层礼制的记载相印证，说明它们是够有王气的了。这里还出现了文字，也是值得重视的事。可以认为，陶寺早期文化（可能在尧和尧以前一段时期）存在着国家，应处于文明时代。

中原龙山文化分布的范围十分广大，而且愈往后愈大。至少在它的中、晚期，它的分布东至泰山一带，南过长江，西至陇山，北至长城一带。这当是华夏文化的分布范围，而当时作为中央集权的封国制大帝国（至秦汉发展为中央集权郡县制大帝国）的政治疆域就更大了。

从陶寺遗址到整个中原龙山文化反映出《尚书·尧典》《禹贡》《左传》《史记·五帝本纪》等文献关于黄帝以来的基本历史和政治疆域的记载是正确的。考古实践愈是发展，愈是证明许多古文献不仅其本身，而且它所记载的许多历史材料是真实的，或可靠程度相当高，这正是对疑古派怀疑、否定古史、古书之否定。

我国古代文明形成甚早，它源远流长，它分布的地域十分广大，它不断吸收、融会着周围其他文化（如大汶口文化、山东龙山文化、良渚文化等等），不断扩大自己的范围和影响，故而其根基深厚广阔，气魄博大，历艰险而益固，经千古而常新。而按旧的史学观念，如"夷夏东西说"用一王朝的主要诸侯国来划分民族和文化，中国古民族、古文化将被分割成很小一块块的了。这便无法理解中国古文明源远流长、根基广厚、气魄博大这一事实，而且许多历史现象，许多学术问题，许多考古资料便得不到合理的解释。因此，我们在研究中国文明起源问题上，要摆脱某些旧的史学观念，清除民族虚无主义、历史虚无主义，方能开辟一个新的格局。

**徐苹芳：**大家结合中国的实际，尤其是结合各遗址的具体情况发表了许多很好的意见。那么，在中国文明起源、阶级社会形成这个大课题下，应该怎样设立若干中、小课题，今后应该怎样开展工作，请大家谈谈意见，以便相互启发，把中国文明起源问题的研究再向前推进一步。

**牟永抗：**中华文明起源的研究，是中国考古学研究的基本课题。现在讨论的基础，是中华人民共和国成立四十年来全国各地考古学取得的巨大成果，表明中国考古学正在走向成熟。这次实地考察和座谈所以取得较好的成绩，是组织和主持者中国社会科学院考古研究所的领导将野外现场和考古学第一手材料放在首位，打破了行政区域和单位的界限，参加者既有中央一级的专业研究单位，也有地方的研究人员。这在考古界还不多见，希望能继续保持。

这是一项全国性的考古学专题研究，也是一个马克思主义的理论课题，是我国社会主义精神文明建设的重要组成部分，可以在建设有中国特色的社会主义伟大事业中发挥一定的作用。最好能列入国家"八五"社会科学重点课题，并在全国范围内组织实施。同时也要得到各有关省市领导，特别是专业单位领导的重视。例如在浙江省，最好能引起浙江省文物局和浙江省文物考古研究所领导的重视。

中华文明起源考古学研究的内容、方法，应该与以文献为主体的历史学研究有所区别。虽然有不少理论性问题需要探讨，着重点好像应该放在考古学遗迹和遗物的发现，即野外工作的突破。开一次或几次讨论会，似乎不能解决像文明起源这样的学术性课题。座谈讨论的积极意义，实际上是在引导更好地开展野外工作。希望在财力允许的条件下，有重点地进行计划性发掘。至少应该采取有效措施，将有重要意义的地点保护好。例如浙江余杭大观山果园良渚文化中心址，如近期不能主动发掘，建议列为国家重点保护单位，加以保护。

**任式楠**：对于今后围绕中国文明起源问题的工作和研究，长话短说，简单谈四点想法：一是有目的地探寻和较大规模发掘几处关键性遗址；二是阶段性地及时发表内容充实的考古资料；三是开展形式多样的学术交流活动；四是深入学习马克思主义理论，有组织地进行大小课题的研究。

**郭大顺**：关于这个课题如何深入下去，我谈两点看法：

第一点，在不断取得共识的基础上，以认识指导实践。除了重视中原以外地区、重视距今四五千年前后文化遗存的工作以外，当前如在田野工作中加强寻找高层次中心遗址的意识，在文化交汇地区多做工作。

第二点，这一次文明起源的讨论引起社会各界的持续关注和参与在考古界是前所少有的，反馈回来的信息里，"五千年文明古国"既是牵动亿万中华儿女人心的大事，从无阶级到国家再过渡到无阶级社会又是马克思主义理论建设本身的一部分，而考古学科的理论化和普及化，不正是我们要追求的目标吗？所以，重视社会的反响和参与，会使这个课题的研究保持生命力，不断深化、开拓，并取得社会各界更多的支持。

**王明达**：我的想法是：一，这次研讨会，取得很好的成效。这种紧扣文明起源这个重大课题，先考察，看现场看材料，然后又坐下来讨论，有共识，又有不同观点，是一种好形式。考古所牵了个好头，希望有条件的单位也能这样办，进一步促进在文明起源问题上深入探讨的势头；二，考古学界探索文明起源有很大的优势，就是田野考古的新发现，除了已发现的材料要深入研究，寄希望于野外又有新的突破。现在配合基建、对付盗掘破坏，抢救性的多。国家文物局、各省市的主管部门能否在重点遗址，做些具体规划，经费上搞些倾斜。

**宋建**：这次讨论文明起源问题中，不少同志提到治水，提到治水在文明起源中的地位问题，谈到为什么良渚文化、山东龙山文化以后社会面貌发生了较大的变化。有人认为当时有水患。因此将来做工作时要注意被水淹过的遗迹，注意自然环境与生态环境的变化、气候的变化。思路要放开，不要仅限于从考古学本身去考虑。

**孙守道：**对今后如何开展这一课题研究，建议以现有的中国文明起源课题组为主，适当吸收与此课题有关的外单位研究人员，组成一个"中国文明起源研究会"，成员以在二十名左右为宜。这样便可以由研究会组织：一，不定期地轮流在与文明起源相关的重大考古遗迹所在的省、市，如杭州、上海、南京、沈阳、济南、安阳、郑州、洛阳等地召开小型研讨会并到有关遗迹现场参观、考察；二，视情况举行有关文明起源的考古发现、发掘报告会或有关研究的学术讲演会；三，搜集、翻译、编写国内外有关中国文明起源发现研究的最新信息、资料和论文集等；四，制定近期与远期的研究规划，特别是多学科研究的规划，或联合攻关，或分工研究，一并实施；五，与国内外有关学术组织机构建立学术联系。

**高炜：**我同意前几位同志所谈今后要力争田野上有新突破，强调对考古材料进行历史唯物主义的分析和理论概括，加强交流与协作等意见。补充一点：追溯三代文明的萌发和形成过程，需要我们对考古学上已得到确证的商周文明的内涵和特点有深入的理解，这方面需要下功夫。

**郑光：**对于今后我们如何从事文明起源这个课题的研究，我认为应当有组织地进行。这样，一，有利于商讨、协调关于此课题的考古工作计划，确定重点发掘地点和研究课题；二，便于经常接触交换意见，进行学术交流；三，便于资料和研究成果的交流和公布。在发掘地点的选择方面，本着城市是国家和文明的同义语，中央集权政府的出现是国家、文明确立的重要标志这一认识，我们应把重点放在努力寻找和发掘从规模到文化遗存与城市特别是都城相当的遗址。而把精力都放在一般村落遗址上是不适当的。

**徐苹芳：**研讨会就要结束了，我认为会开得很好，大家都畅所欲言。我学到不少知识，受益匪浅。会议的最大收获是我们取得了一些共识。首先是关于中国文明起源的讨论，必须以恩格斯《家庭、私有制和国家的起源》一书为金钥匙，也就是说必须以马克思主义为指导来进行这项研究。

关于文明的概念。不要从概念出发，要从中国古代史的实际出发来讨论这个问题。文明是文化发展的高级阶段,是从无阶级到有阶级,是从氏族到国家,是从原始社会到奴隶社会的历史进程的标志。中国文明的起源和文明社会的产生这个历史阶段,是中国古代史上社会性质起巨大变化的时期,经历了一个从量变到质变的过程,文明社会的产生是一次社会性质变化的飞跃。文明因素必须是反映社会上质的变化的。生产力和生产关系的变化,农业和手工业的分工,剩余价值和私有制的出现,阶级的产生,国家的出现,这个过程是很长的。生产力发展在先,生产关系变化在后。这些是我们取得的共识。

在中国考古学上所见的文明要素是什么?大家还有不同的看法,这是正常的,也是我们今后要研究的课题。

中国文明起源历史学家可以研究。考古学家的研究和历史学家的角度和方法是不同的。考古学家的研究是以考古发现为主,并以考古学的方法来进行的。具体说就是要在中国考古学的区系类型的研究成果的基础上进行。中国社会历史发展的不平衡性,决定960万平方千米内不可能同时进入文明社会。中国历史文化的特点,诸如祖先崇拜,宗庙宫室在城市中的突出地位,礼制和代表身份的礼器,都反映到中国文明起源上。我们要做出科学分析,以期总结出中国文明起源的模式。

今后的工作,我同意各位所提的意见。希望有更多的学者和单位参与这个课题,有组织有计划地召开不同类型的研讨会,出版一些论著和重要的考古报告,并对一些典型的重要遗址进行大面积的发掘,使这个课题的研究不断深入和提高。

（原文发表于《考古》1992 年第 6 期,由编辑白云翔、顾智界整理）

# 中国古代的文化与文明

张忠培

（故宫博物院）

## 一　古代文化的多元格局源远流长

中国旧石器时代早期的文化，就以秦岭为界，分为南北两个工业区，至旧石器时代晚期，南方和北方又可分为不同的区域性文化类型。这为中国中石器时代和新石器时代的文化多元性的出现，准备了条件。

旧石器时代经中石器时代而转入新石器时代。生活在中国土地上的居民，早在公元前 1 万年以前，就进入到了新石器时代。从公元前 6000～前 2000 年夏王朝建立这段时期的新石器时代，自中国著名考古学者苏秉琦教授提出考古学文化区、系、类型论后，中国考古学者开展了新石器时代考古学文化序列与谱系的研究，我现今从中得出的主要认识是：

1. 以华山、渭河为中心的黄河中、上游地区，泰山、沂河为中心的黄河下游及黄淮平原，西拉木伦河及燕山南北地区，长江中游和长江下游地区，分别分布着西阴文化、大汶口文化、红山文化、屈家岭文化和良渚文化诸谱系文化。中国地广，除这里指出的诸谱系文化外，在其他地区还存在迄今尚未确认出来的谱系文化。

2. 上述诸谱系文化的起始年代，除良渚文化谱系现在只能上溯到公元前 5000 年外，其他四大谱系文化都能上推至公元前 6000 年。同时，其下延的年代不一，红山文化和良渚文化两谱系文化至公元前第三千年前期，其他谱系文化均能推至公元前二千年。

3. 从地域分布来看，中国多元谱系文化呈板块结构，彼此联结，甚至交错分布。文化上相互影响，互为促进，发展水平和势力消长呈不平衡状态。例如，公元前第五千年后期至第四千年中期，是西阴文化谱系最兴盛时期，向四周扩张，文化影响深入其他四大谱系文化的核心地区，使之出现文化重组与改制；公元前四千年中期之后，尤其是在公元前第三千年初期前后，大汶口文化、红山文化、屈家岭文化和良渚文化兴盛起来，与西阴文化谱系抗衡，甚至形成逐鹿伊洛（中原）之势，促使西阴文化分化成不同的考古学文化。

4. 现今的河南省，地处中国东部的腹地，黄河、长江及淮河均流经于此，无高山隔绝，具备形成方便的水陆交通的条件，是西阴文化、大汶口文化和屈家岭文化这三大谱系文化分布地区。它们之间的文化碰撞与交融，至公元前第三千年初期前后，终于在伊洛地区形成文化旋涡地带，促使西阴文化谱系汇集他文化之优长，发展自身文化，诸谱系文化角逐的结果，导致夏王朝的产生，自此中国进入了青铜时代。

关于夏、商、周王朝和秦、汉帝国时期的中国文化格局，可以概括如下：

（1）多元文化格局依然存在。夏、商、周、秦、汉文化区域的以外地区，于现今中国境内，依然存在不同的考古学文化。例如夏家店下层文化、夏家店上层文化、三星堆文化和吴城文化及新干大洋洲为代表的遗存，等等。

（2）自夏王朝建立，夏文化和其他同期的文化相比，已处于先进地位，而且随着时间的推移，经历商、周至秦、汉帝国，中国境内的其他文化同华夏汉文化的差距愈益扩大，中国形成了华夏—汉文化处于先进地位的格局。

（3）夏、商、周、秦、汉文化的形成，虽有其主源，但同时也吸收了其他考古学文化的先进成果，它们实是多元文化的糅合。

（4）夏、商王朝行政管辖区域，只存在夏、商文化分布地区，周、秦、汉朝行政统治区域，含多种考古学文化或多类民族文化。

（5）从考古学文化角度观之，夏、商文化虽有类型之别，但其面貌、特征较为单一，周、秦、汉文化面貌、特征复杂，可分为更多的不同的地域类型乃至不同的考古学文化。

可见，中国远古时代诸考古学文化，渊源不同，谱系有别，文化与其分布地域相互联系，构成多元一体的板块结构。通过文化碰撞、交流和融合，文化板块出现变化，有的板块缩小，甚至消失了，有的板块扩大了，融合了其他文化板块，有时还出现新的文化板块。从远古经历夏商到周王朝，再至秦、汉帝国，是"文化多元一体"到"文化多元、国家一统"的历史过程。"文化多元一体"是"国家一统"的前提和深厚基础。同时，随着这一过程的发展，形成了主流文化，先是华夏文化，后是荡漾至今的汉文化。同时，也应指出的是，直至汉文化形成，文化内涵与分布格局，虽出现了变异，但中国的文化多元性格局依然存在。

## 二 古代文明的形成及其特征

至西阴文化时期，中国黄河流域、长江中下游和西拉木伦河及燕山南北地区，诸考古学文化社会已进至父系社会，父系家族虽仍存在于氏族的躯壳中，但在氏族中已是独立的单位，同时，个体家庭已具备一定的独立性。父权在这时虽只有微弱的表现，但其潜力及其显现的发展势头，则引人注目。同时，诸文化的碰撞造成军事活动的频繁，战争产生战斗英雄，出现了军事领袖，斧开始演化为钺。泉护村 M701：7 石斧，和临汝阎村出土的内葬死者的陶缸上彩绘的《鹳鱼石斧图》中的石斧，均初具钺的特征。后者被释为墓主人的权力象征，那幅画面中的鹳与鱼分别被视为墓主人的部众和被战胜的居民群体，整个画面被认为是墓主人生前事功的写意图。如果对这幅画的解释不误的话，或许还可认为这时已出现了军权。更为重要的是，与宗教巫术相关的人祭、人殉观念，至西阴文化时期已比较广泛地呈现出来。发掘西阴文化遗址时，能于遗址中更多地见到小孩尸体，以及小孩和动物共存于灰坑的现象，便是这类宗教观念已发展的见证。同时，它也说明宗教中的神权思想得到了进一步发展。总之，在西阴文化时期，即公元前第四千年中期，已具备了将社会推进到文明时代的必要条件。

中国古代文明的形成，是在公元前三四千年之交前后。此时，属西阴文化谱系中的半坡四期及泉护二期等文化，大汶口文化中、晚期，红山文化晚期，屈家岭文化和良渚文化的居民，均跨入了文明时代的门槛。关于这一问题，我在《中国古代文明形成的考古学研究》①中做过较为详细的讨论，这里限于篇幅，故不赘述，只就这时期文明社会的一些特征，概括如下：

1. 氏族组织已经松散。父权家族是联结单偶家庭的社会基层单位，单偶制家庭在家族中的地位增强。

2. 劳动与社会分工在家族之间展开，同一氏族内的家族，在权力、财富的占有以及身份诸方面，均已存在明显分化，家族分为富裕者、掌权者的权贵家族和贫困无权的家族，以及游移于这两者之间的家族。权贵家族已控制了氏族乃至更大社会的权力，居民相应地分化为穷人和富人、无权者与掌权者、平民与贵族。

3. 聚落已出现了分化，拥有强大权势和雄厚财富的聚落，成了一定范围内聚落群的中心。先进技术、社会财富以及军事、宗教及政治权力，乃至对外关系逐渐集中于中心聚落，导致部分村落的城镇化。聚落的分化已初具城乡分野的规模。

4. 祀与戎发展了，成为凌驾于社会之上并控制着社会的神权和王权，担任祀与戎职责的人已形成阶层，成了社会的权贵。史前的氏族组织已蜕变为国家机器，掌握神权和王权的人物成为控制国家机器的主人。社会的基本居民，如这时期诸考古学文化的大量墓地及墓葬所表述的那样，是指有一定经济而生活在一定的社会组织，即家族内的人们。

5. 关于神权与王权的关系。良渚文化位居社会主宰地位的那部分人，按其所控权力，可分为既掌握军权又掌控神权者、只握军权者和仅控神权者这三种人。他们往往共居墓地。瑶山 M7、M12 两墓的墓位，居南列之中，在这一墓地中，随葬品最为丰富。M7 随葬器物 160 件（组），其中玉器 148 件（组）。M12 是一经盗掘而遭破坏的墓，出自此墓而由余杭县文管会收集的玉器就达 344 件，因盗掘而散失的则无法计算。反山的 M12 和 M20 的位置，分别居反山墓地南北排的中间。M20 随葬陶器 2 件、石器 24 件、象牙器 9 件、鲨鱼牙齿 1 枚和玉器 511 件。此墓随葬品中，含有琮、钺。M12 是

---

① 张忠培：《中国古代文明形成的考古学研究》，《故宫博物院院刊》2000 年第 2 期。

反山墓地随葬玉琮数量最多的一座墓，M12：98玉琮，器形宽阔，给人富实之感，为目前已知良渚文化玉琮之首，堪称"琮王"。其上精雕之神人兽面复合像等纹饰，为迄今微雕所不及，也区别于常见的良渚文化的玉琮。M12：100玉钺，为青玉，有少量褐斑，玉质优良，具有透光性，制作抛光精致，光泽闪亮，两面刃部上、下角，分别有浅浮雕的"神徽"和"神鸟"。其质地与工艺，为良渚文化之冠。这四墓均随葬琮、钺，表明墓主人是既控军权又掌握神权的人物。寺墩的墓主人，是位20岁左右的青年男性，拥有的随葬品达100多件，也是至今发现的良渚文化墓葬中随葬品最为丰富的墓葬之一，该墓随葬的陶器仅4件，石工具数量也不多，玉器占绝大多数，玉璧24件、玉琮33件和玉钺多件，可知这位墓主人也是一位既掌军权又握神权的显赫人物。或据墓葬在墓地的位置及随葬品的质、量，或单凭随葬品的质、量，均可说明这类既掌军权又握神权的显贵，在主宰社会的那部分人中的地位居尊。为何如此，是因为在良渚文化社会中，军权尚未高于神权，两者在社会中基本处于同等地位。这点亦可从他们同居一墓地的事实中得到佐证。在军、神权力基本处于同等地位的情况下，握着这两方面权力的人物的地位，自然才能居于仅握军权或神权者之上。中国古代社会军、王、神权的演变历史，是军权演变为王权，王权逐步剥夺神权而凌驾于神权之上，最后，导致神权在国家机器中无独立的位置。这里讲的良渚文化的情况，在其时的考古学文化中或具代表性。可见，王权和神权同等并立，是这时期文明社会的第五个特征。

6. 政权管辖的范围，在一考古学文化分布地域内，只具区域性。这时期诸考古学文化的那些中心聚落，在考古学文化分布范围内只具区域性。例如，湖南、湖北发现的一批屈家岭文化的城址，其中一些城址的规模基本相等，说明它们只是各自区域内的聚落中心。同样，那些具有同等规模的显赫人物的墓葬，在同一文化中，往往多处见到。例如，良渚文化中，基本同于反山、瑶山这样的墓地以及墓地中那样的墓葬，不仅见于良渚，也见于福泉山、寺墩、少卿山，以及吴县境内的张陵山和草鞋山等处。可见，当时具备政教中心性质的初具城镇规模的中心聚落，在一考古学文化分布地区内仅具区域性，说明在一考古学文化的全体居民中尚未形成处于一尊统治的统一政权，仍被那些权贵分割成被他们分别统治的地域势力范围。这些被不同权贵集团管辖、具有国家性质的实体，或暂可称之为方国。同一考古学文化内的诸方国的割据是这时期文明社会的第六个特征。

这时期诸考古学文化的社会发展阶段和社会性质，为上述六个特征所制约。其时的社会，既不是奴隶制，也不是中国史学中所说的或西周社会那样的封建制，暂难以一言以蔽之。讨论这一问题，与其以词害意，还不如从当时社会实际认识其时的社会特征。

同时，也需指出的是，从这些讨论可知，中国文明的起源与形成是多元而无中心的，而且，这时期任何一考古学文化也被掌控神、王权的权贵，割据为多个地域政权，亦自无中心可言。

## 三　从尧舜禅让到秦汉帝国

中国地广，发展不平衡。其先进地区于公元前第四千年后半期进入铜石并用时代，公元前第二千年初期前后，即夏王朝时期跨进了青铜时代，商代后期和西周时期，青铜文化发展到了鼎盛时期，西周晚期开始制作铁器，至战国后期铁制品已相当普遍，进入到了铁器时代。金属的发现与利用及其相关技术的发展，促进了社会分工与分化，是古代中国文化和社会进步的根基。

大致与上述金属技术进程相适应，先后出现了制作精致、造型优美、纹饰缤纷和总体创意新颖的玉器、蛋壳黑陶、青铜器和漆器。它们在中国古代物质文化发展中，是所属时期的文化艺术的典型，也是同时期世界文化宝库中的珍品。

也大致与前述金属技术进程相适应，继前节讨论的文明形成时期之后，中国于政体方面表述的文明进程，先后经历了尧舜禅让制、西周封建制，到秦汉进入对地方实行郡县管理的中央集权的专制政体。下面，就此谈点粗浅认识。

1. 史载尧舜时代，直接在夏王朝之前，考古学确认的二里头文化的年代，居龙山时代之后，目前，公认二里头文化是夏王朝时期的夏文化，故尧舜时代必为龙山时代，或含龙山时代或其部分时期。据目前的研究，释尧舜时代为龙山时代，或为龙山时代的部分时期的认识，或更接近史籍的实际。考古界对龙山时代的界定，有不同的说法。我个人认为它当与分布于黄河下游及黄淮平原的龙山文化起讫年代相当，即公元前第三千年的后半期，其内涵是指包括龙山文化在内的所有与其同时的考古学文化。

现知夏王朝不是跨考古学文化的王朝，只是二里头文化的王朝，商王朝也只是商文化的王朝。这两个王朝均具鲜明的考古学文化特性，统治所及，决不容纳与其相异的考古学文化，非我族类，绝不容之，它们对外征伐，是驱赶异文化居民，占领其土地，所以，考古学者在这两个王朝扩张的地区，寻找不到与其不同的考古学文化。传说的尧舜禹直接与夏王朝联系，从夏王朝只是二里头文化的王朝这一认识推测，尧、舜、禹也不应是跨考古学文化的族群，当均属二里头文化前身的考古学文化，即形成夏文化主源的龙山时代的先夏文化。遗憾的是，学界目前尚不能于龙山时代诸考古学文化中，确指哪一考古学文化是先夏文化。

2. 尧舜时代社会史载有两个特征，一为"大同"，二为"天下为公，选贤与能"，即"禅让"。大同者，"不独亲其亲，不独子其子"，"货恶其弃于地也，不必藏于己，力恶其不出于身也，不必为己"。尧舜禹时代社会是否是这样的大同社会？

前节已指出公元前第三千年初期前后，包括后来夏文化分布区域在内的中国当时的先进地区，已进入了文明时代，即史称和大同社会对立的"天下为家，各亲其亲，各子其子"，"货力为己"，"大人世及以为礼"的"小康"之世。处在公元前第三千年后半期的龙山时代或尧舜时代，当不会走回头路而返至"大同"社会。事实上，中国当时先进地区龙山时代诸考古学文化的遗存，也无"大同"社会的踪迹，同时，从《史记·五帝本纪》所述尧舜禹社会实情观之，也难以认为这是"大同"时代。

《史记·五帝本纪》说尧父帝喾和舜均娶有两个妻子，可见其时已进入父权制社会，当述及尧、舜、禹"禅让"时，又说"尧崩，三年之丧毕，舜让辟丹朱于南河之南"，"舜乃豫荐禹于天，十七年而崩，三年丧毕，禹亦乃让舜子，如舜让尧子"。如其时无"大人世及以为礼"，就不会出现舜让尧子及禹让舜子之举。《史记·五帝本纪》记载帝尧之位，继承其兄帝挚，帝挚之位，继承其父帝喾这样的帝位传承关系。又言："自黄帝至舜禹，皆同姓而异其国号，以章明德。故……帝尧为陶唐，帝舜为有虞，帝禹为夏后而别氏，姓姒氏。"可见，他们是各有其国的。"大人世及以为

礼”，当是尧、舜、禹各自在其国内所行的王位继承制。而尧、舜、禹诸国
组成的同姓“国联”（暂以此名之）的领袖产生制度，则是“选贤与能”
的“禅让制”。所以，尧子丹朱、舜子商均虽都不能继承其父于“国联”担
任的领导职权，却“皆有疆土，以奉先祀”。这里所说的“疆土”，自然就
是尧之陶唐、舜之有虞的“国”土，所言“以奉先祀”，则透露尧、舜不能
为“国联”奉祀，因为“国联”不只是他们的“疆土”，只能为其国奉祀，
因为这国才是他们的“疆土”。可见，尧舜禹时代，是“国”与“国联”
并存的时代，是于这两种不同的政治实体中同时各行“大人世及以为礼”
和“选贤与能”的“禅让制”的时代。

3. 前节论及公元前第三千年初期前后中国当时先进地区已进入文明时
代时指出：进入文明门槛的诸考古学文化分布地区，均被掌控神、王权的
权贵割据为一些不同的地方政权，其一考古学文化居民，则为这些割据政
权分别治理。俱掌神、王权的人物，是这些割据政权的领袖。据家长制家
族的继承制度，可推测当时领袖的传承，是“大人世及以为礼”。这些割据
政权，侵夺其他考古学文化居民的财富与土地，同时，又在其考古学文化
中进行相互兼并，总之，是弱肉强食。进入龙山时代或尧舜禹时期，在某
些考古学文化，例如先夏文化中，最后形成了势力均衡、相互难以兼并的
少数几个割据政权，即尧、舜、禹这些割据政权。在此情况下，他们协调
相互关系，集结力量，以谋取共同利益，例如防御、掠夺和治水等等，或
各自发展势力，等待时机，再进行兼并，于是便建立了“国联”组织。“国
联”的执政或首领，甚或仅是会议的主持人，自然不能“世及以为礼”，只
能协商产生，或轮流坐庄，这是被后人誉为“禅让制”的实质内涵。

先夏文化的“国联”首领，在禹后，本当“传”给益，却被禹子启夺
走了，这事说明“国联”中夏后氏力量壮大了，参与“国联”的其他国的
国力弱小了。《史记·夏本纪》载，启任“国联”首领后，只有有扈氏不
服，“启伐之，大战于甘，……遂灭有扈氏。天下咸朝”，又云“禹为姒姓，
其后分封，用国为姓，故有夏后氏、有扈氏、斟鄩氏、彤城氏……”等等。
启和有扈氏，同为禹之后裔，他们的斗争，是宗族之争，而无参与“国联”
的其他国起来反对启，说明这些国的势力小了，构不成反对势力。启夺取
“国联”首领，意味着吞并了参与“国联”的诸国，或割据政权，在夏文化

中形成了统一政权，从此，中国古代文明进入第三阶段，即"王国"时期。

4. 中国古代文明第四阶段，便是西周。它是前三个文明的总结，将王国文明推向了鼎盛时期。西周与夏商王国的区别，在于它成熟地运用了封建制，封邦建国，以藩屏周，建立了跨考古学文化的国家，为考古学文化的融合，创造了极为重要的前提。

截至西周，都是建立在家族公社基础上的宗法国家，战国的改革，重创了家族公社制和宗法制，为秦汉帝国的建立开辟了道路，秦汉帝国是以汉族为主体的多民族国家，它改变了以前王国宗法政治体制，实行对地方进行郡县管理的中央集权的专制政体。自此，中国古代文明进入第五个阶段，即帝国时期。

概而言之，以上论及的文明时期，据其质的阶段性的变化，可分为三期五段，即：

一曰方国时期，或亦可称为古国时期。此期可分为公元前第三千年初期前后和龙山时代或尧舜时代两段。

二曰王国时期，夏商和西周存在区别，可分为夏商和西周两段。

三曰帝国时期，本文所述的时期，仅及秦汉一段。

东周未予论及，大致可认为是从王国到帝国的过渡时期。

写成于 2000 年 7 月 24 日

（原载《考古与文物》2001 年第 1 期）

# 论"中国文明的起源"*

## 张光直

### （哈佛大学）

最近几年以来，"中国文明的起源"——或与此类似的题目——成为中国考古学、古史学界热烈讨论的一个论题。开这个风气之先的是 1985 年在北京出版的夏鼐的《中国文明的起源》的中文版①。随着次年《光明日报》对辽宁牛河梁"女神庙"遗址发现的报道与这项发现将中国文明起源时代提早的评论，引起了近五年来中国考古学界、古史学界对什么是"文明"、中国最早的文明在何处起源以及中国文明到底是一元还是多元等等一系列老问题的争议。在"中国文明起源"这个题目下参加讨论的学者很多，1987 年可举安志敏②、陈星灿③和邹衡④为例，1988 年可举蔡凤书⑤、李先登⑥和郑光⑦为例。1989 年相信在这个题目上的讨论还是接连不断的；《考古》第 1 期便有童恩正《有关文明起源的几个问题——与安志敏先生商榷》

---

　＊　本文为张光直先生夫人李卉女士在张光直遗物中发现，约写于 1990 年，经陈星灿先生整理。

　①　夏鼐：《中国文明的起源》，文物出版社，1985 年。原日文版，《中国文明の起源》，东京，日本放送出版协会，1984 年。

　②　安志敏：《试论文明的起源》，《考古》1987 年第 5 期。

　③　陈星灿：《文明诸因素的起源与文明时代》，《考古》1987 年第 5 期。

　④　邹衡：《中国文明的诞生》，《文物》1987 年第 12 期。

　⑤　蔡凤书：《中华文明起源"新说"驳议》，《文史哲》1988 年第 4 期。

　⑥　李先登：《关于中国古代文明起源的若干问题》，《天津师大学报》1988 年第 2 期。

　⑦　郑光：《中国新石器时代与中国古代文明》，《华夏考古》1988 年第 2 期。

一文①，安志敏回答的文章已准备近期刊出。

我说这是老问题，因为虽然最近有热烈的讨论，"中国文明的起源"却并不是一个新的题目。在西方思想传入中国以前，中国文明的起源有开天辟地、三皇五帝这一套体系充分说明，是不成为一个学术上的论题的。但是西方学者很早以前便把中国文明起源当作一个值得讨论的题目。近代西方学者最早讨论这个问题的是英国伦敦大学的拉古别里（Terrien de La-couperrie），他在 1885 年的一篇文章里主张中国民族的始祖黄帝是从巴比伦迁来的②。这类中国民族和它的文明西来说自拉氏之后继续主张者不乏其人③。到 20 世纪 20 年代安特生在河南和甘肃发现史前时期的彩陶以后，安氏更指出中国史前彩陶与中亚、东欧史前彩陶之间的类似④，于是中国文明西来说更自考古资料获得支持。但是不久之后，中国考古学者在山东龙山城子崖和河南安阳殷墟的考古发掘，产生了中国本土文化史前时代的遗物。这时若再说中国史前时代都是一片空白，连人和文化都是自西方输入的，便很难成立了。所以 30 年代到 40 年代的外国学者多采折中的说法，即中国本土有人长期居住，但远在史前时代就受了西方文明的影响，而产生文化的进展。这种说法可以举两个例子。一个是日本的滨田耕作，他在 1930 年出版的名著《东亚文明の黎明》⑤一书中，介绍了安特生根据彩陶而主张的西来说以后，作了如次的观察：

"那么彩画陶器，或此时的中国文化，何由而发生？换言之，这种陶器或文化，是随从具有这种陶器、文化的人种从西方进来的呢？或者是仅仅其文化技术，受了西方的影响呢？这是当然要发生的问题。关于这个问题，发现者安特生早就立说，谓这大约是具有和生产彩画陶器的西方各地一样文化的原中国人（Proto-Chinese），当新石器时代从土耳其斯坦方面移动到中国西疆，入了甘肃而终于深入河南及其他各地，留下了那些陶器的。同

① 童恩正：《有关文明起源的几个问题——与安志敏先生商榷》，《考古》1989 年第 1 期。

② "Introduction" to *Ethnic History of the Shans*, by A. R. Colquhoun. first published 1885, Reprinted 1985, Delhi：Manas, pp. xxi - iv. 此说后详述于氏著 *Western Origin of the Early Chinese Civilization*. 蒋智由：《中国人种考》，广智书局，1906 年，将氏说详细撮述。

③ 见林惠祥《中国民族史》上册，商务印书馆，1936 年，50 ~ 57 页。

④ J. G. Andersson. "An early Chinese culture", *Bull. Geol. Soc. of China* 5 (1923). no. 1. pp. 1 ~ 68.

⑤ 滨田耕作：《东亚文明の黎明》，东京刀江书院，1930 年。

是瑞典人语言学者高本汉，则谓中国人在产生这种彩画陶器文化以前，早已居住中土，制造了鬲式三代陶器；至于彩陶文化和它的民族，是后来从西方流入的。……我将安特生和高本汉两说比较，反而觉得高本汉说较善。依我的意思，中国人至少在新石器时代，已经住在中土，及其末期，乃有彩画陶器的文化，随同新人种侵进来。"①

滨田氏进一步相信殷墟时代在中国发达极盛的青铜文化，也是由西方输入的。"铜或青铜的使用……至少在旧大陆，是发生于西方亚细亚的一个中心，传播到各地的。……关于铜和青铜的知识，就说是从西方传到中国，也是大可以有的事。"② 换言之，中国文明史上在当时的考古学上最显要的两个元素，即彩陶与青铜，都是从西方传来的，而我们可以由此来解释中国文明的起源。

第二位持这类见解的外国学者的例子是美国的毕士博。他在1939年发表的《东亚文明的开始》③ 一文中，叙述了中国新石器时代的彩陶与黑陶文化以及文明时代的殷周。但在他检讨了中国文明的各项特质以后，发现它们都是外来的：彩陶、青铜器、大麦、战车、文字、牛、羊、马、鸡、水牛、小米、大米、高粱等等，他说不是来自近东便是来自印度。他的结论："文明最早出现于近东，在那里若干动物被驯养，若干作物被栽培；也是在那里各种基本的发明被创造，城市生活产生。这些成就需要很长的时间，可能好几千年。在东亚我们发现当时情形纯然不同。上述文化特质中有许多在这里也有出现，但它们都出现得晚得多，并且表现一个比较进步的发展阶段，没有任何证据能说明它们是在这里独立发生的，而在若干例子中我们可以找到它们自西方起源的确凿证据……因此，后来在东亚建立起来的文明，其起源与基本类型必须归因于从古代近东来的文化传播所致的刺激。"④

到20世纪50年代以前对中国文明起源的讨论大致便停留在这种水平

---

① 译文根据张我军译《东亚文明之黎明》，《辅仁学志》1930年，2号，34～35页。
② 译文根据张我军译《东亚文明之黎明》，《辅仁学志》1930年，2号，39页。
③ "Beginnings of civilization in Eastern Asia". 原载 *Annual Report of the Smithsonian Institution* 1939. 重印于 *Antiquity* xiv（1940），pp. 301 – 316.
④ "Beginnings of civilization in Eastern Asia". 原载 *Annual Report of the Smithsonian Institution* 1939. 重印于 *Antiquity* xiv（1940），pp. 315 – 316.

上：中国文明包含哪些元素，这些元素是土生土长的还是从外面来的，由对这些问题的答案而在"中国文明起源"这个问题上下个断语。有人（如毕士博）说中国文明重要的因素都是外来的，反过来有的学者便争论中国文明若干成分实际上是本地起源的。李济在一篇讨论中国上古史的文章中，批评毕士博的说法，指出中国古代文明中至少有三件物事是确确凿凿土生土长的，即骨卜、蚕丝与殷代的装饰艺术。"这三件，外国人讨论东方文化时，只管可以不提，却不能不承认是远东独立发展的东西。"① 这种土著与外来成分的拉锯战，一直持续到 20 世纪 70 年代。主张土著成分占优势，因而中国文明基本上是土生土长的，甚至是东方文明的摇篮，到了何炳棣《东方之摇篮》一书到了高潮②。

到了 20 世纪 50 年代以后，随着全国考古工作的进展与大量史前与历史时代早期遗物的出土，"中国文化起源"这个论题也就逐渐趋于复杂化。在过去资料稀少的时候，我们可以把全中国当作一个单位来讨论，把不同时期的文化排列起来，就可以展示中国文化发展的过程。在全国各地出土物增多，而且利用碳 – 14 断代方法把全国各地文化发展历史初步了解以后，我们发现中国古代考古文化是不止一个系统的，于是在 20 世纪 70 年代初期以来中国考古学上便开始了对所谓"区系类型"这个概念的探索。在 1981年第 5 期的《文物》上，苏秉琦和殷玮璋建议把全国考古学文化进行区、系、类型的详细划分，并且指出中国古代文化至少可以分为六个不同的区域来讨论：（1）陕豫晋邻近地区；（2）山东及邻省一部分地区；（3）湖北和邻近地区；（4）长江下游地区；（5）以鄱阳湖、珠江三角洲为中轴的南方地区；（6）以长城地带为重心的北方地区③。在中国文明起源这一课题上，这种区、系、类型的划分是有基本上的重要性的，因为"这六个地区都曾起到民族文化大熔炉的作用"，也就是说，"很多地点考古文化面貌上反映的我国民族文化的多样性和文化渊源的连续性"，这也就是说中国文明

---

①  李济：《中国上古史之重建工作及其问题》，《民主评论》五卷四期，1954 年，89 页。

②  Ping-ti Ho, *The Cradle of the East*. The Chinese University of Hong Kong and the University at Chicago Press. 1975.

③  苏秉琦、殷玮璋：《关于考古学文化的区系类型问题》，《文物》1981 年第 5 期。

的起源是多元的而不是一元的①。

中国文明起源的多元性，本来不是一个新颖的说法。民族史学者林惠祥在 20 世纪 30 年代讨论中华民族的起源时早就指出"中国文化盖以上古时华夏系之文化为基本要素，此种文化依次与其他文化接触而吸收之，吸收以后经一番错综混合而归于融化。"这些为华夏系所吸收的其他文化，林氏列举有黎苗文化、东夷文化、荆蛮文化、百越文化、山狄文化、氐羌文化等②。

发掘和研究殷墟文化的李济也早指出"殷虚文化来源的复杂"：（1）一部分的文化显然受过西方的影响，同时带着浓厚的地方色彩，如文字、一部分的农业及陶业；（2）一部分完全是在中国至少是东亚创始并发展的，如骨卜、龟卜、蚕丝业及一部分的陶业与雕刻的技术；（3）一部分来自南亚，如水牛、稻米及一部分艺术。"殷商文化只是把这些成分调和起来，加了一个强有力的表现。"③ 这个看法在李先生的《中国文明的开始》（1957年）一书中又再一次被强调："商代的文化是一个非常复杂的现象，它代表许多文化源流的融合。"④ 这种多元的说法，如今可以说是为中国史前文化区系类型的分析结果得到考古材料的支持了，但是新的材料又引起了新的论题，或可以说是使旧的论题复杂化了。根据上引安志敏、邹衡、蔡凤书、李先登等最近的看法，要说中国文明的"起源"，就一定要找到符合文明条件的最早的考古文化，亦即二里头或夏商周三代的中原文化，因此中国文化起源问题，在这些位学者看来，与新石器时代文化的区系类型的分析是两码子事。

中国文明起源这个课题是研究中国文明史、中国考古学的一个基本问题，但对这个问题的了解是一定会随着中国考古材料的增加与研究而有日进的。现在考古材料已积累到一种程度，使得这个问题分析起来头绪相当纷繁。下面将这些头绪初步梳理一下，试求指出讨论这个问题所需考虑的

---

① 苏秉琦：《建国以来中国考古学的发展》，《史学史研究》1981 年第 4 期。收入《苏秉琦考古学论述选集》，文物出版社，1984 年。
② 林惠祥：《中国文化之起源及发达》，《东方杂志》34 卷七号，1937 年，177~194 页。
③ 李济：《殷虚铜器五种及其相关之问题》，中央研究院历史语言研究所集刊外编第一种，《庆祝蔡元培先生六十五岁论文集》上，1933 年，104 页。
④ 李济：*The Beginnings of Chinese Civilization*. Seattle：University of Washington Press. 1957. p. 37.

一些重要因素。

## 一　"文明"的定义应自史料内部辨认

讲中国文明的起源，第一步的工作自然是说清楚什么是文明，什么是中国文明，这样我们才能谈到它的起源问题。最近在这个问题上的争论，有一部分是集中在"文明"这两个字的定义上的；例如有人说红山文化有玉器、有女神庙，证明中国文明可以追溯到 5000 年以前的辽河流域；也有人说红山文化还没有发展到文明阶段，还不具备文明的条件，所以讲中国"文明"的起源还谈不到红山文化①。

给文明下定义至少有两条入手途径。第一条是先决定文明这个概念之下包括什么具体的成分，然后再在中国文化发展史中找寻这些成分在哪一个段落中出现。如果找到，便知道文明在中国是在什么时候、哪一个阶段出现的。这样即使不能解决文明的起源问题，至少可以知道从何处何时来出发从事这个问题的研讨。先决定这个概念所包括的成分，一般是自社会科学通论的著作中去采取的：在中国一般采自所谓经典著作，即公认为真理的著作，如摩尔根的《古代社会》②。这本书把人类社会进化史分为三个大段，即野蛮（Savagery，又译为蒙昧）、半开化（Barbarism，或译为野蛮）和文明（Civilization）。每一个阶段都有很精确详细的定义；摩尔根氏对"文明"的定义是："这一时代，如前所述，以声音字母之使用以及文字记录之制作而开始。"自摩尔根以后，把"文明"的定义加以扩充和定规化的企图是很多的。最近讨论中国文明起源的学者也采取这种界说的方式，把"文明"的内容规定清楚，然后到考古资料中去寻找。如邹衡分析"文明"的标志是：文字、铸造和使用青铜器、城市的形成与发展。"从龙山文化到二里头文化已经发生了质变。例如二里头文化中成组宫殿群建筑的出现和都城的形成、青铜器中礼乐兵器的产生、文字的发明等等。这些又都是商周文明所共有的。龙山文化中没有这些因素，说明当时尚未跨入中国古代文明的门槛；二里头文化有了这些因素，说明已同商周文明直接挂钩。这

① 安志敏：《试论文明的起源》，《考古》1987 年第 5 期。
② 摩尔根著，杨东莼、张粟原译本：《古代社会》，商务印书馆，1935 年。

样，我们就在考古材料中找到了中国文明的源头，这就是二里头文化即夏文明。"① 李先登的看法也与这相同，他也"认为中国古代社会进入文明时代的主要标志是文字、青铜礼器与城市"②。

另外一个给文明下定义的途径是从个别区域具体史料与具体史实的分期出发。上面所说的先将"文明"的内容列举出来的方式，需要做这样一个假定，就是在每一个区域史里面，如果有文明这个阶段出现，就一定有这些成分的出现，但这个假定从实际上说是不能成立的，就用中国文明的三个必要成分来说吧：文字、青铜器和城市是不是所有的"文明"都有的成分呢？中国有，两河流域有，但中美的古代文明没有青铜器，南美的古代文明没有文字。是不是这样说来中美与南美古代文化史上都没有"文明"这一个阶段呢？取这样的观点便是说，在人类社会文明演进史上，有的地区（尤其是先经过研究的地区）比较重要，它的成分便应当作文明定义的标准。因为如果不是如此，如果用中美、南美的文化史当作文明界说的标准，那么中国与两河流域的发展便不尽合它们的标准，岂不是反过来表明中国与两河流域的文化史中没有文明这一个阶段吗？我相信我们不妨将每个地区的文化社会发展史个别看待，检讨它的发展过程经过什么样的程序，在这个过程中有几次飞跃性或质变性的变化，然后根据这个历史本身内部所呈现的变化把它分为若干阶段或时期。这里面发展程度较高的一个阶段或时期也许便相当于我们观念中所谓"文明"。但这是要在比较了许多地区的发展分期以后才能决定的。我们分析了全世界许多地区的文化社会史以后，把它们发达程度最高的一段来比较综合。如果它们之间有许多基本上的类似性，也许我们可以达到一个真正有普遍性、有世界性的"文明"的新的定义。

从这种观点看中国文明起源问题，我们很客观地要采取第二种途径，即先将中国古代文化社会史做一番客观的分析，看看应该分成哪些阶段，再看看到哪一个阶段我们可以谈到"文明"的出现。这样做法所获得的结果也许和走第一条途径所获得的结果是相同的，但这样做法所得到的"文

---

① 邹衡：《中国文明的诞生》，《文物》1987 年第 12 期。
② 李先登：《关于中国古代文明起源的若干问题》，《天津师大学报》1988 年第 2 期。

明"阶段是客观产生的，不代表先入为主的成见。

目前中国史前史到古代史这一段连续性的考古史料只有在黄河中游河南、山西、陕西一带比较完整，我们不妨把这一地区的文化社会演进史发展过程的分析做一个例子。这个地区从物质文化（主要是陶器）的变化上看可以排成下面这样一个文化序列①：

1. 以裴李岗、老官台等遗址为代表的较早期的新石器时代文化（约公元前 7000 ~ 前 5000 年）

2. 仰韶文化（约公元前 5000 ~ 前 3000 年）

3. 龙山文化（约公元前 3000 ~ 前 2200 年）

4. 二里头文化（约公元前 2200 ~ 前 1500 年）

5. 殷商二里岗和殷墟期文化（约公元前 1500 ~ 前 1100 年）

殷商以后西周东周以来的历史时代文化先抛开不提，只就上列五种史前与历史时代初期考古文化来看，它们在文化社会演进史上代表着什么样的发展？如上所说，考古学上文化的序列是根据物质文化所显示的变迁而排列的。固然我们相信文化的变化是全面的，也就是说物质文化上的变化可能是与政治、经济、社会等领域的变化互相联系的，但是我们更要进一步把这些政治、经济、社会上的变化从考古材料里揭发出来。做这种揭发工作，需要较丰富的考古材料与以此为目的的彻底分析研究。中原考古虽已有较长的历史，这段序列中仍有许多缺环。我们且就（1）生产工具，（2）手工业分工，（3）金属技术，（4）财富分配，（5）建筑规模，（6）防御性城墙，（7）战争与制度性的暴力，（8）祭祀法器性的美术品，（9）文字，这九项现象作为标准来看一看它们在中原考古文化序列中的出现情况（表一）。

表一是很不完全的，有许多处还表现着考古学工作的缺环。其中二里头文化发现较晚，工作也较少，夯土城墙的痕迹还不显著，也没有发现文字。但整个看来，这五段考古学的文化从社会演变史来看很清楚的可以分为三个阶段，代表两次质变的门槛：

① K. C. Chang. *The Archaeology of Ancient China*（4th edition，1986）.

表一

| | 较早新石器文化 | 仰韶文化 | 龙山文化 | 二里头文化 | 殷商文化 |
|---|---|---|---|---|---|
| 1. 生产工具 | 石、木、骨、蚌制 | 石、木、骨、蚌制 | 石、木、骨、蚌制 | 石、木、骨、蚌制 | 石、木、骨、蚌制 |
| 2. 手工业分工 | — | — | 陶轮使用 | 工场遗迹 | 细分工工场遗迹 |
| 3. 金属技术 | — | 痕迹 | 坩埚、小件金属器 | 青铜块铸 | 青铜冶铸技术高峰 |
| 4. 墓葬中显示的财富分配 | — | — | 陶寺墓地，墓葬分大、中、小 | 差距加大 | 明显阶级社会 |
| 5. 建筑规模 | 居室 | 居室 | 居室 | 宫殿 | 宫殿 |
| 6. 防御性城墙 | — | — | 夯土城墙 | ？ | 夯土城墙 |
| 7. 战争暴力 | — | — | 频仍 | 频仍 | 频仍 |
| 8. 法器性美术 | — | — | 有 | 青铜礼器 | 青铜礼器 |
| 9. 文字 | 甲文？ | 陶文 | 陶文、骨文？ | 陶文 | 卜辞、金文、典册（？） |

1. 从裴李岗、老官台文化到仰韶文化的阶段：一般来看，是自给自足的农村生产阶段，手工业没有专业化，金属工业阙如或小规模，没有显著的战争或经常使用暴力的证据，在财富分配上没有显著的分化或阶级分化，没有真正的文字。

2. 以龙山文化为代表的阶段：由于以聚落形态的研究为目标的大规模考古调查在中原尚未广泛进行，我们对于龙山时代聚落与聚落之间的从属、联合关系还不清楚。但中原社会到了龙山时代显然发生了重要的内部变化。夯土城墙的建造与战争和人牲遗迹的发现都指向一个用干戈、有甲兵的新的社会秩序。陶寺墓地表现了尖锐分化的阶级，并且表现了上述阶级与礼乐的密切联系。手工业分化的专业中有从事骨卜的与制作祭祀陶器的活动，但至今还没有宫殿建筑、青铜礼器与文字的发现。我相信青铜礼器与文字的萌芽可能都在龙山时期，但在目前的资料上看来，龙山与下一个阶段的二里头文化之间是有一道很深的鸿沟的。

3. 从二里头文化到殷商文化的阶段：这是有宫殿建筑、大规模战争、殉人、用人牲与铸造青铜礼器的阶段。二里头文化中虽然还没有文字发现，但它的宫殿建筑与青铜礼器表示它与殷商近，与龙山远。

我们将这三个社会演进史的阶段叫什么名称？甲、乙、丙也可以，"部落""酋邦""国家"也可以。如果用"文明"一词，它应当是自第二个阶段起还是自第三个阶段起？如果说阶级社会便是文明社会，龙山时代至少可以说是初级的文明社会，而二里头、殷商文化可以说是高级的文明社会。很清楚，这是术语上的问题。从实质上讲，在中国文明起源的程序上说，这三个阶段都是不可少的。

不论以第二个阶段为"文明"还是以第三个阶段为"文明"，这都只是中原地区的历史现象。中国其他地区的史前史与历史时代早期文化也需同样的分析、分段，各地区可能各有它自己的文明阶段。各地区的文明阶段是不是一样的？把它们比较了以后能不能在中间画上等号或把它们合并起来归纳成一个"中国"文明起源阶段？这些都是要在分析研究以后才能答复的问题。

## 二　从所谓系统论看"中国文明"起源的一元与多元

谈中国文明起源的问题，第一步是决定"文明"该如何界说，下一步便要决定什么是"中国"文明。最近在这个问题的讨论上，这是若干争辩的焦点，但这个焦点并没有明显地揭露出来。争辩的一方采取所谓"满天星斗"的看法，主张中国文明的起源是多元的，因为上述新石器时代六个区域文化都是中国文明的祖先[①]。争辩的另一方则以文字、青铜器与城市为界说文明的标志，指出中国境内最早达到这种标志的是中原的二里头文化，所以中国文明的起源还是自中原开始的[②]，这项争辩的两方都有考古文化的根据，但他们的意见分歧，是因为他们笔下的"中国文明"实际上不是一回事。前者用广义的界说，相当于"中华民族"的文明，在时代上是连续

---

① 苏秉琦、殷玮璋：《关于考古学文化的区系类型问题》，《文物》1981 年第 5 期；苏秉琦：《建国以来中国考古学的发展》，《史学史研究》1981 年第 4 期。收入《苏秉琦考古学论述选集》，文物出版社，1984 年。

② 安志敏：《试论文明的起源》，《考古》1987 年第 5 期；邹衡：《中国文明的诞生》，《文物》1987 年第 12 期；李先登：《关于中国古代文明起源的若干问题》，《天津师大学报》1988 年第 2 期；蔡凤书：《中华文明起源"新说"驳议》，《文史哲》1988 年第 4 期。

性的；后者用狭义的界说，以最早的文明相当中国文明，亦即把华夏文明当作最早的中国文明的代表。

可以把它叫作"中国文明"的文化在考古材料中如何辨认？在什么时代可以开始辨认出来？这是中国考古学上的一个关键问题，但也是一个非常困难的问题。所以困难，是因为"中国"这个名词的界说也像"文明"一样有两个不同的途径：一是先决定它该有些什么内容，再到考古资料中去辨认；二是在考古资料中去看文化分类的趋势，然后在所分的诸文化中寻找中国文明的祖型。我觉得在最近对中国文明起源的争议中，对"中国"文明的界说问题，不论是从哪个途径出发，讨论都嫌不够。

20 世纪五六十年代中国考古工作集中在中原地区，到了 70 年代以后，地方考古工作，尤其是长江流域与内蒙古和辽宁，有了较大的进展，再加上大量碳 – 14 分析所得年代数据，使我们对中原以外早期文化的认识有了很大的增进。以今天的眼光看中国的新石器时代文化，加以分析，至少可以得到两项初步的结论。第一项是中国境内有好几个新石器时代文化，各自独立发生发展；第二项结论是这些文化在发展途径中在地理空间中扩张而彼此发生接触，产生交流互动关系。由于这第二项现象，中国范围内所包括的许多地区文化彼此之间构成一个大的文化系统，而各个文化都不能把它孤立看待。换言之，中原文化虽然目前在年代上有优先地位，它的发展并不是孤岛式的，而必须作为较大的文化系统的一部分来加以分析和讨论。金观涛和刘青峰在讨论寻求使用比较新颖的社会科学理论体系来研究中国历史的时候，就提出来参考使用"系统论"的建议：

"系统论、控制论是 20 世纪以通讯、自动化和计算机为特色的科学技术革命的产物，它们不把事物看作相互孤立的因果系列和可以分割处理的机械模式，为研究错综复杂的事物提供了某些具体的理论和方法。在强调整体研究的时候，系统论、控制论还特别指出：局部特点相加之和并不等于整体特征，而必须把它们始终作为整个系统的相互依存的组成部分来加以研究。"①

①　金观涛、刘青峰：《兴盛与危机——论中国封建社会的超稳定结构》，湖南人民出版社，1984 年，8 页。

　　金、刘二氏指出要使用这种理论模式研究中国社会，"要理解一个系统，特别是像社会这样的复杂的大系统的整体特征，就必须剖析这个系统的结构和作用机制，也就是分析大系统是由哪些子系统组成，这些子系统之间又是怎样相互作用、相互调节的。"① 研究一个社会如此，研究一个大的文化体系也是如此。具体地说，中国新石器时代早期各区域文化彼此独立、各自发展的时候，每个文化是一个独立的系统；可是到了它们彼此接触交流、互相影响的时候，这些区域文化便形成许多子系统，而它们共同组成的大的文化体系便形成一个主系统。

　　中国史前文化的系统论不是社会科学理论的套用，而是根据扎实的考古材料所建立起来的文化历史。在早期农业文化的基础上，到了公元前5000 年左右，中国境内可以辨别出来的区域性农业文化有黄河中游的仰韶文化、山东半岛的大汶口文化与辽河流域的新乐文化；在南方有长江中游的大溪文化、长江下游的马家浜文化、河姆渡文化及东南海岸的大坌坑文化。这只是根据现有考古材料能够辨认出来的文化，将来这张单子一定能够扩张，尤其是华南部分。这些文化彼此之间虽有相似之处，很显然的它们是各有来源各有特色的区域性的文化。过了 1000 年以后，即到了公元前4000 年左右，这些文化的发展进入了一个新的阶段，即彼此之间发生了连锁关系：

　　到了公元前四千年前左右，华北和华南这些各有特色的文化开始显露出来一种互相连锁的、程序的、不可动摇的证据，而这个程序在华北在这以后一千年内，在华南在这以后一千五百年之内继续深化。各个区域文化向外伸展而互相接触，在文化上互相交流，而且表现了持久而且重要的交流关系的具体的、逐渐增加的证据。这个交互作用的程序无疑的在数千年之前便已开始，但是到了公元前四千年前它在考古记录中的表现才显得清楚而且强烈。这些表现可以从两部分来叙述：即华北诸文化之间的交互作用的表现和华北、华南文化之间的表现。

　　在华北之内，相互的关系在仰韶、大汶口、红山和土珠山（长山列岛）

---

　　① 金观涛、刘青峰：《兴盛与危机——论中国封建社会的超稳定结构》，湖南人民出版社，1984 年，11 页。

各类型之间开展。到了公元前四千年前，黄河下游冲积平原已经大致形成，而仰韶与大汶口之间的陆上交往必由这个空隙的变究终于消失所促进。整组的大汶口陶器在河南数处遗址中发现，最西达到了偃师，而且典型的大汶口器形（如背壶、袋形足的鬶、镂孔足的豆和高足杯）见于豫西类型的仰韶器组。仰韶对大汶口陶器尤其彩陶的影响也很显著。仰韶和大汶口所共有的石器、骨器和陶器类型的单子是很长的，而两者之间的互相作用、互相影响是不容否认的。

辽河中上游和大凌河谷的红山和辽东半岛南端的土珠山无疑是属于同一个运行轨道之内的，都具有细石器和篦印纹平底陶器这类北方的特征。土珠山和大汶口经由山东半岛和辽东半岛之间的列岛而相接触，如山东蓬莱以北长岛县的北庄遗址的考古遗存所示，在这里篦印纹陶器和大汶口类型伴存出现。至于红山和仰韶，它们在河北北部以及北京地区彼此之间有直接的接触。在红山文化最初发现的中国考古学的早期阶段，因为它有绘黑彩的红陶，考古学者很快地作出它是仰韶文化在北方的一个分支的结论。现在我们对这个文化本身了解比较深刻，一般的看法是以为红山文化是辽河河谷本身的发展，也许是在新乐文化的基础上发展出来的，但是在它的发展过程中它接受了外面的影响，包括仰韶的影响。"如红顶碗式的陶钵，与仰韶文化后冈类型的陶钵相似，彩陶中的平行线纹、平行斜线组成的三角形纹也与后冈类型的同类彩陶相似。有凸饰的圆腹罐，和半坡遗址的有凸饰的尖底罐也类似。"

华北的大汶口文化与长江流域和东海岸文化连锁关系的连锁证据就是所谓"龙山形成期"的成形；龙山形成期在第四个千纪的中叶在华北和长江流域出现，然后沿着东海岸直到台湾和珠江三角洲一直到第三个千纪的中叶。龙山形成期这个概念是最初在1959年作为贯穿若干区域文化序列的空间性的整合工具而提出来的，用来说明整个中国东海岸在一段连续的时期之中的许多石器和陶器特征与类型上的相似之处。为了解释龙山形成期的迅速而且广泛的扩张，在提出这个概念的当时觉得把它当作从一个核心区域，即华北的中原地区，汾、渭、黄三河的交汇地带放射出来的文化扩展是合理的解释。作这种解释的基础是新石器时代文化发展在中原有一串完整的系列，而在东部和东南海岸当时没有这样的一个完整的发展系列，因此在东部与东南海岸地区的与中原类似的文化想必是自中原较早的文化传布而来的。可是到今天这个基础已经不复存在了。因为在好几个区域中今天也已经有了完整的或近乎完整的发展系列了。因此"龙山形成期的大扩张"这个观念不能再来作为解释龙山形成期的理论基础。但如西谚所云，我们切不可把婴儿与洗婴儿的水一起倒掉，因为婴儿——即龙山形成期——是真存在的。

　　沿着史前时代交互往来的路线在几个区域文化之间移动，我们不妨自大汶口开始。沿着海岸平原向南我们可以走入马家浜文化的领域，从这里我们有两条路线可走：向南穿过杭州湾到河姆渡的领域及其更南到东南海岸，在这里稍后我们可以接触到福建的昙石山与溪头文化和台湾的凤鼻头文化。另一条路是自马家浜转向西而沿长江向上流走。在这条路上我们先碰到安徽的薛家岗文化，然后在江西又碰到跑马岭文化（或称山背文化）。从这里我们可以再向上游走到湖北的大溪和屈家岭文化，或沿赣江转向南方走入粤北和石峡文化。在这些个区域的已知的文化和遗址不都是完全同时的，但它们所代表的文化传统都是彼此平行的，只是多半都还没有为考古学所揭露。一般而言，在年代学上看，北方稍早（公元前第四千纪）而南方稍晚（公元前第三千纪早期），但这可能只是由于资料不全所产生的幻象，而且至少所有的区域之间都有重叠现象。

　　沿着东海岸和长江流域作这个贯穿各个考古文化区的假想中的旅行，我们会看到我们所遇到的史前居民在物质文化上有许多相似之处。磨制石斧、石锛、石刀和许多骨、角、蚌器在这些区域中可以说是普遍存在的，固然在一般的形式上来说它们在所有的相当的文化中都有。可是特别令人注意的类似点——考古学上所谓共同水平的标志——可见于陶器的形制和装饰上面。这中间最令人信服的是我所谓的龙山形成期的诊断特征，即有镂孔的高低不一的圈足的豆与三足的鼎形烹饪器。这两种器形不但在龙山形成期遗址出现，而且数量众多。此外还有若干其他的相似点，有的比较一般性，有的很为特殊。在一篇谈论山背文化的文章里，彭适凡举证说明这个在赣江流域占据战略位置的江西文化曾经作为与东边（长江下游）、西边（长江中游）和南边（广东）文化接触交流关系的枢纽。他绘制了一张分布遍及所谈这些区域的若干陶器、石器类型的比较表。虽然他用作比较的文化都是公元前第三个千纪的，这个表所显示的陶器水平期是有长久历史的。

如上所述，不论是华南还是华北我们都可以提出一个假说，就是自公元前四千年左右开始，有土著起源和自己特色的几个区域性的文化互相连锁形成一个更大的文化相互作用圈（sphere of interaction）。……这个在公元前四千年前开始形成，范围北自辽河流域，南到台湾和珠江三角洲，东自海岸，西至甘肃、青海、四川的相互作用圈，我们应当如何指称？我们也可以选一个完全中立的名词而称之为 X，可是我们也不妨便径称之为中国相互作用圈或中国以前相互作用圈——因为这个史前的圈子形成了历史期间的中国的地理核心，而且在这圈内所有的区域文化都在秦汉帝国所统一的中国历史文明的形成之上扮演了一定的角色。①

上面引了一大段已经发表过的对这个问题的讨论，是为了节省篇幅，因为繁琐的考古资料（作为这种讨论的资料基础）可以省略不引了。从这段讨论来看，这个史前的"中国相互作用圈"便是历史时代的"中国"的地理区域的基础，而圈中所有的区域文化都是历史时代中国文明的源头。所以论"中国文明"起源，作"中国文明"定义的时候，不能不考虑这中国大系统的整个范围。中原文化只是这大系统中的一个子系统，它有它自己的历史，也有它作为大系统中一部分的历史，即影响其他文化与接受其他文化影响的历史。其他地区文化也有同样的历史。谈中国文明的一元与多元，我建议不妨从这个角度来看。

## 三　中国文明形成的动力问题

讨论"中国文明的起源"的另外一个大的课题便是它如何形成的？从"文明"以前到文明阶段要有一个发展的过程，现在的问题便是这发展的动力。在过去主张中国文明是外来的时候，这个问题是很容易回答的，但现在既然没有人再做这种主张了，问题的解决便复杂化了。

上文说到在界说文明的时候，我们是在历史发展的程序中辨认以重要成分出现为标志的发展阶段的，这些重要成分包括文字、青铜器与城市，

---

① K. C. Chang. *The Archaeology of Ancient China*（4th edition, 1986），pp. 237 – 242.

其至包括阶级社会与国家的政府形式。但列举这些成分或它们个别的发展历史并不等于说明文明产生的动力。文明是一个社会在具有这些成分时在物质上或精神上的一种质量的表现，而它的关键是在于财富的积累、集中与炫示。谈文明的动力便是谈一个社会积累、集中与炫示它的财富的方式与特征，也便是谈它的各种成分（如文字、青铜器、城市等）在财富积累、集中与炫示上所扮演的角色及所起的作用。

中国古代社会中的财富包括哪些项目？在指认中国古代财富上很重要的一段文字是《左传·定公四年》记述周公分封子弟时赐给他们带到封邑去的财富都包含些什么内容：

昔武王克商，成王定之，选建明德，以蕃屏周。故周公相王室，以尹天下，于周为睦。

分鲁公以大路、大旂，夏后氏之璜，封父之繁弱，殷民六族：条氏、徐氏、萧氏、索氏、长勺氏、尾勺氏，使帅其宗氏，辑其分族，将其类丑，以法则周公。用即命于周。是使之职事于鲁，以昭周公之明德。分之土田陪敦、祝、宗、卜、史，备物典策，官司彝器。因商奄之民，命以伯禽而封于少皞之虚。

分康叔以大路、少帛、綪茷、旃旌、大吕，殷民七族：陶氏、施氏、繁氏、锜氏、樊氏、饥氏、终葵氏封畛土略，自武父以南及圃田之北竟，取于有阎之土以共王职；取于相土之东都以会王之东蒐。聃季授土，陶叔授民，命以康诰而封于殷虚，皆启以商政，疆以周索。

分唐叔以大路、密须之鼓，阙巩、沽洗、怀姓九宗，职官五正。命以唐诰而封于夏虚，启以夏政，疆以戎索。

这段文字所列举诸项都是周初开国时所必具的本钱，包括：（1）土地（"土田陪敦"，即《诗·鲁·颂·闷宫》中的土田附庸）；（2）开垦、耕种土地以及从事手工业的劳动力（"殷民六族""殷民七族""怀姓九宗"）；（3）各种的"艺术品"，或有象征意义，或是礼仪法器。土地作为财富，主要依赖由土地所生产的农产品与兽肉。卜辞中卜"受年"的例子"多达数百片"[①]；卜辞中又屡见王田猎卜辞，即王率臣卒外出猎鹿等野兽，最多一

---

① 岛邦男：《殷墟卜辞研究》，东京汲古书社，1958年，496页。

次猎获三百四十八只①，可见田猎收获也构成殷王室一项重要的经济收入。除此以外，上引《左传》这一段话没有列入的还有殷周金文中常见的王或其他贵族赏赐臣下的"贝"。殷墟妇好墓中埋葬的财宝除了各种金玉以外，还有近七千枚海贝②。综上所述古代财富项目主要的可以列举如下：

1. 土地
2. 食物（农作物、兽肉）
3. 劳动力（农业与手工业）
4. 贝
5. 作为象征物及法器的艺术品

这些财富是如何积累和集中的？要详细回答这个问题需要彻底分析中国古代社会中的经济行为，我们在这里只能指出若干有关的现象，试求解释造成这些现象的因素。财富的增加，不外表现生产力的增加，而生产力的增加，不外基于两种因素，即生产技术的进步或劳动力的增加与劳动效率的增进。从仰韶文化到龙山文化到三代文明，如上文所述，有一步一步的质的跃进。这每一步的跃进，在考古学的记录上，是伴随着生产技术的进步呢？还是伴随着劳动力的增加与劳动效率的增进呢？还是伴随着两者呢？

从上面文化九项因素进展历史表来看，从前一个阶段到后一个阶段的跃进，并不伴随着生产工具、生产技术的质的进步。考古遗物中的生产工具，如锄、铲、镰刀、掘棍、石环等等，都是石、骨制作的。不论在形式上还是在原料上，从仰韶到龙山到三代，都没有基本的变化。考古学上在东周以前也没有大规模水利建设或农业灌溉的证据。

从仰韶到龙山到三代，一个阶段一个阶段地跃进，在考古学上的表现是阶级分化、战争、防御工事、宫殿建筑、殉人与人牲等政治权力集中的表现。换言之，中国考古学上所表现的文明动力是政治与财富的结合。

（原载《文物》2004 年第 1 期）

---

① 岛邦男：《殷墟卜辞研究》，东京汲古书社，1958 年，503 页。
② 中国社会科学院考古研究所：《殷墟妇好墓》，文物出版社，1980 年，220 页。

# 礼制——中国古代文明的一大特征

邵望平

（中国社会科学院考古研究所）

中国文明是世界上在人种上、文化上绵延 5000 年而不衰不断、独一无二的文明，在先秦时代就已形成了许多与世界其他古代文明不同的特征。这些特征作为中国古代文化的基因在其后的历史长河中，虽不断发生着变异，但万变不离其宗，成为不衰不断的文化传统。这些特征之一就是中国古代文明的统治秩序是靠礼制而不是靠宗教来建立的。

何谓礼制？礼制是王权以各种规则、名分（如爵位）、礼仪、礼器等手段对社会各集团，特别是贵族内部各阶层的行为，包括权利、义务的制度化的规定。诸如确定管辖范围，限定剥削度和诸如忠君纳贡，出师勤王等。王权为了保护贵族整体的、根本的利益，必须制约贵族个人一己的贪欲；把贵族间的利害斗争限定在"秩序"的范围内，以制衡无度的厮杀。这一论断是基于我对一种历史观的真诚理解：远古社会经历了蒙昧时代—野蛮时代—文明时代；从蒙昧到野蛮，从野蛮到文明，社会发展的动力是贪欲，主要是社会上层的贪欲。众所周知，原始农业的发明，使人类过上了定居生活，有了稳定的收获和相应的积累手段，人们在维持活命所必需的生活资料之外有了相对剩余，因而能以旧石器时代不可比拟的速度改善着衣食住行，创造丰富多彩的文化。但同时，剩余的积累又刺激起人们的贪欲。最初可能是氏族首领在氏族制度容忍下的巧取，导致社会成员的贫富分化，私有萌芽，社会开始进入野蛮时代。海岱区所见，后李墓地、大伊山墓地所反映的还是普遍"平等的"贫困；王因、刘林等墓地反映的已是社会分化的低级形态了。当由巧取发展到豪夺，抢掠财富成为突出的时代特征，便达到了野蛮的高级阶段。以大汶口、陵阳河等墓地与建新、南兴埠等墓地相对照，可以看到氏族部落间的优胜劣汰，导致中心聚落的崛起；大汶口、陵阳河等墓地那些随葬上百件的非实用的贵重奢侈品的富墓和一贫如洗的小墓相对照，又说明社会已贫富悬殊，完全分裂。富墓中随葬超量奢侈品的目的在于夸富，而夸富就代表了野蛮时代的价值观念。试想，如果没有贪欲，或贪欲不是主要动力，那么，社会财富增多了，就应该走向孔子所向往的那种共同富裕的大同之世。然而，历史的真实并非如此。

在野蛮的高级阶段，面对无度掠夺和厮杀，氏族制度已经无能为力。社会失控，面临着同归于尽的危险，各个利益冲突的集团就呼唤一个最强硬的拳头出来强行组织和支配社会走向秩序。于是王权、国家应运而生。相对于野蛮时代无序、无度的厮杀而言，国家的出现，代表着秩序、进步与文明。

国家如何建立社会秩序？或曰靠暴力，或曰靠宗教，或其他手段。但维持社会有序运转，单靠暴力是不行的。我国黄淮流域的早期文明社会主要是靠礼制。从考古学上所看到的礼制遗存，可能有建筑基址、墓葬形制等，但更多见到的则是礼器，即所谓"器以载礼"。

不迟于龙山时代（公元前 2600～前 2000 年）已经有了礼器。礼器与用于夸富的贵重物品在社会功能上不同。贵重奢侈品（如数十、近百件的陶器、彩陶、象牙器、精致玉器、大量猪下颌骨等）所代表的是财富；而礼器所标示的是王权赋予的社会地位——贵族身份。迄今所见，还没有哪一座龙山时代大墓的随葬品，在数量上能超过大汶口文化大墓。但龙山大墓中的礼器却是上百件陶器所不可取代的。在山西襄汾陶寺墓地上，只有10% 的墓有随葬品，其余一无所有。这 1/10 的墓按墓穴、棺椁、随葬品的规格又可分为若干等级。最高级的大墓，具有王者的气派。不仅墓穴特大，而且随葬有 1.5 米高的陶鼓，1 米左右的鼍鼓、特磬，还有彩绘龙纹大盘。其他贵族墓虽也有彩绘陶器、木器、玉器等精品，却没有上述王者之器。山东泗水尹家城墓地情况近同。鼍鼓、石磬是中国商周王朝的重要礼器。制作这类磬和鼓的材料并不稀罕，其尊贵之处在于它的权威性，很可能是王权的象征。这就是礼器的本质所在。临朐朱封、日照两城镇也有类似的贵族分层的情况。多处墓地材料表明，不迟于龙山时代，丧葬礼制已具雏形。

夏、商、周三代是一个礼制不断成熟完善的过程，有关的考古材料也很丰富。如在殷墟王陵区，有四条墓道的王墓，有两条墓道、单墓道和无墓道不同级别的贵族之墓，等级分明。又如，西周早期的铜礼器，不少记载军功受赏，是为感谢天子之恩，借此祭祖，光耀门第而铸造的。西周的铜礼器相对于东周铜器而言，形制、花纹、文辞、字体都比较凝重，风格也较一致。它们很可能出自王朝官工业，体现王权权威，而非诸侯，更非民间能自行生产、自由买卖的商品。

从古代文献如《周礼》可以知道，王权还通过礼制的渠道聚敛社会财富进行再分配：一部分用于组织、管理社会经济，维持社会秩序，维持统治暴力；另一部分用于供养一批脱离体力劳动的人，如观象授时、占卜、文字等，从事精神文明创造；再一部分，或许是更大的部分，则用于发展王室经济、官工业，以满足贵族政治和生活奢侈的需要，于是才有了一批又一批、一代又一代的精美物质文明成果。要之，在社会生产力低下的古代，如果没有礼制来组织、维持统治秩序，如果没有王权的强制支配，原本就很少的剩余财富便会在野蛮的厮杀、无度的掠夺中消耗殆尽，也就不会有今天我们在博物馆所看到的精品。这也就是为什么说"文明时代是真正的工业和艺术产生的时期"。

礼制之所以能成为中国早期文明社会秩序的主要支柱，是与黄淮流域以人为本的思想传统分不开的。黄淮流域古代先民也相信有死后世界，但他们把死后世界想象得和现世生活一样，因而把能享受的一切都为自己带到另一世界；他们也重视祭祀，但周礼反对泛神淫祀。"以人为本"的最集中的表现，就是王权至高无上，教权依附于王权。王权用世俗的规矩调节人世关系，有礼可依，有刑可行。如果神权至上，以神的意志主宰一切，社会秩序就是另一种体制、模式了。所以说，礼制综合体现了人本传统、王权至上、祖先崇拜等黄淮流域传统文化因素，是中国古代文明的一大特征。我之所以把初期礼制限定在黄淮流域，是因为在史前乃至文明时代初期，长江流域文化中巫文化因素占有重要地位，那里文明秩序的形成与初期发展，可能比黄淮流域要复杂一些。

　　最后必须提到的是，文明时代从它产生的第一天起，就是在矛盾中前进的。例如，王权本应是制约贪欲的，但帝王往往是最大的、无度的贪欲者。礼制是对贵族无度贪欲的制约，但这种制约却是极其有限的。如西周初年，周公制礼作乐，符合新得天下的全体周人的利益，才有"成康之世刑措四十年不用"，"礼乐征伐自天子出"的"盛世"。但是，当礼制带来的好处已成贵族囊中的陈旧之物的时候，礼制就失效了。"非礼"的弑杀、篡位层出不穷，不绝于史。东周时期礼崩乐坏。孔子大声疾呼"克己复礼"，"君君、臣臣、父父、子子"，首先是呼吁"君子"，即贵族统治者去身体力行的。历史上凡是吏治清明的朝代，社会上层的贪欲能够一定程度得到制约，王权对剩余财富的再分配能多一点顾及社会下层，往往就能国泰民安，庶民也就得到一定喘息的机会。当然，随着文明社会的复杂化，作为社会前进动力的文明因素也多样化、复杂化起来。但就其本质而言，贪欲，统治者的贪欲，是古代社会发展的主要动力。历史上没有纯粹的文明社会，文明社会发展的进程只是文明因素不断战胜野蛮因素的进程。

　　　　　　　　　　　　　　　　　（原载《文史哲》2004年第1期）

# 中国古代社会的文明化进程和相关问题

栾丰实

（山东大学历史文化学院）

## 一　中国史前社会和早期文明进程的阶段性

从世界历史的发展道路来看，文化发展水平较高地区古代社会的演进，无不是循着从简单到复杂、从平等社会向分层社会的路线发展变化。因此，我们可以探索和总结出人类社会发展的规律性。不过，由于世界之大，各个地区的地理环境、自然气候、资源、交通、人文传统等，均存在着相当大的差异，所以在人类自身和所创造的文化的发展过程中，呈现出种种不同的特点和模式，并且在时间上也存在着相当的参差不齐。关于中国古代社会所赖以存在的土地，幅员辽阔，生态环境千差万别，古代社会的发展既有统一性，又具有复杂性和多样性。描述特别是阐释这一进程，是中国考古学乃至社会科学的长期任务。

至 20 世纪末叶，中国主要地区新石器时代和早期青铜时代考古学文化的发展谱系和文化序列已基本建立起来。除了年代学之外，对不同地区不同时代的文化内涵、特征和社会内部的组织结构及其变化也有了大致的了解，从而可以勾勒出一幅粗线条的早期社会的发展和变迁过程。

从距今 1 万多年前进入新石器时代之后，到距今 4000 年前后转变为青铜时代，中国的新石器时代从总体上可以划分为连续的四个时期。

（1）第一期，可称之为前裴李岗时代

绝对年代在距今约 12000~9000 年之间。这一时期的遗存南方地区发现较多，北方地区则比较少，目前比较明确的只有河北徐水南庄头和北京市郊区的东胡林等几处遗址。由于这一时期的考古发现甚少，对其文化面貌的认识极不完整，所以学术界还不能提出考古学文化的命名。也有学者把这一阶段称为新石器时代早期。

（2）第二期，可称之为裴李岗时代

绝对年代在距今约 9000~7000 年之间。这一时期的考古发现迅速增多，像长江中游的城背溪文化（或称为彭头山文化），黄河中游的裴李岗文化、老官台文化（或称为大地湾文化）、磁山文化，黄河下游的后李文化，燕山南北的小河西文化、兴隆洼文化等均属于这一时期。此外，在江浙一带和岭南地区也有这一时期遗存的线索。也有学者把这一阶段称为新石器时代中期。

（3）第三期，可称之为仰韶时代

绝对年代在距今约 7000~5000 年之间。这一时期全国各地发现的遗址数量成倍增长，不仅是黄河和长江流域，其他地区也有相当数量的发现。不少人认为，中国史前时期的几个主要文化区，如中原文化区、海岱文化区、江汉文化区、太湖文化区、燕辽文化区等，在这一时期均已形成。这一时期是中国史前社会发生重大转折的阶段。也有学者把这一时期称为新石器时代晚期。

（4）第四期，可称之为龙山时代

绝对年代在距今约 5000~4000 年之间。这一时期不仅由遗址数量反映的人口数量和密度进一步增加，而社会各个方面的发展更是突飞猛进，如城址的普遍出现、礼仪制度的逐步形成并日趋规范化等。而不同文化区之间的碰撞、交流与融合也达到了前所未有的规模和频率，不同文化区之间的共性因素空前增多。也有学者把这一时期称为铜石并用时代。

上述划分又可以进一步归并为前后两大期，以距今 7000 年为界，之前的第一、二期为新石器时代前期，以后的第三、四期为新石器时代后期。

纵观中国史前时期以社会关系和社会内部结构的变迁为代表的社会发展进程，大体可以划分为四个大的阶段。

（1）平等社会阶段

相当于裴李岗时代及其以前时期，绝对年代大约为距今 7000 年以前。这一时期的考古发现显示，作为社会基元的聚落，在空间上似乎尚未形成群体的结构，而在聚落内部，无论是人们的社会地位还是个人或不同层级组织对社会财富的占有方面，基本上处于平等的状态。当然，这里所谓的平等也是相对的，不排除在这一时期的后段，一些聚落内部开始出现财富占有上的较小差别，就像兴隆洼文化的兴隆洼遗址居室葬和裴李岗文化的贾湖墓地所显示的那样，而聚落和聚落之间也存在着这种情况。

（2）由平等社会向分层社会的过渡阶段

相当于仰韶时代前期，绝对年代在距今约 7000～6000/5500 年之间。这一阶段，随着人口的增多、社会生产的发展和社会财富的积累，聚落之间和聚落内部的关系开始发生缓慢的变化。主要表现在：聚落遗址的数量增多，小规模聚落群（或将这种小于聚落群的聚落形态称为聚落组）的雏形逐渐产生，聚落之间的差别开始出现；聚落内部的财富分化业已开始，但发展缓慢；氏族、家族、扩大家庭和核心家庭依次递减的社会结构成为聚落内部社会组织的主流。当然，在发展趋势类同的情况下，不同地区之间存在着各自的特点，而起始和结束的时间也不完全相同。

（3）分层社会阶段

相当于仰韶时代后期，绝对年代在距今约 6000/5500～5000 年之间。这一阶段，社会生产的发展和财富的积累表现为迅速加快的趋向。在聚落的空间形态上，聚落群开始形成，群内先是出现中心聚落（大聚落）和从属聚落（小聚落）的区别，个别地区甚至发展成为大、中、小三级的聚落形态，各类聚落在数量上表现为金字塔的状态，不同层级的聚落之间的差别表现在各个方面。在聚落内部，财富分化日趋严重，礼仪制度开始萌芽并获得初步发展，并开始在一定程度上承担着规范不同层级社群和个人身份、地位的使命。所以，这一时期的黄河、长江流域各主要地区先后进入分层社会阶段。

（4）早期国家阶段

相当于龙山时代，绝对年代在距今 5000 年前后。与前一阶段相比，这一时期中国的几个主要地区社会内部产生了侧重点有所差异的重大变化。

作为表层现象，如三级结构的聚落群普遍出现，在一些聚落群的中心遗址上人们开始筑城挖壕，形成了一座座有墙有壕的环壕城址；大规模的祭祀场所如祭坛、庙宇等开始在一些地区出现；战争越来越频繁，成为一种重要的社会现象；社会分化进一步加剧，这种分化表现在聚落与聚落、聚落内部的不同层级社群之间，并且成为一种普遍性的现象；礼仪制度向着规模化、制度化的方向发展，其表现在宫室制度、作为礼仪载体的高档器具的使用制度、棺椁制度等方面。随着三级聚落群内社会高度分化基础上的城址的出现，标志着中国古代社会开始进入早期国家即古国阶段，古国阶段的起点在各个地区虽略有早晚，但大体发生在距今 5300～4800 年之间。稍后，大约在距今 4600 年以后，部分发达地区开始形成古国的联合体，率先跨入早期国家的第二个阶段，即方国阶段。这一阶段，是中国史前社会历史上最为动荡的时期，一些曾经显赫无比的若干区域性文化，红山文化、良渚文化和石家河文化等，程度不同地相继衰落下去，等到它们的后身再次兴起，不仅在年代上有了相当的间隔，而且兴起方式和文化内涵也有了很大的差别。

　　距今 4000 年前后，中国多数地区相继进入青铜时代，中国主要地区的社会和文化发展格局产生了显著变化。如果不能说中原地区的二里头文化是一枝独秀的话，那么其发展水平至少也是在相当程度上高于其他地区的同期文化。这一时期能够与二里头文化一争高下而且也在当时发生过的，主要是东方海岱地区的岳石文化，而燕辽地区的夏家店下层文化、东南太湖地区的马桥文化等，则基本上处于一种偏居一隅而独自发展并达到了各自的又一个高潮时期。在中原龙山文化基础上发展起来的二里头文化，进行了更大规模的融合和重组，并且利用这种大集团的优势而日益辉煌起来，并开启了中华古代文化走向一统的脚步。故这一时期又被作为中国国家发展进程中的一个重要阶段——王国阶段，这就是中国古史记载中的夏王朝时期，尽管它还只是一个十分弱小的中央王朝，但却开启了一个新时代。这一时期的周边地区，包括夏王朝直接控制区以外的中原地区，多数还处于古国和方国阶段，而夏王朝在本质上也只是一个领土范围较大、人口数量较多和统治力量较强的大方国。

## 二　关于中国古代文明发展进程的几个问题

以上我们粗线条地勾勒出中国新石器时代的分期框架与早期社会和古代文明发展的阶段性变化。尽管人们对每一个阶段社会的定性还存在着这样那样的看法和意见，但从宏观上表现出来的这种阶段性变化则是毋庸置疑的。那么，在这一变迁过程中存在着哪些共性的内容和独自的特点呢，这是下面需要重点讨论的问题。

### 1. 关于多元演进与一体化进程

回顾 20 世纪中国文明起源的考古学研究，大体上经历了三个阶段，即早期的外来说与本土说、20 世纪 50 ~ 60 年代的中原中心论（一元论）和 70 年代以来的多元论。这一过程与考古发现和研究的广度、深度密切联系在一起。现在，考古发现已经证明外来说是没有根据的，所以已经没有人再持或者相信中国古代文明是外来的观点（至少国内是这样），同时，中原单中心的一元论也失去了大部分市场，而多元一体的观点逐渐地得到了多数研究者的赞同。

那么，怎么理解多元一体，而多元和一体的关系又是如何，随着研究的深入，这一问题就需要我们做进一步的思考。

20 世纪 80 年代后期，费孝通提出了关于中华民族形成与发展的多元一体格局理论，认为中国的民族，"主流是由许许多多分散存在的民族单位，经过接触、混杂、联结和融合，同时也有分裂和消亡，形成了一个你来我去、我来你去、我中有你、你中有我，而又各具个性的多元统一体"[1]。大体同时，严文明认为中国史前文化的发展是多元的和不平衡的，并且逐渐形成了一个以中原文化区为中心、周围存在着一种分层次的重瓣花朵式的向心结构[2]。后来，他又把这一过程表述为"逐渐从多元一体走向以中原为核心、以黄河流域和长江流域为主体的多元一统格局"[3]。

---

① 费孝通：《中华民族的多元一体格局》，《中华民族多元一体格局》，中央民族学院出版社，1989 年。
② 严文明：《中国史前文化的统一性与多样性》，《文物》1987 年第 3 期。
③ 严文明：《文明起源研究的回顾与思考》，《文物》1999 年第 10 期。

综观中国古代文化的发展，远的不说，新石器时代早期文化的产生是多元的，而其后的发展则表现为一个多元演进并逐渐走向一体的历史过程。就文化联系的程度、相互关系和一体化的进程而言，可以分为以下五个时期。

（1）分散的多元文化时期

大体相当于前裴李岗时代，即新石器时代早期阶段。这一时期由于人口的稀少和地域上的间隔，北方和南方各大区域的史前文化基本上是各自独立地发展、演变，相互之间的文化交流、影响和传播只限于较小的空间范围之内，而缺乏较大范围内文化上的联系。

（2）相互联系的多元文化时期

到裴李岗时代，随着生产力水平的提高和人口的增殖，在中国的主要地区发现若干支已经有初步发展的考古学文化，如燕辽地区的小河西文化和兴隆洼文化、黄河流域的裴李岗诸文化和后李文化、长江流域的城背溪文化（或称为彭头山文化）等。它们的分布已经相互衔接，开始出现文化上的交流和联系。当然，不同文化区之间文化联系的疏密程度存在着相当大的差别。如黄河中游地区的裴李岗文化、磁山文化、老官台文化之间的联系就十分密切，共同的文化因素相对较多，而其他区域间的文化联系则较疏远。随着时间的推移，到距今6000多年前的仰韶时代早期，各大文化区之间的文化联系呈现加强的趋势。

（3）一体化进程中的多元文化时期

仰韶时代后期，庙底沟类型仰韶文化的分布区域迅速扩展，其以黄河中游的晋西南、陕东和豫西为中心，北到河套，南达汉水流域，西抵甘青，东至河南省中东部，而庙底沟类型的文化影响所及，则到达了更为遥远的区域。这是中国早期文化历史上第一次较大规模的文化扩散和融合。扩散是以庙底沟类型仰韶文化的文化因素外播为主，同时，其他地区的文化也对庙底沟类型产生了积极的影响；融合的主体则是庙底沟类型仰韶文化，其结果使得各地区的共性文化因素显著增多，为后来的发展奠定了基础。庙底沟类型之后，中原地区的文化影响力下降，周边文化则呈现出此起彼伏的跨越式发展态势，如东方的大汶口文化、南方的屈家岭文化、东南方的良渚文化、北方的红山文化等，其文化因素的扩散甚至包括人口的迁徙区域远远超出了自身的分布范围。特别是大汶口文化和屈家岭文化，其文化因素大范围、广泛地向中原地区汇聚，大有逐鹿中原之气势。这一长达一千多年的扩散与汇聚的文化运动的结果，导致各地区的多元文化开始了不同层级的一体化进程，并取得显著的实质性进展。

（4）以中原地区为中心的多元文化时期

二里头文化早期或再早一些时期，由于种种原因，曾经辉煌繁荣的重要区域文化，如北方地区的红山文化和小河沿文化、环太湖地区的良渚文化、长江中游地区的石家河文化等，相继衰落下去。中原地区的二里头文化（应该包括前些年提出近年得到进一步确认的新砦期文化）则在龙山文化的基础上迅速发展起来，开始了向真正意义上的中心地位发展。此后，经历了商周两代，中原地区作为多元文化中心的地位日益巩固和发展，为最终形成大一统的局面奠定了坚实的基础。

（5）统一的多元文化时期

公元前221年，秦统一中国置三十六郡，结束了东周列国长期分裂战争的历史。经过汉初的发展，到汉武帝时期，文化上的趋同和政治上的统一，使得中国古代进入了统一的多元文化时期，这也是中华民族多元一体的基础。

新石器时代区域文化的多元演进和一体化进程，存在着不同的层级。以上是在中国古代文化的层面所进行的划分。实际上，各个区域内部，也有一个多元发展与一体化的进程问题，并且存在着各自的中心区域。例如东方海岱地区，在仰韶时代早期的北辛文化阶段，泰山南侧、北侧、苏北和胶东半岛地区，文化面貌上差别十分明显。大汶口文化早期，海岱地区内部文化上的一体化进程明显加快，经大汶口文化中晚期的发展，到龙山文化时期，整个海岱地区的文化面貌高度统一。再如环太湖地区，目前所知此区较早的马家浜文化阶段，南有河姆渡文化，中有马家浜文化，北有北阴阳营文化，江淮之间有龙虬庄文化。经过崧泽文化时期的融合和发展，到良渚文化时期，苏沪浙地区的文化面貌达到了高度的统一，其中心区显然在杭州一带。其他地区也经历了类似的发展过程。

**2. 关于国家形成的"原生与次生"问题**

苏秉琦先生在论述中国国家起源问题时，曾提出了三部曲和三类型的观点，其中所说的三种类型就是国家起源的"原生型""次生型"和"续生型"①。从对等的层面或本质上说，国家形成的类别可以归纳为原生和次生两种形态，所谓"续生型"在实质上应该归属于次生类型之中。

所谓原生型的国家，是指在没有受到已经进入国家阶段的区域的影响和传播的情况下，独立地由原始的社会发展到国家阶段的社会。而次生型国家，则是受到已经进入国家阶段的区域的影响和传播，跨越正常的历史发展阶段，产生和形成了与传播源类似的国家。

从世界范围来看，独立地进入国家的地区主要有四个：一是西亚和北非地区，包括两河流域和尼罗河流域；二是南亚次大陆，包括印度和巴基斯坦；三是东亚，主要是中国的长江和黄河流域；四是美洲地区，包括中美洲和南美洲。以上四个地区，从年代上讲，西亚和北非进入国家的时间最早，年代在距今 5500 年以前，中美洲最晚，只有距今 2000 多年。但因为这些地区都是在相互隔绝的情况下各自独立发展到国家阶段的，所以学界公认这些文明的形成是原生的。

具体到中国，黄河、长江流域主要地区史前社会的发展，都经历了前述的四个发展阶段，而由简单的平等社会向分层社会的过渡到进入复杂的分层社会，粗看起来各个区域大体上是同步发展的。所以，中国新石器时代至早期青铜时代几个主要的文化区系，如黄河中游的中原地区、黄淮下游的海岱地区、长江中游的江汉地区、长江下游的环太湖地区和北方的燕辽地区，至少从裴李岗时代或略晚一点时期就开始了文化上的接触和交流。由于历史传统和环境等方面的原因，它们在社会和文化的发展道路上，又各具特点。如果我们同意良渚文化、红山文化晚期、大汶口文化晚期等已经形成早期国家的观点，那么，这些区域就应该是相互有影响而又相对独立地进入文明和国家阶段，从而它们均属于文明社会或早期国家的原生形态。它们的产生和发展犹如一个巨大的树丛，而不是孤立的一支。从这一

---

①　苏秉琦：《中国文明起源新探》，（香港）商务印书馆，1997 年。

层意义上说，这些区域之间似不存在原生和次生之分。

历史进入了夏商周三代，特别是商代及其以后，围绕在王朝周围的不同发展水平的区域文化，在中原地区强势文化的辐射和影响下，模仿中原王朝的国家模式而建立起来的国家，则显然属于次生型国家形态。甲骨文和古代文献中涉及的许多方国，不少可能都属于这一类型。

### 3. 关于古代文明发展的"连续与断裂"

在世界文明史上，独立地进入文明社会的几个地区，除了中国以外，几乎都在后来的发展中有不同程度的中断现象，即文化和文明没有得到连续地继承和发展。所以，不少学者指出，中国虽然不是世界上最早进入文明时代和国家阶段的地区，但却是唯一在进入文明社会之后文化和族群没有中断而连续发展的文明古国。这种观点，从宏观上讲是正确的，但如果从微观的角度观察分析，情况则有所不同。

如果把文明的连续和断裂问题局限到文明社会的形成前后一段时间，我们会看到一些极富意义的现象。这些现象是，许多已经达到相当高水准的区域性史前文化，有的已经进入早期国家阶段（或即将进入早期国家阶段），但它们并未继续向前发展，而是迅速走向消亡或者明显衰落，例如：

北方地区的红山文化，在其晚期，出现了像牛河梁女神庙、东山嘴祭坛和牛河梁多处大型积石冢等恢宏的石建筑，并伴以精美玉器、人和动物塑像等高等级的遗物。但是，此后红山文化却急转直下地衰落下去，即使是认为与红山文化有一定关系的小河沿文化，其发展水平已无法与红山文化的鼎盛时期相提并论。

东南地区的良渚文化是另一个显著的例证。良渚文化继崧泽文化兴起之后，迅速地达到了社会和文化发展的巅峰状态，高等级的良渚遗址群和福泉山、草鞋山、赵陵山、寺墩等良渚文化区域性中心聚落遗址和贵族墓地，就是良渚文化辉煌历史的见证。但在良渚文化中期之后，它们就很快衰落下去，以至在良渚文化和后来的马桥文化之间形成了一个文化上的断层。

长江中游地区的石家河文化也是一样。屈家岭文化和石家河文化时期的江汉地区，城池林立，由聚落和城址反映的社会等级分明，是该地区史前社会发展的高峰阶段。但石家河文化之后，这一地区的社会和文化由繁荣期迅速滑落，至今我们还不十分清楚江汉地区石家河文化的后续者的整体面貌。

其他地区虽然不像以上所举三地区那样明显，但也存在着一些衰落和变化的迹象。如海岱地区龙山文化与岳石文化之间的传承，由于文化面貌的变化较大，总是给人不那么连续的感觉，特别是岳石文化时期的聚落遗址数量较之龙山文化大大减少，其原因尚待深入探讨。中原地区从中原龙山文化到二里头文化之间的发展过渡，较之其他地区要自然和顺畅得多，文化上确实没有出现大的波动，但也存在着一些变化，如二里头文化阶段聚落遗址的数量较之龙山文化时期显著减少。所以有的学者认为二里头文化与中原龙山文化的关系不属于自然延续和发展，中间存在着一定程度的断裂和飞跃[1]。

分析和研究黄河、长江流域等主要史前文化区系中出现的上述现象，有助于我们理解夏商周三代与史前文化之间的关系，特别是为什么夏商周三代王朝均植根于中原地区，而不是在其他也曾经创造了辉煌史前文化的地区。

### 4. 关于中国史前社会文明化进程的两种发展模式

中国史前社会的文明化进程是一种模式还是几种模式，早期国家产生的道路是否相同，也是中国早期文明研究中的一个重要问题。苏秉琦先生曾经把中国文明起源归结为三种基本形式，即裂变形式、撞击形式和熔合形式[2]。这三种情况确实存在于中国史前文化的发展过程之中，特别是仰韶时代后期开始的史前文化的一体化进程，撞击和熔合的汇聚形式不仅存在于大的文化区之间，即使是每一个文化区系内部也在频繁地发生。

说到文明化进程的模式，不能不考虑社会经济形态方面的因素。由于中国的幅员辽阔，不同纬度地区的地理地貌、自然气候和生态环境有着巨大的差别。在史前文化时期，农业发明后相当长一段时间内，南北之间的

---

① 许宏：《"连续"中的"断裂"——关于中国文明与早期国家形成过程的思考》，《文物》2001 年第 2 期。
② 苏秉琦：《中国文明起源新探》，（香港）商务印书馆，1997 年。

区域差异相当显著。一般说来，长城以北地带以游牧和采集经济为主，个别地区如燕辽地区的旱作农业开发较早，水平也略高；淮河、秦岭以北的黄河流域则以旱作农业为主，龙山时代南方的稻作农业向北扩散，到达了此区的南部和东部沿海一带，成为原有的旱作农业的补充；长江流域的水田稻作农业产生较早，并一直是农业经济的主体，环太湖地区、江汉地区和四川盆地是三个相对发达的区域；南岭以南，由于优良的生态环境，农业产生较迟并且不甚发达，渔猎和采集在社会经济中长期占有重要地位。从现有的考古资料来看，史前社会的文明化进程直到进入文明社会，农业经济的存在和发展是一个不可或缺的基础条件。

从宏观角度考察史前社会的文明化进程，我们认为存在两种基本发展模式或者类型。

（1）第一种模式以黄河流域的中原地区和海岱地区为代表

这两个地区同处于黄河流域，属于中纬度地带，气候、环境和经济形态都十分接近。特别是这两个地区的文化联系开始的时间早，联系的方式也丰富多样，既有文化的交流与传播，也有人员的流动甚至族群的迁徙，所以两地关系一直极为密切，前面所说的龙山时代及其以后形成的夷夏东西二元对立，应该是建立在一体基础上的对立。在这样的形势下，就不难理解这两个地区之间在社会经济、社群组织、政治制度等方面存在着较大相似性的特殊现象。

这种模式的特点为：一是经济、社会和文化持续发展，处于一种平缓地提升社会发展层次的状态。在聚落形态上，表现为由分散聚落、聚落组、二级聚落形态到三级甚至四级聚落形态的递进，依次地由原始向早期国家迈进。社会内部结构的变化也是如此，墓地资料综合反映的占有财富多寡、身份和社会地位的差别、社会分层以及社会分化，其发展也是呈现出一种渐变的趋势，而不是那种急剧膨胀式的变革。即使在进入早期国家或比较成熟的国家的阶段也是如此，如长期以来，人们都认为二里头文化是夏王朝的遗存，但二里头文化的年代又不足文献所记载的夏王朝积年，所以只能把夏王朝的前段与王湾三期文化晚段相对应。而王湾三期文化在文化上又是一个整体，本身有发展但没有质变，由此可见中原地区社会发展的连续性。二是战争在社会质变中具有重要作用。随着人口的增多和社会的发展，对土地和资源的争夺、控制和利用变得日益重要，由此战争成为夺取和保护它们的主要手段。仰韶时代晚期，作为防御工程的城址开始出现，到龙山时代后期，城堡林立，遍及黄河中下游地区。同时，武器从工具中独立出来，成为一个专门的器物类别，则标志着战争的频繁和可能已经成为一种职业，这又和城堡的普遍出现遥相呼应。三是宗教在社会发展中的作用相对较弱。迄今为止，在这两个地区还没有发现明确的类似北方和南方那样的大型宗教遗迹。以棺椁、礼乐等为核心的埋葬制度日益规范化，表明他们更崇拜祖先和注重人事。从这一意义上说，也可以将其称为世俗模式。

（2）第二种模式以环太湖地区和燕辽地区为代表

这两个地区分处长江下游的南方和东北南部的北方地区，气候、环境、植被和经济形态等方面都存在着较大差异。由于中间有海岱地区的间隔，它们在文化上基本上是各自保持着自身传统，相互之间没有或者甚少文化接触和联系。但两个地区却在社会发展的模式上具有惊人的相似之处。

这种模式的特点可以总结为：一是社会和文化呈现跨越式的发展，并且在达到高峰之后都迅速衰落，形成一个全面的断裂。燕辽地区在红山文化晚期迅速达到一个高峰，此后的小河沿文化就迅速衰落，以至出现了夏家店下层文化之前数百年的断层。环太湖地区的良渚文化亦然，此前的马家浜文化和崧泽文化，总体上还处于一个渐进的发展过程，但一进入良渚文化，就快速膨胀起来，很快达到了环太湖地区史前文化历史上的顶峰。这一段好日子延续的时间不长，就较快地衰落下去，形成了与后续马桥文化互不衔接的替代关系。二是宗教在社会运转中发挥着重要作用，宗教活动和宗教建筑十分发达。红山文化分布的中心地带，在其晚期突然出现了女神庙、祭坛和耗费巨大人力物力的大型积石冢。良渚文化也普遍建造和使用大大小小的祭坛。表明这两个地区存在着大量的神职人员。客观地说，这两个地区的社会经济并不十分发达，特别是燕辽地区，虽然有农业经济，但是其发展水平远远无法与同期的黄河中下游地区相比。在这样的社会经济基础状态下，要维持非生产型社会工程的高投入，必须依靠像宗教这样的非世俗的途径和手段。同时，还要维持庞大的神职人员队伍的生存，这样的社会显然不可以持久，一旦社会的信仰体系出现问题，调控机制崩溃，整个社会的迅速衰落就成为不可避免。这大概就是两地在达到超常的繁荣之后，均迅速衰落并一蹶不振的主要原因之一吧。三是制玉工业发达，玉器在社会中的地位崇高。玉器在两个地区出现的时间均比较早，到红山和良渚时期都达到了各自的高峰，这在长达数千年的中国史前文化发展过程中是一个引人瞩目的闪光点。就目前的发现而言，红山文化的玉器数量虽无法与良渚文化相比，但在制作技术方面则难分伯仲，表明两地均投入了巨大的人力物力来制作玉器。这一现象具有深刻的社会历史背景，这就是两地都存在着浓郁的宗教文化和宗教氛围，这样的社会对弥漫着神秘色彩的法器（玉质的琮、璧等）的需求量是超过常人想象的。所以，这一发展模式或可以称为宗教模式。

江汉地区的情况较为特殊，从一些方面看，有与环太湖地区相似的因素，而从另外一些方面分析，又与海岱地区和中原地区存在着共性。如果资料更充分一些，可能会成为第三种发展模式，但其最终结局则与第二模式是相同的。

### 5. 关于史前社会组织的演进

社会组织和社会结构的发展状态决定着古代社会的性质。史前社会的文明化进程和早期国家的形成，本质上是与社会组织和社会结构的变革紧密地联系在一起的。而在没有文献记载的史前时期，要在考古学上了解和认识社会组织和社会结构的发展状态，分析、考察聚落形态和墓地结构是最直接和最有效的一条途径。随着考古资料的增多，特别是聚落考古方法的日益推广并成为在考古学界获得共识的基本方法论，关于史前社会组织和社会结构演进的研究日益受到重视。

史前时期的社会变迁，从整体上看有三个显著的特点：一是聚落内部基层社会组织（即担负着基本的生产任务和进行消费的社会单位）的规模趋向于小型化，这一趋势一直持续到很晚时期。基层社会组织承担的任务很多，最基本的任务应该是组织生产活动和进行日常消费，以维系社会的正常运转和发展，所以可以把担负这两项任务的社会组织称为生产单位和消费单位。由于生产力水平的差异和社会发展阶段的不同，生产单位和消费单位作为社会组织有时候并不统一。一般说来，在两者不一致的时候，基本的消费单位要小于基本的生产单位。二是社会组织的宏观联结网络趋于复杂化，如果以聚落为基本的社会组织单位来进行考察，社会组织之间的聚合形式不断地趋向于复杂，从不分级、二级发展到三级直至更多的层级。三是社会经历了由平等的简单社会向分层的复杂社会的发展过程。史前社会变迁的这些特点又与世系关系的变更交织在一起，所以，以往学界所说的史前社会是由母系发展到父系，表面上看是一个世系的更替，许多人也批评了这一划分方法，实际上其背后隐含着深刻的社会历史和文化方面的内涵。

　　由于资料的原因，前裴李岗时代社会组织情况目前完全不清楚。裴李岗时代，不同的区域之间存在着明显的差异。如燕辽地区的兴隆洼文化和海岱地区的后李文化，普遍流行面积在 30 平方米以上的宽大房屋，后李文化的房屋内还使用由两三个灶址组成的组合灶，表明当时在一起共同生活的人数相对较多，进而可以确认当时社会最低一级单位的规模显然要大于核心家庭。而另外一些地区，如中原地区的裴李岗文化，社会基层组织的规模则要小一些。在宏观上，高于聚落的社会组织业已产生，部分地区开始出现相互之间有某种联系的聚落组（由两三个或更多一些的聚落组成，规模明显小于聚落群），聚落组内的聚落，既有形成的先后也有同时共存，老的聚落随着人口的增殖而分裂，产生出新的年轻聚落，它们之间是一种母子聚落或兄弟姊妹聚落的关系，这种关系显然是以血缘为纽带的。

　　仰韶时代开始，核心家庭普遍出现，并很可能是作为消费单位而存在，而主要的生产活动则是以高于核心家庭的家族和氏族为基本单位进行的。关于这一点，我们可以从得到较为完整揭露的临潼姜寨半坡类型仰韶文化聚落遗址中找到证据。烧制陶器的生产活动是以聚落——氏族为单位进行的，大牲畜则可能分属于以中型房子为核心的房子群——家族或者整个聚落——氏族所有。这种生产单位和消费单位相互从属而又不完全重合的现象，直到近代社会的家族经济中依然存在，而人民公社时期农村普遍实行的生产队组织和家庭之间的关系，则是最晚近的实例。聚落之上的社会组织，较之前一个时期有所发展，但进展不明显。

　　仰韶时代晚期，即距今 5500 年前后，各个区域相继进入了仰韶文化晚期、大汶口文化中期、屈家岭文化、良渚文化和红山文化晚期。其中除了中原地区的仰韶文化之外，均呈现出一个跨越式的发展景象。究其原因，我们没有发现生产工具有质的变化，生产技术也没有出现可以观察到的大的进步。所以，我们推定这一时期社会生产关系发生了一定的变革，即家族甚至大家庭取代氏族成为基本的生产单位，家族所有制取代氏族所有制，而相应的，世系的传承也由母系转化为父系，家庭的地位不断提高，特别是父系大家庭经济已开始出现。这一时期的空间聚落形态开始产生质的变化，即由此前的两级聚落形态陆续地向三级聚落形态发展，一些先进地区已经初步显示出金字塔式的聚落形态。与其同时，聚落之间和聚落内部的分化同步发展，金字塔上方人们占有财富和重要社会资源的欲望不断膨胀，他们不仅活着的时候享用，死后也要带走。大汶口中期、良渚早期和红山晚期的墓葬向我们展示了这一新的社会现象。在这样的新形势下，原有氏族制下的平等社会发生分裂，或者可以说是裂变，裂变为不平等的分层社会。而社会结构也从平等的氏族——母系家族发展到不平等的宗族——父系家族，可以说是开了商周宗族社会结构的先河。

龙山时代是中国史前社会的一个大动荡、大分化、大改组和大变革的时期，具有防御功能的城址普遍出现就是这一社会历史大背景的明确标志。在这一社会发展过程中，红山文化、良渚文化、石家河文化相继衰微并被淘汰出局，只有中原和东方两区共荣，从而开启并形成夷夏长时期东西二元对立的新格局。从聚落所反映的社会组织来看，家族和家庭（主要是大家庭）在聚落内部的地位持续加强，这从以往十分流行的大型公共墓地逐渐被小型家族墓地所取代中可以得到证明。但是我们并不能确认这一时期社会基本生产单位已经发展到家庭这个层面，因为核心家庭作为社会基本生产单位得到普及是好久好久以后的事情。在宏观上，三级聚落形态很快成为社会的普遍现象，而发展较快的个别地区，已经产生出四级聚落形态，如山西的陶寺、山东的两城镇等。考虑到这一时期与古史传说中的五帝时代大体相当，所以，认为这一时期进入了早期国家阶段，可以说是有相当根据的。

（原载《东方考古（第1集）》，科学出版社，2004年）

# 中国古代文明过程考察的不同
# 角度及其相关问题

杨建华

（吉林大学边疆考古研究中心）

世界古代文明的出现是一个漫长的过程，只有从过程这个动态中才能准确地把握各文明的共性与特性。中国古代文明最典型的特征在她最成熟的阶段——以殷墟为代表的商代文明中表现得最为完整。因此，要研究中国古代文明的特点应当从殷墟时代所表现出的诸因素向前追寻，这样才能了解中国古代文明的特点以及她独特的发展过程。

## 一　考察古代文明过程的四个角度

中国的古代文明从某种意义上说就是中国古代国家，她的起源应当在国家产生以前的史前时代去寻找。对于这一阶段的研究，考古学责无旁贷应起着主要作用。从中国史前考古学现状和世界考古学的发展来看，我认为考古学对于文明过程大体上可以从四个角度来考察。

第一个角度：根据区系类型的方法来建立考古学文化的时空框架，这是科学地研究考古遗存的基础。从当前的中国史前考古学的现状来看，各地区都已经建立了自己的年代序列，只是各地建立的时空框架的尺度有粗细之分。例如黄河流域的分期和分区比较细，边疆地区的比较粗。

第二个角度：对每一个考古学文化的社会结构进行研究，重构它的历史。在这方面，每个考古学文化的发现有很大的差别。以半坡文化为例，这一文化的聚落有半坡、姜寨和北首岭三个较大规模揭露的遗址，墓地有元君庙和横阵等较为完整的资料；相比之下，对庙底沟文化的了解就没有这么充分的资料。要完成这项工作，就要求我们有计划地在发掘中填补空白，选择典型遗址进行若干年的重点突破，使我们对主要的考古学文化的社会结构有所了解。

第三个角度：跨越时空和考古学文化，对某一方面的演变轨迹进行梳理与研究，即对同一事物的历时比较。如对史前时代聚落、手工业、墓地等方面的专题研究。在我们探讨中国文明起源时，常常是这一阶段用大地湾的大房子，下一阶段用大汶口的墓葬，再下一阶段用龙山时代的城来说明中国文明因素的增长过程。目前已经有对史前聚落的较为全面的梳理①。由于并不是每个地区的各个阶段都有聚落资料，所以像兴隆洼的排房与半坡文化的环壕是地域上的差别还是时间上的早晚，尚无法定论。明确了研究的目的，我们应当有意识地通过发掘来填补这些缺环，使中国史前各种文明因素的发展线索逐渐清晰起来。

第四个角度：跨越时空和考古学文化，对某一时期各种文明因素的关系进行研究，即对不同事物的共时研究，从先后的角度寻找事物之间的因果关系。尽管先后事物不一定就是因果关系，但先后关系是因果关系的一个重要前提，通过因果关系来了解进入文明过程的社会机制。这种研究在中国尚未展开，是我们应当尝试的一个方法。

以上研究文明过程的四个角度也可以说是四个步骤，它们之间存在着先后的依赖关系。前两个步骤是具体的历史过程的考察，从第三步开始是超越时空的比较研究和事物之间内在规律的探索。这四个步骤基本上完成了文明过程考察中历史与逻辑的统一。

## 二　两河流域古代文明过程研究举例

笔者曾对两河流域的史前时代进行过这种研究②。为了说明这种研究方法，在这里主要介绍一下我对两河流域文明过程研究的第三步和第四步。

---

① 严文明：《中国新石器时代聚落形态的考察》，《庆祝苏秉琦考古五十五年论文集》，文物出版社，1989 年。

② 杨建华：《两河流域史前时代》，吉林大学出版社，1993 年。

### 1. 第三个角度的考察

在对两河流域同一事物的历时比较研究中，我主要从农业与手工业所表现的生产力的发展、聚落与墓地表现出来的生产关系和神庙所反映的上层建筑的发展做一历时性的考察。

两河流域史前的农业基本上可以分为旱作农业、简单灌溉农业和农业量剧增三个阶段。在两河流域定居时期，人们主要居住在两河流域北部降雨量充沛的亚述高原。后来人们向南部迁徙，逐渐到了年降雨量仅 200 毫米的地区。要在这样的地区从事农业，必须要有简单的灌溉。灌渠遗迹的层位，清楚地揭示了人们灌溉是如何从利用天然沟洫到人工挖凿沟渠的发展过程。灌溉农业的出现是人类利用自然和改造自然能力的一个质的飞跃，对两河流域文明的产生具有关键性作用。灌溉农业导致农产量的剧增，两河流域农业进入了第三个阶段，其标志是收获工具的剧增，易于制造的陶镰取代了制作复杂的骨柄石叶复合镰，这是农业大幅度提高的必然结果。

手工业主要体现在陶器和金属制造业。陶器的发展大体经历了彩陶和素面陶两个阶段。彩陶的发展可以分为出现、定形、繁荣和持续四个小时期。素面陶是以轮制为主，是史前陶器制作上的一个大的转变。陶器不再装饰器表，而注重造型的多样化。素面和轮制是陶器大批量生产的结果。陶器不再具有特殊的功能，这种功能逐渐让位于金属器。史前的金属制作分为三个阶段。它最早出现在公元前 6840～前 6620 年的萨约吕（Cayönü）遗址，只有少量铜针类制品；第二阶段铜制品开始增多，出现了凿等小型工具；第三个阶段金属品明显增多，有冶铸技术与合金技术，并流行金器。需要指出的是，两河流域史前时代金属制造最发达的不是最早进入文明的南部，而是矿产资源丰富的北部，所以不能单纯强调金属在文明起源进程中的作用。

两河流域史前时代聚落形态的发展可以大致分为四个阶段：第一阶段的聚落布局有成排的库房、中心空地和居住房屋以及窑场和蓄水池。从这些遗迹的规模看，它们大都是以整个聚落为单位而一次建成的，说明聚落在当时起着最重要的行政职能。这时的房屋格局是多间房屋，几乎每个房间都有通向聚落的门，房间之间一般没有房门相通，这说明同一建筑内不同房间的人联系不太紧密。第二个阶段的聚落布局是房屋建筑成堆地分布，形成几片空地，基本不见整个聚落为单位的设施。每个建筑格局都是一样的，由大、中、小三种房间构成。大房间有许多通向各个房间的门，很像我们现在住宅中的厅。小房间三个一排地分布在建筑的一侧，应是这个建筑中的储藏室。生活遗物一般是出在中型房间里，应是当时人们的住房。每个格局规整的建筑一般只有一个或两个通向聚落的门，建筑内各个房间之间是相通的，这说明同一建筑内不同房间的人之间关系密切。一个建筑里的居民应该是含有一对夫妻以上的扩大家庭。这个阶段的扩大家庭已经发展成为分解聚落组织的力量。第三个阶段的聚落的建筑仍然呈无序状分布，但个别聚落在中心的显著位置有制陶作坊或"圣区"，反映出聚落间在功能上的分化。陶器的中子活化分析也说明了这时陶器有较大量的输出与进口的现象。但这时的聚落调查所反映的各聚落规模在较早的哈拉夫文化时期没有太大区别，但到了较晚的欧贝德晚期已经有了大小之别，说明聚落之间的功能分化在前，规模分化在后，两者之间有因果关系。这个阶段是聚落分化的最后阶段。到了第四阶段，聚落内部与外部都开始重新整合。在聚落内部，以乌鲁克遗址为例，聚落中心是神庙，周围是手工业区，再外面是农业居民区。聚落之间形成了村、镇和城三级聚落组织。

　　墓葬中反映的人们之间的分化分为四个阶段。最初墓葬形制没有区别，随葬品数量略有差异，但没有无随葬品的墓，成人与儿童有所不同。第二阶段出现少量无随葬品的墓，墓葬形制尚未出现差别，说明有贫民出现，但还没有形成等级。第三阶段的墓葬可以分为几个档次，它们在墓葬形制与随葬品之间形成固定的组合，男子随葬品的数量多于女子。最后一个阶段财富与地位的分化使同一聚落的人已经无法再葬在同一墓地，从而形成了不同等级人群的墓地。墓地之间差别明显，具有自身特有的墓葬形制和随葬品。综观墓葬变化的四个阶段，前三个阶段是分化道路上量的发展。到了第四个阶段，分化已经达到不同等级人群不能葬在同一墓地的程度，说明社会分化与原有的原始社会组织不相容而导致了彻底变革，已经跨越了氏族社会解体阶段，进入国家的形成时期。

宗教的发展主要体现在宗教建筑上。最早的宗教建筑只是一个单间建筑，在结构和规格上都与普通住房没有区别，但地点比较固定，连续叠压的几层都在一个地点，房内缺少生活垃圾，居住面下多有人骨架。这种建筑可以称为单间祭室。第二个阶段是祭室的发展阶段，在结构和规格上比住房更加考究，有大的石头墙基，并与住房区有比较明显的分界，形成所谓的"圣区"，里面极少见到生活垃圾。第三个阶段是神庙阶段，在祭室的两侧出现侧厅，用于放置庙产和僧侣居住。这个阶段标志着神职人员已经成为一个独立的阶层。在这个阶段里，放置神龛的位置变得越来越隐蔽。最后一个阶段是塔庙阶段，庙宇一般有高高的台基，庙宇前往往有柱廊大厅，这些变化使得整个神庙变得宏伟、华丽，说明这时的庙宇已经超出宗教中心的功能而逐渐具有经济中心和政治中心的功能。在宗教建筑变化这四个阶段中，前三个阶段经历了宗教信仰由具体到抽象、仪式由简单到复杂、与神交往由普通民众到专门祭司的变化，第四个阶段的祭拜对象已经基本固定，并形成不同的等级，祭司开始借神的威严提高自己的地位，集中权力。

### 2. 第四个角度的考察

完成了第三个步骤的研究后，进入了第四步研究。我们把刚才总结的各个方面的发展阶段放入第一步所建立的时空框架中，绘制出表一。

根据生产力、社会组织和宗教意识的发展序列与阶段所绘成的表一，概括出两河流域从史前时代的定居到文明形成的大致发展轮廓，可以从中看出这些现象出现的先后，发现相互之间的依赖关系，进而通过了解这些现象之间的因果关系来理解文明起源与形成的历史过程。从这个表中可以看出只有在乌鲁克时期社会的各个方面几乎同时发生了变化，这使得社会的整体面貌发生了巨变。在这之前的变化都是参差不齐的。恩格斯在《家庭、私有制和国家的起源》一书中讲到了文明的起源与形成之间的差别：各种文明因素是在原始社会母体中孕育成长的。它们的继续发展到与原有社会无法相容，最后导致一个彻底的变革——文明社会便形成了。对两河流域文明产生过程的考察可以发现，文明的起源与形成的界限，即社会发生巨变，就在乌鲁克时代。大多数研究者认为，两河流域从乌鲁克文化时期

**表一　两河流域史前时代生产力、社会组织和意识形态发展变化表**

| 年代（BC） | 6900 | 6400 | 5800 | 5400 | 5000 | 4500 |
|---|---|---|---|---|---|---|
| 文化 | 乌姆　　　哈孙纳早　　晚<br>　　　　哈拉夫早　　中　　晚<br>　　　　萨玛拉 Ⅰ Ⅱ Ⅲ Ⅳ<br>　　　　欧贝德 Ⅰ　　　　　Ⅱ　Ⅲ　　　　　　Ⅳ　　乌鲁克文化早 | | | | | |
| 生态 | 气　温　与　降　雨　量　的　最　佳　时　期 | | | | | |
| 农业 | 定居 | | 灌溉 | | 收获量剧增 | |
| 制陶业 | 装饰器表 | 规整、乏味<br>的几何纹 | 繁缛几何纹、<br>内壁中心纹 | | 彩陶衰落—<br>复兴—衰落 | 素面轮制 |
| 冶金业 | 少量小型<br>铜制品 | 数量增多；出现生产工具；出现铅 | | | | 成倍增长；合<br>金范铸；金箔 |
| 聚落 | 内向式，以村为主；多中心，以家族为主；<br>散乱，功能分化 | | | 以神庙为中心的<br>新格局；等级出现 | | 人口剧增；<br>流向城镇；<br>等级制形成 |
| 墓葬 | 随葬品数量差别；出现无随葬品墓葬；随葬品数量与墓制分成档次 | | | | | 分为不同墓地 |
| 文化传播 | 文化内部 | 北部之间<br>第一次　第二次　第三次 | | 南北统一—异族人<br>出现 | | 地方化；保持<br>贸易通道；游<br>牧人口出现 |
| 宗教建筑 | 与住房相同的祭室 | 特殊结构的祭室 | | 有附属设施的<br>神庙 | | 附属设施<br>发达的神庙 |
| 总结 | 平均社会 | 分化 | | | | 整合 |

已经进入了国家的门槛。在乌鲁克文化晚期（乌鲁克遗址的第4层）发现了最早的泥板文字，但仍然没有王权。这时只是权力的进一步集中的过程。早王朝早期只留下了洪水传说，从早王朝中期开始出现了基什之王麦西里姆时代，这时王权才最终形成。也正是在这个时候，考古上所见到的宫殿规模才超过了神庙，反映了王权取代神权的过程。

　　对比中国的考古学研究，中国的文明起源与形成的门槛在哪里？中国有没有进入文明社会后权力进一步集中而产生王权的时期？回答这些问题都需要对中国文明起源和形成的过程加以系统的考察。如上文所述，很多考古发现上的空白还有待填补。

## 三　建立考古资料与社会参数之间的联系

除了考古发现上要填补空白以外，在方法上还应注意两点。

首先，在探讨文明进程时，人们往往用一些社会变化的参数来描述这个过程，正如塞维斯（Service）对社会发展所做的阶段划分所使用的，诸如人口、战争、城市化和生产的专业化等等[1]。这些社会参数在考古中是怎样表现的，需要我们在它们之间建立一种联系。这种联系应是符合中国历史与考古的，它不仅有利于用考古资料重建中国的史前史，而且对世界的文明起源的研究也会有很大的贡献。在这里我仅举三个例子来说明这种研究。

第一个例子是阿丹斯（R. Adams）在两河流域聚落研究中建立遗址等级，并赋以社会组织的含义[2]。他首先将调查的遗址的面积分为三个级别，最小的是乡，面积在 1000 ~ 60000 平方米；其次是镇，面积为 61000 ~ 250000 平方米；城市的面积在 50 万平方米以上。按照这一标准，把乌鲁克时期至早王朝时期的遗址统计如表二。

### 表二　两河流域南部聚落统计简表

| 时期 | 乡 | 镇 | 城 | 都市 |
|---|---|---|---|---|
| 乌鲁克文化前期 | 17 | 3 | 1（?） | 0 |
| 乌鲁克文化后期 | 112 | 10 | 1 | 0 |
| 早王朝初期 | 124 | 20 | 20 | 1 |

这个统计表明，从乌鲁克时期开始至它的后期，聚落形态的变化主要表现在村落数量的剧增，同时镇的数量也有所增多。这个阶段是人口大幅度增加的时期，人们不得不向外迁徙，建立新的村落。这时人口增加之快是历史上罕见的。一方面是由于生产力的发展，尤其是农业的发展提供了

① Elman. R. Service. *Origins of the State and Civilization*: *The Process of Cultural Evolution.* New York: W. W. Norton, 1975.

② R. M. Adams. Heartland of Cities— Survey of Ancient settlement and Land Use on the Floodplain of the Euphrates. Chicago, The University of Chicago Press, 1981.

一定规模的剩余粮食，另一方面也是周围的游动放牧部落逐渐下到大河流域开始定居生活的结果。这时尽管遗址的等级已经出现，但是城镇的数量和规模都还很小。从乌鲁克后期至早王朝的出现，聚落形态的变化主要体现在镇以上规模的遗址数量大增，说明这个阶段是在原有的人口基础上在空间上的一次大的调整，反映了社会组织处在一个大动荡大变革的时期。在这个变革中，原有的血缘村落在解体，地缘城镇在建立，遗址的规模在向高层次发展。总之，从乌鲁克时期开始，聚落形态经历了数量增多和规模增大前后两个阶段，这正是柴尔德提出的"城市革命"在考古上的具体表现，它为国家的出现奠定了基础。最高层次的遗址——都市是城邦的前身，而遗址之间的等级又体现了整个社会的阶层分化，构成了一个城邦内的"国"和"野"。

中国文明产生前后没有出现过两河流域那么大规模的人口流动，血缘组织也没有被破坏得这么彻底。在属于龙山早期的良渚文化中，有反山和瑶山等几个中心址。在夏文化只有二里头一个大规模的中心址。这说明在中国文明进程中，权力的集中表现为由一个考古学文化的若干中心发展为一个考古学文化的一个中心[①]。

第二个例子是手工业专门化的研究。制陶业是史前时代最重要的手工业部门。陶器的生产方式在考古上比较难以确认，从陶器的标准化中我们可以发现批量生产及其带来的陶器标准化。我们原有的陶器类型划分基本不考虑陶器的尺寸，因此必须重新对全部陶器的尺寸进行测量。如果我们对仰韶文化阶段的陶器中同一型式陶器的尺寸进行统计就会发现，它们的尺寸各不相同，如果用图表表示，它们的尺寸呈分散状态；龙山时代的同一型式陶器尺寸非常接近，如果用图表表示，它们的尺寸呈几个堆的分布态。依靠直觉我们也可以发现王湾三期文化和山东龙山文化的陶罐不仅同一型式器物的数量多，而且尺寸也非常相似，说明这时陶器已经不再是由每一个家庭单独制作的，而是由一个家庭作坊之类的单位完成其制作的。进行这种研究仅靠目前发表的考古报告恐怕难以胜任，因为从中我们很难找到所有复原陶器的尺寸信息。因而还有一个考古报告发表不断适应研究

---

① 张忠培：《中国古代的文化与文明》，《考古与文物》2001 年第 1 期。

的拓展与深入的问题。

　　第三个例子是对某一考古学文化所表现的生产程序与分工程度的推测。以两河流域的哈孙纳文化和萨玛拉文化为例。哈孙纳文化的建筑是由泥块垒砌而成的，由此推测它的建造过程大致可以分三步：挖泥—搬运到建房地点—垒砌。萨玛拉文化的建筑是由模制的泥砖建成，它的建造过程应当是挖泥—脱坯制砖—晾干—搬运到建房地点—垒砌。从工作程序上，后者更为复杂。哈孙纳文化的建材是湿的泥块，很沉，一次运送的比较少；萨玛拉文化的建材是干砖，比较轻便，一次可以运送较多。再看房屋的垒砌过程，哈孙纳文化直接把湿的泥块堆砌起来，有可能要堆几层待下层的泥块晾干后再向上堆砌，如果一次向上堆砌过多会把原来垒砌的湿泥块压塌。这样，哈孙纳文化房屋的建造不会需要太多的人，但所需的时间会比较长。萨玛拉文化的房屋是使用已经预制好的、器形规整的泥砖，工作效率会大大地提高，可以用较多的人在较短的时间内完成。不同的生产程序与分工应当与他们的家庭形态相关。哈孙纳文化呈现一种核心家庭的格局，多间建筑，每个房间都有通向外面的门，房间之间互不相通；萨玛拉文化也有多间建筑，整个建筑只有一个通向外面的门，房屋之间有门相通，是一种扩大家庭的格局。采取什么样的生产程序和分工是与它的社会组织（在史前社会主要是家庭组织）密切相关的。经过分析我们可以看出萨玛拉文化的劳动效率比哈孙纳文化的高。

　　以上三个例子只是想给人们一种启示，看到从考古资料中寻找它背后的历史意义的可能性。在这种研究中，一是要从联系的观点去看问题。原本相互之间有联系的事物作为遗存被我们发掘出来后，它们的联系已经看不出来了。这些遗存被我们归入遗迹、遗物类；在遗物中又按照不同的质地予以整理和发表。在研究中我们应当重新从联系的角度来看待它们，以此来寻找它们背后的历史意义。二是要关注遗存出土的背景，无论是在发掘中还是在研究中，要从它们所出土的单位、所共生的器物、放置的位置以及破碎的程度等细微的方面来分析它在当时社会中的作用。

　　中国有着悠久的古代文明，而且文明从来没有中断过。这对于我们中国考古学家来说，既是一个机遇，又是一个挑战，我们应当负起责任来。虽然这项工作需要几代人的努力，但是我们必须从现在做起。本文只是在这种研究中提出一些方法上的思考，希望引起同行的关注和讨论。

（原载《吉林大学社会科学学报》2005 年第 2 期）

# 中国古代国家形成论纲

王 巍

（中国社会科学院考古研究所）

在古代文明起源与发展研究中，"文明"的含义，"文明"与"国家"的关系是不可避免的问题。恩格斯在《家庭、私有制和国家的起源》中指出"国家是文明社会的概括"。许多学者依据这一表述，将"国家"等同于"文明"。也有人认为二者并非完全相同，亦非完全同步。"文明"与"国家"究竟是什么关系？搞清楚这一问题，对于文明起源与发展研究具有重要意义，本文拟对此试作探讨。

## 一 关于"文明"的含义

关于文明，有各种各样的理解。我认为，文明是人类文化和社会发展的新阶段，是在国家的管理下创造出的物质财富和精神财富的总和。它包括物质文化、精神文化方面的发明与创造，也包括社会的进步。我们常谈到的商文明、周文明，都应是这样的概念。它包括商代和周代政治、经济、文化等各个方面的发明创造与进步，而并非仅仅是指商、周时期的国家政体。如果不弄清楚这一步，将文明完全视同于国家，则既不利于对文明进行全面、系统的研究，也不利于对文明起源与发展过程做多角度、多侧面的考察。

把文明等同于国家的学者的主要理论依据是恩格斯的名言——"国家是文明社会的概括"。根据我的理解，恩格斯指出"国家是文明社会的概括"，是指国家的形成是文明社会的最重要标志和最本质的特征，判断一个社会是否已进入了文明社会，最主要的就是要看其是否已出现了国家。因为国家的出现是一个社会发生变化的质变点。它导致了社会的方方面面都发生了深刻的变化。这无疑是十分正确的。但是，概括并不等于全部，并不是说国家就完全等同于文明、国家就是文明的代名词。

## 二　关于文明的构成

我认为，文明与国家是不同范畴的概念，文明是相对于"蒙昧""野蛮"而言的（尽管我们并不认为原始社会是真正意义的蒙昧和野蛮），是依据人们掌握的物质生产资料的知识、技能的情况与精神生活的丰富状况、人类社会的管理与秩序强化的程度不同而区分的。国家则是与氏族、部落、酋邦等社会组织相对应的概念，是为维护社会正常运转的被强化的公共权力，主要是社会的组织和管理机构。我认为，文明可以分为文化层面的文明和社会层面的文明两个方面。

### 1. 文化层面的文明

文化发展的高级阶段，一般包括物质文化和精神文化两个方面。

（1）物质文化

①农业的发展（包括耕作技术的进步和农作物产量的提高及家畜饲养业的发展）；

②手工业技术的进步（通常以冶金术的出现为代表，在中国，还包括琢玉技术、纺织技术、制陶技术、髹漆技术的进步等）。

（2）精神文化

①文字的使用；

②原始宗教的发展和与之相关的祭祀礼仪被高度重视；

③伦理道德的规范，也就是文明教化。

### 2. 社会层面的文明

社会的复杂化达到新的阶段——社会内部出现了阶级，等级制度进一步强化并渗透到社会生活的各个方面。首长的权力被世袭化，神权与军权相结合构成王权，同时出现了作为王权统治工具的官僚机构和军队，从而导致了国家的形成。此时即进入了文明社会。

需要指出的是，文明的两个方面，即文化的高度发展和社会的进步——国家的产生是相辅相成的，是历史发展的两个侧面。前者为后者提供了经济基础和物质条件。如1）支持脑力劳动与体力劳动分工的剩余劳动产品的增加；2）用于再分配和流通贸易的贵重品、珍稀物品（如铜器、玉器、海贝、龟甲等）的生产。后者则为前者的进一步发展提供了必要的管理、协调和组织，并提出进一步的需求，从而促使前者进一步发展。它包括劳动力的组织、分工与合作；人们相互关系的调节和社会秩序的稳定，如宗法制度和礼制；对贵重物品、珍稀品的持续的需求推动了这类用品的生产和供给。

## 三　关于"国家"

（1）国家并不是伴随着人类社会的出现而立刻出现的，而是社会发展到一定阶段，即社会复杂化、阶层分化日益加剧，阶层之间的矛盾冲突逐渐尖锐，需要有一个管理机构将这些矛盾和冲突限制在一个适当的范围内，以免整个社会陷于动荡，毁于矛盾冲突。另外，随着生产的发展和社会分工的发展，社会内部和外部的事物日益复杂多样，需要一个较为完备的专职管理机构来管理整个社会的方方面面。出于社会发展的这种需要，国家便应运而生了。简而言之，国家是社会发展达到相当的程度，为了满足社会进一步发展的需要而出现的。

（2）国家的主要职能是社会的管理，即维持社会的正常秩序。其执行职能依靠强制的和非强制的手段。前者是军队、法庭等国家机器，后者是宗教信仰、舆论、伦理规范等。

（3）国家是凌驾于社会各阶层之上的公共权力，从它维持社会秩序，避免社会因不同阶层的矛盾冲突而同归于尽的角度来看，它代表整个社会成员的利益，但是，在一系列政策和法律的制定时，统治阶级起主导的作用，因此，国家主要代表统治阶级的利益。

（4）国家主要依靠官僚机构和国家机器（军队、法律）来实现其职能。其中，以强制手段行使其管理职能是其重要特点。国王是国家权力的代表，国王的权威来自于几个方面：军事指挥权（军权）、主持宗教祭祀的权力（神权）、宗族组织的权力（族权）。

（5）国家并不是一成不变的，而是经历了发展变化的过程。中国古代国家的发展过程可以分为邦国、王国、帝国等几个不同的阶段。

## 四 中国古代国家形成和发展过程

中国古代国家发展的三个阶段：邦国、王国、帝国。

### 1. 邦国时期：龙山时代

（1）邦国形成的背景

环境背景：距今 10000 年以来，气候逐渐变暖，至距今 6000 年左右，达到高峰。

生业背景：气候变暖，为农业生产发展提供了条件。在河北省武安磁山遗址中，发现了数量众多的磁山文化（距今 7000 年前）的窖穴，发现大量炭化粟，其总量达数吨以上。可见当时的农业生产已经具有了一定程度的发展。

社会背景——人口增加：农业的发展，导致人口的增加。在距今 7000 多年的裴李岗文化和磁山文化时期，聚落的数量少，且规模较小；至距今 6000 多年的仰韶时代，聚落的数量增加，规模也逐渐增大。这种趋势到了距今 4000 多年的龙山时代更加显著。出现了一些面积达数十万乃至上百万平方米的巨型聚落。这应当是以农业的发展为前提的。

（2）邦国形成的过程

管理者阶层的出现：由于农业的发展，氏族部落内部出现了分工。由于氏族部落内部事物的日益复杂和对外交流的增加，出现了脱离劳动，专门从事管理的权贵阶层。

原始宗教的发达：在龙山时代，各个地区都出现了一些既非生产用具，又非衣食住行用具的特殊物品。与此同时，还出现了专门用于祭祀的特殊设施。如辽西地区红山文化的积石冢和冢旁边用石块垒砌的圆形祭坛，还发现了出土人头像和动物像的"神庙"。在浙江北部和江苏南部良渚文化分布区，出现了用不同颜色的土筑成的方形坛状遗迹，坛上及其旁边有随葬品丰富的墓葬（如浙江余杭反山、瑶山等遗址）。在这些墓地的大型墓中，随葬品十分丰富，其中包括玉琮和玉璧等与祭祀有关的用具。最近，在青海省东部，发现了齐家文化的祭坛，其形状与远在数千千米之外的良渚文化的祭坛别无二致。上述发现可以看出，在相当一些地区，宗教祭祀十分发达。首长主持祭祀，成为神的化身或代表自己的部落或集团与神沟通的人物。神权成为首长权威的重要来源。各地发现的龙山时代的大型墓葬，随葬较多的随葬品，其中包括祭祀用具。墓主可能是掌握集团事务管理或祭祀活动的上层人物。

专业手工业家族的出现：由于生产的发展，出现了剩余生产物。使得一部分生产者有可能淡出农业生产领域，转而从事手工业生产。对宗教祭祀的重视和规范，引发了对贵重物品的迫切需求。出现了专门或主要从事玉器等各种贵重物品生产的专业工匠家族。在龙山时代的墓葬中，有一些随葬手工业工具或半成品的墓葬，可能就是这样的手工工匠的墓葬。这些手工业工匠家族的特点之一是其产品并非主要是用于交换的商品，而是为了满足权贵阶层的需要。换言之，手工业生产尤其是珍贵物品的生产从一开始便被权贵阶层所控制。

贫富分化加剧、等级差别严重：随着剩余产品增加，首长依仗权力掌握了较多的生活物品。特别是珍贵和稀有用品，基本被首长层所控制。良渚文化的精美玉器多出于大型墓中；陶寺遗址大型墓中随葬各类器物上百件，而小型墓中则一无所有。可以看出，当时的贫富贵贱分化已相当严重。

战争日益频繁激化：龙山时代，各个氏族部落之间联系日益频繁。因争夺土地和资源等原因，导致战争日益频繁和激化。在长江中游、黄河中下游地区，都出现了较多的城。这些城往往成群分布，规模不等。它们当与战争有关。

王权的强化：在战争中，无条件服从命令是获得战争胜利的前提。首长掌握军事指挥权，使其权威大大增强。战时的权威延伸到平时，导致其权力得到强化。龙山时代的大型墓葬的墓主基本上是男性，且多随葬玉钺、石钺等兵器，良渚文化的大墓中出土了制作精美的带柄玉钺，上边还带有玉管和玉珠等装饰。显然并非实用的武器，而是军事指挥权的象征。

王者的出现：原始宗教的发展，战争的激化，使王者的权势日益增强。

他们动员大量人力修建巨大的城池。陶寺城址面积达 280 万平方米。城内设有专门供贵族居住的区域。权贵们的居室和使用的物品都很精美，如陶寺遗址小城中的权贵居住区出土了精美的彩绘墙皮、陶制建筑材料，墓葬中随葬精美的彩绘陶器、漆器、玉器等。他们成了有别于原来的氏族部落首长的王者，社会组织也由原来的部落或部落联盟演变成为邦国。

（3）邦国阶段国家的特点

①王的出现；②官僚机构已具雏形；③神权具有相当的地位；④阶层分化严重；⑤血缘组织仍然基本保留；⑥不同集团之间的战争频发，尚未形成较为稳固的统治和从属关系。

## 2. 王国时期——夏、商、周

（1）夏王朝

中国历史上第一个王朝，年代约在公元前 2000～前 1550 年。其中晚期的都城位于河南偃师二里头遗址。是中国历史上第一个王朝国家，开启了新的国家形态。

青铜器制作技术的进步——青铜容器的出现：二里头文化二期的墓葬中，出土了青铜的鼎、爵、盉等青铜容器，表明青铜器制作技术的进步。二里头遗址南部，发现了大型青铜作坊，其面积不小于 1 万平方米。

宫殿群的营建：新发现的建于夏代中期的三号宫殿由前后三进院落构成。建于夏代晚期的一号宫殿面积达 1 万平方米。

宫城的出现：夏代晚期，在宫殿区周围，修建了城墙，将宫殿区包围。宫城的面积达 10 万平方米以上，城外有道路围绕。

虽未发现夏代的大型墓葬，但中小型墓葬中，出土了青铜器和玉器、漆器等，估计大型墓葬中的随葬品将会十分丰富。

王权进一步强化：王朝的控制范围和对周围地区的影响比龙山时代的邦国大。夏王朝直接控制的地区不超过今日的河南省和山西省南部。夏王朝与其他地区的势力集团之间发生交流的范围则要广阔得多。在与辽宁西部相接壤的内蒙古敖汉大甸子墓地贵族墓中出土了具有二里头文化特色的陶制酒器——陶盉和陶爵。在上海马桥遗址中，出土了与二里头遗址相似的鸭形壶。

（2）商王朝

年代在公元前 1550 ~ 前 1046 年。是王权发展，国家机构趋向完备的时期。

都城的兴建：在河南偃师和郑州，分别发现了建于商代早期的都城，即偃师商城和郑州商城。城内发现了大型的宫殿基址。

在河南安阳，发现了建于商代中期的大型城址，其面积达 400 多万平方米，城内发现二十余座大中型夯土建筑基址。一号宫殿面积达 15000 多平方米，是迄今为止发现的规模最大的单体建筑，当是王权进一步强化的反映。

单独王陵区的形成：在殷墟的西北岗，发现了商王的陵墓。这些陵墓规模巨大，带有四条墓道。单独位于一个墓区，不仅远离一般社会成员的墓葬，而且也远离贵族墓葬，反映出王权的强化。

奢华的王族生活：在河南安阳殷墟发现了商代晚期商王武丁的妻子妇好的墓葬。随葬品达 2000 余件，其中青铜器 400 多件（仅青铜容器就达 200 多件），玉器 700 件。制作十分精美，当是出自商王室的作坊。

发达的王室手工业：在商代，手工业得到了显著的发展。其中尤以铸铜、制玉等最为突出。殷墟出土的著名的司母戊大鼎，重达 875 千克。制作这样的巨型铜器需要数以百计的工匠协同作业，方可完成。从中可以看出当时商王控制铸铜作坊的规模。

对重要资源的控制：商代发达的铸铜业，需要大量的铜、锡、铅等原料。在安徽、江西、湖北等地，相继发现了商代的铜矿。商代前期，商王朝已在长江中游、山西等地建立军事据点，当与商王朝确保铜料来源的努力有关。除了铜料之外，盐、海贝、玉料等也是重要的资源。

军队的建立：文献中有"殷六师""殷八师"的记载。甲骨文中有王"登众"或率"众"数千出征的记载。这时的"众"显然是兵士。但更多的记载是王令众从事农业生产。由此可见，商王朝的军队或至少有相当一部分可能并不是专业的军队，而是平时农耕，战时打仗的"民兵"。

文字的使用：古代文献中有"惟殷人有册有典"的记载。殷墟发现了大量的商代刻辞甲骨。去年，山东济南大辛庄出土了刻辞甲骨，表明当时甲骨文仅在商王朝的都城使用。

官僚机构：商王朝的官僚机构分为内服和外服。内服为王直接管辖的官吏，有公、侯、伯、子、男、百官、小臣等；外服有侯、甸、男、卫、邦伯。

商王朝与周围方国的关系：

商代二里岗期上层时期，商王朝的势力范围较之于夏王朝大为扩展。东到山东西部，西到陕西中部，南到湖南、安徽，北到河北北部。

商代晚期，各地存在着许许多多的方国，它们大小不同，强弱有别。社会发展的程度也不相同。有些方国仍处于初期邦国阶段，而另一些方国则可能已进入了王国阶段。它们中有些从属于商王朝，有些则与商王朝处于敌对状态。还有些方国曾一度臣属于商王朝，而在商王朝因内部矛盾和外部冲突等而势力衰弱的时候，便脱离商王朝的控制而日益强大起来。这些可以江西新干大墓、山东前掌大墓地、山东益都苏埠屯商代大型墓葬、四川广汉三星堆遗存、陕西李家崖文化为代表。如山东益都苏埠屯发现的商代大型墓葬有四个墓道，是商王朝王陵才可以采用的墓制。墓中出土的大型铜钺在殷墟也是仅见于将军级墓中贵族的墓中。苏埠屯大墓的墓主可能是商代晚期东方的强大方国薄姑的国君。三星堆遗址出土的大小不等的铜制人像与商王朝流行的以铜容器和玉器为贵的习俗截然不同。在三星堆遗址，发现了城墙。从三星堆遗址出土的遗迹和遗物来看，可能是古蜀国的遗留。当时它们应是一个已达到王国阶段的国家。

（3）周王朝

又分为西周和东周。前者的年代为公元前 1046～前 771 年，后者的年代为公元前 770～前 221 年。西周王朝是王国的成熟阶段。这一时期的许多制度为后代所继承和效法。

西周王朝建立后，采取了一系列强化王权的措施：

实行分封制：以河南虢国墓地、山西晋侯墓地、北京琉璃河燕国墓地为代表。牧野之战后，周人取代商人一跃成为全国的统治者，我国历史上第三个王朝——周王朝建立了。周人原是臣属于商王朝的一个方国，地处西北边陲，政治、经济、文化等诸方面都落后于商人。虽然在古公亶父以后，特别是周文王即位后，励精图治，力量迅速壮大，但仍缺乏统治广大区域的经验。因此，周王朝建立后所面对的最大任务便是如何维持周王朝对全国的统治。

　　周人汲取了商朝灭亡的教训，把加强对全国各地的控制作为头等大事。周王把自己的宗属及重要的功臣分封为诸侯，让他们到各地去管理自己的诸侯国，同时又效忠于周王。诸侯要为周王朝镇守疆土，还要接受周王的命令，率自己的军队参加战争。各地诸侯要定期朝见周王，向周王奉献各地贡物。这些分布于各地的封国实际上是周王朝的保卫者和资源、财富的提供者。这就是西周王朝的分封制，也就是古代文献所记载的周人"封建亲戚，以屏蕃周"。可以说，封土建国是周人为巩固自己的统治而采取的一项十分重大的战略举措。

　　西周时期封国的数量难以确知，据《左传·昭公二十八年》记载："昔武王克商，光有天下其兄弟之国者十有五人，姬姓亡国者四十人，皆举宗也。"《荀子·儒效篇》说，国初"立七十一国，姬姓独居五十三人"。这些封国有大有小，级别也有高有低。周初的重要诸侯国有分封给周公而令其长子伯禽就任的鲁国，分封给召公以其长子就任的燕国，分封给太公吕望的齐国，分封给康叔的卫国等。

　　宗法制度：是周代一项极其重要的制度。宗法制度是以血缘关系为基础，以周王为核心而形成的维系贵族之间乃至整个社会内各阶层之间关系的完整制度。它是以嫡长子继承制为中心。周王是周族中最高的族长，其长子为大宗，继承王位。周王的其余儿子为小宗，被分封为诸侯。各诸侯在本国内为大宗，诸侯的长子继任为侯，诸侯的其余儿子则被诸侯封给采邑，作为卿大夫。卿大夫的职位也是由其长子继承，其余儿子被封为士，分给采邑。周王、诸侯或卿大夫都是他所在贵族的族长，其宗族的成员一般居住在一起，受族长的控制和保护，死后则同一宗族的成员要埋在同一墓地。商周时期的墓地中往往有成群的墓葬集中在一起，就是这种聚族而居、聚族而葬的习俗在墓地中的反映。

　　由于周王朝是以周人为核心建立的，而周王既是最高的行政首领，又是周人中最大的族长，因此他集行政权力与族权于一身，他君王的地位不仅来自行政方面，且来自于家族。各地的诸侯都是周王册封的，在行政上隶属于周王，是周王的臣民。在宗族关系方面，诸侯多是周王的宗亲，是从周王的大宗中分离出来的小宗，在亲族关系方面也附属于周王。宗法制度就是这样在通过分封制建立了王、诸侯、卿大夫、士的等级关系及与周王在行政方面的隶属关系之外，又罩上了一层以宗族关系确定尊卑秩序的网。分封制与宗法制相结合，政权与族权相结合，使西周王朝的统治得以巩固。

西周时期，为了维护周王朝的统治，制定了一系列的制度，史称周公"制礼作乐"。主要包括用鼎制度、乐器制度、墓葬制度、车马制度、服饰制度等。中央王朝的强化，周原西周宫殿的兴建使得官僚制度逐步健全。

墓葬制度：商代流行以墓道的有无和多少来体现墓主人的身份等级，如殷墟西北岗王陵区的王墓均带有四条墓道，王的至亲如儿子往往有南北两条墓道，地位略低一些的王族或其他贵族仅有一条墓道，一般平民墓则没有墓道。我们迄今还未发现周王的陵墓，但在丰镐遗址发现的井叔墓以及在该县辛村发现的王侯墓、在山西侯马天马—曲村发现的晋侯墓以及在北京琉璃河发现的某些燕侯墓都是有南北两条墓道。而地位略低的贵族墓则为一条墓道。可见商代以墓道的有无和多寡表现墓主人生前身份的制度被周王朝所继承。

列鼎制度：以食用器具为例，只有贵族才能在日常生活中使用青铜的鼎、簋、爵、觯、壶、卣等礼器，而其中又以鼎簋为青铜礼器的核心，这一点与以觚、爵等青铜酒器作为礼器核心的商代显然不同。在周代的文献记载中，有关于周代贵族用鼎制度的记载。按照这一记载，周代天子使用九件鼎和八件簋，诸侯用七鼎六簋，卿大夫用五鼎四簋，士用三鼎二簋或一鼎一簋。这一记载的可信度曾一度被怀疑。近几十年来各地发现的周代贵族墓葬中，出土了不少青铜礼器。墓葬中青铜鼎的数量多是奇数，而铜簋的数量却是偶数，且铜簋的数量往往较铜鼎少一件，即如有两件簋，则有三件鼎；有四件簋，便五件鼎；六件簋则配七件鼎，且规模越大的墓葬随葬鼎簋的数量越多，稍小的墓葬则鼎簋的数量也较少。规模更小的墓则没有发现青铜器随葬。上述考古发现证明古人记载的以鼎簋的有无和数量来表现主人身份的用鼎制度在周代确实曾实行过。

目前发现的年代最早的随葬标准"列鼎"的墓葬是西周早期后半，其年代是成王或康王时期，表明当时列鼎制度已经形成。这种列鼎制度不见于商代，是周人的发明。在西周初年的沣西客省庄77M1墓葬中，随葬铜鼎3件、铜簋2件，其中2件铜簋的形状和大小相同，3件铜鼎中的2件形状和大小相同。反映出当时"列鼎"制度处于萌芽阶段。在王畿地区之外，列鼎的出现年代稍晚，而到了西周末年，在周王朝控制的地区，则普遍实行了列鼎的制度。

春秋中期以后，周天子的地位则日益衰落，一些主要的诸侯国势力增强。他们吞并其他小国，为争夺霸权而大动干戈。这些诸侯国的国君越来越不把国王放在眼里，他们擅自采用了西周时期只有周天子才能使用的各种礼仪，这种行为被古代文献称为"僭越"。在春秋中期至战国中期的诸侯墓葬中，常可见到随葬九鼎八簋的情况。如河南郑韩故城发现的春秋中期的青铜礼乐器坑中，便出土了4套列鼎，其数量皆为九鼎八簋。表明当时"列鼎制度"虽仍然实行着，但其创始之初的明君臣、尊王权，维护周王朝统治的性质已经发生了变化，已成为各地诸侯显示自己势力的工具。与此同时，随葬七鼎六簋的卿大夫的墓葬也屡见不鲜。表明诸侯的部下也水涨船高，跟着诸侯一道"僭越"。在晋国，卿大夫的势力不断增强，最后韩、赵、魏三个上卿将晋国一分为三，史称"三家分晋"。

乐器制度：与列鼎制度同时实行的还有使用乐器的制度，即编钟和编磬的制度。编钟最早出现于西周康王时期的陕西关中地区。目前，以陕西宝鸡竹园沟7号墓出土的3件一组的编钟为最早。关中地区西周中期的几座贵族墓葬中也有发现，均为3件一组。西周晚期，一组编钟增至7~8件。

磬的出现早于钟。在距今4400年的山西襄汾陶寺遗址的显贵墓中便随葬有石磬。到了商代晚期，王室墓中随葬的石磬制作十分精美，一般为5件一组。西周时期，编磬与编钟一道，成为乐器的核心。西周中期的贵族墓葬中，常常可以见到5件或10件一组的编磬。

春秋中期之前，只有周天子和各国的诸侯才能使用编钟和编磬。春秋中期之后，一些卿大夫也开始使用编钟和编磬，这与他们在列鼎制度上的僭越是相一致的。从而表明，史称"礼崩乐坏"并不是指礼乐制度彻底崩溃，而是普遍出现了这种"僭越"的行为，其背景是周王朝势力的衰落。

（4）王国阶段国家的特点

①与邦国阶段的王相比，王的权力有了较大的加强。王集军权神权族权于一身，具有很高的权威，但还要受高级官僚和王族长老们一定程度的

影响和牵制，并未达到帝国阶段皇帝那种至高无上的权威。

②血缘关系仍然较为完整地得以保持，并与地缘组织相结合，形成聚族而居的村落——邑、聚。

③等级制度与血缘关系结合，形成聚族而居、聚族而葬的邑聚与公墓和邦墓的制度。

④在夏商王朝，王朝直接控制的地区并不广阔，周围方国具有相对的独立性。西周王朝实行分封制之后，周王朝的统治范围被大大扩展。被分封的诸侯国成为护卫周王朝的屏障。

⑤与邦国阶段相比，出现了较为固定的官僚机构，并在西周时期日趋完备。

⑥神权的势力逐渐削弱，最后沦为王权的附庸。

### 3. 帝国时期——秦代及以后

公元前 221 年，秦统一了全国。为了巩固统治，秦王朝实行了一系列加强中央集权的制度和措施，使中国古代国家进入了一个新的发展阶段——帝国阶段。

君主专制，政出一人。由王到至高无上的皇帝；废除分封制，实行郡县制；统一文字、车轮距、度量衡；焚书坑儒，加强对思想和舆论的控制。

汉代继承和发展了秦的制度，又有所改变。如将煮盐冶铁等国家经济命脉实行官营，进一步强化了中央集权的国家体制。

## 五    中国古代国家的特点

第一，基本没有接受外来的强烈影响，是在自己的轨道上发展起来的原生文明和国家。

第二，王是最高统治者，王权高于神权。

第三，祭祀天地、盛行崇拜祖先。王的祖先成为国家的保护神。

第四，血缘与地缘结合，王权与族权相结合的宗法制度成为维系国家统治的重要手段。

第五，缺乏民主的传统和制衡王权的机制，形成专制集权国家体制。

第六，实行内服外服制度和藩属贡纳政策，对周围的方国，只要求其纳贡称臣，一般并不谋求完全的占领其领土；对不服从统治的，则出兵征讨，直至灭其国，将其并入王朝的版图。

第七，重视礼制，等级森严，并体现在社会生活的方方面面。

第八，重农轻商，国家的经济来源主要依靠农民交纳赋税。

第九，主要的手工业生产和经济收入被国家所控制，商品生产和交换不甚发达。

（原载《中原地区文明化进程学术研讨会文集》，科学出版社，2006年。收入本书时略有改动）

# 重建早期中国的历史

严文明

（北京大学考古文博学院）

一

为纪念中华人民共和国成立 60 周年，首都博物馆推出了"早期中国——中华文明起源"的展览，集中展现几十年来关于早期中国历史探索和重建工作的成果，是很有意义的。

什么是早期中国？各人的理解可能不完全相同。我个人认为应该从祖国大地上最早出现国家组织算起，到历史记载比较明确的商代晚期之前为止。展览大致框定在公元前 3500～前 1400 年之间是比较合适的。

一般认为我国有 5000 年的文明史，黄帝是我国的人文初祖。但据后人拟定的黄帝纪元，今年只是 4707 年。当然，这都只是一种传说和推想，不必深究。汉代司马迁所著《史记》是中国第一部纪传体的历史巨著，其中第一篇《五帝本纪》就是从黄帝讲起的。他说舜是黄帝的第八代孙，禹是黄帝的第四代孙。禹被他的第四代孙舜所重用，舜则在最后把帝位禅让给他的老祖宗禹。更有甚者，在《史记》的《三代世表》中，商纣王是黄帝的第三十三代孙，周武王是黄帝的第十九代孙，按照世次算应该是商纣王的第十四世祖。可是他亲自率兵讨伐纣王，并且把商王朝给推翻了。如此颠倒的历史是很荒唐的，所以自宋至清就不断有人对这种古史系统提出质疑。到近代以顾颉刚为首的古史辨派更是要彻底推倒两千多年层累地造成的古史系统，作为新文化运动反封建的一项重要任务。可是推倒了旧有的古史体系，真正的中国古代历史究竟是怎样的呢？顾颉刚曾经明确地指出，应该借重考古学来重建中国的古代史，这是很有见地的，尽管他自己并不从事考古学研究。

在近代考古学开展以前，有一件事情产生了极大的影响，那就是1898年商代甲骨文的发现和被确认。之后各家竞相收藏和进行研究，成绩卓著。就中王国维先后发表《殷卜辞中所见先公先王考》和《续考》以及《殷周制度论》影响尤大。他用二重证据法证明《史记》中的《殷本纪》所述殷先公先王的世系基本上是正确的，并且广泛地考察了殷周的制度和社会的方方面面，从而使殷代的历史成为信史。这一研究后来成为引发对安阳殷墟进行大规模考古发掘的契机和出发点。殷墟的发掘使人们对商代晚期的历史有了比较明确的认识，所以当20世纪50年代初发现郑州商城遗址的时候，虽然看到它比殷墟的年代要早，却仍然可以蛮有把握地认定那也是商文化，是商代早期的都城级遗址。同样当从60年代开始对河南偃师二里头进行考古发掘，发现了比郑州商城更早的都城级遗址时，却可以从文化内容的分析认定那不是商文化或先商文化，而可能是夏文化。其主要分布区在河南西部和山西南部。先商文化则分布在河北省的中南部和河南省北部，二者属于不同的文化系统。从此又开始了夏文化的探索。比夏文化更早的新石器时代或史前考古学文化如何同夏文化接轨，虽然是学术界很早就提出的课题，直到这时才有了进一步探索的基础。早期中国历史的重建工作，就是这样一步一步地开展起来的。

二

夏商周三代在考古学文化上属于青铜时代，在它以前是新石器时代。过去以为新石器时代主要是仰韶文化和龙山文化，现在知道的情况远为复杂。最早的新石器时代文化可以上溯到公元前一万年以前，之后经历早、中、晚、末四期，总共有八九千年。在晚期的后半和末期因为发现了一些小件铜器，故又可以称为铜石并用时期，其时大约在公元前3500～前2000年。大量考古资料证明，这是中国历史开始走向文明以至产生最初的国家的重要时期。

　　这个时期的总体特征是农业和手工业有较大的发展，手工业开始分化，出现了专门为贵族生产的高档手工业部门。从聚落和墓葬的等级分化可以明显地看到社会的分层化，原先基本平等的氏族—部落成员开始被分化为贵族和平民。不少中心聚落筑起了防卫性的城墙，同时出现了用于战争的专门性的武器，到处都有战死者或非正常死者的乱葬坑，这些都说明这个时期的社会已经发生明显的变化，迈出了从部落到国家的关键一步。在这个过程中，走在前面的是中原地区的仰韶文化，山东地区的大汶口文化，两湖地区的大溪—屈家岭—石家河文化，江浙地区的崧泽—良渚文化以及燕辽地区红山—小河沿文化等。在如此广袤的大地上，各个大文化区的主体文化都以自己的方式建立各具特色的文明，成为中国历史发展的一个重要转折点。

　　仰韶文化早期各个聚落的差别还不显著，到中期开始分化，出现了整个文化的中心聚落——河南灵宝西坡遗址。那里有仰韶文化中期最大的房子和最大的墓葬。随葬器物虽然不多但很特别，完全是为死者所定做的。几乎每座墓都有玉钺，上面有明显的线切割和管钻的痕迹，代表着当时最高的技术水平。而钺乃是从石斧中分化出来的第一种专门性武器，说明当时已经出现了真正意义的战争。而领袖人物首先是握有最大权力的军事首领。仰韶文化中期对周围文化有强烈的影响，是否与军事扩张有关，值得研究。西坡遗址的规模并不很大，风格也比较朴素。同一时期在各地还有一些规模更大但规格似乎稍低的次中心聚落，如陕西华县泉护村、高陵杨官寨、山西夏县西阴村和河南洛阳王湾等，说明当时的社会确实走上了分化的道路。到仰韶文化晚期则分化更加明显：甘肃秦安大地湾的中心聚落中出现了建筑规格甚高的所谓原始殿堂，山西芮城清凉寺墓地中发现有殉人的现象，郑州西山则出现了最早的城堡。

　　大汶口文化的中心即位于山东泰安大汶口遗址。该遗址面积约80万平方米，曾经发现有许多大型柱洞（表明有大型建筑遗迹）和同时期最大的陶窑。墓葬从早期（约公元前4000～前3500年）起即可看出一定程度的分化，到中晚期分化更加显著。大墓有棺有椁，随葬玉钺、象牙梳、鼍鼓（只剩下蒙鼓的鳄鱼皮鳞板）以及大量精美的白陶、黑陶和彩陶器等，还有数目不等的猪头。这在同一时期的墓葬中是绝无仅有的。其余的墓葬显然级别较低，最低等的墓葬仅有人骨，没有任何随葬品。社会的等级分化十分明显。这个文化的次中心聚落有曲阜西夏侯、五莲丹土村、诸城前寨、莒县陵阳河与大朱村和安徽蒙城尉迟寺等处。后四处在随葬的大陶尊上有刻划的原始文字。据说有的地方发现有城墙遗迹。大汶口文化也强调军事，相对仰韶文化而言，贵族垄断的高档手工业更为发达，社会分化更为明显。

红山—小河沿文化的年代大体与仰韶文化相当。早期的聚落同样没有明显的差异，到中晚期则为之一变，出现了整个文化的中心——辽宁凌源牛河梁。在约 50 平方千米的范围内，分布有 40 多个遗址点。其中有"女神庙"、大小祭坛、广场（周边用石头砌筑的方形山台）和多处规模巨大的积石冢。女神庙中有彩绘壁画，有多个巨型似女性的泥塑残块。如果复原起来，小的如真人一般，大的超过真人一两倍。积石冢的规模极大，较早的为圆形，较晚的多为方形或长方形。每边长约 20 米上下，用石头砌边，逐级收缩成三级台阶。最外边砌的石头内侧密密麻麻地摆放成列的彩陶筒形器，冢上覆土积石，正中安放一大型彩陶塔形器，十分壮观。每个积石冢有一座中心大墓，并随葬多件精美的玉器；同时有若干较小的陪葬墓，其中有些也随葬玉器，有的则一无所有。一个等级分化的社会明确地展现在眼前。除牛河梁外，其他有积石冢的遗址还有多处，只是没有牛河梁那样的规模。

红山文化的经济并不十分发达，却能调集大量的人力资源，在一个选定的地区营建宗庙、祭坛和巨大的贵族冢墓，所能凭借的只能是强烈的宗教信仰和强大的组织力量。红山文化玉器中的猪龙或熊龙，形态非常特殊又非常统一，论者多认为可能是红山人的图腾，表明红山文化的人民有着统一的宗教信仰。这种信仰一经同某种权力机构结合起来，就会产生巨大的力量。传统的氏族—部落是做不到这一点的，因此说红山文化时期已经产生某种国家政权是合乎情理的。大概正是因为过分地使用了人力和物力而难以长期支撑，红山文化之后的小河沿文化时期很快就衰落了。红山文化虽然是一个强势文化，它对外面的影响却很有限，军事色彩也不明显。只有玉器对南部的山东地区有些影响，陶器反而受仰韶文化的强烈影响，到小河沿文化时期又受到大汶口文化的影响。

崧泽—良渚文化的崧泽文化阶段社会分化并不明显，但到良渚文化时期（约公元前3300～前2500年）便有急速的发展。良渚文化的中心在浙江杭州市西北郊，那里不只是一个遗址，而是在40多平方千米的范围内有100多个遗址点的遗址群。这里的核心是一座290万平方米的良渚古城。城墙的基部铺满石头，上面用经过选择的黄色黏土夯筑。城内的中心部位有一座30万平方米的长方形台城，上面有3万多平方米的夯土基址，说明原先应该有宫殿之类的高等级建筑。台城的左近有最高等级的贵族甚至是王室的墓地。大城的周围还有不同等级的房屋基址，有制玉等手工业作坊，有两处专门营建的祭坛和另外的贵族墓地。在良渚港还发现有大量木桩和跳板等可能是码头的设施。种种迹象表明，这是一处人口密集、设施齐全而且规格很高的都城级遗址群。

良渚文化主要分布在太湖周围，可以分为几大区块，每个区块都有自己的中心。太湖以北的中心遗址有江阴高城墩和武进寺墩，东北区块的中心有苏州草鞋山和赵陵山，东部区块的中心有上海福泉山，东南区块的中心有桐乡普安桥等，南部区块的中心就是良渚古城。各个中心都有人工筑造的贵族坟山，随葬同良渚相似的玉器，特别是反映宗教信仰与仪式的琮、璧等法器和代表军事指挥权的玉钺等。

良渚文化的经济发展水平不但远远高于红山文化，而且是五大区块的主体文化中最发达的。良渚文化的宗教色彩表现在具有自己独特的神徽和玉璧、玉琮等相当统一的宗教法器。一些祭坛最后又成为贵族墓地，表明宗教的权力掌握在贵族手里。良渚文化修城池、盖"宫庙"、筑祭坛、造坟山，土木工程之巨远远超过红山文化和同时期的任何文化，必然要消耗巨大的人力物力。良渚文化的玉器数量之多和工艺水平之高也远远超过同时期的任何文化，同时还有漆器、象牙器、丝绸和精美陶器等高档手工业，全部都是为贵族所享用的，对于发展经济并无直接的好处。良渚文化的墓葬几乎都随葬石钺，贵族则随葬玉钺，差不多是全民武装。到晚期更是大力向外扩张，尽管实力强大，毕竟经不起这样的消耗，最终也只能像红山文化一样快速衰落。

大溪—屈家岭—石家河文化的年代也大致与仰韶文化相若。早在大溪文化时期就出现了一些规模较大的遗址如湖北枝江关庙山，有些地方更建造了夯土城墙，如湖北江陵阴湘城和湖南澧县城头山等。到屈家岭文化时期便出现了许多城址，大都分布于湖北的江汉平原和湖南洞庭湖西北平原上，其中以湖北天门石家河古城为最大。这个城始建于屈家岭文化时期，持续使用到石家河文化时期，即相当于大汶口文化或良渚文化的中晚期。全城大约有 120 万平方米，城垣基底宽约 50 米，残高约 5 米，护城壕宽约 60～70 米，工程巨大。城内有中心居住区、宗教活动区和墓地等。屈家岭文化时期在宗教活动区发现有祭坛和象征陶祖的巨大"筒形器"，石家河文化时期则有数以百计的大陶尊相互套接，有的陶尊上有刻划的原始文字，器物造型和刻划方式都跟大汶口文化的陶尊十分相似，只是"文字"不同。更有甚者，在这些大陶尊附近还发现有数以千计的人形和各种动物形陶偶，人偶跪坐抱鱼作祈祷状，显然也是进行宗教法事活动的遗留。可见这座古城既是政治中心，也是重要的宗教中心，犹如良渚古城一样，只是规模略小而已。这个文化的经济也比较发达，同样也很重视武装，墓葬中多随葬石钺。它凭借自己的实力，曾经一度扩张到河南南部，但是后来也忽然衰败了。究其原因可能与历史传说中尧舜禹时期大规模征讨三苗的事迹有关。这个文化修建的土城比同时期任何文化都多，明显是为了防卫的需要。而且在石家河文化之后的所谓后石家河文化中大量出现中原龙山文化的因素也反映了这一事实。

除了五大区块的主体文化以外，安徽的凌家滩—薛家岗文化、江西的樊城堆文化、广东北部的石峡文化和甘肃、青海的马家窑文化等也都达到了较高的发展水平。不过相对而言，五大区块的主体文化的发展势头是最强的，而且大约在公元前 3500 年都十分明确地走上了文明化的道路。只是文明化的具体进程和表现形式不大相同，对相邻文化影响的程度也不相同。

比较起来，红山文化和良渚文化的宗教色彩是最浓的，其次是屈家岭—石家河文化。红山文化和良渚文化发展得十分快速，在达到顶峰以后衰落得也很快。真是其兴也骤，其衰也忽。石家河文化的衰落则另有原因。仰韶文化和大汶口文化的宗教色彩比较淡薄，也没有那么多巨大的工程，发展是比较平稳的，但二者之间也有差异。这里显然存在着几种不同的发展模式，其结果就很不相同。

到新石器时代末期的龙山时代，即大约从公元前 2500～前 2000 年，继续顺利发展的事实上只有继承仰韶文化的中原龙山文化和继承大汶口文化的山东龙山文化了。二者都在黄河流域，长江流域和燕辽地区的文明化进程暂时转入低谷。这一具有历史意义的转变，对于往后中国历史的发展具有十分深远的影响。

中原龙山文化本身是一个复合体，它包括了河南的王湾三期文化或王湾文化、山西的陶寺文化和陕西的客省庄二期文化或客省庄文化等一系列亚文化。其中首先发展起来的是位于山西南部的陶寺文化，那里发现有几个大型遗址，最大的就是襄汾的陶寺。陶寺遗址的早期就已建立夯土城墙，到中期修建的大城面积已达 280 万平方米以上。城内有大型建筑的夯土基址，从毁弃的建筑残迹中，发现墙壁上抹白灰并有彩画，屋顶有呈方块状的"平瓦"，说明此建筑的规格不同一般，应该是属于宫殿级别一类的。陶寺的墓地规模极大，据估计有上万座墓葬，并且分为几个墓区。说明城内居住有不同身份的大量人口。在已发掘的 1000 多座墓葬中，随葬 100 件器物以上的大墓不到 1%，随葬少量器物的中等墓约占 10%，而将近 90% 的小墓则没有任何随葬品。大墓中的随葬品不但数量多，而且规格高，有不少是表现权力和身份的，如玉钺、鼍鼓、龙纹盘等。它反映出当时已经形成金字塔式的社会结构，少数人占有大量的社会财富，并掌握着最高的统治权力，明显具备了国家的基本特征。有的学者认为陶寺为尧都平阳的遗址，可备一说。

中原龙山文化的后期，社会发展的重心已经转移到河南西部的王湾文化。那里发现有登封王城岗和密县古城寨等一系列城址。古城寨的城墙至今还高达 15 米，夯筑技术有明显的进步。王城岗城址至少有 30 万平方米，不算太大。旁边的东周城址出土有多个"阳城仓记"戳印的陶器残片，所以发掘者认为王城岗就是传说中"禹居阳城"的那个地方。果真如此，则王湾文化的晚期当已进入夏的纪年。

这个时期在山东的龙山文化也有较大的发展，出现了章丘城子崖、邹平丁公、临淄桐林、茌平教场铺、阳谷景阳冈和日照两城镇等许多城址。临朐西朱封和泗水尹家城都发现有一棺二椁的大墓，说明这时社会的分层又进了一步，在贵族中也已经有明确的等级划分了。山东龙山文化的陶器制作技术的水平是最高的，绝大部分陶器是直接由快轮拉坯成型的。其中尤以薄如蛋壳、漆黑发亮、造型优美的黑陶杯最为上乘。有些大墓中出土的玉器也极为精美。

综上所述，在公元前3500年前后，黄河中下游和长江中下游以及燕辽地区都已经步入文明化的轨道，出现了许多象征国家的大型聚落或城址。古代城就是国，城里人叫国人，广大的乡村叫野或鄙。所以大量城址的出现就意味着小国林立局面的形成。这些小国的统治者往往握有政权、军权、财权和神权，这只要看看那些最高等级的墓葬的随葬品就明白了。各国的情况不同，在相互的斗争和交往中，有的兴盛了一段时期就衰落了，有的只是昙花一现，有的则不断发展壮大，社会也更加复杂化，从而为下一阶段世袭王朝的建立做好了充分的准备。古史传说中常常提到古有万国或万邦，说黄帝时曾经筑五城，又说鲧作城；说黄帝战炎帝，战蚩尤，禹征三苗等等。又说黄帝设左右大监等官职，尧舜时官职更加复杂，还有各种刑法等等。这跟考古发现的情况是基本相符的。说明许多古史传说的资料确实包含有真实历史的素地，不能一概抹杀，而要参照考古资料去重新整理。但传说毕竟不是信史，不能拿考古资料去一一对号，这个道理应该是很明白的。

三

大约在公元前2000多年，中国历史上第一个世袭制王朝夏诞生了。夏代究竟应该从大禹算起还是从他的儿子夏启算起，学术界有不同的看法。按照古本《竹书纪年》的说法，启曾经同益争夺王位，把益杀了。又曾经与有扈氏打了一大仗，政权还没有稳固，到他的儿子太康时就被东夷有穷国的后羿推翻了。后来羿又被寒浞推翻，等到太康的重孙少康在别人的帮助下才得以复国，史称"少康中兴"，夏朝的统治才稳固下来。在考古上要把这一段历史弄清楚是十分困难的，但是最近的研究似乎有了一定的进展。

前面提到登封王城岗可能是大禹居住过的阳城。近年在河南新密市的新砦也发现了一座约30万平方米的龙山晚期的城址，同时在稍晚的新砦期包着龙山城又筑起了一道城墙，里面发现有大型建筑遗迹。在新砦期的遗物中可以看出有不少东方的因素，所以有的学者认为它就是后羿代夏时期的都城，有的则认为是少康中兴时期的都城。因为考古工作开始不久，许多情况还不明白，难以做出确切的判断。

现在人们公认的夏代都城级遗址在河南偃师二里头。那个遗址有300多万平方米，发现有多处宫殿遗迹，其中1号宫殿基址就有10000平方米，上面有宫殿、门厅和回廊，中间是一个大庭院。2号宫殿略小，但结构更加规整。围绕宫殿有道路和城墙，城内面积达10多万平方米，明显是一座宫城。照理外面还应该有更大的城圈，也就是王城的城墙，可惜至今没有找到。不过既然有这么大的宫殿和宫城，自然应该是王都所在。二里头遗址可以分为四期，宫殿主要在二、三期，延续使用至四期之末。一期虽然没有发现宫殿，但一些迹象表明其规格不同一般。例如在一座不大的墓葬中就随葬有迄今所知形体最大、制作最精美的龙形物。它是用2000多片绿松石和玉质组件拼装而成的高档工艺品。可见在二里头一期就可能是一个都城级遗址，只不过到二、三期有了更大的发展。二里头一期早段大约与新砦期同时，一期晚段则比新砦期略晚，所以有人认为二里头可能是从少康直到最后一位帝王夏桀时期的都城，这与文献的记载略有不同。

二里头遗址除宫殿外，还有面积达10000平方米的铜器作坊遗址。在一些中小贵族墓中出土的青铜器有鼎、斝、爵、盉、铃等礼乐器，戈、钺、戚、镞等兵器，锛、凿、钻、锥、刀和鱼钩等工具，还有镶嵌绿松石的铜牌饰等。从铜器作坊遗址中出土的铸铜陶范来看应该还有更多更大的器物。可以说在后来商周时期各主要类别的青铜器在此时都已初具规模，从而开启了中国青铜时代的先河。这跟此前的古国时代相比显然是一个划时代的进步。单是从考古学的视角来看，把夏同商周合在一起称为三代也是合乎情理的。

应该强调的是夏王朝并不是孤立的，和夏王朝同时还有其他国家或王朝。从《殷本纪》和甲骨文所见商先公的世系和事迹来看，那时的商人也建立了一个与夏王朝并立的世袭王朝。过去以为商的先人起自东方的山东一带，现在看来并不正确。真正代表商先公时期的考古学文化应该是先商文化，它分布于河北省的中南部和河南省北部，与代表夏的二里头文化相邻，只是至今还没有发现一处先商的都城遗址。最近在河南濮阳戚城发现一处龙山时期的城址，是否与商人早期的活动有关，值得注意。与夏朝发生关系较多的是东夷。近年在山东、河南东部和江苏北部发现的岳石文化已被证明是夏代东夷的文化，它是继承山东龙山文化而发展起来的。其中心可能是章丘的城子崖，那里发现的岳石文化城址颇具规模，城墙的版筑技术已很成熟，说明其文化发展水平不低。

把眼光放大一点，跟夏代基本同时的还有燕辽地区的夏家店下层文化，内蒙古中南部的朱开沟文化，甘肃、青海地区的晚期齐家文化，四川地区的宝墩文化，江汉地区的"二里头文化"，以及江浙地区的钱山漾文化等。这些文化都或多或少出土过一些青铜器，开始步入了青铜时代，并且直接间接地与中原的夏文化发生过各种关系。商灭夏后不但尽有夏商之民和尽有夏商之地，并且进一步扩大控制的范围，建立了一个比夏朝版图大得多的统一王朝。作为商代早期都城的郑州商城，其规模之大与规格之高又远非夏朝都城的二里头可以比拟。由此华夏文明进入了繁荣昌盛时期，并得以在更加广泛的范围内传播，为往后中国的发展奠定了更加坚实的基础。

## 四

早期中国历史的重建虽然是长期的工作，今后还有许多事情要做，但至今已经取得了重要的阶段性成果，说明中国确实存在着 5000 年左右的文明史。我们现在看到的早期文明古国的资料可能还不够完整，它本身也还不够成熟，但毕竟跟以前的原始社会有了本质上的区别。

早期中国文明是在黄河流域、长江流域和辽河西南部这一广大地区发生的。由于各地的自然环境和文化传统不同，早期文明发展的模式也不相同，其中有许多跌宕起伏。尽管如此，各早期文明之间仍然有许多因素的交流、渗透与碰撞，很多情况是你中有我、我中有你。如果从更高的层次来看，实际上还是一个相互联系的整体。由于各种内部和外部的原因，从古国后期开始出现了具有历史意义的转变，黄河流域的力量逐步加强，并且进一步集中到中原地区，又由中原向四周扩展。这与中原地区文化本身不尚浮华，强调王权而不过分渲染宗教的神力，在文化方面不故步自封而乐于吸收周围地区的优秀成果有关。而它所处的地理位置又给它提供了其他文化所不具备的特别便利的条件，因而得以持续发展。

早期中国发展到商代早期，它所代表的华夏文明已经十分强大，并给予周邻的文化以巨大的影响。四川的三星堆文化、湖北的荆南寺文化、湖南黄材的青铜器、江西的吴城文化和大洋洲青铜器、辽宁喀左的青铜器和内蒙古鄂尔多斯青铜器等，都是在商文化影响下发展起来并具有自身特色的青铜文化。这些文化又对更外围的文化以积极的影响，形成一个以华夏为主体的多元一体的中华古文明体系，这个体系具有很强的凝聚力和内部活力，深深地影响到往后中国历史的发展。中华文明在几千年的发展过程中虽有不少波折，而文明本身却从未中断，一直持续发展下来，与早期中国所奠定的有核心、有主体的多元一体格局的基础是有很大关系的。

（原载《早期中国——中华文明起源》，文物出版社，2009 年）

# 中国古代文明演进的两种模式

## ——红山、良渚、仰韶大墓随葬玉器观察随想

李伯谦

（北京大学震旦古代文明研究中心）

在大约距今 5500~4500 年的新石器时代晚期，中国大陆各地的考古学文化面貌均先后发生了重大变化。红山文化的坛、庙、冢，良渚文化的高大祭坛、贵族坟山和去年刚发现的面积达 290 万平方米的城址是最为世人称道的，原先不被学术界注意的仰韶文化也因河南灵宝西坡大型建筑基址和大型墓葬的发现而令人刮目相看。种种迹象表明，当时的社会结构也正处在激烈的新旧转型当中，文明化进程发展到了一个关键时期。在当时便是普遍的、激烈的，但是不同地区、不同文化变化的形式、内容和侧重点又是有所差别的。比较这些差别，分析这些差别，笔者感到这绝非表面上的不同，而可能反映了更深层次的、涉及文明化进程中不同模式的问题。以下仅以红山文化、良渚文化和仰韶文化大墓随葬玉器的情况作些比较，谈些不成熟的意见，请学界同仁批评指正。

## 一　红山、良渚、仰韶墓葬随葬玉器的基本情况和实例

红山文化因 1935 年最早发现于内蒙古自治区赤峰红山后而得名[①]。主要分布于今内蒙古东南部和辽宁省西部，并波及河北省北部，而以老哈河

---

① 　滨田耕作、水野清一：《赤峰红山后》，《东方考古学丛刊》甲种第 6 册，1938 年。

中上游到大凌河中上游之间最为集中。红山文化的年代跨度在距今 6000 ～ 5000 年间，当地早于它的是兴隆洼文化，晚于它的是小河沿文化。20 世纪 70 年代至 80 年代初，辽宁省考古工作者对辽西红山文化遗址的调查和在东山嘴、牛河梁等遗址的发掘①，是红山文化考古的重大突破，在考古学界广为传颂的坛、庙、冢等重要遗迹都是在这次调查和随之进行的发掘中发现的。据牛河梁遗址发掘简报和郭大顺《中华五千年文明的象征——牛河梁红山文化坛庙冢》② 的介绍，在牛河梁地区已发现 20 多处遗址点，其中有编号的 16 个地点中 13 个都是积石冢，经过发掘的有 3 个地点，即第二、三、五地点。每一地点积石冢数量不等，第二地点在中心祭坛（牛 2Z3）两侧，西边分布有 1、2 号两冢，东边分布有 4、5 号两冢。圆坛正北一片积石，扰动较大，性质难辨，但可看出是另一独立单元。每冢内墓葬数量不一致，1 号冢在东西轴线上发现 2 座并列的大型石棺墓，东西轴线以南为 4 排共 20 余座中、小石棺墓群，再往南还有零散墓葬分布；2 号冢在正中心部位有一座大型石椁石棺墓，遭严重盗扰，大墓以南也有等级较低的零散墓葬；4 号冢与 5 号冢的形制与前述两冢有异，4 号冢平面呈前方后圆形；5 号冢则呈南北长、东西宽的椭圆形，中部砌一东西向石墙；两冢内墓葬数量不详。第三地点位于第二地点正北，相距约 200 米，仅发现一冢，冢的中心部位有一座土圹石棺墓，东西长 2.9、南北宽 1.35 ～ 1.85 米。冢之南侧有 8 座小墓，不随葬玉器或仅有少量玉器。第五地点在第三地点以西 882 米，中间一石砌方坛，应为祭坛，在其东、西两侧各有一冢。东侧一冢经过发掘，总范围直径在 20 米以上，中心位置有一座土坑竖穴大墓，墓口长、宽各约 4、深约 3 米，墓下部已凿入风化基岩，穴底砌一东西向石棺。大墓正东处发现一圆形石堆，是否为墓葬尚不得知。第二、三、五地点积石冢内的墓葬已发掘数十座，多为用石板构筑的石棺。墓葬大小有别，但各冢至少有 1 座主墓，墓坑大，构筑讲究，随葬器物丰富。墓内一般只随葬玉

---

　　①　郭大顺、张克举：《辽宁省喀左县东山咀红山文化建筑群址发掘简报》，《文物》1984 年第 11 期；辽宁省文物考古研究所：《辽宁牛河梁红山文化"女神庙"与积石冢群发掘简报》，《文物》1986 年第 8 期。

　　②　郭大顺：《中华五千年文明的象征——牛河梁红山文化坛庙冢》，《牛河梁红山文化遗址与玉器精粹》，文物出版社，1997 年。

器，同时葬陶器者极少，尤其是大墓，这是和其他红山文化生活聚落遗址发现的墓完全不同的。例如，第二地点 1 号冢（牛 2Z1）M4 人架头骨下出一玉箍形器，胸骨上并置二猪龙形玉饰；M14 人架胸前置一勾云形器，腕部各戴一玉环；M15 人架头顶下方出玉箍形器 1，腰部左侧置璧环 1，两器相叠，双腕各置环 1；M21 随葬玉器 20 件，计有龟壳、兽面形牌饰、琮形器、璧、双联璧等多件[①]。第三地点中心大墓 M7 人架头下枕玉箍形器 1，胸部置玉琮形器 1，右腕戴玉镯 1；南侧小墓 M3 出玉璧、环各 1，玉镯 2；M9 除出玉镯 1 件外，胸右侧出饰瓦纹弯板状玉器 1，当为臂饰[②]。第五地点东侧一中心大墓（牛 5Z1M1）随葬玉器 7 件，人架头骨两侧各置大璧 1，胸部置勾云形佩和鼓形箍各 1，右腕戴镯 1，双手各握玉龟 1[③]。

此外，在阜新胡头沟墓地 M1 出有玉勾云形佩饰 1、玉龟 2、玉鸮 2、玉鸟 1、玉璧 1、玉环 1 及玉珠 3、玉棒形饰 4；M3 为分室多人葬墓，出有鱼形玉坠 2、三联玉璧 1[④]。在喀左东山嘴遗址出土双龙首玉璜、绿松石鸮各 1 件[⑤]。而传世的亦应为红山文化墓葬出土的尚有神人玉雕、兽形玉雕、玉蝉、玉蚕、玉虎以及耳饰玦、玉管等[⑥]。

红山文化墓葬随葬玉器，在组合上有鲜明的特点，除延续使用兴隆洼文化时期流行的耳饰玦、珠、管、长条匕形饰等生活装饰用玉[⑦]，占主流地位的则是马蹄状箍、勾云形佩、猪龙、鸟、蝉、蚕及神兽、神人像等一批充满神秘意味、与宗教祭祀活动密切相关的玉器，而少见玉质的钺、斧、戚、牙璋等富有权力象征意义的玉器。

　①　郭大顺：《中华五千年文明的象征——牛河梁红山文化坛庙冢》，《牛河梁红山文化遗址与玉器精粹》，文物出版社，1997 年。

　②　魏凡：《牛河梁红山文化第三地点积石冢石棺墓》，《辽海文物学刊》1994 年第 1 期。

　③　郭大顺：《中华五千年文明的象征——牛河梁红山文化坛庙冢》，《牛河梁红山文化遗址与玉器精粹》，文物出版社，1997 年。

　④　方殿春、刘葆华：《辽宁阜新县胡头沟红山文化玉器墓的发现》，《文物》1984 年第 6 期。

　⑤　郭大顺：《中华五千年文明的象征——牛河梁红山文化坛庙冢》，《牛河梁红山文化遗址与玉器精粹》，文物出版社，1997 年。

　⑥　震旦艺术博物馆：《红山玉器》，台北震旦文教基金会出版，2007 年。

　⑦　中国社会科学院考古研究所内蒙古工作队：《内蒙古敖汉旗兴隆洼遗址发掘简报》，《考古》1985 年第 10 期；中国社会科学院考古研究所内蒙古工作队：《内蒙古敖汉旗兴隆洼聚落遗址 1992 年发掘简报》，《考古》1997 年第 1 期。

　　良渚文化得名于 1936～1937 年杭州良渚遗址的首次发掘①。良渚文化主要分布于长江下游太湖地区，往南大体以钱塘江为界，西北可达江苏宁镇地区以东的常州一带，长江以北的苏北地区也有发现，而以太湖周围最为集中，其中杭州以西良渚遗址所在的安溪、瓶窑一带尤为其核心地区。当地早于良渚文化的是崧泽文化②，晚于良渚文化的是广富林文化③，再后是马桥文化④。良渚文化的年代跨度大约在距今 5300～4300 年的范围之内，其起始年代或略晚于红山文化。良渚文化墓葬在浙江、江苏和上海市均有发现，浙江杭州良渚反山墓地⑤、瑶山祭坛⑥、江苏苏州草鞋山⑦、常州武进寺墩⑧、上海青浦福泉山⑨等地发现的墓葬可以作为代表。良渚文化墓葬随葬玉器和早于它的崧泽文化墓葬随葬玉器相比，也发生了明显的变化，崧泽文化墓葬已有墓室大小和随葬器物多少的区别，但无论大墓或者小墓，随葬玉石器者一般除了生产工具斧、锛、凿之外，便是装饰用的玉璜、珠、管、坠等，个别墓有玉璧、琀⑩。良渚文化墓葬等级森严，且有一类像红山文化中专门葬于祭坛旁边而直接葬于祭坛顶上的墓，这些墓一般只随葬玉石器，而很少有陶器。但无论哪个级别的或者如上所说比较特殊的墓，只要有玉石器随葬，除了管、珠、坠、镯、环、锥形饰等玉质装饰品，多见的则是玉璧、琮、冠状饰、三叉形饰、牌和玉石钺等。例如，反山墓地北

　　① 施昕更：《良渚》，浙江省教育厅出版，1938 年。

　　② 上海市文物保管委员会：《崧泽——新石器时代遗址发掘报告》，文物出版社，1987 年。

　　③ 上海博物馆考古研究部：《上海松江区广富林遗址 2001～2005 年发掘简报》，《考古》2008 年第 8 期。

　　④ 上海市文物管理委员会：《上海市闵行区马桥遗址 1993～1995 年发掘报告》，《考古学报》1997 年第 2 期。

　　⑤ 浙江省文物考古研究所：《反山》，文物出版社，2005 年。

　　⑥ 浙江省文物考古研究所：《瑶山》，文物出版社，2003 年。

　　⑦ 南京博物院：《江苏吴县草鞋山遗址》，《文物资料丛刊（3）》，文物出版社，1980 年；南京博物院：《苏州草鞋山良渚文化墓葬》，《东方文明之光——良渚文化发现 60 周年纪念文集》，海南国际出版中心，1996 年。

　　⑧ 南京博物院：《江苏武进寺墩遗址的试掘》，《考古》1981 年第 3 期；南京博物院：《1982 年江苏常州武进寺墩遗址的发掘》，《考古》1984 年第 2 期；常州博物馆：《江苏武进寺墩遗址的新石器时代遗物》，《文物》1984 年第 2 期；江苏省寺墩考古队：《江苏武进寺墩遗址第四、第五次发掘》，《东方文明之光——良渚文化发现 60 周年纪念文集》，海南国际出版中心，1996 年。

　　⑨ 上海市文物管理委员会：《福泉山》，文物出版社，2000 年。

　　⑩ 上海市文物保管委员会：《崧泽——新石器时代遗址发掘报告》，文物出版社，1987 年。

排大墓之一的 M20 除 2 件陶器和串挂饰及管、珠等饰品，出有与宗教祭祀活动仪规有关的玉琮 4、璧 41、冠状饰 1、半圆形冠饰 4、三叉形冠饰 1、柱状器 12，另有军权、王权象征意义的带端饰玉钺 1 及石钺 24；反山墓地南排大墓之一的 M12 出有玉璧、琮、半圆形冠饰、三叉形冠饰、琮形管、坠饰、带榫卯杖端饰、由管穿缀而成的串挂饰及玉、石钺等；瑶山祭坛南排大墓 M9 除随葬陶器 4、石钺 1、嵌玉漆器 1，以及由玉管、珠、锥形器组成的串挂饰，主要有玉冠状器、三叉形冠饰、带盖柱形器、琮、小琮等，这些玉器上多有繁简不一的"神人面"雕刻纹；瑶山祭坛北排大墓 M11 除陶器及玉管、珠、锥形器组成的串挂饰，主要有玉冠状饰、带盖柱形器、璜、圆牌饰、镯形器、手柄等，玉器上也多有"神人面"雕刻花纹；福泉山 M9 除 2 件陶器及玉管、珠、坠、镶嵌玉粒等装饰品，主要有玉璧 4、琮 1、琮形镯 2、琮形管 2、玉柱形管 2、锥形器 4、杖端饰 1、钺 1 及石钺 5、斧 4；寺墩 M3 除陶质的簋、豆、壶、盘各 1，玉管、珠等装饰品，主要有玉璧 25、琮 33、镯 4、镯形器 1、锥形器 2 及钺（简报原称斧）3，以及石钺 4、锛 4、刀 1、厨刀 1。

仰韶文化因 1921 年瑞典人安特生发现并发掘河南渑池仰韶村遗址而得名[①]。仰韶文化主要分布于黄河流域的陕西、河南、山西、河北、甘肃等地，而以陕、晋、豫交界地区周围最为集中。仰韶文化的年代跨度大约为距今 6000 ~ 4500 年，可分为半坡类型—庙底沟类型—庙底沟二期文化早、中、晚三个发展阶段。仰韶文化早期聚落和社会结构分化尚不明显，墓葬随葬器物除了陶器便是似玉材质的绿松石珠、管一类装饰品和斧、锛、铲、凿等石质生产工具，个别也有玉质者[②]；到了中期特别是中期后段，聚落和社会结构均发生激烈分化，中心聚落、大型建筑纷纷涌现，高等级墓葬也应时而生。2005 ~ 2006 年中国社会科学院考古研究所和河南省文物考古研究所在河南灵宝西坡遗址发掘的仰韶文化中期（距今约 5300 年）墓地，令学术界耳目一新，迄今累计已发掘墓葬 34 座，其中最大的 M27 为带生土二层台的长方形竖穴土坑墓，墓口长约 5、宽 3.4 米，墓室位于正中，宽约

①　安特生著，袁复礼译：《中华远古之文化》，《地质汇报》第五号第 1 册，1923 年。
②　刘明利：《仰韶文化出土玉器研究》，北京大学考古文博学院 2005 年硕士论文。

0.7 米，其底部上距墓葬开口约 1.5 米，墓室东部通连一近圆角方形的脚坑，墓主人为一成年男性，奇怪的是墓室中未见任何随葬器物，仅在脚坑内发现大口缸、篦形器、釜灶、壶、钵、杯等 9 件陶器；M29 距离 M27 大约 6 米，亦为带生土二层台的竖穴土坑墓，墓口长约 4、宽 3.3 米，墓室宽约 0.9 米，底部上距墓葬开口约 1.85 米，墓室东部也有一脚坑与之相连，随葬陶器 6 件，1 件钵倒扣在胸部上方填土中，其余 5 件均置于脚坑内，墓主人男性，和 M27 一样，也无玉、石器等随葬①。伴有玉器者，墓葬规模较之略小，属于中型或中型偏大墓葬，2005 年发掘的 22 座墓，有 6 座除陶器外，尚随葬有玉器，M6、M8、M9 各 1 件，M17 有 2 件，M22 为玉钺、环各 1 件，M11 是一未成年的小孩墓，竟有玉钺 3 件。这些墓葬亦多带生土二层台和脚坑，形制与大型墓一致②。

## 二　不同的特点　不同的类型

红山文化、良渚文化、仰韶文化庙底沟类型，均是我国新石器时代的考古学文化，虽然它们基本都处在距今 5500～4500 年这一范围内，但正如上述材料所表明的，表现在墓葬随葬玉器上，却是各有特点。

首先看随葬玉器的组合。

红山文化墓葬随葬玉器，常见组合有马蹄状箍、勾云形佩、璧、环、猪龙、龟、鸟、蝉、蚕等动物形玉器，少见钺、斧等兵器仪仗类玉器，基本不见镂刻有"神徽"的琮、三叉形器、璜形器等玉器。

良渚文化墓葬随葬玉器，常见组合有琮、璧、冠状饰、三叉形器、璜形器、锥形器、镯、环、钺及石钺，不见或少见红山文化中常见的箍形器、勾云形佩及龟、猪龙等动物形玉器。

仰韶文化庙底沟类型墓葬随葬玉器，既不同于红山文化，也不同于良渚文化，正像灵宝西坡大墓呈现的情况，种类非常单一，只有玉钺一种，

①　中国社会科学院考古研究所河南一队等：《河南灵宝市西坡遗址 2006 年发现的仰韶文化中期大型墓葬》，《考古》2007 年第 2 期。

②　河南省文物考古研究所等：《河南灵宝市西坡遗址墓地 2005 年发掘简报》，《考古》2008 年第 1 期；马萧林、李新伟、杨海青：《河南灵宝西坡第五次发掘获重大收获》，《中国文物报》2005 年 8 月 26 日；马萧林、李新伟、杨海青：《灵宝西坡仰韶文化墓地出土玉器初步研究》，《中原文物》2006 年第 2 期。

根本谈不上什么组合。

再看随葬玉器的数量。

红山文化大墓随葬玉器的数量，如上举牛河梁、胡头沟积石冢发现者，数量不等，有 2、3 件的，6、7 件的，也有多至 20 件者。

良渚文化大墓随葬玉器，与同时、同等规模的红山文化、仰韶文化墓葬随葬玉器数量相比，无疑是最多的，连同装饰品在内，一般几十件，多的上百件。如上举良渚反山墓地 M12、M20，瑶山祭坛 M9、M11，寺墩 M3 等，随葬玉器以单件计都在 100 件以上。良渚反山墓地 M23 仅玉璧就出土了 54 件，常州武进寺墩 M3 仅玉琮就出土 33 件，1983 年余杭县文管会在横山清理的一座良渚文化墓葬 M2 仅石钺就出土了 132 件[①]。

仰韶文化庙底沟类型墓葬随葬玉器数量，与良渚文化大墓相比不可同日而语，与红山文化大墓相比也略逊一筹。灵宝西坡规模与红山文化、良渚文化大体相当的仰韶文化墓葬，一般只随葬玉钺 1 件，M11 最多，也仅 3 件。而墓室规模大于红山文化和良渚文化大墓的 M27、M29，除了陶器，什么玉器都没有。

三看随葬玉器的雕琢工艺。

红山文化墓葬随葬玉器有圆雕也有片雕。在勾云形器、动物形器等玉器上一般有雕刻的花纹，纹道稀疏粗放，少则数道，多者十多道二十几道，以表现出想要表现的对象的大体轮廓为标准。

良渚文化墓葬随葬玉器，在琮、冠状器、璜形器、三叉形器、圆牌饰、锥形器等器上几乎都细密地雕出"神人兽面"纹，有的纹道细如发丝，甚至在一些玉璧、玉钺上也能见到这样的纹饰。

仰韶文化墓葬随葬玉器，主要是圆雕，如常见的钺，厚重而朴拙，除了材质不同，其形制和石斧几乎没有什么区别，且无纹饰，这与红山文化玉器尤其是良渚文化玉器不同。

其实，除了以上所列这些不同，在各自的埋藏环境和方式方面区别更大。如上所述，红山文化大墓如牛河梁、胡头沟等地，往往是墓在冢内，

---

① 浙江省余杭县文物管理委员会：《浙江余杭横山良渚文化墓葬清理简报》，《东方文明之光——良渚文化发现 60 周年纪念文集》，海南国际出版中心，1996 年。

一冢多墓，冢分三级，层层叠砌，形状不一，或方或圆，旁有烧土、石堆祭祀遗址，多冢中间更有石砌祭坛高高耸起，类似如此布局的地点在牛河梁已发现十多处，种种迹象表明，这些墓葬不是一般生活聚落遗址的有机构成部分，而是特殊的举行某种宗教祭祀活动仪式后的遗留。

良渚文化大墓如瑶山祭坛，形式、性质与牛河梁红山文化大墓完全相同。良渚反山墓地、福泉山墓地与之相比，虽有一些区别，但墓葬也是葬于人工堆筑的高台之上，墓地前后或左右也有祭祀的遗迹，则是与之相通的。

仰韶文化大墓不葬于人工堆筑的高台或祭坛之上，旁边也未见与祭祀有关的遗迹，而是按一般规律和其他墓葬埋在一个墓地，不同的只是大型墓、偏大型墓较为集中而已。

通过比较可以看出，红山文化、良渚文化、仰韶文化庙底沟类型发现的这些大型墓葬，时代基本同时，规模也大体相当，但在用玉随葬等方面却有着各不相同的特点，这些不同的特点，显然代表着三个不同的类型。其中，红山文化类型与良渚文化类型有某些接近之处，仰韶文化类型则与之区别甚大。

## 三　不同的类型　不同的模式

红山文化类型与良渚文化类型发现早，资料丰富，研究也最为深入。仰韶文化庙底沟类型发现较迟，资料也不是很多，但一经披露即引起了广泛关注。

对红山文化类型玉器，除管、珠、坠、镯、环等一般装饰品，研究者普遍认为像箍形器、勾云形佩、猪龙、龟、鸟、蝉、蚕等一类玉器是通神的工具，对此，许多学者都有深入的论述。郭大顺在《从"唯玉为礼"到"以玉比德"——再谈红山文化的"唯玉为葬"》一文[①]中，引用《越绝书》有关记载和《说文·玉部》对"灵"字下部之"巫"字以及王国维对"礼"字的解释，认为"古人一直是把玉器作为通神工具来对待的。掌握通

---

① 郭大顺：《从"唯玉为礼"到"以玉比德"——再谈红山文化的"唯玉为葬"》，《玉魂国魄——中国古代玉器与传统文化学术讨论会文集》，北京燕山出版社，2002 年。

神权力的巫者也以玉示名。红山文化墓葬随葬玉器的情况对此有很好的说明。"许倬云在《神祇与祖灵》一文①中说，"红山文化牛河梁遗址的积石冢，墓主握有玉龟及玉猪龙（或玉熊龙），自然象征其神力。积石冢的四周，排列无底罐式的陶瓮，是否亦可视为通天达地的象征？红山神庙的女神，为孕妇的造型，自然是生产力的象征。女神庙地居礼仪中心遗址的最高处，具有君临礼仪中心的气势；积石冢中的男性墓葬，毋宁居于从属地位，也许是具有通灵能力的巫师。"辽宁省博物馆周晓晶在《红山文化玉器的创型理念与使用功能研究》一文②中，认为"它们应是萨满神服上的饰物或神器，是萨满活着的时候行神事时的助神或工具，死后随之入葬，这是红山文化玉器的基本属性"。继而将红山文化玉器细分为四类，"第一类为幻象类神器，是萨满活着的时候行神事处于昏迷状态时，头脑中出现的幻觉影像"，勾云形佩即属此类；第二类为"动物助神类神器，是现实生活中经过萨满的神化而被萨满奉为神灵"，"玉人、玉鹰、玉鸟、玉鸮、玉龟、玉鱼等，都属于助神类玉神器"；第三类"为幻象与动物综合类神器，一般是经过抽象变形的动物形象"，如玉猪龙、玉带齿兽面纹佩；第四类"为工具类神器，是缘于现实生活中其他材质的工具或法具演变而成的萨满玉质神器"，如玉斜口筒形器、玉刃边璧形器、玉环、玉棒形器、玉勾刀形器等。对红山文化玉器分类及其具体功能的认识，也许会有不同意见，但没有人否认其与通神有关。可见在红山文化时期，特别是它的晚段，当时社会虽已发生分化，凌驾于社会之上的所谓"公共权力"已经存在，但掌握、行使这种"公共权力"的并非世俗的"王"，而是这些掌握着通神权力的巫师或曰"神王"，神的权力高于一切，神的威望高于一切，社会的运转、社会矛盾的调节都靠神来解决，而神的意志和命令则统统要由能与神沟通的巫者来传达来贯彻。

　　良渚文化墓葬随葬玉器，在功能分类上与红山文化相比，有同有异。相同的方面是大部分玉器也与宗教祭祀有关，也属通神的工具。常见的玉

---

　　① 许倬云：《神祇与祖灵》，《玉魂国魄——中国古代玉器与传统文化学术讨论会文集》，北京燕山出版社，2002 年。
　　② 周晓晶：《红山文化玉器的创型理念与使用功能研究》，《辽宁省博物馆馆刊》（第一辑），辽海出版社，2006 年。

璧、玉琮的功用,《周礼·大宗伯》所谓"以青璧礼天,以黄琮礼地"的说法,也许并非确切,但似乎也不能一概否定。邓淑蘋女士在《新石器时代的玉璧》一文[①]中说,"玉璧最初的功能为佩饰器。但到良渚文化时,璧与琮经常伴随出土,尤以寺墩第三号墓最为壮观","古代的中国人相信天圆地方,天苍地黄,所以用'苍'璧来礼拜天神,用'黄'琮来礼拜地祇。但是这种宗教仪式究竟始于何时,却始终未有田野考古的现象可以加以证实,而今良渚文化中,璧、琮的伴随出土,大量且集中地出土于特殊墓葬中,尚遗留特殊仪式如火烧等的痕迹,使吾等不免考虑,这个深植于后世民心的宇宙观,或创始于良渚的居民。"张光直先生在考察有关玉琮用途的诸种说法后,提出了自己的解释,他认为"把琮的圆方相套的形状用'天圆地方'的观念来解释,由来已久","内圆象天外方象地这种解释在琮的形象上说是很合理的","琮的实物的实际形象是兼含圆方的,而且琮的形状最显著也是最重要的特征,是把方和圆相贯串起来,也就是把地和天相贯通起来。专从形状上看,我们可以说琮是天地贯通的象征,也便是贯通天地的一项手段或法器"[②]。良渚文化玉琮上几乎都刻有"神人兽面纹"或"兽面纹",也有人称为"神徽",其他玉器如冠状饰、三叉形玉器等上面也经常可以见到。如果将这些图像的含义同琮的造型和考古上琮、璧伴出现象统一考虑,琮、璧一类玉器为通神工具或法器的分析的合理性,就更容易为人理解了。图像有繁有简,学术界根据繁、简不同图像作出的解释也不完全一样,归纳起来,大体有四种意见:一、认为是神人御兽;二、认为是人兽的复合;三、认为简化的图像是单一的兽面;四、认为是单一的神徽。1986年良渚反山大墓被称为"琮王"的玉琮(M12:98)的出土,为这种图像含义的解读提供了直接证据。这件玉琮通高8.9、上射径17.1~17.6、下射径16.5~17.5、孔外径5、孔内径3.8厘米,"在四面直槽内上下各琢刻一神人兽面纹图像共8个"。神人头戴羽冠,抬臂弯肘,双手五指平伸;神兽圆眼,阔鼻,大口,上下獠牙,鸟足。表现的是一神人骑在一神兽上的情景。这是迄今看到的良渚玉器上最为完整最为复杂的一幅神人

---

① 邓淑蘋:《新石器时代的玉璧》,转引自国际良渚学中心编《良渚学文集》(玉器一)。
② 张光直:《谈"琮"及其在中国古史上的意义》,《文物与考古论集》,文物出版社,1986年。

御兽升天图，其他图像或者是它的简化，或者是它的分解，但所传达的应是同样的信息。图像上头戴羽冠的神人即是巫师，圆眼、獠牙、鸟足的神兽即是想象中具有灵性的动物。张光直在上引论文中根据《周髀算经》有关记载和对甲骨文巫字来源的考证，认为"巫是使矩的专家，能画圆方，掌握天地"，而"巫师通天地的工作，是受到动物的帮助的。所以作为贯通天地的法器上面刻有动物的形象必不是偶然的"。他并引《道藏》所录《太上登真三蹻灵应经》关于龙、虎、鹿三蹻能帮助修道之士"上天入地，穿山入水"的记载，认为其与远古时代巫师与动物使者之间的关系当有内在联系。良渚文化大墓随葬玉器在组合上与红山文化最明显的差别，是除了都有大量与宗教祭祀活动有关的玉器，尚普遍随葬有象征军权和王权存在的玉钺或石钺。前面我们曾经提到，有的墓葬除玉钺之外，尚有多达几十甚或上百件石钺者。钺是由生产工具类石斧演变而来的兵器，是王权的象征，已因林沄教授的精辟考证而成为学术界的共识①。良渚文化中玉石钺大量而普遍的存在，表明当时凌驾于良渚社会之上的权力中枢中，军权、王权和神权是合为一体的，军权、王权已占有一定的地位。但权衡起来，神权仍高于王权和军权，余杭反山 M12 出土玉钺上、瑶山 M7 出土玉钺柄端饰上也雕有神人兽面纹即可为证，它不仅说明在举行盛大祭典时要充当仪仗，即使在刑杀和征伐等活动时也要听命于神的指挥，而更为重要的，则是证明了能行使军权和王权的也正是能交接人神、沟通天地掌握祭祀大权的巫师本人，巫师既握有神权，也握有军权和王权。

仰韶文化则大异其趣。在其大型墓葬中，随葬的除了陶器便是极少的玉钺，甚或没有玉钺，看不到宗教祭祀活动的遗迹和象征神权存在的东西。仰韶文化中晚期像红山文化、良渚文化一样，也已发展到分层社会的阶段，但不同的是，凌驾于其社会之上的权力中枢中，以玉钺为象征的军权和王权占有至高无上的绝对地位，我们不能说当时仰韶社会没有神祇和祭祀活动，但至少由此可以证明，神权在社会政治生活中的重要性可能只占较小的份额。较早发现仰韶文化与红山文化、良渚文化之间存在差别的是许倬云先生。许先生并不否认仰韶文化也有信仰，但他认为仰韶文化的信仰是

---

① 林沄：《说"王"》，《考古》1965 年第 6 期。

对于死者的灵魂观念，这种灵魂观念，可以转化为事死如事生，可以转化为祖先崇拜，因而人死后，即以日常生活用品殉葬，考古所见主要是活人使用的器皿和工具，或其仿制品①。这一信仰与红山和良渚两个玉文化礼仪中心所显示的神祇信仰迥然有别，玉器主要是神祇信仰的礼器，陶器则主要是祖先信仰的礼器。

通过以上分析，我们可以得出以下认识：在中国古代文明演进历程中，距今5500～4500年这个阶段，无论是北方的红山文化、东南的良渚文化，还是中原的仰韶文化，都已发展到苏秉琦先生所说的"古国"阶段②，但它们所走的道路、表现的形式并不相同，如果说它们都属"古国"，则红山文化古国是以神权为主的神权国家，良渚文化古国是神权、军权、王权相结合的以神权为主的神权国家，仰韶文化古国是军权、王权相结合的王权国家。

## 四　不同的模式　不同的前途

在古代文明演进过程中，出现不同模式的原因可能是复杂的，这里既有环境的因素，也有文化传统的因素，但究竟什么是主因，似乎一时还难以说清楚。不过，考察不同地区、不同文化文明演进的全过程，我们便会发现，不同模式发展的前途并不一样，有的盛极而衰逐步消亡了，有的则向更高层级迈进继承发展下来了。

根据考古学的研究，在我国的东北地区，红山文化之后是小河沿文化，再后是夏家店下层文化，并由此开始进入青铜器时代，文化发展的谱系是基本清楚的。但无论是小河沿文化还是夏家店下层文化及其之后的什么文化，都没有再发现像红山文化坛、庙、冢那样令人震惊的宗教祭祀遗迹和遗物，更没有发现能够证明其发展为独立文明国家的证据。事实是随着时间的推移，它的继承者不断发生分化，有的自行消亡了，有的逐步融入其他文化或被发展程度更高的文化同化了。

位于我国东南地区，以祭坛、贵族坟山、大型城址和精美玉器为标志

---

① 许倬云：《神祇与祖灵》，《玉魂国魄——中国古代玉器与传统文化学术讨论会文集》，北京燕山出版社，2002年。

② 苏秉琦：《中国文明起源新探》，商务印书馆（香港），1997年。鉴于良渚的发展水平高于红山，苏秉琦先生甚至认为良渚已进入"方国"阶段。

的良渚古国的发展程度显然高于红山古国，但像红山古国的前途一样，继良渚文化之后的广富林文化、好川文化①以及马桥文化等，也没有再发现更重要的遗迹遗物或可证明其发展为更高层级的独立文明的证据。反倒是有更多的材料可以证明，它同样是自行萎缩或者被别的文化取代、融合或同化了。

　　不同的是位于中原地区的仰韶古国。以灵宝西坡发现的大型建筑和大墓为标志的仰韶古国，既缺乏红山古国坛、庙、冢突显的辉煌，也没有良渚古国大型城址、大型祭坛、贵族坟山和动辄以几十件、上百件玉器随葬的张扬，但大量考古材料证明，继仰韶文化之后的中原龙山文化时期，在仰韶古国奠定的基础上，文明的脚步没有停止，也没有迂回，而是继续向前推进到了一个新的阶段。山西襄汾陶寺遗址的发掘表明②，在距今4300～4000年时期，这里以面积达280万平方米的城址、大型宫殿基址、观象台基址、随葬6柄玉钺及众多彩绘陶礼器的大墓等为标志，也兴起了一个内涵更为丰富的初级文明国家，学者们结合古代文献的有关记载，倾向认为此即传说中的尧的都城平阳的所在。根据司马迁《史记·五帝本纪》，尧之后是舜，舜之后是禹，尽管目前考古上尚未能找到舜都的线索，但河南登封王城岗河南龙山文化晚期面积达34万平方米的大城城址的发现，及其碳-14测年为公元前2000年前后始建的事实③，则从考古上证明了文献所记此即禹都阳城的可信。由禹、启建立的夏王朝，过去一直被称为是中国古代历史上的第一个王朝，共经十四代十七王。继王城岗禹都阳城发现之后，因新密新砦"后羿代夏"时期遗存的发现④及偃师二里头夏都的发现⑤，使过去一直被视为传说时代的夏史成为可信。如果将以往已经通过河南安阳小屯殷墟、郑州商城、偃师商城及陕西周原、长安丰镐、河南洛阳成周等

---

　　① 浙江省文物考古研究所等：《好川墓地》，文物出版社，2001年。

　　② 中国社会科学院考古研究所山西队等：《山西襄汾陶寺城址2002年发掘报告》，《考古学报》2005年第3期；《山西襄汾县陶寺城址祭祀区大型建筑基址2003年发掘简报》，《考古》2004年第7期；《陶寺城址发现陶寺文化中期墓葬》，《考古》2003年第9期。

　　③ 河南省文物考古研究所等：《王城岗遗址发现与研究》，大象出版社，2007年。

　　④ 北京大学震旦古代文明研究中心等：《新密新砦》，文物出版社，2008年。

　　⑤ 中国社会科学院考古研究所：《偃师二里头》，中国大百科全书出版社，1999年；中国社会科学院考古研究所：《中国考古学·夏商卷》第三章，中国社会科学出版社，2003年；中国社会科学院考古研究所二里头工作队：《二里头遗址2003～2004年田野考古新收获》，《中国社会科学院古代文明研究中心通讯》第8期，2004年8月。

遗址考古发掘研究成果串联起来，夏、商、周三代历史的发展线索和基本框架便清晰地呈现在了世人的面前，而如究其渊源，自然应由仰韶古国为其开始。我们不应否认中原龙山文化及其后续的夏、商、周文化，在其发展过程中曾吸收过在历史上曾盛极一时的红山文化、良渚文化所创造的某些先进文化因素，但总体来看，只能是对仰韶文化的直接继承和发展。

## 五　不同的前途　不同的原因

红山古国、良渚古国消亡了，唯独仰韶古国得以承续发展，绵延不绝，成为数千年不曾间断的中华文明史的主干。是偶然，还是必然，主要原因是什么？这是我们十分关注且很早就开始讨论的问题。

回溯古今中外历史，世界上发生的林林总总大小事件，既有偶然原因，也有必然因素，但更多的恐怕还是必然通过偶然表现出来。古人有所谓"一言丧邦，一言兴邦"的说法，作为一个国家，当它消亡或者兴旺的条件还不具备、还不成熟的时候，是不会轻易消亡或兴盛的。一国之君，无论昏庸或英明，其政策、号令只能加速或者延缓国家的灭亡或崛起，而不能起决定作用。那么，红山古国、良渚古国最终消亡的真正原因，仰韶古国最终得以存续发展的真正原因究竟是什么？环境变化说、异文化入侵说，都有一定的合理性、可能性，但迄今提出来的证据似乎都还难以证明。考虑再三，笔者认为问题主要还是出在它们在文明演进过程中选择的不同途径、采取的不同模式上。

红山"古国"采取的是无限扩大神权的模式，良渚"古国"虽将神权、军权、王权相结合但仍是以神权为主的模式。神权高于一切，应该是两者最终均走向消亡的根本原因。第一，掌握神权的巫师，无所节制地将社会财富大量挥霍于非生产性的宗教祭祀设施的建设和活动上，掏空了社会机体正常运转和持续发展的基础，使社会失去了进一步发展的动力，这是我们从红山文化牛河梁、东山嘴、胡头沟等遗址的发掘资料中可以直接观察到的，也是早有学者已经指出过的[①]；第二，掌握神权的巫师，不是靠自己

---

① 何驽：《可持续发展定乾坤——石家河酋邦与中原崛起的根本原因之对比分析》，《中原文物》1999 年第 4 期。

的军事才能和行政才能管理国家，而是靠向神致祭、同神对话秉承神的意志和个人想象来实现领导，这样做的结果可想而知。

　　而在军权、王权结合基础上突出王权的仰韶古国，则与前两者决然不同。从灵宝西坡遗址的考古发掘现场，我们既看不到红山文化牛河梁、良渚文化瑶山、汇观山那样范围广大、内涵多样的宗教祭祀场景，也看不到红山、良渚大墓中随处可见的带有神秘宗教色彩的玉器。其墓葬尽管规格很高，但一般只有陶质器皿和一两件玉钺随葬，而且这些看似规格和地位很高的大墓并不脱离"氏族"公共墓地单葬一处，而是和其他规模不算很大但可能有血缘关系的死者葬于同一墓地。在这里看到的是王权的突显和神权的渺小，是尊者的朴实无华，是尊者与卑者虽有区隔但仍存在的千丝万缕的联系。显然，仰韶古国在这样的领导中枢领导下，第一，没有造成、也不大会造成社会财富的极大浪费，从而保证了社会的正常运转和持续发展的可能；第二，掌握军权、王权的仰韶古国的王，虽对自然神祇也心存敬畏，也有祭祀，但主要是崇敬先祖，通过祭祀祖先求得庇佑和治世良策，因而不会像红山、良渚古国掌握神权的巫师那样"随心所欲"，靠神的意志实行对国家的治理；第三，仰韶古国的王比较接近民间社会，因而能够提出比较符合民众和社会需要的措施，顺应社会发展的要求。笔者曾主张考古学上的仰韶文化晚期至龙山文化时期，大体可与传说中的五帝时代相对应①。尽管灵宝西坡遗址有许多关于黄帝曾铸鼎于此的传说，但迄今我们还无法知道，西坡仰韶大墓的死者究竟能否与五帝之首的黄帝直接挂钩，拟或要早于五帝的时代。但考察西坡仰韶大墓，总会联想到《史记·五帝本纪》的一些记载，"轩辕之时，神农氏世衰。诸侯相侵伐，暴虐百姓，而神农氏弗能征。于是轩辕乃习用干戈，以征不享，诸侯咸来宾从"，"轩辕乃修德振兵，治五气，艺五种，抚万民，度四方……""时播百谷草木，淳化鸟兽虫蛾……劳动心力耳目，节用水火材物。有土德之瑞，故号黄帝"。司马迁描绘的黄帝，是否真的如此，他自己也心存疑虑。如将有关记述和西坡仰韶大墓考古材料相对照，两者好像如影随形，形影不离。笔者历来反

---

　　① 李伯谦：《考古学视野的三皇五帝时代》，《古代文明研究通讯》总第 36 期，2008 年 3 月；后收入《炎黄文化研究》第八辑，大象出版社，2008 年。

对将五帝一一人格化，但如果将其作为时代的符号来看待，这些记载是否也含有某些真实、合理的成分呢？

总之，无论从考古材料看，还是从文献记载看，古代历史上出现的王权国家，因能自觉或不自觉地把握社会可持续发展的方向，避免社会财富的浪费，因而要高于、优于神权国家。仰韶文化从进入分层社会开始，社会上层即选择了在军权、王权结合基础上突显王权、发展王权的道路，并为后继者所传承，这应该是由仰韶古国创造的文明模式得以发展、数千年绵延不断的根本原因。

过去，我是支持把神权国家当作文明演进过程中一个必经的阶段看待的，灵宝西坡仰韶文化大型建筑基址和大墓的发现，使我不得不对原来的认识加以修正。由神权国家发展到王权国家，一般来说或者从逻辑上说可能符合一般规律，但在文明演进过程中，不同地区、不同文化因环境的差别、传统的差别、所受异文化影响的差别，自己所遵循的发展途径和模式也可能是不同的。仰韶文化没有走先神权后王权，而是一开始就发展王权的道路，已清楚地说明了这一点。

（原载《文物》2009 年第 3 期）

# 前中国时代与"中国"的初兴

许　宏

（中国社会科学院考古研究所）

近年，有多本书名中包含"中国"、论及古史的著作问世，如葛兆光的《宅兹中国》《何为中国：疆域民族文化与历史》，许倬云的《说中国》等，笔者的《最早的中国》和《何以中国——公元前 2000 年的中原图景》，也忝列其中。有学者认为，这显现了当下我们社会的某种整体焦虑。这种分析是有道理的。这类著作的一个共同特点是，在切实追溯中国历史的同时，还都在认识论上进行反思，剖析了"中国"概念的建构历程。显然，何为中国，既是本体论的问题，更是认识论的问题。借此，古今中国被连接在了一起。

其中的"中国"诞生史，在近百年的时间里，由于考古学的努力，更由于民族精神唤起的需求，被不断地上溯、提前，进入了史前时代，也即有文字可考的时代之前。中华五千年文明的提出，让考古学这门看似冷僻避世的学科，又开始找回点"显学"的感觉。正如它在百年前被引进时国人的期待一样，要解决的是填补"古史辨"思潮荡涤下的上古史空白，解答中国从何而来的大问题。就此而言，回观学术史很重要。

何谓"中国文明"？中国文明在何时何地又是如何起源的？是否最早的国家在作为地域概念的中国一出现，就可以看作作为政治实体的"中国"的问世？围绕这些问题，中国学术界百年来有过执着而曲折的探索。总体看来，两大主线贯串其中。一是科学理性、文明认知，追求的是史实复原；

二是救亡图存、民族自觉，意欲建构国族认同。就全球范围而言，中国是罕有的自现代考古学诞生伊始就以本国学者为主导进行考古探索的国家。这决定了中国考古学从一开始，就与探索其自身文明源流的"寻根问祖"密切相关，甚至可以说是将探索中国文明的起源——"中国"诞生史作为主要目的和任务的。本土学者与其研究对象间由亲缘关系决定的、心灵间的交流与沟通，使得他们更易于理解、解读后者，因而收获巨大。甲骨文的成功释读就是一个佳例。但与此同时，他们又是在浓厚的史学传统的浸淫下，饱含着建构民族文化认同的情感，投入到这一中国学界最大的、最重要的"寻根问祖"工程中来的。这一学术史背景或底色不能忽视。因而，对上述问题的认识，有赖于史料的不断积累，更关涉民族情感和当代的文化认同等问题。我们还是先从对考古材料的梳理谈起。

任何事物都有其从无到有，从小到大，发生发展的过程，国家起源以及中国文明的形成也不例外。考古学揭示出的距今五六千年以来的东亚大陆展现了这样的图景。大约距今 6000 年以前，广袤的东亚大陆上的史前人群，还都居住在不大的聚落中，以原始农业和渔猎为主，过着大体平等、自给自足的生活。各区域文化独立发展，同时又显现出一定的跨地域的共性。到了距今 5500～3800 年间，也就是考古学上的仰韶时代后期至龙山时代，被称为东亚"大两河流域"的黄河流域和长江流域的许多地区，进入了一个发生着深刻的社会变革的时期。随着人口的增长，这一时期开始出现了阶层分化和社会复杂化现象，区域之间的文化交流和摩擦冲突都日趋频繁。许多前所未见的文化现象集中出现，聚落形态上发生着根本的变化。如大型中心聚落及其为核心形成的一个个大群落，城墙与壕沟、大型台基和殿堂建筑、大型祭坛、大型墓葬等耗工费时的工程，随葬品丰厚的大墓和一贫如洗的小墓所反映出的社会严重分化等等，都十分令人瞩目。

众多相对独立的部族或古国并存且相互竞争。如中原及周边的仰韶文化、石峁文化、陶寺文化、王湾三期文化，西北地区的大地湾文化、齐家文化，辽西和内蒙古东部的红山文化，山东地区的大汶口文化、龙山文化，江淮地区的薛家岗文化，长江下游的凌家滩文化、崧泽文化、良渚文化，长江中游的屈家岭文化、石家河文化，长江上游的宝墩文化等，在文化面貌上各具特色，异彩纷呈。

　　那是一个"满天星斗"的时代，邦国林立是那个时代最显著的特征。有的学者将其称为"古国时代"或"邦国时代"，有的则借用欧美学界的话语系统，将其称之为"酋邦时代"。无论如何，那是一个小国寡民的时代。整个东亚大陆的面积，与现在的欧洲差不多，而当时的这些星罗棋布的古国或部族，也和现在欧洲的样态差不多。那么，问题来了：它们都属于"中国"吗？

　　要说清这件事，得先捋一捋相关的概念。关于"文明"的解说五花八门，这里无法详细展开，但说古代文明是人类文化发展的较高阶段或形态，而其标志是"国家"的出现，应会得到大多数人的认可。国人最熟悉的，是恩格斯的那个著名的论断："国家是文明社会的概括。"

　　显然，中国有5000年文明史的提法，是把这些都当成了中华文明史也即"中国"诞生史的一部分。其认知脉络是，这些人类群团在相互交流、碰撞的文化互动中，逐渐形成了一个松散的交互作用圈，这也就奠定了后世中华文明的基础。随着20世纪70年代末期以来一系列重要发现的公布，中国在三代王朝文明之前即已出现了城市和国家，它们是探索中国文明起源的重要线索的观点得到了普遍认同。源远流长，单线进化，从未间断，成为中国学术界在中国文明起源问题上的主流看法。

　　这当然是有道理的。比如我们说一个人的生命长度，可以是从呱呱坠地开始到死亡，其诞生也可以追溯到母腹中的胚胎成型，也可以从精子与卵子相撞的那一刻开始算起，甚至父方或母方的诞生，也是这个生命诞生的前提。说中华文明可以上溯到新石器时代甚至旧石器时代的认识，显然出于这样的考虑。但这样无限制地追溯，意义何在？同时，其认知前提是百川归海的单线进化论，而事实果真如此吗？甚而，在不少人心目中，一个默认的前提是，现中华人民共和国境内的古代遗存，理所当然就是中华文明的源头。这样的认识，可以成立吗？

　　首先，考古学家观察到的上述许多古国或部族，大都经历了发生、发展乃至最后消亡的全过程，也即它们各自谱写了完整的生命史的篇章，而只是给后起的中原王朝文明以程度不同的文化给养或影响。到公元前2000年前后，它们先后退出历史舞台，在这些人类共同体和后来崛起的中原文明之间，有一个"连续"中的"断裂"。这种断裂究竟是出于天灾还是人祸，原因想必多种多样，学术界还在探索之中。在某些区域，"大禹治水"传说中的大洪水，或许就是原因之一。考古学的研究对象是支离破碎的古代遗存，所以知其然不知其所以然的事，所在多有。

如前所述，我们知道在现在的中国境内，上古时期曾有众多相互独立的国家并存。而顾名思义，在"国"前冠以"中"字，"中国"也就有了"中央之城"或"中央之邦"的意蕴。这同时也说明"中国"已并非初始阶段的国家，显然，它一定是一个在当时具有相当的影响力、具有排他性的核心。因而，我们也就不能说最初有多个"中国"，作为发达、复杂的政治实体的"中国"也是不能无限制地上溯的。

说到"中国"，还要捋捋这一概念的源起和演化。在出土文物中，"中国"一词最早见于西周初年的青铜器"何尊"的铭文。而在传世文献中，"中国"一词最早出现于东周时期成书的《尚书》和《诗经》等书中。"中国"一词出现后，仅在古代中国就衍生出多种含义，如王国都城及京畿地区、中原地区、国内或内地、诸夏族居地乃至华夏国家等。"中国"成为具有近代国家概念的正式名称，始于"中华民国"，是它的简称；现在也是"中华人民共和国"的简称。其中，最接近"中国"一词本来意义的是"王国都城及京畿地区"，那里是王权国家的权力中心之所在，已形成具有向心力和辐射性的强势文化"磁场"。其地理位置居中，有地利之便，因此又称为"国中""土中"或"中原"。

那么，究竟是什么时候，后世"中国"的雏形或者说"最早的中国"崛起于世呢？

按古代文献的说法，夏王朝是中国最早的王朝，是破坏了原始民主制的世袭"家天下"的开端。一般认为，夏王朝始建于公元前20世纪，国家级重大科研项目"夏商周断代工程"，把夏王朝建立的年代定为公元前2070年左右。在考古学上，那时仍属于龙山时代，在其后200多年的时间里，中原地区仍然处于邦国林立、战乱频仍的时代，各人类群团不相统属，筑城以自守，外来文化因素明显。显然，"逐鹿中原"的战争正处于白热化的阶段，看不出跨地域的社会整合的迹象。也就是说，至少在所谓的夏王朝前期，考古学上看不到与文献相对应的"王朝气象"。

与此同时，兴盛一时的中原周边地区的各支考古学文化先后走向衰落；

到了公元前 1800 年前后，中原龙山文化系统的城址和大型中心聚落也纷纷退出历史舞台。代之而起的是，地处中原腹地嵩（山）洛（阳）地区的二里头文化在极短的时间内吸收了各区域的文明因素，以中原文化为依托最终崛起。二里头文化的分布范围首次突破了地理单元的制约，几乎遍布于整个黄河中游地区。二里头文化的因素向四围辐射的范围更远大于此。

伴随着区域性文明中心的衰落，此期出现了超大型的都邑——二里头遗址。地处中原腹地洛阳盆地的二里头遗址，其现存面积达 300 万平方米。经半个多世纪的田野工作，在这里发现了中国最早的城市主干道网，最早的宫城，最早的多进院落大型宫殿建筑，最早的中轴线布局的宫殿建筑群，最早的封闭式官营手工业作坊区，最早的青铜礼乐器群、兵器群以及青铜器铸造作坊，最早的绿松石器作坊，最早的使用双轮车的证据，等等。这样的规模和内涵在当时的东亚大陆都是独一无二的，可以说，这里是中国乃至东亚地区最早的具有明确城市规划的大型都邑。

二里头文化与二里头都邑的出现，表明当时的社会由若干相互竞争的政治实体并存的局面，进入到广域王权国家阶段。黄河和长江流域这一东亚文明的腹心地区开始由多元化的邦国文明走向一体化的王朝文明。作为广域王权国家概念的"中国"，在前一阶段还没有形成。

要之，我们倾向于以公元前 1700 年前后东亚地区最早的核心文化——二里头文化，最早的广域王权国家——二里头国家的出现为界，把东亚大陆的早期文明史划分为两个大的阶段，即以中原为中心的"中原（中国）王朝时代"，和此前政治实体林立的"前中国时代"和"前王朝时代"。

值得注意的是，这两大阶段也恰是东亚大陆青铜时代和前青铜时代的分野。

在二里头时代之前的数百年时间里，东亚大陆的多数区域，早期铜器的使用呈现出红铜、砷铜、青铜并存的状况。铜制品多为器形简单的小件工具和装饰品等生活用具，锻、铸均有，制造工艺处于初级阶段，尚未熟练掌握合金比例。如多位学者已分析指出的那样，东亚大陆用铜遗存的出现，应与接受外来影响关系密切。至于东亚大陆部分区域进入青铜时代的时间，依据最新的年代学研究，要晚到公元前 1700 年前后了。

考古学观察到的现象是，出土最早的青铜礼容器的中原地区，也是东亚大陆最早出现广域王权国家的地区。青铜礼器的出现和当时的中原社会，都经历了文化交流中的碰撞与裂变的历程。其同步性引人遐思。二者相互作用刺激，导致中原地区自公元前二千纪上半叶，进入了史上空前的大提速时代。早期中国，由此起步。那么，是青铜礼器及其铸造术，催生了最早的"中国"？

随着二里头文化在中原的崛起，这支唯一使用复杂的合范技术生产青铜容器（礼器）的先进文化成为跃入中国青铜时代的一匹黑马。值得注意的是，这些青铜礼器只随葬于二里头都邑社会上层的墓葬中，在这个金字塔式的等级社会中，青铜礼器的使用成为处于塔尖的统治阶层身份地位的标志。这些最新问世的祭祀与宫廷礼仪用青铜酒器、乐器，仪仗用青铜武器，以及传统的玉礼器，构成独具中国特色的青铜礼乐文明。"国之大事，在祀与戎"（《左传·成公十三年》）。保有祭祀特权与强大的军力，自古以来就是一个国家立于不败之地的根本。从早期王朝流传下来的祭天崇祖的传统，几千年来一直是中国人宗教信仰和实践的主要内容。二里头都城规划中祭祀区的存在，以及以青铜为主的祭祀用礼仪用器，都与大型礼制建筑一样，是用来昭示早期王朝礼制传统的重要标志物。由于军事力量在立国上的重要性，青铜与玉石兵器也成为祭祀礼器和表现身份地位的仪仗用器的有机组成部分。二里头文化青铜礼器产品的使用范围主要限于二里头都邑的贵族。也就是说，二里头都邑不仅垄断了青铜礼器的生产，也独占了青铜礼器的"消费"即使用权。

其中，酒器是具有中国特色的酒文化乃至它背后的礼仪制度的重要载体。作为统治阶层身份地位的象征，以酒器为中心的礼器群，成为中国最早的青铜礼器群。从这里，我们可以看出中国古代文明主要是建立在社会关系的巨变（在等级秩序下人际关系的大调整）而非人与自然关系巨变的基础上的。而铸造铜爵等造型复杂的酒器，至少需要精确地组合起内模和3件以上的外范，即当时已采用了先进的复合范工艺。克服其中的种种困难，最终铸造出青铜礼器的内在动力，应当就是这一时期新兴王权对宫廷礼仪的整饬。

二里头遗址发现的青铜钺，是迄今所知中国最早的青铜钺。钺作为象征军事权威的仪仗用器，也是一种用于"大辟之刑"的刑具。甲骨文金文中"王"字的字形，像横置的钺，在最初应指代秉持斧钺之人即有军事统帅权的首领，随着早期国家的出现，逐渐成为握有最高权力的统治者的称号。早于甲骨文时代数百年的二里头都城中出土的玉石钺，和迄今所知中国最早的青铜钺，就应是已出现的"王权"的又一个重要象征。换言之，钺的礼仪化是中国王朝文明形成与早期发展的一个缩影。

在早期王朝的礼器群中，爵、钺等器种持续兴盛于三代逾千年，甚至成为后世中国社会政治文化的重要符号，个中原因，颇具深意。

另一个可资观察的角度是都邑的城郭形态。这一问题上的权威观点是，城墙是构成都城的基本政治要素，不存在没有城墙的都城。通过对以先秦至秦汉时期为中心的都城发展历程的初步考察，笔者认为整个中国古代都城史可以依城郭形态的不同，划分为两个大的阶段，即防御性城郭阶段和礼仪性城郭阶段。在自最早的广域王权国家都邑二里头至曹魏邺城前近两千年的时间里，庞大的都邑不设防，有宫城而无外郭城，是都城空间构造的主流，这一现象可以概括为"大都无城"。在二里头、殷墟、周原、丰镐、洛邑、秦咸阳、西汉长安和东汉洛阳等一系列都邑中有清晰的显现。这与广域王权国家强盛的国势及军事、外交优势，作为"移民城市"的居民成分复杂化，对都城所处自然条件的充分利用等，都有一定的关联。处于都城发展史早期阶段的防御性城郭的实用性，导致城郭的有无取决于政治、军事、地理等诸多因素，"大都无城"的聚落形态应即这一历史背景的产物；而后起的带有贯穿全城的大中轴线、实施里坊制的礼仪性城郭，因同时具有权力层级的象征意义，才开启了汉代以后城、郭兼备的都城发展的新纪元。

在这一早期中国都邑布局的演变过程中，最令人瞩目的是二里头时代的到来，这是"大都无城"传统的肇始。如上所述，二里头遗址是迄今可以确认的中国最早的具有明确规划的都邑，其布局开中国古代都城规划制度的先河。但在逾半世纪的田野工作中，却一直没有发现圈围起整个二里头都邑聚落的防御设施，仅知在边缘地带分布着不相连属的沟状遗迹，应具有区划的作用。

如果将二里头时代的聚落形态与更早的龙山时代作比较，可知前者最大的变化，一是中心聚落面积的大幅度提升，由龙山时代的 10 余至数十余万平方米，扩大至 300 万平方米；二是基本上摒弃了龙山时代普遍筑城的传统，代之而起的环壕成为这一时代的主流防御设施。

由对考古材料的分析可知，进入二里头时代，聚落内部社会层级间的区隔得到强化，而与此同时，对外防御设施则相对弱化。从聚落形态的角度看，二里头都邑是"大都无城"的一个最早的典范。究其原因，不能不考虑到都邑内的居民。二里头可能是最早集聚了周边人口的中心城市，其人口由众多小规模的、彼此不相关联的血亲集团所组成，这种特征又与其后的殷墟和西周时代的都邑颇为相近。而广域王权国家则是从二里头时代至西周时代社会结构上的共性。以"大都无城"为主要特征的都邑聚落形态与早期王朝阶段社会结构上的关联性，值得进一步探究。显然，"大都无城"，是前中国时代终结、最早的"中国"初兴的一个重要的标志。

要之，以二里头时代为界，东亚大陆的国家起源进程呈现出非连续性和多歧性。以良渚、陶寺、石峁文明为代表的龙山时代众多区域性邦国文明，各领风骚数百年，最终退出了历史舞台。它们走完了其生命史的全过程，而与后起的中原青铜文明仅有或多或少的间接关系，这就使东亚大陆的国家起源进程呈现出"连续"中的"断裂"的态势。这是我们把东亚大陆国家起源进程划分为两大阶段的重要依据。

通观东南良渚的水城、中原陶寺的土城、西北石峁的石城，都是因地制宜、适应环境的产物，它们也的确都是区域性文明；这与"大都无城"的二里头形成了鲜明的对比。它们所拥有的"前铜礼器群"还看不到像以二里头为先导的中原王朝礼器群那样严格的礼仪规制尤其是重酒的礼器组合。而以软实力见长的二里头，显然通过社会与文化的整合具有了"普世"的魅力，在众多族群的膜拜与模仿中扩大了自身的影响，其范围远远超出了中原地区。更为重要的是，它的文明底蕴通过二里岗时代、殷墟时代乃至西周时代王朝间的传承扬弃，成为中国古代文明的主流。

当然，对这一曲折而复杂的历史进程之细节的把握，还有待于今后的田野考古工作和相关的整合研究。

（原载《读书》2016 年第 4 期）

# 源远流长　内涵丰富　连续发展

## ——从考古发现看中华文明自信

卜　工

（广东省文物考古研究所）

　　中国是古代世界最先进入文明的地区之一，但直到现代考古学传入中国后，通过大量考古发现，人们才真正知晓中华文明源远流长的文明历程、无与伦比的文明创造、传承至今的文明基因。如今，中华文明在世界文明史上的地位已经不容置疑，独立起源、年代久远，文化多样、类型复杂，连续发展、未曾中断的特点已逐步深入人心。树立对中华文明的自信，需要通过考古发现进一步深刻认识中华文明的辉煌灿烂。

　　考古学上的超级工程遗存反映中华文明的源远流长。考古学是显微镜，能够观察历史遗留的微痕；考古学也是望远镜，能够探测历史发展的长河。通过考古学，我们可以认识到中华文明的源远流长。从殷墟甲骨的发现到商王世系的研究，从夏墟的探索调查到河南偃师二里头遗址夏文化的确认，夏商两代的历史终因中国考古学的成长而成为信史。然而，考古发现显示，中华文明形成的实际年代极有可能比目前流行的五千年说还要久远，年代早于夏代的"龙山"和"仰韶"时期（分别距今5000～4000年、7000～5000年）同样有着波澜壮阔的文明发展大潮，尽管缺少文献支撑，可那些被发掘出来的大工程遗存却放射出只有文明时代才能拥有的夺目光辉。比如，在距今6000年左右的陕西高陵杨官寨遗址里，有着周长近2000米、宽10余米、深4米环壕拱卫的中心聚落；在距今5000年左右的浙江余杭良渚遗址群里，有着百米宽度的古城基址、莫角山大面积垫土、大型玉器墓葬、综合性水利工程系统。类似的大工程遗存还有不少，它们设计标准高、建筑工艺精良，如果没有严密的组织体系、综合的管理制度和有效的运行机制是难以完成的。这种强大的号召能力、动员能力和组织能力，反映的正是当时中华文明发展的高度。

古礼体系揭示中华文明的独特内涵。"国之大事，在祀与戎。"礼制的出现、发展与成熟是中国古代文明的独特经历。那些与大工程形影相随的高规格墓葬、神庙祭坛都不是普通民间行为的结果，而是古礼仪式的物质遗存。礼制的凝聚力、感召力激励着早期先民艰苦奋斗，创造出令人瞩目的文明。这些史实已经并不断被中国考古学所揭示。古礼在距今6000年前后以成熟的状态出现在中国，有多个类型：杨官寨遗址反映的是"彩旗飘飘，仪礼草创"的庙底沟文化，牛河梁遗址讲述的是红山文化的"庙坛玉佩，祭祀神话"，良渚遗址展示的是"仪式道具，傩礼崇拜"的良渚文化。那个时期，纯粹的自然神已经纳入古礼体系，人神杂糅、分别祭祀，与殷墟卜辞记述的情况大体相同。

国家起源和演进展示中华文明的发展历程。黄帝大战蚩尤、商汤灭夏、武王伐纣，这些故事中国人都耳熟能详，其中交战双方正是中华古代文明中的联盟。先秦文献中关于早期中国盟誓制度的记载几乎可以信手拈来。在考古发掘中，山西侯马与河南温县都曾发掘出盟誓遗存。通过考古学的研究，我们可以发现从陕西高陵杨官寨，到辽宁建平牛河梁，再到浙江余杭良渚，是彩陶瑞玉交相辉映的古礼成熟时代，是文明进程发生革命性变化的时代。此后，黄河、长江流域在距今5000年后进入酒礼时代，联盟集团的规模更加庞大，邦国社会已然成型。再到后来的夏代，由于盟主世袭制颠覆了联合结盟的初衷，"普天之下，莫非王土，率土之滨，莫非王臣"的王国出现于历史舞台。从古国、邦国到王国，中华文明的农耕经济不断发展、综合实力稳步提高、礼仪传统传承有序、精神观念逐步趋同。

（原载《人民日报》2017 年 2 月 20 日）

# 比较视野下的中国文明

刘　莉　　陈星灿

（美国斯坦福大学　中国社会科学院考古研究所）

中国文明与世界其他文明有多大不同？是什么使得中国成为"中国"？什么原因使中国社会长期保持统一？人类学家、考古学家和历史学家都曾经提出过这些重大问题，并运用不同方法分析研究，得到的结论也是不同的。

## 古代中国与其他文明不同

一般来说，大家都承认，世界其他文明的一些特征在公元前二千纪的中国也出现过。这些特征包括城市、宫殿建筑、庙宇、冶金术、文字和制度化的社会分层。但这些特征，有些实际上只是表面类似而已。如果深入考察细节，就会发现它们之间的显著区别。正如已逝的著名考古学家张光直在其多种论著中所概括的，在古代中国，青铜技术系以礼器和武器的形式用于政治目的，而非施之于食物生产，从新石器时代到青铜时代，农业生产工具一直都是石器；中国现存最早的文字，即晚商的甲骨刻辞，主要与占卜有关；最早的城市都是政治中心，而非经济中心。这些特点与古代美索不达米亚文明判然有别。后者的显著特点是经济和技术的发展，例如修建灌溉系统，使用金属工具从事农业生产，为了经济贸易活动而创造文字，重视交易场所而逐步形成城市。张光直进一步强调，是政治而非技术和贸易，成为推动中国文明形成这一社会变革的主要动力，商朝就是一个突出的例证。

中国古代的地理环境特点有助于解释其文化发展的形式。早期中国文化的根基是农耕，所以市场的作用似乎很不重要。另外，主要大河的流向是自西向东，这种自然环境很难激发地区间贸易的发展，因为它们流经的纬度相同，故而自然资源基本相似。中国缺乏大范围贸易网络也可以用自然资源分布的广泛性来解释，各地日常生活都可自给自足，没有必要进行贸易。正如从事古代中国研究的汉学家吉德炜所说，没有人能够完全知道中国何以"中国"，但可以尽力去认识人们所选择的社会机制、文化决策和自然环境，由此对于那些影响历史进程的诸多因素会有更深入的了解，正是它们造成中国文明的与众不同。

造成中国文化有别于世界其他地区的原因，的确与中国地理环境有莫大关系。中国文化传统及国家基本上是独立起源的，因为中国与印度河流域和美索不达米亚的其他早期文明中心距离很远。但考古资料证实，中国与世界其他地区在史前时期确实存在联系，这种联系早于史书所载汉朝西北商路建立之前。经由北方路线的交流在旧石器时代晚期明显已经存在，证据就是细石器技术在欧亚草原和中国北方的广泛分布。

## 外来技术被中国接受和再创造

如果没有吸收来自中国之外的很多新技术，中国文明不可能达到那么高的复杂程度。最显著的发明包括青铜技术、马车、小麦、大麦、马、牛、山羊/绵羊，都是从中亚传入中国的。中国与欧亚草原之间的交流可能通过北方与西北广大地区的多条路径进行，但直接的交流可能是通过北方边境的居民完成的，他们发挥了两地之间媒介的作用。

中国西南部与南亚之间在古代也通过一条不太为人所知的路线进行交流，时间可以追溯到公元前一千纪的后半段。这条古代商路将四川——中间经过云南和缅甸——与印度连接起来，并进一步延伸到中亚和欧洲。这条商路上的货物包括四川和云南的纺织品、竹制品、盐以及来自南亚和中亚的子安贝、玻璃珠、玛瑙珠和其他贵重物品。这种交流可能在史前时期已经开始，三星堆遗址发现的大量海贝就是例证。

在东南沿海遗址福建黄瓜山发现有属于北方作物的小麦种子，以当时的航海技术能走多远现在还不得而知，但如果说在史前时期船只已经能够来往中日之间，并不令人惊讶。正如安志敏的研究，在日本已经出土了典型的长江流域新石器文化的遗存，如玦、干栏建筑和稻作农具等。

重要的是应该注意到，与外部世界的交流刺激了中国社会与技术的发展。外来技术被中原居民创新性改造，并将它们纳入本土的社会政治与精神观念系统。因此，我们要研究的问题，并不仅仅是了解由草原传入中国的独特文化因素有哪些，还有它们被接受的方式，以及它们在中国文明形成过程中发挥怎样的作用。

进入中国的新技术，到底是打包引进，还是单个而来，现在也不清楚。一旦为中国采纳，它们似乎就会逐渐广泛传播开来。在国家形成期，从二里头到商，几乎所有这些技术运用之密集与强度都达到很高的水平。外来驯化的动植物，如小麦、大麦、绵羊/山羊和黄牛，最早出现在新石器时代晚期，在二里头和商逐渐成为常见之物，提供新的食物来源，使城市中心人口迅速增长，也促进了早期国家疆域的扩张。

其他一些外来技术，如冶金术、马和马车，似乎用于另外一种目的：制造和强化社会等级。但直到国家形成之前，这个功能并未成形。在中国北方各地，几个新石器晚期文化都在使用小件青铜工具（如刀）和装饰品，并未将它们纳入彰显社会等级的规范化符号系统。仅仅到了二里头时期，才开始铸造青铜礼器。通过仿造白陶酒器，青铜器与现行礼仪制度结合起来。同样，在晚商之前的数百年间，马匹在齐家文化是作为富含蛋白质的食物消费的，只是到了殷墟王室贵族手里，才借用马和马车创造了一种新的地位标志。在接受和再创造的过程中，这些技术有助于中国早期文明产生新型的文化价值，开创社会发展的新时代。

## 中国文明形成共同的信仰体系

古代中国人主要依靠丰富的本地自然资源满足生业需求，但这种相对自给自足的区域经济方式，需要辅之以积极的长途交换才能获得奢侈品和稀有原料，在史前时期和早期历史时期都是如此。贸易活动与礼仪行为密切相关，而礼仪行为常使用某些类型的贵重物品，特别是玉器和青铜器。这些礼仪形态有助于中国文明形成期在大范围内形成共同的信仰体系、祭祀方式和象征性符号组合。

在新石器时代，由礼仪活动和通过某些礼器表现的社群之间的关系，明显比较分散，同时不同的地方传统之间也有一种相互融合的趋势。这些过程有助于形成某些共同的价值观，并以艺术品的形式表现出来。但是，随着中原地区早期王朝都城的建立，可以看到一个明显的转变，即贵重物品和资源作为贡品由周边地区流向政治中心。这种发展可能有助于创造出"中国"的概念，即中心国家，体现出中原地区的居民将他们的家园视为世界的中心。"中国"一词最早出现在西周早期铜器"何尊"的铭文上，铭文记载了周成王在"中国"兴建成周的事件，"中国"即指伊洛河地区，但这个潜在的政治地理概念，可能在商王朝时期已经存在了。

## 复杂社会的兴衰

过去数十年来关于文明兴起的讨论很多，但近年来关于复杂社会和文明的崩溃这一新问题也赢得了较多关注。常见的研究方法有两种。一种方法（气候论）是寻找气候变化与复杂社会系统剧变之间的时空对应联系，将环境恶化作为文明衰亡的主要原因。另一种方法强调人类应对压力的应变能力（应变论），将社会看作一套机制，具有处理外部挑战的内在能力。社会变化是间断发生的，自然资本缓慢积累的过程会不时被突如其来的压力打断，并导致这些存留社会系统的重组。后一种见解颇受支持，很多案例研究表明，社会常常修正其行为，以应对眼前的危机，但很有可能的是，那些用来应对不断发生的短期危机的方法，可能并不能解决某些长期而严重的问题。我们相信，对于认识过去人类与环境的关系，两种方法都有价值。我们需要了解环境影响的程度，也需要估量社会应对外部挑战的策略，这些应对策略成败皆有可能。

新石器时代中国各地也发生过多起早期复杂社会兴衰的事件，例如红山文化、良渚文化和石家河文化，突然表现为区域范围内考古物质文化的消失，人口骤降，而原因常常归结为气候变化、生态灾难或人类应对外部压力的失败。青铜时代的中国也经历过多起环境恶化事件，但并未导致崩溃的发生。例如二里头国家，是在气候波动期成为一个区域强权的，而这时候很多地方的人口在减少。二里头的兴起是应变理论很好的一个例证。

首先，二里头文化遗址分布在嵩山一带海拔相对较高的地区，这个选址策略能够抵御大规模的洪水，而很多低海拔地区的新石器聚落很可能正是被洪水摧毁的，特别是长江流域。其次，黄河中游的农业流行种植多种作物，包括粟、大豆、水稻、小麦等，这比其他地区种植水稻的单一农业体系更容易维持社会生存，一个政权采取多种农业形式也有助于规避作物歉收的风险。

根据地理信息系统（GIS）模式的分析结果，伊洛河流域二里头文化的人口，达到最大承载量的 78%，超过了最佳比率。二里头人比以往生产更多的食物，但使用的仍然是之前龙山晚期的那些农业技术。二里头国家的统治者似乎有办法让更多的人更加努力地劳作。

中国具有数千年一脉相承的文明史，虽人口众多，族群复杂，却能凝聚一体。深深植根于古代的文化价值，使得中国文明能够世代相传。中国走向文明之路是一个长期、坎坷和复杂多样的历程。这个文明经历环境剧变的挑战、复杂社会的兴衰、社会冲突和政治纷争、出乎意料的社会转型和外来影响。我们可能永远也无法确切知道"中国性"到底是如何形成的，也难以彻底了解古代"中国性"的一切详情，但通过足够丰富的考古资料，通过多学科的研究，我们可以更清晰地认识 8000 多年以来社会进步的过程，在这个过程中，这片土地上的诸多小村落一步步转变为一个伟大的文明体系，我们称之为中国。

（原载《人民日报》2017 年 10 月 31 日）

# 融合与超越是中国文明活力源泉

徐良高

（中国社会科学院考古研究所）

何为"中国文化"？应该是指当代中国范围内历史上的人们所创造的一切文化。

历史上的中国文化因交流、吸收、融合、调整而不断创新、变化，每个时期、每个区域都有自己的独特文化，这是文化的本质决定的，没有一成不变的某种"中国文化"或"中国文化传统"。

## 名虽同，实已变

文化是一种人类主动适应环境的方式，文化通过不断的调整与变化来适应不断改变的环境，迎接各种新的挑战，满足人类不断变化的新需要。不能做出及时调整以便有效应对问题的文化必然走向崩溃和消亡，变化是文化的主要特征之一。

中国历史文化中的变与不变，往往表现为"名虽同，实已变"。从考古学所发现的历代物质文化看，中国历史上的衣、食、住、行、墓葬制度等方面都直观、明显地展示出文化的巨大变化，每一个时代都有自己独特的物质文化面貌，例如从仰韶文化的彩陶到龙山时代的灰陶、黑陶和玉器，再到夏商周时期的青铜器，再到战国以后的铁器，唐宋以后的瓷器，均发生了根本性的变化。有人半开玩笑地说，唐代的中国文化在日本，明代的中国文化在韩国。这种说法至少说明日本保存了较多的唐文化因素，韩国保存了较多的明文化因素。可以说中国历史上没有哪两个朝代的文化是相同或相似的。

从制度层面文化看，由新石器时代，经夏商周三代，历经秦汉隋唐宋元明清，国家政治体从无到有，从祖先崇拜信仰和血缘组织为社会基础的宗法制政权，到以皇权为核心的家天下的集权专制政权，再到近现代民族国家的民主政治思想与实践一直处于不断变化之中。

从思想观念文化层面看，虽然中国历史上的思想观念变化更多采用"旧瓶装新酒"的方式，即通过对儒家经典的考据、诠释等来发展时代需要的新思想，但不同时代思想观念的变化是明显的。除了"五经注我"式的时代思想创新与表达外，还有学者提出，中国历史上曾出现过三个重要而明显的社会转型与文化重构时期：春秋战国诸侯争霸、百家争鸣到秦统一天下、汉以后独尊儒术；魏晋南北朝的长期分裂、儒道释相互争鸣与唐宋新儒学的更新；明末清初以来的西方殖民入侵与西学东渐对中国持续至今的影响。

从人群迁徙和政权的统治集团来源看，不同王朝也不一样，其中的许多统治集团均来自周边文化区的族群，如南北朝时期的多个政权、元代和清代。

从不同区域文化交流融合角度看，从不同文化圈相互作用共同形成文化大传统的新石器时代到夏商周以后的历史时期，每个时代都有各种不同的区域族群文化与中原文化发生接触，不断重复着由"夷夏之辨"到"夷夏之变"的融合过程，如夏商周时期的东夷、蛮越、戎狄、东胡等，两汉时期的匈奴、羌人，南北朝时期的鲜卑、匈奴、羯、氐、羌，隋唐的突厥、回鹘、吐蕃、南诏等，宋代的契丹、女真、党项，元明的蒙古，清代的满人，等等。

即使作为中国文化延续性的重要表征之一的汉语言文字也是不断变化的，汉语言一直在与其他语言、文化的交流中不断吸收外来的词汇，同时渐渐放弃许多旧的词汇。目前，我们大量使用的都是外来词汇，如互联网、达人、双赢等等。在古代，不同时期，这种现象也不断重演，如我们常用的葡萄、胡同、一刹那、六根清净、借花献佛、无事不登三宝殿、放下屠刀立地成佛，等等，无不是来自外来语言、文化或宗教语言。因此，有没有所谓的"纯正汉语"之说是值得推敲的。

## 是多源的，也是多元的

　　历史上的"中国文化"不仅是变化的，还是多源与多元的。从考古学资料来看，在新石器时代，中国的核心区已经形成了多元文化分布的特征，夏鼐将中国新石器文化划分为七大区域；苏秉琦将新石器文化分为黄河中游、黄河下游、长江中游、长江下游、鄱阳湖—珠江三角洲、以长城为中心的北方文化区等六大区；严文明将中国新石器文化概括为中原文化区、山东文化区、长江中游文化区、江浙文化区、燕辽文化区和甘青文化区，从经济类型上，又可划分为旱地农业经济文化区、稻作农业经济文化区、狩猎采集经济文化区三大经济类型区域，他由此提出"中原以外这五个文化区都紧邻和围绕着中原文化区，很像一个巨大的花朵，五个文化区是花瓣，而中原文化区是花心"。张光直提出新石器时代多区域文化与交互作用圈理论。所有这些观点都认为新石器时代已经出现文化多元的现象，这些多元文化都是后来中国文化的源头，即中国文化是多源的。

　　一方面，经过新石器时代的多元文化共存、接触、交流和融合，至二里头文化时期形成中原文化的雏形，经过三代时期中原与东、西方几大文化集团的交流和融合，至西周初步形成以礼乐文化为特征的"华夏"文化认同和夷夏之分的概念，再经过春秋战国时期诸国与各自周边文化，如南方的蛮越、北方的戎狄、东方的夷人等交流与融合，更大范围的中国文化区和文化认同形成，为秦汉帝国的建立打下了基础。

　　另一方面，进入三代时期以后，虽然形成了以礼乐文化为代表的大文化传统认同，但各地仍然保存了自己的小文化传统，大文化传统与小文化传统共存互动一直是中国文化发展史的特色。从大小文化传统的视角来看，夏商周朝代政权的更替应该是不同区域文化在认同、接受文化大传统的过程中不断壮大自己，夺取主导地位的同时，又以自己的小传统文化不断补充、修正和发展文化大传统的过程。正如赵辉总结三代考古的重要收获时所说："三者的关系，并非'父子'，却似'兄弟'。"这种大小文化传统的互动现象在后来的历代王朝更替和各种族群之间的互动、融合过程中不断上演，由此，中国文化在不断调整变化之中海纳百川，融合创新，保持活力。

以上中国文化多源与多元的观点以及中国文化大传统与小传统理论很好地说明了中国文化在历史上的统一性与多样性、延续性与变化性、维持传承与保持活力、上层精英文化与民间大众文化之间的复杂关系。

总之，只有保持开放的史观，我们才可能更全面地认识古代社会和人类文化发展史，更接近历史的真相，为当代中国文化如何在当今世界文化全球化和民族化冲突的大潮流中进行文化交流、融合、创新和发展提供历史的参考。

（原载《新华日报》2018 年 6 月 29 日）

# 三大特质熔铸早期中华文明基因

## 孙庆伟

（北京大学考古文博学院）

中华文明源远流长，辉煌灿烂。优秀的文明基因是中华文明生生不息的原动力，越来越多的考古学证据表明，在中华文明的早期阶段已经形成三个基本特征。

### 一　重瓣花朵式超稳定结构

20 世纪中国考古学最重大的贡献是厘清并构建了史前文化的谱系与格局，在此基础上诞生了苏秉琦先生的"区系类型"理论。该理论认为，中华大地的史前文化分为六大区系，即：以燕山南北长城地带为重心的北方，以山东为中心的东方，以关中（陕西）、晋南、豫西为重心的中原，以环太湖为中心的东南部，以环洞庭湖与四川盆地为中心的西南部，以及以鄱阳湖—珠江三角洲一线为中轴的南方[①]。伴随着该理论的提出，史前文明"满天星斗"状的分布态势和中华文明"多元一体"的发展模式成为学界共识。

苏秉琦先生在强调"满天星斗"的同时，也着重指出以华山为中心的仰韶文化庙底沟类型的脱颖而出，标志着华族的诞生。他强调，在中原腹心地带，自仰韶文化以降直到春秋时期的周晋文化一脉相承，构成了中国

---

① 苏秉琦：《中华文明起源新探》，商务印书馆（香港），1997 年，30～31 页。

文化总根系的直根系①。这实际上是说，中原华夏文明是"满天星斗"史前文明中最璀璨的一颗。

20世纪90年代，北京大学严文明教授提出了"重瓣花朵式"的文明格局，这是迄今为止对我国史前文化统一性和多样性最客观、最形象的表述。与苏秉琦类似，严文明也将我国的新石器时代文化划分为六个文化区，即：中原文化区、山东文化区、甘青文化区、燕辽文化区、长江中游文化区和江浙文化区。但他特别指出，这几个文化区的发展是不平衡的，分层次的——中原文化区是花心，是第一个层次；其他五个文化区围绕着中原文化区，是第二个层次，是花瓣；在这五个文化区之外还有很多其他文化，则属于第三个层次。这样，中国的史前文化就形成了一个以中原为核心，包括不同经济文化类型和不同文化传统分层次联系的重瓣花朵式的格局②。此种单核心、多层次的向心结构孕育了统一的多民族国家的基本底色，奠定了中国历史上以中原华夏族为主体，同时凝聚周围各民族、各部族的向心式超稳定文化与政治结构。

## 二　理性化与人文化的文明路径

道路决定命运。中原华夏文明的核心地位，不仅得益于优越的地理位置，更在于它选择了一条理性化、人文化的发展道路。

在距今5000～4000年这一千年间，也即考古学上的新石器时代末期和龙山时代，是中华文明形成的关键期，也是以中原为中心的文明格局的奠定期。这一时期，中原华夏族经历了一次道路选择，这就是文献记载的颛顼"绝地天通"。据《国语·楚语下》的有关描述，"绝地天通"在本质上是一次宗教改革，其结果有二：一是"家为巫史"成为历史，神权被世俗贵族阶层所垄断；二是告别了此前的"烝享无度"，沟通人神的祭祀活动变得理性而有序。上述两点均影响深远，前者体现了中原华夏族走向了以君权为主、神权为辅的发展道路；而后者则表明即便退居于政治生活的次要地位，宗教活动仍需要保持必要的节制与理性。因此，理性化、人文化的

---

① 苏秉琦：《中华文明起源新探》，商务印书馆（香港），1997年，104～106页。
② 严文明：《中国史前文化的统一性与多样性》，《文物》1987年第3期。

发展道路成为必然选择。

从考古材料审视，这一时期是玉器盛行的时代，有学者甚至称之为"玉器时代"。王国维曾谓"古者行礼以玉"，释"礼"的本义为"盛玉以奉神人之器"①。礼之初兴，确实与玉器密不可分。如江浙文化区的良渚文化盛行祭坛，坛上再建大墓，墓中则以玉琮为核心礼器；无独有偶，燕辽文化区的红山文化也大建神庙和祭坛，坛上修筑积石冢，冢内墓主也是"唯玉而葬"，玉器中又以玉龙最为尊崇②。毋庸置疑，无论是良渚文化的玉琮，还是红山文化的玉龙，其文化底蕴均是强大的神权集团和浓郁的宗教活动。

山西襄汾陶寺遗址代表了这一时期中原文明的最高峰，现在学术界普遍相信陶寺遗址即尧都平阳之所在。陶寺遗址也多出玉器，但最主要的玉礼器是彰显王权的玉钺。同一时期及稍后，黄河中下游地区还盛行多孔大玉刀和玄圭（牙璋）等玉器器类，这些大型玉礼器与凸显神权的良渚玉琮和红山玉龙大异其趣，正是中原华夏文明"绝地天通"以加强世俗王权的具体体现。除此之外，陶寺遗址还出土了鼍鼓和石磬这样独具特色的礼器组合，开启了夏商周三代礼乐文明的先河，具有鲜明的人文意向。

从夏代以降，"九鼎"成为政权的最高象征物，鼎迁于三代，反映了同一政治传统的延续与传承。春秋时期王孙满所谓"在德不在鼎"，鼎以载德，最晚在五帝时代之后期，华夏文明的德政观念即已确立。帝喾"其色郁郁，其德嶷嶷"，帝尧"能明驯德，以亲九族"，至于帝舜，则"天下明德皆自虞帝始"。殷周鼎革，德的观念得到进一步彰显，西周青铜器豳公盨，铭文以大禹治水为切入点，其中"德"字凡六见。殷墟发现的殷商王陵，普遍流行人牲人殉，多者数量逾百人，而进入西周之世，殉人习俗戛然而止，陕西岐山周公庙遗址发现的四条墓道的周公家族大墓，其中亦不见人殉习俗，仅此一点，足证周文化的"郁郁乎文哉"。

## 三　家国一体的文明进程

张光直曾经指出，在西方文明形成的过程中，血缘关系渐被地缘关系

①　王国维：《观堂集林》，中华书局，1959 年，291 页。
②　郭大顺：《红山文化的"唯玉为葬"与辽河文明起源特征再认识》，《文物》1997 年第 8 期。

所取代，政治、地缘的团体占的成分比亲属占的成分越来越多，亲属关系日趋衰微；反之，在中国古代文明和国家起源转变的阶段，血缘关系不但未被地缘关系所取代，反而是得到进一步加强，亲缘与政治的关系更加紧密地结合起来①。这无疑是很有见地的看法。

按血缘关系群居，这是人类社会早期阶段的普遍选择。从考古材料来看，最晚在距今 6000 多年前的仰韶文化早期就已经形成了比较完整的原始村落。陕西临潼姜寨遗址就是一处典型的仰韶时代氏族村寨，据研究，姜寨遗址是一处包括五个氏族的母系胞族，每个氏族包括若干家庭，总人口约 450~600 人。相应地，同一时代的墓地也反映出类似的重视血缘关系的观念。如在陕西华阴发现的仰韶时代史家墓地有两座完整的大坑套小坑的复式合葬墓，其中 1 号复式合葬墓里面套着五个小合葬墓，分别埋有 12 人、8 人、10 人、4 人和 10 人，共 44 人；2 号复式合葬墓中套着七个小合葬墓，分别埋着 7 人、9 人、6 人、6 人、5 人、3 人和 7 人，共 43 人。一般认为，这类复式合葬墓中的小合葬墓属于某个家族，同一大坑里的多个家族又共同组成了一个氏族②。姜寨聚落和史家墓地，正是中国古代同宗者"生相近，死相迫"的生动例证。

夏商周三代虽已迈入成熟的阶级社会，但血缘家族不仅是重要的社会基层组织，国家机器也掌握在世家大族的手上，贵族虽以个人身份参与政治活动，但决定其政治地位的仍是其家族的影响力，家国一体的特征愈发明显③。这一时期的考古材料，无论是殷商青铜器上频繁出现的族徽符号，还是两周铜器铭文中比比皆是的世家大族，以及广泛分布的商周家族墓地，都清晰地揭示出血缘家族在中国早期社会发展中的独特作用与突出地位，家国一体是华夏文明进程中的又一显著特征。

（原载《中国社会科学报》2019 年 7 月 12 日）

---

① 张光直：《从商周青铜器谈文明与国家的起源》，《中国青铜时代》，生活·读书·新知三联书店，1999 年。
② 严文明：《半坡村落与渭河流域的原始部落》，《史前考古论集》，文物出版社，1998 年。
③ 朱凤瀚：《商周家族形态研究》（增订本），天津古籍出版社，2004 年。

# 探寻中华文明核心内涵

冯 时

（中国社会科学院考古研究所）

中华文明是追求真理的文明，先贤将这一追求真理的过程概括为"格物致知"。"格物"直训为至物，古人以"物"为自然万物，因此"格物"也就是对客观世界的观察分析；而"致知"作为"格物"的结果，其所强调的基本事实是知识与思想都源于人们的实践所见，而并非出自头脑中的空造玄想。

中华文明的核心价值在于其所具有的天人合一的宇宙观。先民从对自然的探索中获得知识，增长智慧，这意味着学习知识的过程实际就是认识世界、了解自然的过程。古人以"学"为法效，显然，学习自然首先便是效法自然，顺应自然，于是发展出天人合一的观念，从而构成其与西方文明的本质区别。

天人合一的思考本在于和，因此，天地人的和谐相处必然体现着古人对于中和的追求。考古学证据显示，中华民族不仅有着至少八千年未曾中断的文明史，而且这种文明从其创造之始就关注着人与自然的和谐相处，这在世界文明的历史上是绝无仅有的。事实表明，中华民族何以凝聚数千年而不散亡，其中一定有着其他文明不可比拟的优秀传统，这就是基于天人合一宇宙观的中和思想。

## 认识方式影响宇宙观

回顾人类社会的历史，特别是早期科学史，可以清晰了解中华文明追求真理的认识论特点。在中国古代典籍中，有关日月交食、太阳黑子、彗星、流星、流星雨、变星等奇异天象的记载极具系统，这几乎成为人类早期科学史研究唯一可资利用的史料，而相关内容在西方文献中则几近空白。并不是西方人看不到或没有机会看到这些变化天象，而是因为亚里士多德关于天体完美无缺的唯心主义哲学长期禁锢了他们的思想，使他们在面对那些看似无法接受的现象时视而不见。甚至在 1610 年伽利略利用望远镜完成黑子的观测之后，仍有人否定这一事实，认为那不过是行星走过太阳表面的结果。而中国先民至少在伽利略前两千年就裸眼观测到了太阳黑子，而且东汉的王充早已近乎正确地指出黑子为日中之气，这种理论在中国产生的时代或许更早。

　　无理量的发现无疑是数学史上的里程碑。$\sqrt{2}$ 作为最小的无理数，在约公元前 1600 年的巴比伦楔形文字泥板文书中已有对其近似值的计算公式。千年之后，大约在印度《绳法经》给出 $\sqrt{2}$ 精确近似值的同时或稍晚，古希腊的毕达哥拉斯学派证明了它的无理性。根据勾股定理，他们发现正方形的边长与对角线是不可公度的，即不能用任意的整数量尽，这是对 $\sqrt{2}$ 无理性的几何看法，希腊人称这种不可公度比为 ἄλογος（不能表达）或 ἄρρητος（没有比）。这一发现曾给早期数学如相似理论和代数学带来直接的冲击，许多原本不容怀疑的古老证明都变得似是而非了，其中当然就包括毕达哥拉斯学派笃信的万物皆数的哲学，以及作为这个哲学基础的任何事物都能归为整数或整数之比的假设，而他们的几何推理正是利用了这种假设。毕达哥拉斯学派对这种不可公度比的发现深感不安，这意味着他们必须抛弃已经确立了的几何学体系的大部分内容，甚至推翻整个哲学架构。面对真理应该采取怎样的态度其实很清楚，然而希腊人的实际做法却是将这一发现秘而不宣，以至于当米太旁登的希帕苏斯（公元前 5 世纪）将此事公之于众的时候，竟被毕达哥拉斯的信徒扔进了大海。

　　中国人通过勾股问题的研究在至少 5500 年前的红山文化时代就已认识了 $\sqrt{2}$，但是由于中国哲学中并不存在古希腊那种先入为主的世界完美的设想，这使中算家可以放心地求微数逼近无理根，而不必考虑 $\sqrt{2}$ 与 1 的公度问题。显然，不尽根的出现在中国并不像在古希腊那样能够诱发危机感，这当然体现了中国先民认识世界的科学方式以及对待真理的客观态度。

格物致知作为中国先民认识自然的方法直接影响着其宇宙观的形成。科学与思想构建起文明，人们对待科学的态度也就决定了他们对待文明的态度。由于东西方文明认识论的不同，必然导致对真理抉择的不同结果。显然，科学史的回顾对于客观认识东西方文明的本质差异非常具有意义。

## 以天地人谐和为一体

天人合一作为中华文明的核心价值，它的形成与格物致知的认识论密切相关。天人合一体现的思想是以天地人谐和为一体。天垂象则地载万物，故地法天；人观象制历且行相地宜，农作才能有年丰稔，故人法地法天。如此三才和顺，万物不悖，发展才可能长久不衰。老子所谓"人法地，地法天，天法道，道法自然"，完美地诠释了先民认识自然、效法自然的基本理念。

在生产力水平低下的远古社会，人如欲长久生存而不亡，唯一的选择就是顺应自然。然而效法必以和合为念，所以天人合一必先求天人之和，这使和所具有的文化价值凸显了出来。效法自然也就是顺应自然，四时之寒暑更替，春生夏长秋收冬藏之变化规律皆为天地之大经，顺之者昌，逆之者不死则亡，故顺应天时成为布教施政的基本原则，从而提出顺时施政的政治主张。儒家强调"上律天时，下袭水土"，就是这一思想的精要表述。而《月令》详载各月忌宜，强调使人拘而多畏，四时之大顺不可丧失，弗顺则无以为天下纲纪，则是这一思想的集中体现。

中和的思想本出二源，一为观象授时，一为由观象所指导之农事。"中"源自立表测影的活动，立表必先求槷柱垂直，使其不向东西南北任何一方偏倚，处于中正恰宜的状态，这便是"中"所体现的本义。后来儒家发展了这一思想建构中庸哲学，阴阳家发展了这一思想建构中和哲学。而"和"则源自人们对粟米食性平和的了解。古之"和"字本有二形，一作"咊"，义为应和；一作"龢"，义为谐和；皆从"禾"为音，且音中见义。"禾"是粟作的象形文，古以粟为嘉谷，即以其食性不温不寒，食之平宜洽和，遂读为"禾"，故后世表示应和、谐和的文字皆从其表音表义。显然，"中和"二字虽或取观象，或取农作，但体现的都是古人对于和洽适宜的思考。孔子以中庸作为至高准则，用事过犹不及，又强调"君子和而不同，小人同而不和"，其思想具有超凡的智慧。

## 体现先民哲学思考

天人合一所体现的中和观念必然影响到社会关系的求和不争。不同之人之所以能够相处，关键不在于唯我独尊，而在于彼此相容。由此形成的社会关系一定是利他主义，而不是利己主义。孔子主张"己所不欲，勿施于人"，而非己所欲，必使人欲之，论事角度不同，其所体现的宇宙观也自然大异其趣。前者虽显被动，但却是利他的，其为他人的生存留有广阔的空间；而后者虽属主动，但却是利己的，限制了他人的生存空间。两种观念之高下，一目了然。

中和思想所强调的"中"既涉及上古的政治与宗教，也体现着先民的哲学思考。"中"除去其中正、中和的含义之外，还有地域之中央，甚至天下之中的意义。先民通过立表测影求得地中，地中便成为阴阳和合之地，这使地理之中与中和思想建立了联系。人们将天地之中的和谐之地称为中域、中土、中原、中州或中国，西周何尊铭文称"宅兹中域"，可见这一历史之悠久。而"中"之观念于今日已融入我们的国号，同样体现着这一古老传统。这种强调居中守中的文化无疑是内敛向心的，而不是外向扩张；是聚合包容的，而不是单一排他。事实上，这决定了中华文明的发展是自强不息的，而并非殖民掠夺；中华民族始终追求多民族的一统，而不是分裂割据。显然，其文化根源造就了中华民族多民族共同体的特征。

格物致知的认识论、天人合一的价值观和中和守一的哲学观共同构建了中华文明的核心内涵，其不仅作为一份丰富的遗产需要人们继承弘扬，而且其所体现的积极现实意义更需要我们昭彰光大。

（原载《中国社会科学报》2019 年 7 月 15 日）

# 文明、国家与早期中国

戴 向 明

（中国国家博物馆）

标题上这几个词语都是当前中国考古学的热门话题，涉及中华文明起源、早期国家形成，以及对早期中国或"最早中国"的认识。本文在此谈点浅见，近似随笔，不做专论。

## 一 关于文明起源

大约从 20 世纪 80 年代末开始，文明起源问题快速成为中国考古学的一个热点课题，30 余年下来，持久不衰。以后回顾起来，这一定会是中国乃至世界考古史上一个重要的现象。

西方虽然也有过对文明起源的热烈探索，但 20 世纪 80 年代以后我们这里开始逐渐升温时，他们那里反而开始慢慢冷却，较多的是对某某文明总结式的研究或综述，对文明起源问题的专门探讨已经不多了。究其缘由，大概是人们发现"文明"这个概念过于笼统，关于什么是文明众说纷纭、莫衷一是，无论是公众还是学者之间在理解上都有很大分歧，而且人们还发现从美索不达米亚、古埃及和古希腊等早期文明提炼出的标准不一定适合于衡量其他地区的古文明；此外更重要的是，大约自 60 年代以后随着人类学新进化论对考古学影响的日益深入，西方考古学家更多转向对社会复杂化，对酋邦、国家等具体社会形态起源和发展过程的探讨，或许人们觉得这一研究路径更有学理意义。

在中国，20 世纪 80 年代中期随着夏鼐先生的《中国文明的起源》一书出版①，文明起源问题开始受到学界的关注。随后在 80 年代后期，苏秉琦先生等一些著名学者开始较多地涉及这个问题。80 年代末 90 年代初以后，越来越多的学者投入其中，有关文明起源的文章大量问世，很快把这一领域的研究推向了高潮。文明起源探索在中国大热并能持久不衰，有以下两个很重要的原因。

一是考古学学术积累和学科发展的结果。人类的早期文明一直是考古学关注的重点，文明起源的探索也一直是考古学研究的重要内容，这方面东、西方考古学走过了相似的道路，只是各自侧重点有所差异。西方学者探索的多是已消失或中断的异域文明，随着学科的发展他们更加关注不同社会演进的阶段性变化；而中国学者追溯的则是自身文明的源头，因此会怀着更多的感情、更大的兴趣和愿望去探索起源问题。从 20 世纪 80 年代以前侧重文化史重建的基础性研究，到 90 年代以后着重对古代特别是史前社会多方面的研究，随着中国考古学学科重心的转移，文明起源探索无形中还担当起了学科发展、转向和提升的一个重要角色，因为文明起源探索离不开像聚落考古、环境考古、科技考古、手工业考古等各分支学科多角度的综合研究，文明起源探索实际上起到了对各门类研究成果进行整合、然后再进行理论构建的作用。这从 21 世纪连续开展的"中华文明探源工程"课题的设置就能得到清晰的反映。所以我觉得"探源工程"的最大价值，并不是真的能够通过这样一个"工程"就能把中国文明起源问题一劳永逸地解决掉，而是借此可以推进考古学学科的整体发展。此外，20 世纪 80 年代以后一系列重大考古发现，例如甘肃秦安大地湾仰韶晚期殿堂般的大房子、辽宁凌源牛河梁"坛、庙、冢"红山文化遗址群、山东大汶口和龙山文化一些贵族大墓、浙江余杭反山和瑶山等良渚文化高级贵族墓地、山西襄汾陶寺龙山早期权贵墓葬，以及湖北天门石家河等全国多地大量史前城址的相继问世，客观上也为文明起源的探索提供了丰富的物证，激发了学者的热情和想象力，促进了这一课题的开展；到 21 世纪像河南灵宝西坡墓地和大房子、陶寺城址和龙山期大墓、石峁古城、良渚古城等众多惊世的

---

① 夏鼐：《中国文明的起源》，文物出版社，1985 年。

重要考古发现，对文明起源探索又起到了进一步强力助推的作用。

二是文明起源的探索生逢其时，该课题的兴旺有其深刻的社会背景，符合社会发展潮流的需要。中国自20世纪70年代末启动改革开放以来，经济快速发展，国力不断上升；同时面对西方资本与各种文化、思潮的强力冲击，无论是学界还是民众、官方都始终存在保护、复兴优秀传统文化的强烈愿望和推动力量，近年又被提升到增强民族自信的高度，因此整个社会对中国文明起源问题有着很高的关注度。可以说，探索中华文明起源有着超出一般学术意义的更深层的需要。正因如此，在几乎是同一社会背景下诞生的"夏商周断代工程"之后，21世纪初又开始了国家立项支持的"中华文明探源工程"。由此可以看到学术从来不会脱离社会而独立存在，尽管学者个人可以也应该秉持独立精神、从事"纯粹"的学术研究，但作为一个学术共同体、一种集体性的研究取向，却往往脱离不掉社会现实的影响，中外皆然（以色列史学家赫拉利在其《人类简史》一书中对此有深刻的阐述①）。由此也可解释，在对"文明"的理解歧义纷呈、标准难以统一的情况下，为什么文明起源的研究在中国还会长盛不衰，而学术价值同样重大、概念更清晰明确的国家起源问题的探讨却反而显得有些不温不火，更像是文明起源研究潮流中的副产品。

谈到这里，顺便再谈一下与此相关的另一个现象。20世纪80年代以前中国学术界普遍接受像氏族、部落、部落联盟、父系社会、母系社会等西方人类学的概念，至今仍作为标准术语而广泛使用着。因为这些概念是在西方学术引进到中国的初期就随之而来的，尤其还出现在像《家庭、私有制和国家的起源》等经典著作中，所以就"自然而然"地成为中国现代学术话语的一部分，从来没有人质疑这些概念是否适用于中国；很多考古学者都是从教科书或课堂上就学到并开始使用这些概念的，因此似乎也从未有人将其视为不可接受的舶来品。然而与此形成鲜明对照的是，像"游群""酋邦"这样外来的概念却受到了一定的冷落甚至排斥。尽管这些概念的诞生时间也不晚（不晚于60年代），但却是在80年代以后才介绍到国内的，

---

① 尤瓦尔·赫拉利：《人类简史：从动物到上帝》，中信出版集团，2017年。参见该书"第四部分：科学革命"。

由于当时缺乏有关这些社会研究的考古和人类学著述的同步译介，很多人当时、甚至一直到现在也没有完全理解像酋邦这样概念的具体含义及其演变过程（有人就将其理解为与"部落联盟"相类同）。另外，出于某些很复杂的原因，20世纪80年代以后在开放的环境里西方思潮和各种学术思想大量涌入的时候，中国学者对外来事物采取的态度是不尽一致的。比如从80年代后期到90年代前期围绕"新考古学"的争论就可见一斑，尽管其后直到现在中国考古学的发展潮流与新考古学非但没有水火不容，反而有许多相合之处，例如对聚落考古、科技考古、环境考古的重视与发展，对社会演变过程的复原及其动因的解释，等等（同时申明我并不认为中国考古学近几十年只是简单重复了英美新考古学的旧路）。不管怎样，"酋邦"作为介于简单社会和国家之间的一种前国家复杂社会形态，在西方新进化论人类学和考古学中都占有突出重要的地位，几十年来一直是一个非常重要的研究领域；但奇怪的是，在中国日益开放、与西方交流日益增多的情况下，中国学界对酋邦、对西方新进化论提出的社会发展模式，似乎表现出比较淡漠的态度（需说明的是，多年来"社会进化论"或"文化进化论"在西方也饱受争议，一方面缘于其类型化的阶段性进化模式不能覆盖形态多样的复杂的人类社会，一方面被指有种族主义的政治不正确之嫌。然而无论如何，这种模式迄今仍是考察人类社会群体演变的最有效途径或最重要的参照系，有利于人类学、考古学上的比较研究）。无论诸如"酋邦"这样的概念是否适用于中国古代社会、史前中国是否存在这种社会形态，在中国学界都缺少深入的辨析和讨论；现实的局面是要么少数使用者自说自话，要么是简单地弃之不用或视而不见。这是一种很有趣、也是很有意味的现象。这是否意味着中国学术群体的强烈的自主意识和自强心理，即主观上就不愿意接受西方学者提出的现成的理论模式、不愿意拿来简单地套用？可这又如何解释学界对像摩尔根、柴尔德这样学者的热情拥抱？无论如何，我们还是期待中国学者能真正创建出自己的独特学术体系与理论模式，并最终引领世界学术的发展。这方面中国已有少数学者做出了积极的努力。例如苏秉琦先生的"区系类型"学说，以及有关中国文明与国家形成的"三部曲"与"三模式"的理论探索就堪称典范[①]。

---

① 苏秉琦：《中国文明起源新探》，生活·读书·新知三联书店，1999年。

多年来文明起源探索最重要的收获，除了切实地将中国文明起源的时间推进到了 5000 年前，提出了中华文明多元一体、连绵不断、兼收并蓄的特点，更重要的是大大丰富了中国考古学研究的内容，强化了研究的广度和深度，提升了研究水平。文明起源问题的研讨，助推了学者们对中国古代、特别是史前和先秦时期社会的全方位研究，包括对不同区域文化与社会发展阶段的认识，推动了科技考古、聚落考古、环境考古、手工业考古等多学科的发展及整合研究。这些方面的努力使得中国考古学与世界考古学全面"接轨"，某些领域已与世界先进水平比肩或接近。

早在 20 世纪 80 年代前期，夏鼐先生首先提出文明应具有"城市、文字和青铜冶铸技术"三个要素，同时指出最根本的还是政治组织上已进入国家社会；限于当时的条件，他主要是根据殷墟的考古发现提出这几点的，但实际上他关于文明起源的论述又是一个开放的系统，他不但认为二里岗文化和二里头文化（至少其晚期）已经进入了文明阶段，而且指出"文明是由'野蛮'的新石器时代的人创造出来的"①。在随后开展的文明起源大讨论中，"三要素"说的普遍适用性受到广泛质疑，很多人认为中国文明的起源可以追溯到尚未发现文字和大规模金属冶铸的史前晚期，于是一些人提出了各种其他标志，比如高端玉器的广泛使用、礼制的形成，等等。还有学者主张不能机械地理解和套用某些标准，应该从中国的考古材料出发，将文明起源视为一个渐进的过程，着重从"文明化"的角度探讨文明起源，其中严文明先生在一系列有关文明起源的论文中有非常清晰的阐述②。

在时间点上，最初许多学者坚持只有二里头遗址代表的夏王朝才算得上中国文明的开端（少数人特别是国外一些学者甚至认为中国最早的文明只能追溯到商）；后来有很多人认为史前末期的龙山时代已迈进万邦林立或古国时代的文明门槛；还有学者认为中国文明起源可以追溯到距今 5000 年前后，那时的仰韶晚期到庙底沟二期、红山晚期、大汶口中晚期、良渚文化和屈家岭—石家河文化时期已经是文明初现，甚至已经进入普遍文明化的时代了。随着时间推移，重要考古新发现的不断增多和讨论的逐渐深入，

---

① 夏鼐：《中国文明的起源》，文物出版社，1985 年。
② 严文明：《农业发生与文明起源》，科学出版社，2000 年。

近年来很多学者公认以良渚古城为代表的社会已经是早期国家文明了，从而实证了中华文明五千年的说法。但问题是，上述与良渚文化大体同时的其他区域文化是否也算得上是文明了呢？文明起源是否还可再往前追溯到社会分化初期的前国家社会，即仰韶中期、大汶口早期、崧泽文化和大溪—油子岭文化时期？中外学者中都不乏这样的认识，即文明主要指的是文化成就，是文化发展到高级阶段的结晶，而国家是一种社会政治组织，两者不必相等同，因而是有可能存在前国家文明社会的。总之，对这些问题的看法目前还有很大的分歧，都是今后需要我们进一步探讨的。

## 二　关于国家起源

随着文明起源研究的逐步深入，有关中国早期国家起源的重要性也日渐凸显出来，因为两者间有着紧密的关系，在许多人看来甚至就是一回事。不过到目前为止考古界对该问题的专门探讨仍然有限，相比而言史学界关注更多一些。

首先，什么是国家呢？实际上有关国家的定义也是五花八门，政治学、社会学、人类学、历史学都有各自角度不同的定义，但同时学界对国家本质特征的理解又有很大的共同性，可以概括如下：

社会分为不同阶层（阶级），有强制性的公共权力和赋税制度，有专门化的、分工分层的管理机构或官僚体系，有维护秩序与安全的常备武装力量和司法系统，有体现统治者意志的精神信仰或意识形态，整个社会呈现金字塔形的等级结构，另外国家还是超越血缘关系的地缘政体，等等。

在人类学和考古学的研究中，在资料不太充分的时候，常会遇到早期国家与复杂酋邦难以分辨、或对一个复杂的区域政体是国家还是酋邦难以定性的情况，因为复杂酋邦与早期国家存在许多共性，比如社会分层、集中的公权力，强制性的赋税和劳役，统一的神灵崇拜，酋邦间因经常为争夺土地、财富而发生战争，故此也可能会有常备的武力。两者间最直观、最根本的差别也许在于各自的管理体系不同。酋邦主要依靠基于血缘关系的权贵集团进行直接的或间接的分级管理，社会地位和等级的高低一般与酋长关系的亲疏远近直接相关，因此一个酋邦所能控制的地域范围和人口规模不会很大；国家则是由超越血缘关系的专业化的官僚集团或分等级的官僚系统进行治理，往往因分工和分级管理的需要而设置复杂的官僚机构或"政府"，其统辖的地域范围和人口规模理论上讲可以无限大。实际上，早期国家的具体形态又是多种多样的，概括地说，既有多层级管理的广土众民的广域国家（或称地域国家、广幅国家），也有小型的、层级较简单的城邦国家。

那么具体到考古上，从物质遗存方面又该如何区分早期国家呢？这方面有过一些讨论，总括起来可以提炼出如下一些特征：国家应有大型都邑或城市，多层级聚落结构、不同等级的中心聚落，不同等级和功能的公共建筑或设施，不同等级的权贵墓葬，体现国家组织和动员能力的大型公共工程，集中管控并服务于权贵的高端手工业，尤其是应有体现王权或最高权力特征的宫殿、王墓、神庙，等等。

但在实际的考古发现中，早期国家其实很难具备上述各种特征，而常常只是其中某项或几项比较突出。例如两河流域苏美尔早期城邦国家，中心城邑里发现的高等级建筑往往是神庙，神庙不仅是祭祀崇拜中心，而且还常常是政治和经济中心，最高祭司也同时是城邦首领，拥有大量土地并掌管着世俗事务；与之相反，希腊早期爱琴文明时代，城市里最突出的建筑是王宫，王宫是这种城市国家里最高的政治、经济和文化中心，有时还是宗教中心；而在古埃及前王朝末期所形成的早期小型国家里，宫殿、神庙似都已出现。

从世界几大文明发祥地看，早期国家最初大多是小型的城邦或城市国家。有些地区的城邦或城市国家持续时间很长，如美索不达米亚、中美洲的墨西哥盆地与玛雅低地、西非的约鲁巴地区，还有古希腊等；有些地区则在经过短暂的城邦或小型国家阶段之后，很快通过兼并发展成范围很大的广域国家，如古埃及、南美洲的印加帝国，以及古罗马等①。

那么中国的早期国家是一种怎样的情形呢？中国的国家起源又可以追溯到何时呢？

根据考古发现和出土文字资料，早年在谈到中国国家起源时，西方学者只承认到商，甚至是只有殷墟代表的晚商才称得上是国家文明；后来随

---

① 布鲁斯·崔格尔：《理解早期文明：比较研究》，北京大学出版社，2014 年。

着二里头遗址宫殿和宫城、贵族墓葬及铸铜作坊等重要发现的相继问世，国内学者大多赞同二里头代表的夏王朝是中国最早的王朝国家，国际上也有不少人认同。大概从 20 世纪 90 年代开始，伴随着文明起源探索的热潮，一些学者开始把新石器时代晚期视为国家起源的关键阶段，这个时期大约在距今 5000～4000 年之间。

20 世纪 90 年代前期，苏秉琦先生提出了"古国、方国、帝国"的国家起源与发展三部曲①，后来严文明②、张忠培③、李伯谦④等先生都将这一理论模式修正为"古国、王国、帝国"的表述。大家基本公认，"王国"（苏先生的"方国"）指的是夏、商、周这样的王朝国家，"帝国"指的是秦汉及以后的统一国家，但对"古国"却存在不同的理解。很多人认为"古国"即指古文献中"万国林立""协和万邦"中的"国"或"邦"，但"国"与"邦"的含义和性质究竟为何，各家说法不一。一些学者认为古国就是早期国家或原始国家，有人另以"邦国"或"城邦国家"称谓之，且论证有众多城址发现的龙山时代可以称为邦国林立的古国时代。也有人认为"古国"并非国家，而是等同于"酋邦"；在"万邦林立"的龙山时代只有个别"大邦"发展成了早期国家（李民先生对此有过很好的论述⑤）。笔者持后一种观点并有过专门讨论⑥。

那么在史前晚期出现的"大邦"当中，有哪些可以称得上是"国家"社会组织了呢？其中最早被确认的应该是良渚。20 世纪 90 年代后期苏秉琦先生在其《中国文明起源新探》一书中，将良渚文化定性为"方国"，这也

---

①　苏秉琦：《中国考古学的黄金时代即将到来——纪念北京大学创设考古专业四十年》，《中国文物报》1992 年 12 月 27 日；苏秉琦：《北京大学"迎接二十一世纪考古学"国际学术讨论会上的讲话（提纲）》（1993 年）和《国家起源与民族文化传统（提纲）》（1994 年），见于《华人·龙的传人·中国人——考古寻根记》，辽宁大学出版社，1994 年。

②　严文明：《黄河流域文明的发祥与发展》，《华夏考古》1997 年第 1 期。

③　张忠培：《中国古代的文化与文明》，《考古与文物》2001 年第 1 期。

④　李伯谦：《夏文化探索与中华文明起源与形成研究》，《中国古代文明进程的三个阶段》，二篇皆载于《文明探源与三代考古论集》，文物出版社，2011 年。

⑤　李民：《中原古代文明进程中的"万邦"时期》，《中原地区文明化进程学术研讨会文集》，科学出版社，2006 年。

⑥　戴向明：《陶寺、石峁与二里头——中原及北方早期国家的形成》，《夏商都邑与文化（二）——纪念二里头遗址发现 55 周年学术研讨会论文集》，中国社会科学出版社，2014 年；戴向明：《中国史前社会的阶段性变化及早期国家的形成》，《考古学报》2020 年第 3 期。

是他的理论体系中所确定的早于夏商周王朝的史前"方国"的唯一实例，可以说在很多人还认为良渚属于古国或酋邦的时候，苏先生就已经认定良渚是高于"古国"的早期国家了①。同在 90 年代后期就指出良渚社会为国家的还有张忠培先生②和严文明先生③。进入 21 世纪以后，特别是在良渚古城及水坝系统、莫角山宫殿基址、玉器手工业作坊等一系列重要发现相继问世以后④，越来越多的学者赞同良渚已经属于国家形态的文明社会了。与良渚同时和早于良渚的其他区域政体或社会集团，迄今都还没有确凿的证据可以论证为国家的，因此可以说良渚是目前中国境内所能识别出的年代最早的国家组织。2019 年伴随着良渚遗址群申遗成功，良渚作为中国早期国家文明社会似乎也得到了"国际认可"。

除了良渚以外，学界对史前晚期其他区域的社会形态也有所探讨。按笔者的认识，根据现在所知的材料，良渚之后、二里头之前，真正有可能已经形成早期国家的，只有晋南的陶寺和陕北的石峁两个"超级聚落"所代表的社会集团，它们存在的时间主要在距今 4300～3800 年之间。此外在史前晚期出现的"超级聚落"还有长江中游的石家河、上游的宝墩和三星堆、黄河下游的尧王城等，但这些规模庞大的超级聚落所代表的社会群体是否也发展成为早期国家了，至今还缺乏充足的证据可以论证⑤。正如有学者指出，即便是最复杂的酋邦社会也可能会由于各种原因而崩溃或停滞不前，并非所有地区的社会进化都会直线上升并前进到早期国家的。

接下来的问题是，良渚、陶寺和石峁这样的早期国家（笔者称之为"雏形国家"），究竟是像世界其他地区一样为小型的城邦国家，还是一开始就形成了广域国家？对考古学来说，要确定早期国家的疆域范围和组织结构是非常困难的事情。我们知道良渚古城所在的遗址群是良渚文化范围内

---

① 苏秉琦：《中国文明起源新探》，生活·读书·新知三联书店，1999 年。

② 张忠培：《良渚文化的年代和其所处社会阶段——五千年前中国进入文明的一个例证》，《文物》1995 年第 5 期。

③ 严文明：《长江流域在中国文明起源中的地位和作用》，《农业发生与文明起源》，科学出版社，2000 年。

④ 刘斌、王宁远、陈明辉、朱叶菲：《良渚：神王之国》，《中国文化遗产》2017 年第 3 期；浙江省文物考古研究所：《良渚古城综合研究报告》，文物出版社，2019 年。

⑤ 戴向明：《中国史前社会的阶段性变化及早期国家的形成》，《考古学报》2020 年第 3 期。

规模最大、等级最高的聚落群，其他良渚聚落群一般只有一到数处高等级贵族坟山，尚没发现像良渚核心区那样的城址、大型宫殿建筑、大型水坝，即便是贵族墓葬也没有达到像瑶山、反山那样高的规格，而在良渚文化区内又存在高级玉器分配网络和高度一致的"神人兽面纹"所象征的统一信仰系统，因此许多学者都判断在整个良渚文化分布区很可能形成了一个以良渚为都城的统一的"广域国家"。即便保守一点，将良渚国家限定在良渚核心区及其附近的几个聚落群，或者还包括太湖以南的各聚落群，也会形成一个有不同层级的"广域国家"。另外，考虑到良渚作为一个"雏形国家"出现的年代如此之早，良渚文化覆盖的地域范围又很大，一些聚落群之间有较大的、明显的地理间隔，位于太湖东、北面的各聚落群似乎显示出一定独立的态势，也许还不能排除在良渚文化范围内所形成的，是一个各群（或其中的某些群）相对独立自治、同时又以良渚核心区为宗主的"邦国联盟"的可能性。需要强调的是，即便良渚是这样一个"邦国联盟"，但其结构上是主、次分明的，是"大邦"与附属"小邦"的关系，而不太可能是各邦并立、与世界其他地区早期城邦或城市国家相同的那种小型国家。也许，我们可以称良渚这样的国家为"主从式的邦国联盟"。

晚于良渚，出现在黄河中游的两个"雏形国家"，即陶寺和石峁，也有可能是广域国家。陶寺统辖的范围应不小于陶寺文化主要分布区的临汾盆地，这里可以划分出四层聚落等级，陶寺为最高中心，其下至少还有两处次级中心，然后是三、四级聚落，整个区域呈现典型的金字塔形结构，看起来浑然一体，很可能在整个临汾盆地内形成了统一的国家组织；至于近年我们发掘的运城盆地北部特大型聚落周家庄，与陶寺是并峙还是从属关系，需要进一步探究，但这不影响我们对陶寺政体本身的判断。石峁也与其相似，石峁古城为最高中心，据调查其周围也有几处次级大型聚落和众多小型聚落，同样显示出金字塔形的等级结构，石峁国家所能直接统辖的应该是陕北高原上相当广大的一个范围，不过具体边界目前尚难确定；此外，黄河对岸与其隔河相望的山西兴县碧村、白崖沟，以及更远处的内蒙古清水河后城嘴等多处大型石城，它们所代表的区域集团与石峁国家究竟是并峙还是附属的关系，现在也还难以遽下判断。至于陶寺和石峁国家是否也会与它们周边的一些"小邦"形成"主从式邦国联盟"，目前还没有足够的材料可资论证。

总之，距今四五千年前后，在东亚大陆相继诞生的这些早期雏形国家，不管是"主从式的邦国联盟"还是"广域国家"，都不同于世界其他地区那些以一个城市为中心、包括周围若干村镇的早期小型城邦国家，在国家起源阶段就显示出了东方特色，丰富了世界早期国家的形态和类型。

## 三　关于早期中国

与早期国家起源题目下的研究相比，近些年有关"最早中国"或"早期中国"的讨论更加热烈一些。早期中国的含义比较宽泛，但近年考古界的讨论主要集中在早期中国的形成问题上；最早的中国则是特指"中国"的起源，此问题包含在前者之中。这方面的讨论争辩在学界和公众当中都引起了相当多的关注。

首先还是要对"中国"这个概念有个基本界定。定义当代中国当然很容易，要定义历史上的中国还真有点复杂，因为从疆域范围看中国是不断变化的。这里需要强调一个前提，也是预设一个立场，即只有以汉民族、汉文化为主体的王朝或政权才能代表中国。有了这个前提和立场，我们就能梳理出"中国"发展演变的脉络。自秦汉帝国统一，从政治、文化、意识形态、族群构成、主体疆域等方面奠定了中国的基础，以后统一一直是中国历史的大趋势和主要内容；即便有些短期的分裂和沦陷，但中国文明的内核一直得以延续，承载中国文化的"天下"从未失落，因此世人才公认中华文明是未曾中断过的文明。

从秦汉往上追溯是夏商周三代王朝。二里头代表的夏王朝（此点还有些争议），作为三代之首尽管被许多史学家视为可实证历史的开篇，但由于还没有当时文字的自证，后世文献的记载也非常简略，实际上也可划入"史前时代"。再往前是古史传说的五帝时代，神人杂糅、扑朔迷离、真真假假，许多学者认为这个时代或其中的尧舜时期大体与考古学上的龙山时代相对应。从龙山到二里头时代，恰是探讨中原地区乃至黄河流域国家起源的关键阶段。

我们知道，中国历史上一直存在"千古一系""中原中心论""黄河为中国文明摇篮"的传统观念。因为三代以降的各王朝，周秦汉唐直到北宋，各主要时段特别是统一王朝时期，中国的政治、文化中心一直徘徊在从关中平原到环嵩山周围的"大中原地区"；传说中的三皇五帝也主要活动于这个地区（包括晋南），或至少是黄河流域。经过学界多年探索，包括考古学的发现和研究，人们逐渐认识到，古代中国，尤其在文化和族群构成方面，实际上是"多元一体"的格局。但另一方面，我们对"中原中心论"又有新的理解，这种说法在特定时段仍有其合理性。基于上面所说的那些史实以及考古学研究的成果，我们看到从龙山时期往后（距今 4300 年以后）直到北宋，中国历史的发展进程总的看是以中原为中心的；而且需要强调的是，从龙山时期经夏商周三代到秦汉帝国，最终完成对早期中国的整合和统一的还是中原王朝及其构建的文化与族群共同体。然而在此前和此后，却不能说中原就是中国的中心或最发达的区域。从考古学上看，仰韶晚期到庙底沟二期（或称中原龙山早期），黄河下游、长江中下游可能都比中原发达；长江下游的良渚文化更是一枝独秀，作为我们已经论证过的中国最早的国家，无论是其社会组织还是文化成就，都远超同时期其他地区，包括中原。

目前有关"最早中国"的讨论，不论是以陶寺为代表[①]，还是以二里头为代表[②]，抑或以西周为代表，还是其他一些说法，就像有人指出的，都要坚守两个核心概念，一曰"中"即中原，一曰"国"即国家，就是以中原为中心形成的最早国家或最早的广域王权国家才是"最早中国"。这实际上是预设了一个前提、一种立场或一种视角，其背后其实是"中原中心论"。但前文指出，中原中心论的合理性只存在一定历史时段范畴内；而且如果以帝国统一时期的中国疆域为出发点来追寻何为早期中国或"最早中国"，前边各种说法就会遇到问题，就会有不同的认识。我们就可以追问，在中原早期王朝或王国之外出现的那些早期国家，是否属于早期中国、甚至最早中国呢？比如石峁，比如年代比他们都早很多的良渚？

良渚作为目前所知中国境内最早形成的国家，之所以不被很多人认同为早期中国的代表或"最早中国"，除了它远在中原之外，另一个非常重要

---

① 何驽：《陶寺圭尺"中"与"中国"概念由来新探》，《三代考古》（四），科学出版社，2011 年。

② 许宏：《最早的中国》，科学出版社，2009 年。

的原因就是良渚文明不但没有自身文字流传后世，它也没能进入汉语言所记载的古代典籍，没有能够进入以中原为中心的正统王朝系统。由现在所知的汉字鼻祖甲骨文往前追溯，汉语文字肯定起源于中原早期国家形成阶段（假如在甲骨文之前还有更原始的汉字的话），从已知线索看，最早也不会超过陶寺所属的龙山时代。而良渚文明出现年代过早，比陶寺早了一千年，比甲骨文早了二千年，当汉语言文字系统出现、发展成熟并能够记录历史的时候，良渚早已衰落了（不晚于公元前2300年左右）。像其他一些史前区域文明一样，良渚是中国历史上一个失落的文明，完全消失在中国人文初始所记忆的视野之外。因此，当如今良渚作为中国最早的一个国家文明被揭示、识别出来，突然呈现在世人面前的时候，很多人会感到惊奇而又陌生，超出了以往的历史想象；虽然不难认可它是中华文明源头之一，但一时还难以将其同"最早中国"联系起来。当然，如果我们将"最早中国"就限定为狭义的中原王朝，良渚也确实不属于这个范畴。

还有一个问题，如果我们承认良渚是国家，那么最有可能是拥有王权的国家；如果这种王权是世袭传递的，那么良渚不是王朝国家又是什么国家呢？同理，对于陶寺、石峁等代表的早期国家也有这个问题。所以，对于这些缺乏文献记载的早期国家的性质、它们的权力结构和传递方式，都是今后我们需要进一步探讨的问题。

综上，关于早期中国的认识，我们大可不必纠结于"最早中国"这个在学理上很难界定的概念，而是从"中国"作为一个政治共同体，更是作为一个文明共同体的形成过程的角度来观察。这方面恐怕还是首先要回归到苏秉琦老先生，他给出了迄今看来仍然是最有启示性的解说：

"'中国'概念形成过程，还是中华民族多支祖先不断组合与重组的过程"；"从共识的'中国'（传说中的五帝时代，各大文化区系间的交流和彼此认同）到理想的中国（夏商周三代政治文化上的重组），到现实的中国——秦汉帝国，也相应经历了'三部曲'的发展。"

（原载《南方文物》2020年第3期）

# 史前中国的文化基因

## 陈胜前

（中国人民大学历史学院）

讨论这样一个问题多少有点危险，因为搞不好就成了种族主义或是极端民族主义的宣传。塔吉耶夫界定"种族主义"，是认为每个种族都有固有的东西，与其他群体不可通约。而这里把文化看作一种生活方式，是学习与适应的产物，是所有族群都可以共享的。每种文化都有其优势，没有什么不可学习的先天优越性。也正基于此，有关文化基因的问题又是可以讨论的，文化基因论本身也是当代考古学理论中达尔文考古学范式的一个分支，并不是什么学术禁区。最近读尼古拉斯·韦德（Nicholas Wade）的《天生的烦恼：基因、种族与人类历史》①（*A Troublesome Inheritance*：*Genes，Race and Human History*），有些启发。韦德的观点是，既然我们承认人类是进化来的，那么我们就应该承认人类迄今为止一直都在进化之中，而不是在一万年前农业起源之后就停止了。人类当下的存在是过去所有时间在内不断进化的产物，自然也要包括历史时期在内。其进化单位可以是人类整体，也可以是稳定的社会群体。在千百年的历史进程中，基因会产生变化，最终影响到当下的存在。

以犹太人为例，这是一个基因交流相对封闭的群体，即便散播世界各

---

① ［美］尼古拉斯·韦德著，陈华译：《天生的烦恼：基因、种族与人类历史》，电子工业出版社，2015年。

地，其通婚范围仍限于群体内部，尤其是在其人口相对集中的欧洲。犹太人的人口只占现在世界人口的 0.2%，但犹太人获得诺贝尔奖的人数在 20 世纪上半叶占到总数的 14%，下半叶占到了 29%，21 世纪初更是达到 32% 这个令人惊叹的比例。不能不承认犹太人的确聪明。当然，回顾犹太人的历史，就会发现他们并不是一开始就是这么聪明的。犹太人因为受到罗马人的压迫，不得不放弃庙宇祭祀，转而通过读《圣经》来维持群体的认同，由此发展出了较高的识字率。在中世纪欧洲，绝大多数人是不识字的，于是犹太人得以操持需要识字记账的放贷行业。这是一个极为赚钱的行当，有了钱，就可以让子女受到更好的教育。同时商业活动中接触到的人与信息更加丰富，相互激发，于是犹太人就变得更为聪明。因为所谓聪明都是适应与学习的产物，是历史过程中机会与磨炼的结果。

正基于此，我想追溯部分中国文化基因的史前渊源。文化基因是个模糊的概念，它是在文化与生物过程中长期相互作用的产物。它一直在变化之中，并不存在先天的优越性，更不存在永久的优势。史前中国从距今一万多年开始出现农业的苗头，或者称旧新石器时代过渡，中国的华北、长江中下游地区率先出现了谷物农业，形成南北两个农业起源中心。华南地区的旧新石器时代过渡同样开始很早，不过由于自然地理条件的限制（热带气候、土壤、疾病压力等）与新的资源机遇（根茎、水生资源），这里走向了一种依赖根茎种植、水生资源利用与狩猎采集结合的低水平食物生产（low-level food production）。与之类似，东北地区气候寒冷，农业条件不佳，而全新世气候变暖变湿带来利用水生资源的机会，这里发展出一种依赖渔猎的复杂的文化适应。最适合狩猎采集的是西南地区，这里地形变化大，资源多样，狩猎采集持续的时间最长。北方草原地带发展出来一种新的农业形式——游牧经济，解决了如何有效利用草原地带的问题。中国的西北半壁采用的基本都是游牧经济方式，在部分水热条件较好的地方辅之以谷物农业生产。

这是我们从考古材料中看到的变化，史前中国的旧新石器时代转型并不只有一个模式，中国不同文化生态区域的选择并不相同。这其中北方粟黍农业、南方的稻作农业，影响最大，周边地区逐渐接受农业，或与之形成稳定的交换关系（游牧经济不是自给自足的）。中国是农业时代的幸运儿，史前时代温带区域，具有农业起源条件的地方并不多，旧大陆以西亚和中国为代表。中国同时拥有南北两个农业起源中心。历史上面对游牧民族冲击时，南方可以作为缓冲，这也是中国文明五千多年绵延不绝的重要原因之一。中国所在的这片土地，雨热同季，尤其是稻作的产量比较高，能够支持更高的人口密度。当然，它所需要投入的劳动也非常惊人，挖掘沟渠、平整土地、翻耕移栽……小时候的印象，农忙季节，水牛都要累瘦一圈。习惯上说，农业是靠天吃饭，而在农民的心中，最重要的是勤快，唯有勤快，才可能有好的收成。唯有勤俭，才能发家。勤劳是构成中国文化的第一美德。

可以想象上万年的农业历史对中国人的影响。跟狩猎采集相比，农业是劳动密集型的产业。从民族志中可知，农民往往瞧不上狩猎采集者，其中一个重要原因就是狩猎采集者是真正靠天吃饭的群体，他们不会种植，很少储备，日子过得似乎很是自由潇洒，但也少有保障。狩猎采集者之所以不愿意从事农业多因为农业太辛苦，工作单调、繁重，需要长时间等待才有收获。1910 年前后，俄罗斯地理学家阿尔尼谢耶夫带队考察外乌苏里山区，这里居住有中国人、少数民族土著、俄国人、朝鲜人等，是一个相对隔绝的环境，可以考察不同群体的文化特性。他在《在乌苏里的莽林里——乌苏里山区历险记》中说：“中国人的进取精神令人惊讶。他们有的猎鹿，有的挖参……只要有一座房子，便有一种新的营生……只要能使财源不断，他们是不怕花费力气的。”中国人的刻苦耐劳是写在基因里的，这一点也是世界对在外打拼的中国人的印象，这背后无疑有千百年来吃苦耐劳生活历练的影响。应该说，生活于当代的所有人类群体都是吃苦耐劳者的后裔，否则他们是不易度过历史上一次次的生存挑战的，中国文明因为经过漫长的农业文化熏陶，稍稍显得突出一点。

中国文明还有一个文化基因比吃苦耐劳更突出、更稀有，那就是包容。五千多年的文明史，是一部不同文化、不同族群融合的历史，非常幸运的是，中国完成了这一过程。相比而言，欧洲错过了融合的最好时机。生物学家施一公讲过一个故事，说他在瑞典参加一个科学盛会，席间与一位瑞典学者聊天。当时正值中国成功发射了神舟载人飞船，施先生为此深感自豪。瑞典学者颇不服气，说是如果瑞典有中国的规模，早已把五百人送上月球并安全返回了。施先生一时语塞，不知道该如何回答，甚至有几分惭愧。这件事传到网络上，有个网友提出一个非常精彩的回答：请瑞典先解决如何成为中国这样一个规模的问题。瑞典的力量最雄厚的时候也不过在北欧称雄，被彼得大帝打败之后四分五裂。而中国把960万平方千米范围的人们融为一体，不需要祈求神灵（宗教），这是多么伟大的成就！历史上的中国统一局面远多于分裂，这其中文化发挥的作用至关重要。五千多年的文明史中无疑有许许多多的矛盾与冲突，最终都为文化包容所化解。当代世界上许多地方还在为宗教矛盾相对立，中国早在上千年前就解决了这个问题。两千多年前中国开始通过考试选拔人才，打破宗教信仰、阶级出身、血缘世系、地域乡土，还有族群认同上的限制，把差异巨大的社会统合起来。也正因为如此，马克斯·韦伯、弗朗西斯·福山都把中国视为最早的现代国家。

相比而言，欧洲历史上似乎就是四分五裂的，有种观点认为这应该归因于欧洲破碎的自然地理格局。这种说法貌似有理，但禁不起推敲。欧洲大陆地理上的阻隔、生态上的多样性，都远不如中国。欧洲大部分地区地形平坦，河流便于航运，还有海洋交通的便利，地区之间的交流至少不比历史上的中国更困难。倒是将欧洲的离散格局归因于文化基因，似乎要更加合理一点。欧洲继承的是古希腊的文化基因，古希腊文明的特点是城邦林立，各自独立。而中国作为原生文明，早在五千多年前，就开始了中原逐鹿的过程。现有的考古材料显示，第一波文明高潮始于长江流域，以良渚（浙江）、石家河（湖北）为代表；第二波始于北方，以红山（辽西）、石峁（陕北）为代表；第三波高潮才轮到中原。入主中原才能够说真正拥有天下，中国历代政治人物，哪怕是在割据时期，无不心心念念于一统山河，而以偏居一隅为耻。这个历史过程中尽管也包含着无数的冲突，但最终通过包容融为一体。包容给今天的世界留下了一个超大型的文明，包括广大的疆域、巨大的统一市场、丰沛的人力资源，以及丰厚的文化遗产。包容作为一个优秀的文化基因在这个分化对立严重的世界上显得非常珍贵，设若这个世界多一些包容，何至于有那么多的冲突，那么多的流血。

长期的农业历史还造就了另一个关联的文化基因，和平或称平和。中国文化尊崇的道德典范是中庸，所谓"极高明而道中庸"。玉作为代表性的物质很好地表征了中国文化包容与平和的特性。中国是玉文化的故乡，近万年前就开始用玉。玉的特性温润，虽然品质坚硬，但色泽柔和。中国人也喜欢用玉来形容君子之德、女性之美。这一文化偏好在长期的农业社会生活中得到了进一步的发扬。中国农业社会的基础是小农经济，自给自足，对外界的欲求非常有限。农业驯化了动植物，同时也驯化人自身，经过驯化的动物失去了野性，人也如此，有了农业之后，人类才有了文明（civilization），文明的原义就有遵纪守礼的意思。儒家思想反对暴力，"子不语怪、力、乱、神"。中国历史上的战争绝大多数可以分为两类：一类是游牧群体对中原农业社会的劫掠，中原农业政权为防御而战；另一类是农业社会的内部动乱，底层农民受到压迫剥削太重，难以生存，于是揭竿而起。近现代中国社会开始转型，通过社会革命来扭转乾坤；对外战争还是为了抵御外侮，但战争形态还是没有改变。相比而言，美国建国二百余年，只有几年没有战争，不断扩张，从最初十三个州扩充到了五十个州。和平是中国的文化基因，非不得已，中国不会诉诸武力。

漫长的农业生活还塑造了中国人偏好的思维方式或思维习惯，即整体性思维。中国人思考问题的习惯总是先整体而后局部，比如中国人对"战略"一词的定义，就认为它是整体性、全局性的问题；而西方对"战略"的定义就是如何去战胜对手的、非战术的策略（金一南先生语）。整体性思维赋予我们在思考问题时有较好的宏观把握能力，而在微观、中观上较为忽视。考察西方当代社会科学，就会发现他们在中层的理论方法方面做得非常好，很值得我们学习。整体性思维与以分析为中心的近代科学观相矛盾，于是很长时间成了笼统、肤浅的代名词，不过它与后现代的科学观倒是非常契合。后现代科学强调整体性、非线性、混沌、自组织等，中医的精神与之契合。这一思维的根源就是中国漫长的农业生活史，农业是一个自给自足的文化生态系统，它的实质并不是人类在生产，而是人类让动植物生产，农业的成功取决于人与自然的和谐，人类生产与自然节律一致，与动植物的习性一致，与人本身的需求一致，整体性是生存的保证。相比而言，西方所继承的希腊，其农业不是自给自足的，谷物农业与畜牧经济存在固有的矛盾，还需要通过远距离贸易才能满足生活需要，由此更偏向对抗与外求。

中国人还有一个特点是合群，换个说法，就是喜欢扎堆。在国内时，这一特点很少有人会注意，但是一到国外，就会特别引人注目。中国人之好合群甚至可以追溯到三四万年前东亚人与高加索人群分开的时候。中国人中有体臭的很少，按韦德的说法，这可能是因为我们的祖先经常挤在一起，或是为了御寒，或是因为其他原因，体臭者的基因没有留存下来。这个说法有点夸张，可供一哂。上万年的农业生活，强烈的家乡、宗族观念形成一个个关系密切的群体，不合群的人是难以把基因传递下去的。也正因为合群，中国人也就成了世界上最难被同化的族群之一。文化是社会性的存在，因为有社群存在，所以文化不容易丧失。合群影响到中国文化中一个极其重要的基础，那就是集体本位（与整体性思维一致），与西方文化的个体本位形成特别鲜明的对比。家庭是最小的集体，单位是基本的集体，集体是个体行动的目的，大的可以为国家、为民族，小的可以为家庭、为单位（甚至是单位下面的部门）。不过，这一点目前变化比较大，随着工商业的发展，个人经济能力与地位的提高，个人的独立性越来越强，再加上西方文化的影响，年轻一代合群性弱了许多。

作为身处在中国社会中的中国人，我们看自己，不大容易注意自己的特色，也就难以发现哪些是有意义的文化基因。网络上曾经流传哲学家罗素20世纪20年代对中国未来发展的准确预言，将信将疑之中找来罗素的那本《中国问题》（*The Problem of China*）来读。罗素作为一位局外人，对中国社会的观察有一种旁观者的清明。20年代初，他在北京访问讲学一年多，与许多中国知识分子交往，与社会的各个阶层都有接触。他注意到一个我们几乎忘记了的中国特性，那就是雅致！琴棋书画诗酒花，中国人的生活已经为近万年农业社会的历史所积淀的文化意义所渗透。"疏影横斜水清浅，暗香浮动月黄昏。"中国人可以欣赏素墙上梅花的阴影，可以在阴翳中沉醉于若有若无的画像。中国人对美的欣赏是微妙的、细致的，有特别深厚的文化历史底蕴。中国人写诗若不含一些典故，那么就会少许多蕴藉；中国人练习书法，若是没有上溯至古代碑刻名帖之上，笔墨之间看不出联系来，纵然能够把字写得非常工整，也是不会有人欣赏的。中国人的雅致是建立在对深厚历史文化的酝酿之上，仿佛酒一样，越陈越香。这也可以追溯到中国新石器时代先民对玉石的爱好上，玉的美就是含蓄的，含蓄也成了中国审美的特征。如果不是中国文明绵延不绝，我想不可能有积淀深厚的文化意义，也就不可能有如此悠长的回味。因为经历多了，中国文化不屑于那种没有余地、赤裸裸的表述；或者说，中国文化更多强调向内求，所谓克己复礼。中国文化的雅致是含蓄的、微妙的、深厚的。雅致是一个中国正在复兴的文化，也是我们值得发扬的文化。

文化基因是历史的产物，如果你不喜欢"基因"这个词，也可以称之为传统、习惯或偏好。文化不仅仅是人适应的产物，还是人自身选择的结果。人的世界是主动的，不是像动物那样总是顺动或随动（钱穆语），这可能是文化基因论所忽视的地方。选择（包括学习、博弈与决策）仿佛是走有许多分岔路口的道路，选择了一个方向，也就意味着放弃了另外的方向。中国古人因为很早就走上了农业的道路，很早就过着人口稠密的生活，很早就生活在不同文化相互交织的生活环境中，部分原因可能是不得不，部分原因是主动的选择甚至是追求。就像中国人的先祖很早就选择了崇玉，玉也反过来熏陶了中国文化一样。中国文化的至高梦想就是"天人合一"，在这样的思想指导下，后面的许多选择也就顺理成章了。追求人与物的和谐，自然也追求人与人的和谐，包括一个人内心的圆满与平衡，也包括与不同群体或文化交往时的包容与和平。中国文化的基因根源在此，向史前时代的追溯有助于我们理解中国文化的历史与现实。过去数千年中，大部分时候这些文化基因是有利的，近现代则饱受诟病。正当我们即将要将其抛弃的时候，它似乎完成了调整，重新焕发出了生机，与当代社会的发展找到了契合点。旧邦新命，一洗沉疴，令人欢欣。近代以来，我们酷爱刀刀见血的自我剖析与批判，这里换一种视角，或可以平衡一下。即便有读者不能苟同，也或可以理解为一种期望吧。

（原载《读书》2020 年第 7 期）

# 中华文明的宏大进程孕育多元一体、协和万邦的文明基因

李新伟

（中国社会科学院考古研究所）

自 1921 年诞生之日起，中国考古学就肩负起重建被"古史辨"派打破的中国上古史的重任，百年来初心未改，以丰富的考古资料为中华文明5000 多年的悠久历史提供实证。中华文明的形成历程在与《禹贡》九州相当的辽阔地理范围内展开，经历了考古学家苏秉琦提出的"裂变、撞击和熔合"三个阶段，孕育出多元一体、协和万邦的文明基因，为其绵延不断、持续发展壮大奠定了深厚根基。

**区域文化"裂变"催生多元传统**

万年之前，中国先民即开启了南稻北粟的农作物驯化进程。距今8500～7000 年之间，随着农业经济形态的逐步确立和发展，各地史前社会普遍发生"裂变"，基于本地自然环境和文化传统迈出了文明化进程的第一步。

这主要表现为数万平方米的聚落、大型房屋、精美器物、随葬品较丰富的墓葬出现，以及原始宗教的初步发展等。在以黄河流域为中心的磁山—裴李岗文化中，河北磁山遗址发现 80 个有小米遗存的储藏坑，估计可以容纳小米 50 吨。河南贾湖遗址墓葬中随葬音律精准的骨笛、绿松石器和有刻划符号的龟甲等。在长江流域，浙江上山文化的桥头遗址发现了类似

八卦图像的精致陶器；湖南高庙文化遗址的精美白陶器有繁缛的戳印图案，如代表天极的獠牙神兽和维护天极运转的神鸟，具有丰富的宇宙观和宗教内涵，掀起史前时代第一次艺术浪潮，对整个长江流域的宗教传统产生了深远影响。辽河流域的内蒙古兴隆洼遗址形成 3 万多平方米的环壕聚落，内有成排的房屋百余间，中心位置的大型房屋有人猪合葬墓，玉器成为标志身份的饰品，显现出重视宗教权力的社会发展趋势。

距今 7000～6000 年，各地史前文化蓬勃发展。黄河中上游，仰韶文化的半坡类型出现风格鲜明的彩陶，陕西姜寨遗址有壕沟围护，中心为广场，五组房屋环绕分布，表明对亲族关系的重视。黄河下游的大汶口文化早期墓地表现出更明确的等级差别。长江下游的河姆渡文化发现稻田遗迹和丰厚的稻壳堆积，各类器物上的刻划图案同样展现天极神兽和神鸟等元素；马家浜文化墓葬随葬玉器。辽河流域的赵宝沟文化尊形器上有猪龙、飞鸟和飞鹿的精细刻划图像。这些各具区域性特征的"裂变"形成不同的文化传统，为下一阶段各地区"满天星斗"般的跨越式发展和区域间密切互动奠定了基础。

### "撞击"形成"多元一体"的"最初的中国"

"撞击"阶段始自距今约 6000 年前，中国史前时代进入转折期，各地区社会复杂化加剧，苏秉琦定义的"高于氏族部落的、稳定的、独立的政治实体"——"古国"纷纷涌现；同时，区域互动"撞击"密切，形成"社会上层远距离交流网"。

在黄河下游，时值大汶口文化早期晚段，大汶口墓地 M2005 随葬品共有 104 件。长江下游的江苏东山村遗址发现崧泽文化迄今最高规格墓葬，其中 M91 随葬 14 件玉器。在长江中游，湖北大溪文化晚期墓地中等级差别明显。上述三个文化均重视财富、身份和世俗权力的宣示，缺乏宗教仪式用品。黄河中上游的仰韶文化进入庙底沟时期，其核心地带的河南灵宝铸鼎原遗址密集，北阳平遗址面积近 100 万平方米。面积 40 多万平方米的西坡遗址的中心位置为广场，四角有大型公共建筑，最大者占地面积达 500 余平方米。庙底沟社会同样重视世俗威望和权力，但偏重公共设施的建设和集体礼仪活动的组织，并不以奢华墓葬表达个人身份。安徽凌家滩遗址出现祭坛和随葬大量玉器、石器的大型墓葬，07M23出土随葬品330件，包括玉器200件，有长72厘米、重达88千克的玉猪。在辽河流域，红山文化的发展达到顶峰，出现辽宁牛河梁遗址群，在50平方千米内，集中分布着祭坛、冢墓和"女神庙"，大型墓葬随葬玉猪龙和勾云形器等有特殊内涵的玉器。在这两个文化中，宗教权力均明显占有更重要的地位，红山文化更是形成了牛河梁这样的与世俗居住区隔绝的仪式圣地。

中国史前社会在上述多元发展的同时，各地社会上层为获取远方的珍稀物品和神圣知识以宣示自己超越本地民众的特殊能力，努力开展远距离交流，形成连接各主要文化区的交流网络。交流内容包括原始宇宙观、天文历法、高级物品制作技术、权力表达方式、丧葬和祭祀礼仪等当时最先进的文化精粹。这样的交流催生了一个在地域和文化上均与历史时期中国契合的文化共同体，考古学家张光直称之为"中国相互作用圈"和"最初的中国"。至此，中国史前时代形成了"多元一体"式文明演进的宏大格局。

各地区"古国"是否已经对此"最初的中国"形成了某种"共识"呢？答案是肯定的。

踊跃参与区域间交流的社会上层应该采取了亲身远距离旅行的方式，这主要有两个原因：第一，上层交流的内容包括秘不示人的神秘知识，如怎样在特定的地点观测特殊天象，如何食用特殊药品、配合特殊的肢体动作和意念导引进入萨满通神状态等，这些都需要面传身授；第二，对于社会上层来说，跋山涉水、经历不同自然地理和人文环境的长距离旅行是本地一般民众难以完成的英雄壮举，也是提高自己威望的最佳方式。相信他们在每一次远游后，都会以某种方式记录见闻，勾画最初的"山海经"和"九州图"，展示给本地民众。"最初的中国"的地理范围、山川形势和物产人文成为高级知识的重要组成部分和社会上层的必修课，代代相传。经过长时间的积累和传授，各地区自然会逐渐形成对彼此共同拥有的、可以相互交流、可以共享核心文化要素的"最初的中国"的共识。苏秉琦提出的"共识的中国"已经出现，费孝通论述的"自在的"中华民族初步形成。从这个意义上说，我们的统一多民族国家的根源可以追溯到距今5000多年的史前时代，"中华文明五千年"绝非虚言。

### 良渚早期国家的"熔合"式构建

"古国"如"满天星斗"熠熠生辉，各类型政治构想被广泛实践，各地区的"撞击"不断迸发新的火花，造就更具雄心的领导者。距今约5300年时，中华文明的形成进入"熔合"阶段，长江下游的良渚文化成为"熔合"式发展的第一个典型：在更宏大的政治理想的促动下，有目的地借鉴各地区"古国"的兴衰经验和"领导策略"，首次完成了构建早期国家的政治实践。

浙江良渚遗址群为良渚政体的核心区，其中良渚古城分为三重，内城面积约300万平方米，外有郭城，总面积达800万平方米。内城中心为人工堆筑的面积达30万平方米的莫角山，上有数十处大型建筑基址，为中国史前最早的宫殿区。王陵区在宫殿区西侧，大型墓葬随葬精美的玉器、石器、漆器和丝织品，以礼仪性玉钺展示王权和军权，以琮、璧展示宗教权力。周边有规模庞大的水利设施，包括阻挡山洪的土筑水坝和引水渠道，水利调节面积达100平方千米以上。整个古城系统土石方工程总量1005万立方米，在当时位居世界前列。古城内仓储区发现稻谷遗存195吨，附近的茅山遗址发现5.5万平方米稻田，被称作"国营"农场，反映了稻作农业的高度发展和国家对农产品的掌控。古城周围玉器作坊的发现则表明国家控制的特殊物品手工业的发展。良渚文化分布的环太湖地区，聚落等级清晰，以玉器为核心的宗教信仰及礼制系统具有广泛的一致性。因此，学界普遍认为良渚文化已经形成相当于早期国家的高级政体。2019年，良渚古城被列入世界文化遗产名录，表明国际学界对其文明发展水平的认可。

良渚文化主体由崧泽文化发展而来，但反映宇宙观和宗教信仰的玉器明显源自凌家滩文化；玉器上精雕的獠牙兽面又体现出与红山文化的密切联系。以宗教力量凝聚广大区域内社会集团的实践是红山文化开创的，这无疑对良渚社会以宗教权力为核心的早期国家构建产生了示范作用。良渚文化取得的社会发展正是对其前的凌家滩、崧泽和红山社会发展经验充分"熔合"的结果。

### "协和万邦"理想的形成和初步实践

距今4300年前后，良渚文化解体，如一石入水，激起千重波浪。山东、河南和江汉地区的龙山文化社会吸取良渚社会成败的经验教训，在动荡中高速发展，出现大量城址，形成与古史记载契合的"万邦林立"的政治景观。在文献记载的帝尧活动的核心地带晋南地区，陶寺文化采取更广泛的"熔合"策略，完成又一次早期国家的构建。尤为引人注意的是，考古发现显示，陶寺的领导者很可能已经胸怀"协和万邦"的政治理想并付诸实践，其核心内容包括：吸收"万邦"的优秀文明成果，"熔合"为更成熟的礼仪制度；以核心引领者的地位推动"万邦"一体化进程；以"光被四表"式的文化怀柔为一体化的基本方略。

陶寺城址面积近 300 万平方米，近年确认了外城内的宫城及其中的大型夯土宫殿建筑。2002 年发现的贵族墓葬面积约 20 平方米，随葬品超过百件，有漆柄玉钺、漆木杖、玉器等高等级物品，并有殉人 1 名和猪 10 头。2003 年发现天文观测设施，并出土朱书陶文。陶寺遗址具有从燕山北侧到长江以南广大地域的综合体性质：其典型陶器具有山东、河南、江汉、西北和关中地区龙山时代文化因素；玉琮、玉璧和大型厨刀继承了良渚文化的传统；透雕兽面玉佩受到江汉地区后石家河文化的影响；鳄鱼皮制作的"鼍鼓"来自山东龙山文化；铃和齿轮形器等铜器则受到西北地区的影响。陶寺显贵阶层的特大型墓葬中着意展示来自不同地区的仪式用品，可见熔合四方礼仪已经成为陶寺社会上层的领导策略。这种超越良渚社会的"熔合"方略和对自己在万邦中核心地位的彰显，表明陶寺王者已心怀苏秉琦所说的广域一统的"理想的中国"的政治蓝图。《尚书·尧典》中提到的尧分命羲和、羲叔、和仲、和叔宅于四方，"历象日月星辰，敬授民时"，也许不能仅以"传说"视之，而是以天文之名行人文之实的促进各地区一体化进程的政治实践；"协和万邦"和"光被四表"也并非完全是后代的追颂，当时的天下政治态势或为其"真实的素地"。

### 《禹贡》和第一王朝的建立

距今约 3800 年，与夏王朝对应的二里头文化继续实践"协和万邦"的政治理念，完成了具有划时代意义的中国历史上第一个王朝的构建。

在龙山时代，孕育出二里头文化的环嵩山地区没有可与陶寺匹敌的政体，二里头文化大至政治理想蓝图和权力表达方式，小至宫殿建筑技术和绿松石镶嵌技法，都可以在陶寺和其他龙山时代文化中找到可以借鉴的榜样。二里头遗址发现有来自南方的印纹硬陶、鸭形壶和海贝，来自西北地区的青铜战斧和环首刀，来自东方的酒器，后石家河文化风格的玉器，表明二里头王朝的形成并非"禹生于石"那样的"断裂"式横空出世，而如"伯禹腹鲧"，是环嵩山地区龙山社会与各地区在风云际会中激荡碰撞、熔合互鉴的结果。因此，高居二里头宫殿中的王者才能形成胸怀天下的政治理想，以最强大的文化中心的地位，在一个甚至超出九州的地理范围内施展政治、经济和军事手段，获取资源、推广礼仪。在盛产铜矿和食盐的中条山脉及运城盆地、铜矿资源最丰富的长江中下游地区，都发现了包含二里头文化因素的遗址，这很可能与二里头获取资源的努力有关。更有资料表明，为了获取铜和铅，二里头与辽西地区的夏家店下层文化也建立了密切的关系。在以各种方式获取四方的自然和文化资源的同时，二里头文化也表现出强大的文化扩张力和文化怀柔方略，"向四围发射出超越自然地理单元和文化屏障的强力冲击波"，其牙璋等礼器传播四方。

我们今天看到的《禹贡》约成书于战国时期，但正如王国维在《古史新证》中所言，"禹迹"和"九州"之说在商周时期已经盛行。《禹贡》应被视为推进各地区一体化进程的极具中国政治智慧的宣传方案：禹踏遍九州，开山导川，治平水土，"禹迹"所到之处，如文明之光普照，宜居宜耕，物产丰富，成为与蛮荒之地迥然有别的文明世界；禹的英雄功绩和"三过家门而不入"、无私无我、惠民利民的高尚品德，将九州万邦协和为一体；一体的九州由一个像禹一样的圣王统治，四方朝服纳贡也有了充分的理由。文献中关于禹的丰富记载和考古学揭示的二里头文化的"王朝气象"让我们有理由相信：二里头的王者已经具备实施禹一样的政治抱负的政治动机、知识储备和运作能力，《禹贡》的最初版本可能正是他们宣扬其政治理想、辅助其政治实践的作品。

### 独特的中华文明形成道路

两河流域、古埃及、印度河流域和中美地区等世界其他原生文明诞生地的形成空间均不过数十万平方千米，唯有中华文明的形成如此气魄恢弘，在覆盖长江、黄河及辽河流域的面积近300万平方千米的范围内，以多元一体的形式展开。美国学者华翰维把早期国家的形成视为政治实验的过程，其中包括一系列建立王权的尝试。张光直则指出中国的文明发展和国家形成是"靠政治性的措施造成的"。正因为在如此广大的空间中经历了各地区文化的"裂变""撞击"和"熔合"，中华文明才孕育出"协和万邦"的文明基因，产生推动各地区一体化的宏大政治构想。正是在此基础上，周人才能在距今3000多年前就以分封制完成了"普天之下莫非王土"的政治抱负，将"理想的中国"落实为"现实的中国"，创建了人类文明史上第一个多民族统一的政体，此后不断发展壮大，绵延至今。放眼世界，在疆域和理念上略可与之匹敌的古波斯帝国的形成是600年以后的事了，而且转瞬即逝。

　　上述对中华文明形成历程的考古探源清晰揭示，我们的文明在形成之初就孕育了独特的以"协和万邦"理念构建多民族统一国家的基因，解读历史时期中国发展、坚守道路自信的理论框架自应以此为基础。

（原载《光明日报》2020年9月23日）

# "古国时代"

## 赵 辉

（北京大学考古文博学院）

## 一 "古国时代"的提出

根据先秦文献，自夏启始，废禅让，家天下。以后的中国历史就主要围绕着一个中央王朝展开了。考古学资料中能和文献里的夏最大程度地对应的是二里头文化和其都邑二里头遗址①。二里头文化分四期，在二里头遗址上从第二期开始出现了以路网和高墙区隔开来的严格规划的城市、宫城和大规模宫殿建筑群以及从中所见的宫室制度、完备的等级制度、成熟的青铜冶铸业等等②。而源自二里头文化的酒礼器、牙璋之类在岭南、西北、西南、北方都有普遍发现，透露出的它们承载的制度、仪礼等文明因素已然远播四极八荒，这些都显示出一派前所未有的中央王朝的气象。尽管当前学术界对二里头是否能严丝合缝地和夏对应起来还有些争议③，但因为再也找不到能与文献记载更好对应的考古记录了，所以对二里头文化是否等同于文献上的夏的谨慎态度不足以从根本上动摇我们对历史大势的成见。

---

① 中国社会科学院考古研究所：《二里头（1999～2006）》，文物出版社，2014 年。
② 赵海涛：《二里头都邑聚落形态新识》，《考古》2020 年第 8 期。
③ 关于二里头文化和史传夏之关系，学术界有很多讨论。近年来争论的正反两种代表性意见可参见：孙庆伟：《鼏宅禹迹》，生活·读书·新知三联书店，2018 年，387～439 页；许宏：《学术史视角下的二里头"商都说"与"夏都说"》，《中国文物报》2015 年 11 月 20 日。

二里头文化之前，一些地方社会已经发展进入到可以称之为文明的社会阶段，但尚未显露出二里头文化那种王朝气派，也没有像二里头文明那样由商周两朝继承下来和发扬光大。显然，二里头文化是历史的一个重要节点。为了区分前后，我们找到了一个可以和王朝时代"对仗"的说法——"古国时代"①。

"古国"的称谓由来已久，学术界每每因之②。先秦文献中时人回忆上古天下形势时皆言"万国""万邦"。如《史记·五帝本纪》：（黄帝）"置左右大监，监于万国。"（尧）"百姓昭明，合和万国。"《书·尧典》："协和万邦，黎民于变时雍。"《书·大禹谟》："嘉言罔攸伏，野无遗贤，万邦咸宁。"《史记·夏本纪》（禹）："众民乃定，万国为治。"《左传·哀公七年》："禹合诸侯于涂山，执玉帛者万国。今其存者，无数十焉。"《吕氏春秋·用民》："当禹之时，天下万国，至于汤而三千余国。""万"是虚数，言其数量众多。可见有夏之前，"国"是普遍的存在，是地方性的、自治的政体，是参与更广泛社会政治的基本单位。至于黄帝、帝尧是否有能力"监于万国""协和万邦"，这在迄今为止的考古资料中难寻证据，所以存疑。

按照以上的说法，夏之前的中国大地上就已经是列国林立了。进入三代，国这种地方自治政体依然存续着，只是数量逐渐减少。这是中央王朝不断对其翦除、兼并的结果。所以《墨子·非攻下》说："古者天子之始封诸侯也，万有余；今以并国之故，万国有余皆灭，而四国独立。"《战国策·齐策四》也说："……大禹之时，诸侯万国。……及汤之时，诸侯三千。当今之世，南面称寡者乃二十四。"说的就是这个几近两千年之久的过程，同时也说明在王朝之内，众多前朝旧国在三代之中曾经长期保存下了。《诗·大雅·文王》："仪刑文王，万邦作孚。"周初还有"万邦"。它们分

---

① 2015 年 5 月 28 日国务院新闻办公室举办"中华文明探源工程成果发布"会，课题方为发布会提供的新闻稿中正式提出"古国时代"，并以公元前 2300 年为界，将公元前 3300 ~ 前 1800 年的古国时代分为早晚两期。

② 苏秉琦：《辽西古文化古城古国——兼谈当前田野考古工作重点或大课题》，《文物》1986 年第 8 期；苏秉琦：《中国文明起源新探》，生活·读书·新知三联书店，2000 年，129 ~ 168 页；林沄：《中国考古学中"古国""方国""王国"的理论与方法问题》，《中原文化研究》2016 年第 2 期。

散在王畿之外，继续参与王朝的社会政治。当然，三代的情形有些变化。依太史公所言，从夏代开始就有了分封立国的做法。原因是中央势力尚不够强大，通过"封建亲戚，以藩屏周"（《左传·僖公二十四年》）。于是，在王畿内外就有了两套政治结构。王畿为中央政权直接辖治，之外则还是列国并立的旧景观。只不过列国之中有了一些新封国家，与旧国掺杂在了一起。《荀子·儒效》说，周初封建，"立国七十一国，姬姓独居五十三人"。余者按《史记·周本纪》说，还有功勋望族，尤其是神农、黄帝、帝尧、帝舜、夏后氏后裔和殷遗民的封国。这一部分与其说是分封，不如说是被周王室钦定认可的旧国，而未被重新封建或没有载进史册的国，理当还有很多。

有关古国形态的描述，在文献中不多见，且文献所说的究竟为时人对上古的记忆，还是根据对当时既存旧国的来对上古情况的揣测，是很难分清楚的了。但因为有这些旧国存在，相关文献也就不完全是杜撰。所以我们还是能从中揣摩出一些上古情形的。

国字在甲骨文、金文中写作"或"。《说文》段注："盖或國在周时为古今字。古文只有或字。"或字从戈，从口，即人口和武备。后加框为"國"，暗示有了明确的疆域。又据《说文》段注引《周礼》注："古者城墉所在曰国……"也即境内有城。此外，不同的国，很可能还有自己的信仰、仪礼、制度。《史记·鲁太公世家》说伯禽至鲁，"变其俗，革其礼……"太公封于齐，"……简其君臣礼，从其俗……"在仪礼上，封国尚且需要变通，土著国家更不会和姬周一致了。

归纳起来，在先秦人们的眼中，国是由人口、武备和明确疆域以及域内城郭构成的并持有自己的一套仪礼制度的地方政治实体。

国的规模似乎不大。《孟子·万章下》"天子之制，地方千里，公侯皆方百里，伯七十里，子、男五十里，凡四等。"方百里，换算成今天的度量大约是40千米方圆大小，面积和今天中原地区的一县相仿。《战国策·赵策》所说："古者四海之内分为万国，城虽大，无过三百丈者。"按周制，一尺23.1厘米，八尺为丈，则三百丈约为550米。在这里，我们不必太纠结以上两个数据是否准确可靠。文献透露给我们的重要信息是这些国的规模不大，是"小国寡民"（《老子·道德经》）。

## 二　考古资料所见上古的"国"

上古的情形，说到底是要靠考古资料说明的。

### 1. 新石器时代末期"天下万国"的形势

在新石器时代最后的 500 年，也即被叫作龙山时代的公元前 2300～前 1800 年，田野考古于各地普遍发现了城址。在环泰沂山系的山东龙山文化中，目前已经发现城址 11 座①；中原地区的也近此数②；长江中游江汉平原和澧阳平原则已发现近 20 座③；江西抚州地区调查所得 600 多处遗址中，有环壕和城垣的竟达 200 多座④，虽然其中的大多数规模很小，难以和前述动辄几十万乃至百万平方米的城址相提并论，但也可估计其中有若干较大规模，可以称之为城的；成都平原自新石器晚期始有人居住以来，迅速崛起了近 10 座城址⑤；近些年考古发现，在陕北、晋北和内蒙古中南部的河套地区随处可见以石墙围护的聚落，仅陕北境内南抵延川北境就有 300 多座，几乎每条河流流域范围内都有面积百万平方米上下的石城。例如在神木秃尾河中下游 50 千米的河段两侧，就有带石墙的遗址 15 座，其中以石峁古城最大，面积 400 万平方米，100 万平方米以上的还有桃柳沟⑥。山西兴县蔚汾河 50 多千米河流两岸发现遗址 35 座，其中面积近 80 万平方米和超

---

① 孙波：《山东龙山文化城址略论》，《中国聚落考古的理论与实践（第一辑）》，科学出版社，2010 年；栾丰实：《山东地区龙山文化城址的发现和研究》，《丰实考古文集（二）》，文物出版社，2017 年；另感谢王芬先生提供的讲座《连续、转折与汇融——黄河下游地区史前社会的文明化》PPT 资料。

② 魏兴涛：《中原龙山城址的年代与兴废原因探讨》，《华夏考古》2010 年第 1 期。

③ 湖北省文物考古研究所：《湖北史前城址》，科学出版社，2015 年；刘辉：《长江中游史前城址的聚落结构与社会形态》，《江汉考古》2017 年第 5 期。

④ 江西省文物考古研究所等：《江西抚河流域先秦时期遗址考古调查报告（Ⅰ、Ⅱ）》，文物出版社，2015、2017 年；江西省文物考古研究院等：《江西抚河流域先秦时期遗址考古调查报告（Ⅲ）》，文物出版社，2020 年。

⑤ 冉宏林等：《浅析成都平原先秦时期城址特征的变迁》，《四川文物》2014 年第 3 期。

⑥ 感谢邵晶先生告知陕北地区的调查情况。神木石峁遗址自 2011 年被确认为一座龙山时代的大型石城址以来，已发表多篇考古报告，可重点参考：陕西省考古研究院等：《陕西神木县石峁遗址》，《考古》2013 年第 7 期；陕西省考古研究院：《陕西神木县石峁城址皇城台地点》，《考古》2017 年第 7 期。

100 万平方米的石城各一座①。以上资料并不全面详尽。若考虑到考古发现的偶然性和各地田野考古开展的不平衡性，各地城址的实际数量还当不止这些。例如最近几年在陇右庆阳地区、陕北南部的延安地区，都发现了夯土城垣的城址。这种列城林立的景观，正与先秦文献中上古时代天下万国的记忆合节。

### 2. 古国形态

大型城址的周围往往麇集着若干中小型聚落，在形式上是聚落群的中心，故考古学上称之为中心聚落。既为结成一体的群落，天下万国就不仅是天下万城了，而是众多各有其一定地域范围的实体。

山东日照境内南北各有一座龙山文化的城址：两城镇和尧王城②。前者面积 74 万平方米③；近年工作查明，后者是三个紧凑在一起的聚落④，其中一座有城垣，系地位最高的中心聚落，面积约 50 万平方米，稍小于两城镇。两座城址相距约 40 千米，各自周围聚集着一些普通聚落，越是远离中心聚落，聚落就越稀疏，从而在空间上明显分成两群，由此是知，两城镇和尧王城各自有大约半径 20 千米的势力范围。相似情况见于鲁西北，自寿光到章丘一线排开坐落着边线王、桐林、丁公和城子崖四座龙山城址，间距 40～50 千米。城子崖周围普通聚落分布较为密集的范围大约 100 平方千米，再外围明显稀疏，整个聚落群面积约 1000 平方千米⑤。类似的情况也常见于河南中西部、晋南、江汉平原和澧阳平原等平原地区。在地形崎岖起伏的黄土高原，聚落的分布不能摊开，而是往往沿河流分布。一条流域之内，既有普通聚落，也有大型中心聚落。虽然分布形态和平原地区者不同，但内容相同，也即龙山时代的大部分地区，普遍存在着在分布面积几百到上千平方千米、大小不一的、以一座中心聚落为统领的聚落聚群现象。这也许就是上古古国的基本体量。

---

① 王晓毅：2020 年北京大学博士后出站报告。

② 中美日照地区联合考古队：《鲁东南沿海地区系统考古调查报告》，文物出版社，2012 年。

③ 中美联合考古队：《两城镇——1998～2001 年发掘报告》，文物出版社，2016 年。

④ 梁中合：《尧王城：鲁东南史前城址新模式》，《中国社会科学报》2016 年 12 月 22 日。

⑤ 孙波：《聚落考古与龙山文化社会形态》，《中国社会科学》2020 年第 2 期。

接下来要追问的是古国发生发展的过程。

### 3. 古国的形成

新石器时代开始后的相当长时间里，人们的生产力水平不高，生产生活受山川形势的限制，于是在居地的选择上自然会依地理环境的分割，如在一条流域、一块盆地之内，久而久之，形成群落。直到公元前4000年前后，这些散布在各地小环境中的各聚落群内部尚未有明显分化的现象。以关中地区仰韶文化早期为例，这时各聚落面积相仿，3万~5万平方米，以环壕环护，内部的房屋建筑规格、公共墓地内的墓葬大小和随葬品上都看不出显著差别①，总体而言是建立在低水平生产力基础上的平等平均的氏族村落。它们沿渭河和两侧的支流分布，形成一串串的聚落群，呈现的是低分化社会与环境条件高度契合的自然状态。

经过长期缓慢的积累到了公元前4000年或稍晚，农业作为一个生产体系终于在这个时间节点上成熟起来了②，随之导致了以农业为主的文化和社会的空前繁荣。这种情况普遍发生于黄河中游的仰韶文化中期、黄河下游的大汶口文化早期、长江下游的崧泽文化和两湖地区的大溪文化中，进而在原本很少见到人类活动的陕北和内蒙古中南部等地区，遗址数量也有了增加。农业文化拓展其范围和聚落数量增加以及其背后的人口总量大幅度增加，导致原本平等平均的农业社会开启了复杂化进程，并在聚落之间和聚落内部两个维度上发生了。

进入这个阶段，首次在一些聚落群中出现了面积超大的中心聚落，在一众中小聚落中显得鹤立鸡群。这类大型中心聚落或者有多重环壕，或者由高墙深沟环护着。内部的居民人口远多于一般聚落，意味着其中有更复杂的人际关系和维持秩序的各种限制、约束乃至规矩制度。中心聚落内部往往有一般聚落不见的大型建筑乃至单独划分出来的大型建筑区，有一般聚落不见的高规格墓葬，意味着内部居民的阶层分化。这类

---

① 中国社会科学院考古研究所：《中国考古学·新石器时代卷》，中国社会科学出版社，2010年，208~210页。

② 秦岭：《中国农业起源的植物考古学研究与展望》，《考古学研究（九）》，文物出版社，2012年。

聚落往往出土一般聚落很少见到的高端手工业制品，如资源稀缺的玉器、象牙器，精制或特殊的陶器、漆器乃至丝绸之类。一方面表明社会财富集中在此。另一方面也意味着它掌控着这类高端手工业从原料到制作和分配。再一方面表明聚落经济活动中有远多于一般聚落的专业化手工业生产及其产品分配、交换乃至商贸的内容。这又进一步表明聚落居民的构成和来源复杂，不只是从一个血缘关系维系的农业村落自然增殖的结果①。

如一些理论家批评的那样，当前中国考古学的研究中，对现象、过程的描述远多于对背后原因的总结。不过，在聚落群中出现中心聚落的原因的问题上，学术界还是有所关注的。如交通枢要、军事要地，或者独特资源产地，都可能是在此形成中心聚落的原因。山西芮城寺里—坡头遗址②距离晋南盐池不远，又在穿越中条山的交通孔道上，而管控偌大的盐池显然没有扼守住盐的流通通道更容易收益③。又如山东临淄桐林遗址附近有一座小山，是当地唯一的石器原料产地，而在桐林遗址上也发现了以此为原料的大规模石器制造和向外输出成品、半成品的迹象④。孙波先生注意到大多数龙山城址都有一个从小到大的发展过程，显示整个龙山社会比较安定，而其之所以在一个地点不断扩容成中心，原因可能是山东龙山文化的陶器制造等非常发达，势必发展出频繁的交换乃至商贸活动，和管理这些经济活动从中形成了的制度、权力，进而成为社会政治权力的主要来源⑤。张海先生在他即将出版的中原核心区社会复杂化进程的研究著作中则注意到，

①　就目前的考古发现而言，这一时期的中心聚落分化程度最高、社会形态最为复杂的当属安徽含山凌家滩遗址。该遗址的考古发现请见：安徽省文物考古研究所：《凌家滩——田野考古发掘报告之一》，文物出版社，2006年。

②　清凉寺墓地和寺里—坡头遗址隔一条大沟相望，当属同一座聚落。资料请见：山西省考古研究所等：《清凉寺史前墓地》，文物出版社，2016年；山西省考古研究所等：《山西芮城寺里—坡头遗址调查报告》，《古代文明（第三卷）》，文物出版社，2014年。

③　薛新明：《清凉寺史前墓地与运城盐湖的早期开发》，《有实其积：纪念山西省考古研究所六十华诞文集》，山西省人民出版社，2012年；薛新明：《山西芮城清凉寺遗址与潞盐的初期外销》，《东方考古（第12集）》，科学出版社，2015年。

④　北京大学等：《桐林遗址2003年、2005年调查、发掘资料》。

⑤　孙波：《聚落考古与龙山文化社会形态》，《中国社会科学》2020年第2期。

这个地区龙山文化的中心聚落，如郾城郝家台①、淮阳平粮城②、禹州瓦店③等城址中存在大量非本地文化传统的因素，进而对出土人骨的锶同位素和碳氮同位素检测表明，居民中有不同生活习性和指向不同来源的组分，由此推测频繁起来的人口流动和集中，以及由他们带来的经验组合起来，是造就中原龙山城址的主要原因之一，其至也是二里头都邑形成的主要原因之一④。以上给人以相当启发的观点表明了诱导古国形成原因、机制的复杂多样，某种特定的原因可能在某个特定时段或地区成为主导因素，而在其他地区或时段未必如此。我曾经注意到，郑州附近的西山遗址发现了仰韶文化中期晚段的城墙，是迄今所知年代最早的城。但同时期附近的大河村遗址规模远大于西山。这很可能是聚落群内部存在着尖锐矛盾的反映⑤。灵宝西坡⑥和北阳平⑦两处遗址也很可能是类似的关系。这种发生在聚落群内部的矛盾和竞争，可能是中心聚落产生的最初始原因。至于竞争从哪个方面展开，如占有资源还是汇聚人口等，则很可能因时因地而异了。

---

① 河南省文物考古研究所：《郾城郝家台》，大象出版社，2012 年；另据河南省文物考古研究所和北京大学联合考古队 2014 年以来的考古资料。

② 河南省文物研究所等：《河南淮阳平粮台龙山文化城址试掘简报》，《文物》1983 年第 3 期；河南省文物考古研究院等：《河南淮阳平粮台遗址龙山时期墓葬发掘报告》，《华夏考古》2017 年第 3 期；河南省文物考古研究院等：《河南淮阳平粮台遗址 2018 年度发掘简报》，《华夏考古》2019 年第 4 期。

③ 河南省文物考古研究所：《禹州瓦店》，世界图书出版公司，2004 年。

④ 张海：《中原核心区早期社会复杂化的考古学观察——文化与社会的视角》，待刊。

⑤ 赵辉等：《中国新石器时代城址的发现与研究》，《古代文明（第 1 卷）》，文物出版社，2002 年。

⑥ 由河南省文物考古研究院等单位陆续发表了西坡遗址考古工作简报多篇，见：河南省文物考古研究所等：《河南灵宝市西坡遗址 2001 年春发掘简报》，《华夏考古》2002 年第 2 期；河南省文物考古研究所等：《河南灵宝西坡遗址 105 号仰韶文化房址》，《文物》2003 年第 8 期；中国社会科学院考古研究所河南一队等：《河南灵宝市西坡遗址发现一座仰韶文化中期特大房址》，《考古》2005 年第 3 期；中国社会科学院考古研究所河南一队等：《河南灵宝市西坡遗址庙底沟类型两座大型房址的发掘》，《考古》2015 年第 5 期；中国社会科学院考古研究所河南考古一队等：《河南灵宝市西坡遗址南壕沟发掘简报》，《考古》2016 年第 5 期；中国社会科学院考古研究所：《灵宝西坡墓地》，文物出版社，2010 年。

⑦ 河南省文物考古研究院等：《河南灵宝市北阳平遗址考古勘探报告》，《华夏考古》2020 年第 2 期。

### 4. 古国的演进

此前的中国各地，尽管环境条件不同，人们的生产生活内容及其文化有各种各样的差异，但本质上都是以血缘关系为纽带结成的同质的农业村落。当然，它们之间会有一些微小差异，如村落的地理位置优劣、人口规模大小等。随着生产能力提高和社会总人口增殖，这些原本微不足道的差异如同蝴蝶效应一般被放大了，导致了如我们在西山和大河村之间的关系中看到的那样，在聚落群内部的竞争最终导致了整合聚落群的政治行为，并造就了我们称之为古国的聚落形态。古国的产生是上古社会史无前例的新生事物，它作为独立自治的社会单位，内部应该存在更多更紧密的经济、政治的联系，也许还需要借助某种形式和某种程度的军事手段来维持自己的完整和内外安全。随着其壮大，它将与周邻发生愈发频繁的关系，从而开启更高社会层次的政治。关注和了解这一点，可能有助于我们加深对上古农业社会演进发展道路的理解。

但是，我们千万不要天真地认为能够很容易梳理归纳出古国从简单向复杂的线性演进过程的。事实上，在一些地方出现了第一批中心聚落之后的2000多年时间里，各地由中心聚落统领着的聚落群的产生实为有早有晚；有的持续很长时间，有的短暂出现旋即消失，还有的在消失一段时间之后又再度重现；有的产生之后一直维持着中心聚落和一般聚落的二级结构，有的如最近通过媒体为人们所知的"河洛古国"①，则进一步发展出在大小两极之间还有若干中等规模的所谓次中心的聚落，从而呈现出更精致的内部结构。总之，在时间和空间上，古国的发生和发展是个此起彼伏，有涨有落的过程；在社会演进程度上，是高低参差的状态。

不过，在宏观社会政治结构的层次上，我们还是能够看出古国时代的某种阶段性特征的。古国这种政治实体出现之后，一些具有更大实力的古国开始了对邻居的整合。就现有资料，还很难讨论国之间整合的确切开始时间和最初过程，但作为这种政治进程的结果却是毋庸置疑的，即在公元

---

① 2020年5月，郑州市有关单位召开了河南巩义双槐树遗址考古收获的新闻发布会。会上，李伯谦、王巍等专家根据对遗址发掘揭示现象的评价和遗址附近有河洛镇，提出"河洛古国"的叫法。其过程请见新华社官网2020年9月17日电题《回望5300年——"河洛古国"文明溯源》。

前3000年前后建立起来的良渚、屈家岭—石家河文明这样的大型社会。良渚是个超大型的社会，它的核心是面积800万平方米的良渚古城和外围设计巧妙且工程浩大的水利系统。推算下来，良渚古城直接辖治的疆域可达约2000平方千米，大幅超过一般古国的规模①。在良渚文化分布的浙北苏南以及上海这一大片地域内，还有青浦福泉山②、武进寺墩③等若干地方中心。以寺墩为例，这是一处以发现了逼近良渚瑶山、反山最高等级的贵族墓葬而著名的遗址。最近两年的考古进一步确认，寺墩遗址的面积120万平方米左右，很可能也有城墙之类的防御设施。在以它为中心半径20多千米的范围内，散布着数十座土墩，其中如象墩、青城墩、高城墩等多座已经被确认为良渚时期的遗址④。寺墩的系统田野考古工作刚刚开展不久，目前所得仅是很初步的资料。即便如此，从现有的材料中我们还是可以认定这里是一个以寺墩为中心的聚落群，就规模和等级而言，它很像一个缩小版的良渚。类似寺墩的地方中心，在良渚文化范围内还有好几处。在对良渚与寺墩之类的次中心聚落出土玉器的比较研究后发现，后者的玉器大多直接来源于良渚，故而推测良渚与这类地方中心之间的关系不是平等的、各自独立自治的政体，它们之间不仅有着紧密的政治网络的羁绊，还很可能存在着后者对前者的某种程度的隶属关系⑤。

以良渚的大规模社会整合为代表的时段，即公元前3300～前2300年，中华文明探源工程将之称为古国时代的早期阶段。考虑到此前上至公元前4000年间出现了聚落群内部整合，此间聚落群之间的整合是前个时段社会趋势的继续，所以我建议把这个时段也纳入古国时代的范畴，可以叫作古

---

① 赵辉：《良渚的国家形态》，《中国文化遗产》2017年第3期；刘斌等：《良渚：神王之国》，《中国文化遗产》2017年第3期。

② 上海市文物管理委员会：《福泉山——新石器时代遗址发掘报告》，上海书画出版社，2000年。

③ 南京博物院：《江苏武进寺墩遗址的试掘》，《考古》1981年第3期；南京博物院：《1982年江苏常州武进寺墩遗址的发掘》，《考古》1984年第2期。

④ 寺墩遗址的考古于2018年再度开展，订正遗址面积为120万平方米，遗址本体的发掘发现一系列重要迹象。在周围近1000平方千米的调查中发现数十处中小型土墩遗址，围绕寺墩遗址成拱卫之势。以上寺墩考古的最新进展承蒙甘恢元先生见告，以及采自国家文物局"考古中国"重大课题《长江下游地区文明化进程研究》的寺墩遗址考古工作汇报材料。

⑤ 中村慎一：《良渚文化的遗址群》，《古代文明（第二卷）》，文物出版社，2003年；赵辉：《良渚的国家形态》，《中国文化遗产》2017年第3期。

国时代的初期。

从各方面看，良渚社会的政治试验最终还是失败了，约在公元前 2300 年，良渚文化过渡为钱山漾—广富林文化，但文明的辉煌气象却没有了踪影。与此同时淮河以北的广大地区和成都平原的史前社会却开启新一轮大规模整合的政治进程。这其中整合程度最高的当属以神木石峁遗址为中心的大河套地区和以襄汾陶寺①为中心的晋南临汾盆地和运城盆地北部②以及以天门石家河为中心的两湖地区③。相较而言，山东和河南的龙山文化的社会整合显得慢了半拍。山东的龙山文化从大汶口文化脱胎出来的过程中似乎发生过中心聚落的重新配置，河南龙山的情况相似，在当地仰韶文化和龙山文化之间也发生过一次大规模的社会重组。所以这两个地区的社会整合在很大程度上需要在聚落群内部重新来过，还未显露出在更高层次上整合成功的迹象。不过无论如何，史前中国的格局于此刻发生了重大变化，政治活动的繁荣从江南转移到淮河以北的大北方。据此，探源工程将公元前 2300 年以来的 500 年叫作古国时代的晚期。

但需要注意的是，虽然名之为古国时代晚期，却不意味着这个时期社会文明化程度超过了良渚的时代。无论石峁还是陶寺，它的政治进程并非继承于良渚社会，而是在本地文化、社会基础中发生的变化，更像是文明进程从南转移到北的新一轮轮回。不过，仔细比较早晚两个阶段，还是出现了一些新的特征。如古国时代的晚期社会中人群的流动明显增加了，文化间、社会间的交流频度和深度也随之加强，战争暴力现象明显超过过往。尤其重要的是冶铸铜技术和麦类农作物、牛羊家畜这些全新生产力要素在这一时期传入中国④。它们的出现在改变和推进社会进程上产生了巨大作用。以羊为例，我推测，它的出现使得黄土高原无法耕作的深沟大壑变成

①　中国社会科学院考古研究所等：《襄汾陶寺》，文物出版社，2015 年。

②　何努：《2010 年陶寺遗址群聚落形态考古实践与理论收获》，《中国社会科学院古代文明研究中心通讯》，2011 年，总第 21 期。

③　孟华平等：《湖北史前城址》，科学出版社，2015 年；郭伟民：《新石器时代澧阳平原与汉东的地区的文化和社会》，文物出版社，2010 年；刘辉：《长江中游史前城址的聚落结构与社会形态》，《江汉考古》2017 年第 5 期。

④　张弛：《龙山—二里头——中国史前文化格局的改变与青铜时代全球化的形成》，《文物》2017 年第 6 期。

牧场，变成了生产力，石峁的发达也许与之有莫大关系。而青铜冶造技术又使社会上层有了巩固提高自己政治地位的新手段，尤其是三代以来，青铜器在国家政治生活中越发扮演着重要角色，成为"国之大事，在祀与戎"的最重要的道具。

## 三　走向王国

从全局角度看，中原二里头国家的诞生是史前社会文明化进程的第三波次，也是第三次轮回。邹衡先生早就指出，二里头文化并非完全是河南龙山文化的继续，构成二里头文化的许多特征之源头并不植根在本土先行文化中①。文化面貌上的间隔意味着社会在此期间又一次发生了动荡和重组。另一方面，二里头文化起首也仅只局限在豫西一带，不是一支大型的考古学文化。但它的发展迅速，在二里头文化二期就呈现出一系列王朝气象，似乎在快速整合了内部之后迅即建立起一个向外辐射发展的王朝。这是个眼花缭乱的过程，张海先生在其即将出版的著作中就这个过程做了深入分析，我完全同意他的看法。

不过，二里头文化也并非完全是无源之水、无本之木。中原地区自仰韶文化之后进入了持续动荡的时期，大量周围文化因素连同人口涌入，使得中原成为汇聚和搅拌各种先进文化、各种政治经验的水池，从中糅合出了二里头文化。而它诞生之后，进一步把以"中原为中心"的文化趋势推进成社会政治的格局②，开启了三代历史的大趋势。

## 四　小结

从世界范围看，中国有面积最庞大、连成一体的史前农业。尽管东西南北的条件有差，本质上都是同质的农业经济。所以《禹贡》分天下为九州，且把各地的田亩地力和贡赋摆在了第一要位。在这片广大的农业区内曾将散布的都是以血缘为纽带结成的农业村落。它既是血缘的社会集体，也是自给自足的经济单位。为了维持再生产，这种血缘组织自形成之后就

---

① 邹衡：《试论夏文化》，《夏商周考古学论文集》，文物出版社，1980 年。
② 赵辉：《以中原为中心的历史趋势的形成》，《文物》2000 年第 1 期；赵辉：《中国的史前基础——再论以中原为中心的历史趋势》，《文物》2006 年第 8 期。

长期保留了下来，而无论社会分层变化都没有彻底解体，是为数千年中国历史的社会基层。

公元前 4000 年以来，原本因环境而自然分群的血缘村落之间出现了新的政治内容，即整合聚落群为一个更大社会实体——它的形态和历史文献的记忆吻合，所以我们认为这就是文献所谓的国。有迹象表明，古国产生于聚落群内部的竞争，强势聚落从中胜出，也即意味着在若干血缘集体中的胜出。所以，推测古国的领导本质上是家长式的集权。

当聚落群内部的整合达到一定程度，国与国之间就不可避免地发生各种各样的关系和竞争，从而导致了更大规模的也即国与国之间的整合。于是在公元前 3000 多年前诞生了良渚这样的大型地区国家。学术界或将这种大型地区文明称为方国、邦国。但这个称谓是商周中央王朝用之于同时期的周边国家的，借用在史前上古需要小心区别定义。

良渚建立了地区国家之后，各地古国之间进行整合的国家化进程此起彼伏地发生了。就波次来说，分南方和北方两次。所以我们将其划分为古国时代的早期和晚期。就内容而言，则是各地重复着从古国向国家的过程，仿佛一遍遍的轮回。尽管相关的资料不多，但可以推测各地古国向地域国家的过程中，本质上仍是某个在古国整合中胜出的血缘集团进一步扩大自己的势力。这种方式继续指向了集权的政治方向。

第三波次的国家化进程主要是由二里头文化承担的。之所以将其看作一个新时代——王朝国家的开始，与其说是因为二里头文化具有明显超过前朝地域性国家的发展程度，不如说从结果看，历史是从二里头文化开始，开启了以中原为中心的政治进程。

以上，本文概略地讨论了上古广泛存在"国"的起源和发展过程，力求从中看出一些上古历史的逻辑。虽然在讨论中不可避免要涉及古国的社会复杂化内容，但没有在这个方面系统展开，且在大部分场合，我有意避开了文明、国家这样的词汇。因为这方面的讨论相当复杂，不是本文所能容纳得了的。但本文结束之前忍不住还是要补上一句：根据学术界认定的文明标准①，我比较有把握地把良渚这样的大型社会叫作国家。就目前的资

---

① 易建平：《关于国家定义的重新认识》，《历史研究》2014 年第 2 期。

料看，古国极有可能在开始对周邻开展大规模整合的时候，其社会的演进才算到了可以称之为国家的程度——如良渚、石峁，而对数量众多的史前古国中是否有的在没有这个政治前提条件或者行为时也发展进入到国家的程度的问题，我尚无主见。

（原载《华夏考古》2020 年第 6 期）

# 从考古发现看八千年以来
# 早期中国的文化基因

韩建业

（中国人民大学历史学院）

近百年以来，在几代考古学家的艰苦努力下，中国考古学取得了巨大成就，其中一个重要贡献，就是让我们逐渐看清了早在史前时期，就已经形成了多支一体有中心的文化意义上的早期中国，成为夏商周王国以至于我们现代统一的多民族国家的基础。从距今 8000 多年文化上早期中国的萌芽，距今 6000 年左右文化上早期中国的形成，到距今 5000 多年早期中国文明的形成，距今 4000 年以后早期中国文明走向成熟，长达数千年的时间里，早期中国经历了跌宕起伏的连续发展过程，锤炼出了有别于世界上其他文明的特质，成为"中华民族生生不息、长盛不衰的文化基因"。

早期中国及其文化基因的形成，与中国地理环境的变迁尤其是青藏高原的隆起有莫大关系。青藏高原的隆起，不但造成中国相对独立的地理格局，还改变了亚洲地区的大气环流，从两千多万年以来就形成了中国气候的基本格局，夏季东南风为中国中东部地区带来降水，冬季西北风给中国大部地区运来黄土，适量的降水和深厚的土壤，加上中纬度地区适宜的气温，使得中国成为世界上最广大的适合发展农业的地区。早在距今 1 万年左右，中国南方和北方就分别发展出了世界上最早的稻作和粟作农业，距今 8000 多年以后，以黄河、长江流域为主体的"南稻北粟"两大农业体系基本形成。相对独立的地理格局和广大坚实的农业体系，使中国很早就形成了"以农为本"的基本观念，并在此基础上形成了独特的文化基因。

**整体思维，天人合一**

据研究，人类社会曾经普遍存在过一种连续性、整体性的宇宙观，但后来在西亚等地逐渐被"破裂性"的宇宙观所代替，而中国不但始终延续这种整体性的宇宙观，并且将其发扬光大。这可能是因为庞大的中国农业社会对大自然的特别敬畏，或者是中国人因农时之需对天文历法的格外重视。这种整体性的宇宙观，本身就包含了整体思维、天人合一的文化基因。

距今8000年左右，在属于裴李岗文化的河南舞阳贾湖遗址，较大的成年男性墓葬中，就随葬骨规形器、骨律管（骨笛）等被认为可能用于观象授时的天文工具，中国天文学已初步产生。还随葬装有石子的龟甲，龟甲上刻有字符，当与用龟占卜和八卦象数有关。龟背甲圆圜而腹甲方平，或许"天圆地方"的宇宙观已有雏形。在湖南洪江的高庙遗址，精美白陶上出现了最早的八角星纹图案，可能表达了八方九宫、"天圆地方"的空间观念；还有太阳纹、凤鸟纹、獠牙兽面飞龙纹以及天梯纹等图案，结合遗址"排架式梯状建筑"的存在，展现出浓厚的通天、敬天的原始宗教气氛。在辽宁阜新查海及附近遗址，也发现石头摆塑的长龙和獠牙兽面龙纹形象。大体同时期，在浙江义乌桥头、萧山跨湖桥遗址，发现彩绘或者刻划在陶器、骨器等上面的六个一组的阴阳爻卦画或者数字卦象符号，和周易、八卦符号很像，与贾湖的龟占数卜当有密切联系。距今7000年以后，八角星纹、獠牙兽面纹图案在中国大部地区流行开来，表明"天圆地方"的宇宙观及其敬天观念得以大范围扩展传承，比如5000多年前安徽含山凌家滩的"洛书玉版"和兽翅玉鹰，在它们的中央部位也都雕刻有八角星纹图案。另外，在河南濮阳西水坡遗址发现有距今6000多年的蚌塑"龙虎"墓，被认为将中国二十八宿体系的滥觞期提前了数千年。在辽宁凌源和建平交界处的牛河梁遗址，发现距今5000多年的由三重石圈构成的祭天"圜丘"或"天坛"，外圈直径恰好是内圈直径的两倍，和《周髀算经》里《七衡图》所示的外、内衡比值完全相同，被认为是"迄今所见史前时期最完整的盖天宇宙论图解"。

"天圆地方"的宇宙观，以及与此相关的观象授时、天文历法、象数龟占、阴阳八卦、通天敬天等，是一种将天地宇宙、人类万物统一起来的强调普遍联系的整体性的宇宙观，是一种动态而非静止的宇宙观，是一种将原始宗教和数字理性结合起来的思维方式，在后世则被归纳为"天人合一"思想。在这种宇宙观的支配下，我们的祖先对天地自然始终抱有敬畏之心，发展到《周易》《道德经》所代表的尊重自然、顺应自然、适时而为的世界观，阴阳互补、对立统一、变动不居的辩证思维，渗透到每一个中国人的血脉当中，奠定了中国古典哲学的基石，引领了中国文明的发展方向，并产生了深远的、全球性的影响。

**祖先崇拜，以人为本**

农业生产需要一群人在一片土地上长期耕耘经营、繁衍生息，容易产生以共同祖先为纽带的延续性很强的血缘社会。早期中国作为世界上体量最大的农业文化区，形成祖先崇拜、以人为本的文化基因自然是在情理之中。

中国史前墓葬强调"入土为安"，有专门墓地，土葬深埋，装殓齐整，随葬物品，体现出对死者特别的关爱和敬重，应该也是现实社会中十分重视亲情人伦的体现，最早在裴李岗文化中就有突出表现。在河南新郑裴李岗、郏县水泉、舞阳贾湖等许多裴李岗文化遗址，居住区附近都安排有公共墓地，应该是同一群人"聚族而居，聚族而葬"的结果，体现了可能有血缘关系的同族同宗之人生死相依的亲属关系，将《周礼》记载的"族葬""族坟墓"习俗提前到距今 8000 年前。同一墓地分区或者分群，排、列整齐，应该是现实社会中存在家庭、家族、氏族等不同层级社会组织，以及长幼男女秩序的反映。随葬较多特殊物品的大墓多为成年男性，说明一些宗族领袖的地位已经比较突出。同一墓地能够延续一二百年甚至数百年之久，可见族人对远祖的栖息地有着长久的记忆和坚守，体现出对祖先的顽强历史记忆，可能也为后世子孙在这块土地上长期耕种生活提供了正当理由和"合法性"，这应该就是中国人常说"自古以来"的根源所在。裴李岗文化等的土葬、"族葬"习俗，在同时期的世界范围都具有唯一性，和西亚等地同时期常见居室葬、天葬、火葬，流行神祇偶像崇拜、追求灵魂净化的葬俗形成鲜明对照。

　　裴李岗时代形成的族葬、祖先崇拜和历史记忆传统，延续至新石器时代晚期，遍及大江南北，比如山东泰安的大汶口墓地，从距今6000多年到距今4000多年，延续长达两千年之久，始终是分区分群，排列有序。族葬习俗和祖先崇拜传承至夏商周三代以至于秦汉以后，就成为宗法制度、墓葬制度的源头，成为中国历史上宗族社会的根本。因此，祖先的谱系才在文献记载和历史传说中占据核心位置。不管后来社会怎样重组，政权如何变幻，但这种基于祖先崇拜的"根文化"依然长久延续。

　　裴李岗时代的亲情人伦观念，发展到周代前后形成"仁""孝"观念，以及"民本"或"以人为本"的思想。由热爱自己的家人，到国人，到人类，是为大仁；由敬养父母，到传承发展祖宗基业道统，是为大孝。周人有强烈的天命观，武王伐纣的理由就被认为是纣王"自绝于天"，周人心中是否受天眷顾的前提，当为是否"修德"，是否得到民心或者遵从民意，所谓"民之所欲，天必从之"。

### 追求秩序，稳定执中

　　中国超大规模的农业生产，需要超长时间的定居，需要不断调节社会内部秩序以保持稳定，长期以后就形成了追求秩序、稳定执中的文化基因。中国人追求稳定秩序的另一表现，就是在数千年漫长的发展历程中，主体活动范围一直变化不大，基本没有大规模对外扩张的现象。"不为也，非不能也。"

　　早期中国文化是世界上最为稳定、连续性最强的文化，在新石器时代1万多年的历史长河中，文化脉络连绵不断、民族主体前后相承，从未有过中断。陶器是一种简便实用而又容易破碎的器物，中国2万年前就发明了世界上最早的陶器，后来则成为世界上范围最大的陶器流行区，原因就在于早期中国的超厚农业基础和超稳定社会生活。距今5000多年以后的早期中西文化交流，只是将羊、牛、小麦等家畜和农作物传播到中国，并未改变早期中国以稻作和粟作农业为主体的基本生业格局，饲养的家畜也主要是依托于农业经济的猪。距今4000多年欧亚草原以马拉战车为特征的畜牧文化的扩张，对西亚文明、埃及文明、印度河文明等都造成了巨大冲击，在其刺激下也在中国北方长城沿线逐渐形成一条畜牧文化带，但这条文化带的人群构成、文化因素也都主要源于中国本土，从未因此动摇中国文化的根基。早期中国文化的稳定性、连续性特征，一直延续到秦汉以后。

中国最早的斧、锛、凿等石器，主要是建造房屋所用的木工工具，聚族而定居是史前中国最主要的居住方式。早在距今七八千年的时候，就在内蒙古敖汉旗兴隆洼、兴隆沟和林西白音长汗等兴隆洼文化遗址，发现外面围绕壕沟的村落，里面的房子排列整齐，最中央一般有大房屋。这和同时期西亚等地的比较随意的聚落布局有明显不同。距今6000多年，在陕西西安半坡、临潼姜寨、宝鸡北首岭等仰韶文化遗址，也都发现环壕村落，比如姜寨环壕村落有五片房屋，每片房屋当中都有大、中、小之分，大房屋可能是举行祭祀等公共活动的场所，几乎所有房子的门道都朝向中央广场，周边还有公共的制陶场所、公共墓地，看得出当时的社会向心凝聚、秩序井然。距今5000年左右的巩义双槐树遗址，甚至有三重大型环壕，中央为大片高等级建筑区。中国目前所知最早的城址，是距今已有6000多年的湖南澧县的城头山城址，距今5000年以后则遍见于黄河、长江流域各地，这些古城的建造，不仅仅是为了御敌或者防水，还有区分内外、强调"中心"、维护社会内部秩序的功能。如数百万平方米的良渚、陶寺、石峁古城，都是以规模宏大的"宫城"为中心，小而规整的河南淮阳平粮台城址则有中轴大道的发现。中原地区的城址最为方正规矩，这既有平原地区地理特点的原因，也与其更加追求社会秩序有关。此外，从裴李岗文化以来，早期中国各地墓葬普遍排列整齐，在追求社会秩序方面和村落、城址的情况相通。

距今8000年左右兴隆洼文化的房屋，基本都是中央有火塘的方形或者长方形房屋，有的火塘后面还有石雕神像，在追求建筑空间规整、对称的同时，同样存在"中心"观念，这种观念也贯穿整个仰韶文化、龙山文化时期。距今5000多年前河南灵宝西坡遗址数百平方米的宫殿式房屋，中部靠前有神圣大火塘，以四根对称的大柱子支撑。甘肃秦安大地湾遗址最大的建筑，则已初步形成前堂后室内外有别、东西两厢左右对称、左中右三门主次分明这些中国古典宗庙宫殿式建筑的基本特征。甘肃庆阳南佐遗址的前厅后堂式宗庙宫殿建筑，陕西延安芦山峁遗址占地1万多平方米的宗庙宫殿建筑群，布局也都是中轴对称、主次分明。夏商周时期河南偃师二里头、偃师商城和安阳殷墟等遗址的宗庙宫殿建筑，更是规整庄严、秩序井然，尤其陕西岐山凤雏的"四合院"式西周宗庙建筑，堪称中国古典宗庙宫殿式建筑走向成熟的标志，也是西周统治者崇尚秩序、稳定执中的集中体现。

早期中国维持社会秩序的制度性体现，主要为具有自律属性的"礼"，而非外力强加的"法"。"器以藏礼"，礼制的具体表现就是器用制度、宫室制度、墓葬制度等。礼制的特点是柔性自律、朴实节制和刚性规矩、等级差别的结合，是"执中"或"中庸"之道，就如同最有中国特色的玉器，外表温润柔美，但内在无比坚硬。从考古来看，距今5000多年的河南灵宝西坡墓地，大小墓葬等级分明，大墓规模宏大，随葬品很少且成对出现，既体现出墓主人的不同地位，也很节制，反映当时在中原地区已经出现了墓葬制度或者礼制的萌芽。黄河下游地区的大汶口文化、龙山文化等，大墓棺椁成套，随葬品有一定规制，已经有了初步的棺椁制度、器用制度，至西周时期则发展为成熟的棺椁制度和用鼎制度。鼎是早期中国的第一礼器，首先出现于中原的裴李岗文化，距今5000多年在中东部各地已经初步形成以陶鼎为核心的礼器组合，距今4000年以后的夏代晚期在二里头遗址出现铜鼎，在周代不同级别的贵族墓葬中，随葬鼎、簋等礼器的数量有明确规定。

### 有容乃大，和谐共存

以农为本的早期中国文化崇尚秩序、与人为善、爱好和平，"为而不争"。但早期中国地理空间广大，自然环境复杂，有着稻作和旱作两大农业体系，每个体系内部的文化多种多样。要维持大范围长时间的稳定，就必须互相交融、彼此包容，因此就容易形成有容乃大、和谐共存的文化基因。

距今1万年左右的新石器时代早期，根据陶器形态等的不同，中国文化可以划分为五大文化区，后来各文化区不断互动交融，至距今8000多年的时候已经减少到四大文化区，而且这些文化区以中原地区为核心，彼此有了较多联系和共性，有了文化上早期中国的萌芽。距今6000年以后中国大部地区交融联系成一个超级的文化圈，正式形成文化上的早期中国或者"最初的中国"。这个超级文化圈里面的诸文化各有特色，却又具有共性、合成一体，并且以黄河中游或者中原地区为中心，就像一朵由花心和多重花瓣组成的史前中国之花，一直盛开到夏商周乃至于秦汉以后。早期中国的形成和发展过程，也就是各地区人民密切交往、文化不断交融的过程。求同存异，和而不同，和谐共存，是多支系一体化的文化中国维持秩序、稳定发展、绵长延续的秘诀之一。

早期中国各地区文化在发展过程中，随着人口的增多和社会的复杂化，自然避免不了冲突和战争。新石器时代至少有三个时期有过较大规模的战争，表现在箭镞、石钺、石矛等武器的增多，城垣、瓮城、马面、壕沟等防御设施的改进，以及乱葬坑的增多等方面。其中距今5000年和4000年前后的战争，都与气候干冷事件有关，当时北方地区资源锐减，农业艰难，灾害频繁，总体的趋势是北方人群南下，引发战争连锁反应，可结果非但没有造成早期中国的崩溃，反而迅速强化了社会组织动员能力，刺激了中国大部地区先后进入原初文明和成熟文明社会。尤其在距今4000年前后的战争背景下，黄河中游先后出现陶寺、石峁、二里头等数百万平方米的大都邑，汇集了来自四面八方不同风格的玉器、青铜器、陶器等，经整合和"中国化"之后，再次反馈影响到周边地区。比如夏代晚期二里头文化的玉牙璋以及爵、斝等礼器，一度北至西辽河流域，东、南到沿海，西达甘青和四川盆地。再比如欧亚草原主要用以打造兵器和工具的青铜，在夏代晚期的中原地区则被铸造成象征宗庙社稷和社会秩序的铜鼎，并在商周时期广见于各个地方中心。

距今3000年左右长城沿线出现的以青铜兵器和工具为特征的畜牧文化，和中原等地的农业文化形成既对立又交融的关系，进一步锻炼着早期中国坚忍不拔的品格，早期中国得以发展和成熟。中国人深知"兵者不祥之器也，不得已而用之"的道理，文武之道的根本，在于保卫家园、延续基业、传承文明。

### 勤劳坚毅，自强不息

农民是世界上最勤劳坚毅的一类人，他们不像狩猎采集或者游牧民族，工作之余总有一些闲暇时间休息娱乐，农民开垦、种植、田间管理、收割、打碾、粮食加工，饲养家畜家禽，准备粪肥，做各种家庭手工业，除了节日祭祀、婚丧嫁娶，几乎没有空闲的时候。他们一直辛苦劳作，坚持不懈。早期中国有着世界上最大的农业区、最多的农民，容易形成勤劳坚毅和自强不息的文化基因。

中国的水稻栽培1万多年前出现于长江中下游地区，距今9000年以后扩展到淮河流域和黄河下游地区，距今6000年以后已经向华南、台湾甚至更远的地方扩散，距今4000多年以后扩展到四川盆地。中国的黍粟栽培1万多年前出现于华北地区，距今8000多年以后扩散到黄河中下游、西辽河流域大部地区，距今5000多年西进干旱的河西走廊、西南踏上高耸的青藏高原，距今4000多年已经到达新疆地区。史前农业在开拓发展过程中，需要不断适应各种不同的地理、气候和土壤环境，需要克服无数的艰难险阻。

长江流域和淮河流域水源丰沛，但地势低平，洪涝灾害频发，良渚文化、屈家岭文化的先民在长江中下游地区大规模建城筑坝，防水治水，劳动强度很大，更不用说精耕细作的稻作农业所需要的勤劳和耐心。黄土高原虽然土层深厚，但一年中大部分的时间比较干旱，降雨主要集中在夏季，而且自然灾害频繁，所以北方农民必须习惯于忍受干旱带来的生活艰辛，常年面朝黄土背朝天，抓住时机适时播种、及时收割。作为中华文明直根系的仰韶文化，就是黄土高原的产儿，仰韶文化跨越八九个现代省份，前后延续两千多年，集中体现了史前华北先民坚忍不拔、持之以恒的精神。中国农业的发展史，就是中华民族勤劳坚毅、自强不息的奋斗史。

（原载《光明日报》2020 年 11 月 4 日）

# 文明探源的科学性思考

陈　淳

（复旦大学文物与博物馆学系）

当下，文明与早期国家探源是我国学术界的一个热点，特别反映在夏朝之争以及如何认识中华五千年文明的问题上。目前对于一些关键问题的看法往往众说纷纭，甚至针锋相对，特别是中外专家之间的立场判然有别。我觉得，许多争论的产生，不是研究对象有什么难度或多么复杂，而是我们的思路和解决问题的方法存在问题。我们传统的学术训练一直局限于经验性的知识传授，缺乏科学思维和方法论的基本训练，这可能是许多重要问题得不到解决、研究水平难以提高的关键所在。在文明与早期国家探源中，我觉得应该梳理解决这个问题的思路。这需要从科学研究最基本的原理出发，审视我们的研究路径是否正确。本文首先梳理科学研究的一些关键要素，然后思考这些原理和要素对我国文明探源的启示。

## 科学方法的要义

科学是一种或然性研究或置信度的考量。因此，科学研究从不奢谈"真理"，也与信念无涉。科学活动主要是评估观察对象不确定性的范围。人们把自然科学称为硬科学，把社会科学称为软科学，这是因为后者不如前者来得精确和客观，而且容易被主观理解所渗透。社会科学主要是一类寻找含义的解释性学科，很难做到完全客观。而考古学更为特殊，它是从物质文化间接了解过去，因此它的或然性或可信度更低。美国考古学家戈登·威利说:"考古学是一门难以捉摸的学科。任何坚持某种记录绝对可靠的人,很可能是想欺骗别人,也绝对是在欺骗他自己。"

社会科学研究涉及三个关键要素:第一,本体论,是指研究对象的本质和意义。本体论是对研究对象概念化的精确描述,意在了解和描述事物的本质。第二,认识论,有关我们如何认识和了解研究对象,比如观念主义、唯物主义、价值观无涉或科学中立等。第三,方法论,是指用来获取知识的方法与技术,也即采用什么途径可以认识事物的真相和本质。这三个方面涉及研究客体的本质、认识的主观性和客观性,以及达到目的之方法三个部分。其中任何一方面出现问题或有不足之处,研究的科学性就会存在问题。

大部分社会科学研究都是一种比较研究,从对已知的比较来了解无知。特别是考古学,需要从历史学和民族学材料的比较中来了解古代社会与物质文化。比较也包括解释,为何不同原因导致相似的结果,或者表面相似的情况会导致不同的结果。

在我国的文明与早期国家探源中,就科学性而言,这三个方面都存在不足之处。从本体论而言,我们采用的概念往往模糊不清,使用十分随意。从认识论而言,主要依赖直觉的经验主义,缺乏理性主义的逻辑推理和批判性思维。从方法论而言,主要凭借材料和事实的总结与归纳,缺乏透物见人或因果机理的实证分析。

**文明探源的科学性剖析**

在文明与早期国家探源中,我们存在的一个严重的、非常普遍的问题就是概念不清,对讨论对象的本质没有统一的科学定义。如果对同一个术语和概念有不同的理解和解释,那么再热烈的讨论也是"鸡同鸭讲"。在我国文明与早期国家探源中,"文明""国家"和"城市"这几个关键概念并没有得到很好的讨论,在科学定义上学界也没有达成共识。虽然三者之间没有必然的对应关系,但是在讨论文明与早期国家中,这三个概念往往彼此互换,或用某个概念来论证另一概念的真实性。比如,用城市(还有文字与青铜器)作为文明与国家产生的标志,或将文明等同于国家。这三个概念的本质是有区别的,文明一般是指文化、技术和艺术的发展层次,城市是一种聚落形态，而国家是一种政治体制。

　　在概念类比的分析中，我们常用考古学文化来对应族属甚至国家与疆域。大家比较熟悉的类比，就是将二里头文化＝夏文化＝夏民族＝夏国＝一批有特色的器物分布＝夏朝的疆域。实际上，这种类比并非以实证为基础的逻辑推理，而是一种猜测。我们没有办法以一批器物类型特别是陶器为前提，依次推导出夏族、夏国以及夏代疆域等结论。这些概念所指对象的性质不同，彼此无法对应与契合。

　　在认识论上，中国的传统认知途径基本是"求实"，提倡"眼见为实"，信奉"无征不信"。这种传统缺乏现代科学的背景，并没有把探究表象和缘由的因果关系看作一个可用逻辑推理方法予以解决的问题。欧美的文化传统是"求真"，并不满足知道是什么，而是探究为什么。同时，科学认知还强调解释者必须深入到研究对象的外在性与客观性之中，避免把自己的主观性和片面性投射到客观对象之上。

　　在方法论上，我国学者基本上采取经验主义的归纳和描述，缺乏理性主义的逻辑实证分析，也缺少怀疑精神和批判性思维。受国学的影响，我们偏好文献研究，信奉"二重证据法"，强调史料在文明与国家起源中的核心地位，对疑古的科学精神持保留态度。这种研究大多局限在何时、何地与何人的范围，缺乏对文明与早期国家形成动力和过程的探究，知其然而不知其所以然。国际学界把文明与早期国家的探究从社会不平等的源头上考察，将去个人化或制度化的不平等看作社会复杂化的起源；这种制度化的不平等造就了长子继承制世袭不平等的出现，然后是整个社会分层的形成、酋邦社会的出现，而国家的起源则是以酋邦的血缘世袭体制被官僚体制所取代为标志。

### 对我国文明探源的启示

　　现代科学主要是在西欧发展起来的，并可以追溯到古希腊时代。亚里士多德等哲学家将科学方法论作为科学哲学来研究，一直发展到以伽利略和牛顿为代表的近代科学的诞生。科学研究离不开哲学认识论的指导。古代科学方法基本是一种直觉方法或建立在直觉基础之上的思辨方法。而现代科学虽然也凭借直觉，但是也以其他精致方法为基础，单凭直觉会把人引入歧途。中国的传统史学基本上是一种缺乏理论的直觉研究，用张光直的话说，就是"利用史实的选择和描述来表达历史学家对价值系统的主观判断"。这种传统方法的缺陷，表现在分析概念缺乏科学性和严谨性；认识上依赖直觉和经验，难以透物见人；方法上依赖归纳和总结，难以探究事物和现象背后的因果关系。

由于文献和史学导向在我国文明探源的考古学研究中起着关键性的作用，于是造成基本的探索课题都来自文献，缺乏从文化人类学的类比中增进我们对文明与早期国家发展原因和动力的思考。依赖文献也使得许多学者虽然口头承认疑古的历史意义，但是总体上还是将文献批判视为一种负面态度。然而，善思和善疑是科学工作者必须具备的最重要特质，我们对待文献应该具有自己的批判力和思考力，而不是为积累材料而做一个"书呆子"。法国生物学家贝尔纳指出，构成我们研究最大的障碍是已知的东西而非未知的东西，已知的东西会使我们丧失好奇而不再怀疑。

我国文明探源在科学方法上存在先天不足的薄弱环节。一方面，大部分研究只是停留在自说自话的状态，并且对许多重要问题的认识停留在表象分析的层面上，难以深入到因果机理的剖析或提高到对社会规律的认识。另一方面，我们的研究成果难以得到国际同行的认同，无法进行平等的对话。

文明探源是世界性的课题，而民族国家仍然是我们进行比较分析的主要坐标。如何使得具有中国特色的研究成为国际人文社会科学不可或缺的组成部分，是我国文明探源必须思考的重要问题。正如俞可平所言，人文社会科学具有超越国家的普遍原理，离开这些原理，就无所谓科学。言必称三王，行必提尧舜，带着沉重的怀古情结来观察和评判现实，这就是我们传统的思维定式。我们在进行纵向思维的同时，也需要进行横向思维，即跳出自己狭隘的历史经验，虚心学习他人的先进经验。这才能使中国的学术走向世界，使中国的学术智慧成为全人类学术智慧的重要内容。

（原载《中国社会科学报》2020 年 12 月 9 日）

# 玉器时代说

## 吴汝祚　牟永抗

（中国社会科学院考古研究所　浙江省文物考古研究所）

中华大地上最早使用玉器的人们，据目前所知，是兴隆洼文化的兴隆洼遗址和辽宁阜新查海遗址，在七八千年前已经使用了玉器。经鉴定的查海遗址的玉器，全属软玉，可见这时期的人们已能辨别玉石的区别。从此，它以坚强的生命力，给史前人们的思想意识打上了不可磨灭的烙印。中华民族对玉有特别喜爱之情，在《周礼》《礼记》等先秦文献中都有大量的美好记载；在汉文字中，凡是与玉有关的字都含有褒义，明显地在精神生活中占有特殊重要的地位。

我们提出玉器时代后，有学者认为玉器不是生产工具，只是一种装饰品；又只局限于部分地区，缺乏普遍意义。我们认为玉制生产工具的制作方法与玉器不同，而与石器同，只能认为是玉质石器。玉器时代的玉器，并非一般性的装饰品，如冠状饰，并非只是冠的装饰品，从刻琢的图像纹形分析，含有"神"的意义，是巫术活动中必不可少的一种用具。玉器并不是世界各文明古国都有的，这是事实。但它在中华民族的社会生活中占有重要的地位，正如中国的社会发展过程中，既有普遍性的规律，又有它的特殊性，对此，我们必须要有充分的认识。

## 一　玉和玉器

首先说明什么是玉和玉器。玉的矿物学特征是：具有显微纤维结构的透闪石、阳起石系列的矿物集合体。中国古代以美石为玉，《说文解字》：
"玉，石之美，有五德，润泽以温，仁之方也；鰓理自外，可以知中，义之
方也；其声舒扬，专以远闻，智之方也；不桡而折，勇之方也；锐廉而不
技，絜之方也。"而美和仁、义、智、勇的道德观念，属思想意识的产物，
显示了我国古人对玉作为社会道德观念的物化。在这个意义上，它的社会
属性要超过矿物学属性。

玉器，并不是玉制成器物的通称。玉器制作上有"玉不琢，不成器"
之说，"琢"就是以砂为介质的间接摩擦。在琢玉的专用工具——"砣"出
现之前，琢表现在对玉料的剖割（拉丝）成坯过程中的线切刻、锯切割、
管钻等方面。所以，是否经过"琢"，是判别玉器的条件。若是制作方法与
石器一样的，以玉材制成的生产工具，我们只能称它为玉质石器。

所以说玉器需要具备的社会属性的美和德，矿物学上的含义和制作上
的工艺技术，这三者必须联系起来进行分析考察。

## 二　玉器时代

玉器的出现，并非意味着进入了玉器时代。玉器时代还需要具备下列
特点。

### 1. 出现了成组的玉礼器

成组玉礼器的出现，表明当时社会已有了一定的礼仪制度，在人际关
系上有了尊卑、贵贱、亲疏、上下、长幼等的区别，是有了等级的社会。
例如良渚文化的大墓，都埋葬在人工土筑的高台上，高出地面数米，形如
小土山耸立在太湖平原上，相当壮观。当地人民迄今还以墩、山命名，如
余杭的反山、上海的福泉山、吴县的草鞋山、武进的寺墩等，而中小型墓
葬仍埋葬在平地上，两者形成明显的对比，显示了前者高高在上。这种大
型墓地，有的呈长条形或略呈方形的，高出地面约 3~5 米以上；有的呈圆
丘状，微微隆起；随葬玉器前者丰富、精致；后者较贫乏、粗糙。例如良
渚文化福泉山墓葬出土玉器，比浙江余杭反山及瑶山，用玉数量约少一个
数量级，质量也逊色，真玉中杂有少量假玉，不如前者，几乎全是真玉。
但福泉山又明显地高于浙江海宁荷叶地，后者多数墓用玉仅几件，而以管

珠等小件居多，且质量更差，其用玉总量中真假玉约各参半。可见这 3 处良渚文化墓葬代表了 3 个不同的用玉等级，即：

第Ⅰ等级：反山（YFM12）

第Ⅱ等级：福泉山（QFM9）

第Ⅲ等级：荷叶地（HHM8）

当然，还实际存在根本未用玉的第Ⅳ等级[①]。

玉钺是权力的象征，制作讲究。在反山 M14 发现的玉钺柄部镶嵌玉粒，还安有瑞（也称帽）。玉钺柄上安瑞的在反山 M12、M20，瑶山 M7 和福泉山的大墓中都有发现，以此显得豪华、庄重，也是表示其权力的强大，统治的巩固。

良渚文化成组玉礼器的出现，说明社会生产已经达到了相当高的水平，农业生产上了新台阶，纺织、编织、象牙、漆器、镶嵌等手工业生产的产品，都是制作精致，而且有创新。以漆器来说，瑶山 M9 出土一件朱色髹漆高柄杯[②]，是我国史前时期已知的最早漆制用具之一，为中国漆器传统手工业奠立了基础，也从中折射出手工业已走上专业化的道路，使工农之间的差别更趋明显。

### 2. 玉、巫、神三位一体

玉器时代的玉器是一种神器，是巫师通过它来"事神以致福"。如良渚遗址有以中心遗址为核心的大型礼制建筑，在良渚文化中仅见这一处，这可能意味着是大巫才能享有。玉器中的琮，每节上都刻琢简化的神（人）面形纹，是巫师的一种重要神器。这种神器外方内圆，与中国古代天圆地方的思想相结合，是巫师贯通天地的神器，琮上的纹饰是巫师需要借助的力量和表示需要邀请的神，这充分说明了巫通过玉器来表示神的存在。巫就成为神在人间的代言人，是神的化身。故巫师往往又是当时社会上的领袖、统治者。

玉器既是为少数人——巫所占有，为了保持玉器的神秘性、神圣性，

---

① 闻广、荆志淳：《福泉山与崧泽玉器地质考古学研究——中国古玉地质考古学研究之二》，《考古》1993 年第 7 期。

② 浙江省文物考古研究所：《余杭瑶山良渚文化祭坛遗址发掘简报》，《文物》1988 年第 1 期。

玉器的制作权也为他们所控制，形成独占垄断，并出现不同等级的巫，如良渚文化与红山文化的大型礼制建筑的占有者，应是大巫。这类大型礼制建筑每一地区只有一处。所以，大巫在某一地区内只有一人或一个家庭或家族。而上述荷叶地的墓主，只能享受圜丘状土筑高台墓地，随葬的玉器量少质逊，应是小巫。这种圜丘状高台墓地较多，相距数十里即有一处，可见小巫的人数是较多的。而福泉山、草鞋山、赵陵山等土筑高台墓地的巫师，间于上述两者之间。可见良渚文化的这种大巫，也是地区内政治上的最高统治者，下面还有众多小巫，这样一层层的形成"金字塔"式的统治。

### 3. 出现了文字

　　文字的产生，是史前社会发展到一定阶段的产物，当然要有孕育、形成文字的过程。以往以为殷墟发现的甲骨文为最早。其实甲骨文是相当进步的一种文字，不可能是中国最早的文字。有学者认为仰韶文化半坡遗址发现的"彩陶上的那些刻划记号，可以肯定地说就是中国文字的起源，或者中国原始文字的孑遗。""彩陶和黑陶上的刻划（符号）应该就是汉字的原始阶段。"① 最近有学者对良渚文化玉器上的刻划符号进行分析研究，认出"炅""鸟""山""封""燕""冠形称号""眀""珏""目""菱形称号"等14种，"这在数量上已经超过大汶口陶器符号"。"良渚文化玉器符号有些与大汶口陶器符号是一样的，如'炅'、'封'、五峰的'山'等"。"我们将良渚文化玉器和大汶口文化陶器的刻划符号释为文字，仅是一种试验。"②

　　良渚文化的陶器上也有文字，如1930年在《余杭县良渚镇之石器与黑陶》一书中收录了被称为"原始图象"的"文字"。近年来，上海马桥良渚文化遗址发现的1件宽柄杯（B10：11）的底部有两个字③。吴县澄湖的良渚文化的水井中发现的贯耳尊上刻有4个字。更值得注意的是余杭南湖发现

---

① 郭沫若：《古代文字之辩证发展》，《考古》1972年第3期。引文中括号内的文字系笔者所加。

② 李学勤：《论良渚文化玉器符号》，《湖南省博物馆文集》，岳麓书社，1991年。

③ 上海市文物保管委员会：《上海马桥遗址第一、二次发掘》，《考古学报》1978年第1期。

的 1 件黑陶罐上刻有 8 个连续的符号①。李学勤先生对 8 个刻符释为"朱旷戋石，网虎石封"，其义是："朱旷到石地，在石的境界网捕老虎。用网捕方法捉虎，见于甲骨文，如《殷墟文字缀合》387"②，已是属有意义的文句了。

文字的产生，不能就认为已到了文字记载历史的开端，这两者之间既有联系，又有区别。文字开始出现的时候，字数有限，不能记载社会发生的复杂现象，需要经过相当长的时间来创造发展，才有可能用来记载历史。不论怎样，文字的产生毕竟是人类社会发展史上的一个重要转折点，有了少数人专门掌握文字的脑力劳动者，有了脑体不同劳动的区分，是不可忽视的一种社会现象。

### 4. 城市的出现

早在 20 世纪 30 年代发掘山东省章丘县龙山镇城子崖遗址时已发现有城址，当时认为属龙山文化时期。由于有的学者认为殷墟这样规模的发掘还没有发现城址，龙山文化时期哪有城的可能，就把城子崖的城址问题搁置起来。及至 70 年代及其以后，在河南登封王城岗、淮阳平粮台、郾城郝家台、辉县孟庄等后冈第二期文化城址的发现；与此同时在山东寿光边线王、邹平丁公也发现了城址，并且对城子崖城址又进行了发掘，明确了它始建于龙山文化时期，可能不间断地使用到岳石文化时期。30 年代发现的城址即是岳石文化时期的③。这些城址的年代，都在距今 4500 年左右。近年湖南澧县城头山又有重要发现。

发掘表明，城子崖龙山文化城址是平面近方形，面积约 20 万平方米，距今约 4600 年。有学者认为城内遗存丰富，相应的是集中了相当可观的人口。据推测姜寨遗址的"面积约 3.36 万平方米，人口约 500 人左右"，"面积有 11 万平方米的后冈遗址，人口至少有 3000 人左右，如果属实，则城子

① 余杭县文管会：《余杭县出土的良渚文化和马桥文化的陶器刻划符号》，《东南文化》1991 年第 4 期。

② 李学勤：《试论余杭南湖良渚文化黑陶罐的刻划符号》，《浙江学刊》1992 年第 4 期。

③ 张学海：《城子崖与中国文明》，《纪念城子崖遗址发掘 60 周年国际学术讨论会文集》（简称《文集》），齐鲁书社，1993 年。

崖龙山城的人口当有 5000 人以上。"并且认为城内的居民"不是单一的农业生产者。家庭手工业者、巫医、统治者这些非农业生产者和非生产者已占有一定的比例"。还根据城子崖遗址附近 20 千米范围内的调查，发现龙山文化遗址 40 多处，分布密集，大的遗址面积有几万平方米，小的遗址只有几千平方米，其中若干面积较大的，其地位有如今天的乡镇，它们依托着城子崖城址。这些遗址"与城子崖城址形成了鲜明的对照，'都'、'邑'、'聚'的三级社会结构和城乡差别、城乡对立的格局昭然若揭"①。

城市的出现，表明政治、经济、文化中心的形成，呈现出明显的城乡差别、对立，是社会发展到一个重要转折点的标帜之一。

### 5. 出现了以棺椁为葬具和人祭或人殉的习俗

据《礼记·檀弓》记载："有虞氏瓦棺，夏后氏堲周，殷人棺椁，周人墙置翣。"又说："周人以殷人棺椁葬长殇。"从考古发现的资料分析，在大汶口文化后期阶段的晚期，已开始有原始形态的棺椁，如邹县野店大汶口文化的 51 号墓，有原始的框式木椁葬具，椁内有较小的长方形框式木棺②。发展到龙山文化时期，棺椁较普遍的使用，并且开始成为一种礼制，如山东泗水尹家城的龙山文化墓地的 65 座墓葬可分为四类：第一类是大型墓 5 座，两椁一棺仅见 15 号墓 1 座，墓坑面积为 23 平方米许，随葬陶器有鼎、罐、甗、鬶、蛋壳陶杯等 23 件，猪下颌骨 20 块，以及陶质小圆锥体 50 件，在其两端有鳄鱼骨板两堆，共 130 件。根据山西襄汾陶寺遗址发现的木鼓情况③分析，我们推测这 50 件小圆锥体是放置木鼓的，鼓腔两端的鳄鱼骨板是鳄鱼皮蒙在鼓口上的遗留物。这种木鼓也可称为鼍鼓，用鼍鼓随葬的墓，在尹家城龙山文化墓地仅此一墓。一椁一棺的墓有 4 座，墓坑面积约 10 平方米，如 126 号墓随葬陶器有鼎、罐、甗、蛋壳陶杯、壶、盒等 40 多件，多为火候低、陶质软的明器，还有猪下颌骨 20 块和石镞 5 件。第二类是中型墓 24 座，只有一棺，无椁，墓坑面积一般在 5 平方米以下，如 117 号墓

---

① 张学海：《城子崖与中国文明》，《纪念城子崖遗址发掘 60 周年国际学术讨论会文集》，齐鲁书社，1993 年。

② 山东省博物馆、山东省文物考古研究所：《邹县野店》，文物出版社，1985 年，32 页。

③ 高天麟：《黄河流域新石器时代的陶鼓辨析》，《考古学报》1991 年第 2 期。

随葬器物有陶明器鼎、蛋壳陶杯、豆、杯等 25 件，墓主人右手处还有 1 件石钺。第三类是小型墓，无棺椁。第四类为无墓坑的墓①。

由此可知，龙山文化时期已有了棺椁之制，并反映了当时的社会已形成了不同层次的金字塔式的等级。

人祭或人殉表明人与人之间已有了一条不可逾越的鸿沟，被作为人祭或人殉的人，不仅没有社会地位，而且没有生存权，主人对他们有生杀之权。这种人祭、人殉现象，在殷代相当发达，是奴隶社会的主要特征之一。

人殉现象在良渚文化的墓地中已有发现。江苏新沂花厅大汶口文化墓地在 1987、1989 年发掘墓葬 66 座，其中墓坑规模大、随葬器物丰富的大墓有 10 座。这 10 座大墓中，8 座墓有殉人，被殉的大多为儿童、少年。因此，有学者认为人殉已十分通行，"成为固定的习俗或礼仪"，"这一人殉现象为探索奴隶制的发轫，提供了重要例证"②。

### 6. 冶铜业的产生

冶炼金属是体力劳动和脑力劳动相结合的一种复杂劳动，它的产生经过了长期的发展过程。中国人民早已认识到金属的冶炼和陶器的出现有密切的关系，故常以"陶冶"或"陶铸"等来组词，并说明陶在前，冶在后的演变关系。

陶器是把陶土制成容器，放在熊熊大火中加高温，烧制而成的。烧成陶器的陶质与原来的陶土性质完全不相同，起了质的变化，又无法将陶器恢复到原来陶土的性能。这样的变化，我们现代人是司空见惯的事，而史前时期的人们则不同，是第一回遇到的"怪事"，在认识领域内必然要打上一个深刻的烙印，即把物质放在大火的高温下烧，有可能发生质变。陶器的烧制，从平地堆放柴火烧，到采用不密封的陶窑，再到密封的陶窑，可以把温度提高到摄氏八九百度或可到达千度左右，为冶炼金属提供了条件。在铜矿石的认识上，与石器的选料有关。在选择石料的长期认识过程中逐渐辨认出各种岩石的性能，正如阜新查海遗址发现的玉器，说明了在 8000

① 山东大学历史系考古专业教研室：《泗水尹家城》，文物出版社，1990 年，44～68 页。

② 南京博物院：《1987 年江苏新沂花厅遗址的发掘》，《文物》1990 年第 2 期；南京博物院花厅考古队：《江苏新沂花厅遗址 1989 年发掘纪要》，《东南文化》1990 年第 1、2 期合刊。

年前的史前人们，已能区分玉、石的不同，再经过两三千年的时间能认识铜矿石，是完全可能的。只要冶炼铜的技术条件都具备了，必然会产生冶铜业。

红山文化曾发现有铜圈，其后还发现有炼铜用的坩埚，这充分说明已有了炼铜业。到龙山文化和相当龙山文化时期，在较多的遗址内发现有冶炼铜的遗物，尤其是河南登封王城岗龙山文化遗址的灰坑内发现青铜鬶残片，更值得注意。

玉器时代孕育于原始氏族社会时期，当它脱胎而出后，以全新的面貌，超越于民族社会之上，属于更高层次的社会形态。

## 三　玉器时代和青铜器时代

有学者认为石器时代、青铜器时代、铁器时代都是以生产工具来代表当时生产力的发展水平，而玉器时代的玉器，却不是生产工具，主要的是礼器。所以"玉器的大量出现并不能必然地推动生产力的发展"，"大量玉器的生产只能表明社会生产力水平以及制玉技术，已经发展到了相当高的阶段，历史正向着文明时代走来"[①]。

我们认为玉器时代的玉器，与青铜器时代的青铜器的性质是相类同的。青铜器时代的青铜器主要也是礼器，而非生产工具。据对商代的郑州南关外遗址、郑州二里岗遗址、柘城孟庄遗址、辉县琉璃阁遗址、黄陂盘龙城遗址和墓葬、藁城台西遗址、安阳高楼庄遗址、安阳大司空村遗址和墓葬、安阳西区墓葬、罗山天湖墓葬、孟县涧溪遗址；西周的长安张家坡遗址、长安客省庄遗址、长安沣西墓葬、扶风云塘遗址和墓葬、磁县下潘汪遗址等20处的统计，生产工具中石器有铲192件、镰671件、铚262件，共1125件；骨器有铲200件、镰1件、铚35件，共236件；蚌器有铲100件、镰318件、铚235件，共653件；而青铜器只有铲2件、镢2件、锸1件，共5件。由此可见青铜农具的数量甚少，石制农具为青铜农具的200多倍；若以石、骨、蚌器一起统计在内，则为青铜农具的400多倍，更是不成比例了。再看殷商、西周的大墓，如妇好墓等7处，共发现青铜铲17件，其中

---

① 高一龙：《"玉器时代"说商榷》，《文物研究》第八期，黄山书社，1993年。

妇好墓有 7 件；殷墟西北岗 100 号墓 3 件，洛阳北窑墓 2 件，其余的殷墟西区 1713 号墓等 4 处各出 1 件。出土这种青铜铲的墓，除葬具不明的以外，都是有棺椁，或有殉人的大、中型墓葬。其墓主人生前都是当时社会的统治者，是不可能参加农业生产劳动的。那么，他们拥有这种青铜农具做什么用呢？洛阳下窑村 159 号墓的铜铲，报告编写者认为"铲较小，铜质不精，非实用物"①。妇好墓出土的铜铲中，4 件有纹饰，也不可能是真正的农业生产工具，而是这些墓主人生前在春耕时作为象征参加农业生产活动的礼仪用具。有学者称它为参加籍田礼的一种仪杖用具②。因此，可以说"在殷代和西周存在着青铜农具，但绝没有大量使用，农业生产活动中占主要地位的是各种非金属农具"③。这种外形和农具一样的青铜制品是不可能作为劳动者的生产工具，而是统治者的一种礼器④。

殷代和西周是中国青铜器的鼎盛时期，还未见到青铜农具真正用于农业生产上，对整个农业生产工具没有起到影响，没有大的改革，这是历史的事实。另一方面，我们也应看到冶炼青铜的产生，它是脑体结合的复杂劳动，在社会发展上必然是标识着进入到了一个新时期——青铜器时代。青铜器的主要功能，是供统治阶级使用的鼎、尊、罍、瓡、卣等一系列礼器。这与玉器时代的玉器主要是礼器，其性质相类同。玉器的制作也需要经过产地的调查、开发、运输和加工制作出来的成品，也是脑体结合的劳动，只是比冶炼青铜器简单一些。

礼器的产生，对社会生产的发展是有一定的作用，如大汶口文化开始出现的平底瓡形杯—三足瓡形杯—圈足瓡形杯—黑陶高柄杯—龙山文化的蛋壳陶杯。这种蛋壳陶杯，器身一般高约 20 厘米，器壁厚约 0.5 毫米，最薄的仅有 0.3 毫米，确与蛋壳相似，它的重量不到一市两，一有风就容易吹倒、打破。在造型上也很别致，是大盘口、筒形器身、往往伸入高柄内，形成内外两层器壁，与通常日用的陶制器皿显然有别。器壁乌黑而带有光

① 郭宝钧、林寿晋：《一九五二年秋季洛阳东郊发掘报告》，《考古学报》第 9 册，1955 年。
② 杨锡璋、杨宝成：《殷墟发现的青铜铲》，《全国商史学术讨论会论文集》，《殷都学刊》编辑部，1985 年。
③ 白云翔：《殷代西周是否大量使用青铜农具之考古学再观察》，《农业考古》1989 年第 1 期。
④ 格林·丹尼尔著，黄其煦译：《考古学一百五十年》，文物出版社，1987 年，347、348 页。

泽，不仅是代表了龙山文化制陶的最高水平，也是中华大地上史前时期的制陶业中最高水平的代表作，这种礼器是包括巫术活动在内的重大祭祀活动的专用器。巫术的社会功能是求神以致福，要使神致福于人，首先要求得神的欢心，故必须以当时最好的礼品来款待。所以礼器在当时社会生产水平的许可下，充分发挥人的主观能动性，成为最高级的器物。龙山文化的蛋壳陶礼器是这样；良渚等文化的玉礼器也是这样；殷代西周的青铜礼器也是这样；所以，我们说玉器时代的玉器性质与青铜时代的青铜器的性质是相一致的。

至于玉器时代有没有普遍意义呢？我们的回答是没有普遍意义，与青铜器时代一样没有普遍意义。在美洲文明的发展过程中，就没有这个时代。美洲的青铜绝没有像在旧大陆那样重要，因而在美洲完全不可能在普遍意义上使用"青铜时代"的术语。由此可知，青铜时代可以承认，为什么玉器时代又要另眼相看呢？

## 四　中华文明发展过程中的几个特点

中国社会发展的特点，是与中华文明的产生时期的特性联系着的，玉器时代的存在，即是一例。所以，不能把世界各文明古国的产生和发展的具体特点，生搬硬套在中华文明产生和发展的过程上，必须对具体的事物进行具体的分析，才能对中华文明的产生和发展有一个正确的认识。能正确地认识过去，又能正确的看到现在，方能对未来的前景有一个正确的估价。

中华文明产生时期的特点是什么呢？我们认为：

### 1. 血缘关系不因文明的产生、城市的兴起为地缘关系所替代

一般认为在原始氏族社会时期，社会组织的基本单位是由血缘关系组成的氏族，到了文明时代，随着原始氏族社会的解体，产生了早期国家，出现了城市，成为政治、经济、文化的中心。城市是由四面八方不同血缘关系的人组成，地缘关系替代了血缘关系。但是，中华文明的起源，城市的兴起，虽然出现了地缘关系，而血缘关系还是牢固的保存着，如在农村里，常常是聚族而居，有的村落就以姓氏来命名，如李家村、陈家村等等。

在村落里还建立宗祠，也称祠堂，是同一血缘关系的族人祭祀祖先的场所。凡是进入宗祠的人，均以辈分的高低进行编列，以此维护一族人的团结。有条件的，还修族谱、家谱，使其后代子孙了解本族、本家人的历史，以光宗耀祖为目的。最有代表性的是孔、孟两族，前者是儒家的创始人，称为圣人；后者是儒家学说的大力宣扬、推行者，称为亚圣，分别在这两位儒者的出生地曲阜、邹县建立孔（孟）府、庙、陵。孔（孟）府是孔（孟）后代嫡系长子居住的地方，并且还设立为他们管家的各种机构，其中有管孔（孟）族姓所有后代排辈分程序用的字，孔家有昭、宪、庆、繁、祥、令、德、维等。孟家也然。所以凡是姓孔、孟的人，彼此间知其名字，即可知其辈分。

同一族的人聚居的村落，内部立有族长，由德高望重的老年人担任，调解本族人内部的矛盾、纠纷和其他有关的共同事务。这种血缘关系的组织，有利于封建社会的基层统治，因此，一直延续下来而不衰。

**2. 商业、贸易和私有制不够发达**

中国素以农业立国，素来重农轻商，如《孟子·公孙丑下》中说："古之为市也，以其所有易其所无者，有司者治之耳。有贱丈夫焉，必求龙断而登之，以左右望，而罔市利，人皆以为贱，故从而征之。"认为只"以有易无"才是正当的商贸行为，商人则是"贱丈夫"，在这样的思想意识指导下，商业怎能发达起来呢？如以考古发现的良渚文化分析，它与其他考古学文化在经济上、文化上来往的地域十分辽阔，南至岭南的石峡文化，北及红山文化，东达台湾，西至延安芦山峁等遗址都有关系。但进一步分析，如以石峡文化的曲江石峡遗址为例："石峡墓葬出土的玉璧、玉琮、玉瑗、玉玦、玉笄等装饰品以及有肩穿孔石钺和江浙一带良渚文化的大同小异。"[①]玉器在良渚文化时期是神圣的、神秘的物品，是当时居统治地位者和巫师所垄断、占有。所以，玉器的向外传播，与一般器物作为商品的传播不同。它必然要在有着同一信仰的群体间进行，还要有取得玉器的一定步骤，从

---

① 广东省博物馆、曲江县文化局石峡发掘小组：《广东曲江石峡墓葬发掘简报》，《文物》1978 年第 7 期。

而建立起相互之间的某种关系等，才能够传授，以确保玉器的神秘性。因此玉礼器不能作为商品。可能作为商品的在石峡遗址内仅有良渚文化的双鼻壶等为数很少的几种器物。至于延安芦山峁遗址发现的琮等玉器，也应与石峡遗址发现的玉礼器情况相同。由此可见，良渚文化时期的商业还得不到发展。殷代王族需要的物品，据研究主要是通过政权方式获得，即由王室直接经营的产业生产，或由方国、诸侯、贵族纳贡，以赋税的方式提供。只有一些物品，如和田玉、马来半岛的大龟等，可能由交换得来的。贵族所需要的特殊品，主要由其领地内自产的，有余也可投入交换中去，以补充其缺少的物品。至于一般平民间的商品交换，有日用陶器、小件青铜器、玉器、食盐和其他物品[1]。这种商品交换的形式可能由"日中为市"演进到类似其后的集市贸易，还是"以有易无"为主。殷代已有以贝作为货币，一般平民出卖多余的产品，买回其需要的物品。由此可见，殷代的商业经济还是不发达的。

商业得不到充分发展，影响到了私有制的发展，出现了夏商周时期的井田制。《孟子·滕文公（上）》："周人百亩而彻。""方里而井，井九百亩，其中为公田，八家皆私百亩，同养公田，公事毕，然后敢治私事，所以别野人也。"并认为这种井田制的优点是："死徙无出乡，乡田同井，出入相友，守望相助，疾病相扶持，则百姓亲睦。"实质上，井田制下八家私田的人，是有血缘关系的人。把血缘关系保存下来，阻止了地缘关系的发展。另一方面，八家的私有制也受到了限制，正如《孟子·万章（上）》："诗云：普天之下，莫非王土。"

### 3. 礼治是中国古代社会的一种主要的统治形式

成组玉礼器的产生，标志着有了一定礼仪制度，它以礼为核心，规定了人际关系，是统治者进行统治的准则。礼的含义，依照《说文解字》的解释："礼，履也，所以事神致福也"。由此可见，礼的产生与巫术有着密切不可分割的联系，统治者利用"事神致福"的巫术活动，成为人间神的代言人，把统治者需要的言行，转变为神的意志来进行统治。按照神的意

---

① 杨升南：《商代经济史》，贵州人民出版社，1992年，590~596页。

志去行事，就可得福；若有违背神意志的言行，就要受到神的惩罚而得祸，以此来恐吓人民，以巩固其统治。

这种礼制的统治，经夏商周三代，使其日趋完善，乃有专门阐述周代礼制的《周礼》。这部书的成书年代虽晚，并非后人伪托之作。到了秦汉时，法治开始抬头，而礼治仍占有主要的地位，直到唐代六典的出现，才使法治开始占据了主要地位。反映到玉器上，唐代以前称为古玉，图像是以神化了的动物为主体，这就说明了仍是保存着玉的神圣性、神秘性；唐代以后的玉器，它的图像以现实的动植物为主，丧失了它的神圣性，一般都认作为工艺品。玉器性质在唐代前后发生了重大变化。这种变化，是与礼治的衰落相联系着的；另一方面，我们还应看到玉的神圣性的衰落，也加速了礼治的衰退。当然唐代以后，礼治虽然衰落了，但是，礼治的这种思想意识，还是深刻地影响着中华民族的心灵。

### 4. 农田水利灌溉出现的时间较晚，与中华文明的起源接不上轨

当今国外有些学者认为农田灌溉对早期国家的出现，文明产生，起着重要的作用。也有学者持不同意见。有学者研究认为农田灌溉对中美洲的文明起源有着特定的作用。然而中华文明的起源，不论从文献记载上，还是从考古发掘资料上，都没有水利灌溉方面的迹象可寻。近年来，在史前遗址中发现有水井，是否与农田灌溉有关呢？

史前时期水井的发现，以浙江余姚河姆渡遗址第 2 文化层发现的有木结构的水井为最早，距今约 6000 年。黄河流域史前遗址发现的水井，都在龙山文化和后冈第二期文化（也称河南龙山文化）时期，这些水井都在遗址中发现，不是在农田地区内发现，若是把遗址内的井水输送到农田里，不如在农田地区内挖井较为方便。在江苏吴县澄湖 1974 年发现一批良渚文化的土井①，分布比较密集，在井底部发现有取水用的陶罐。罐的形制较小，取水量不多。井水作为农田灌溉之用，一般都使用简易的机械工具取水，如辘轳、桔槔等，此时未见此类工具的蛛丝马迹。

农田水利灌溉与中华文明的起源无缘，那么，史前人们对于农业生产

① 《江苏文物考古工作三十年》，《文物考古工作三十年》，文物出版社，1979 年。

与自然界的关系，采用巫术的手段来进行调节，求助于神力，以神的意志去行事，增强人们战胜自然灾害的力量。所以，巫术活动在中华民族的远古社会生活中，占有重要的地位。直到殷代，还有大量的记载农业生产的卜辞，其中有"很多关于卜雨的卜辞，很多关于求雨于先公高祖及自然诸神的卜辞，而卜辞所表现的帝是施雨的主宰，可见下雨是当时生活中最主要的要求"①。直到中华人民共和国成立前，遇到大旱之年，仍可见到有求雨的巫术活动。

玉器时代作为中国社会发展过程中的一个历史时期的术语，它的开端即中华文明的产生，它上接原始氏族社会，下与夏商周三代连成一体。在这漫长的二千多年的岁月里，可以分为前后两个阶段，前期阶段也可称为玉器—青铜器时期；到了后期阶段，青铜器成为礼器中的首位，玉器次之，所以，这时期也可以称为青铜器—玉器时期。

由此可见，玉器时代的提出，有助于研究中华文明的产生及其以后的社会发展，并能得到比较正确的认识和理解。

（原载《中华文化论坛》1994 年第 3 期）

---

① 陈梦家：《殷墟卜辞综述》，科学出版社，1956 年，523 页。

# 中华龙的母体和原型是"鱼"

## ——从考古资料探索"中华龙"的起源和发展

石兴邦

（陕西省考古研究院）

关于"中华龙"的渊源问题，过去一个时期，特别在红山文化"玉龙"发现后，曾引起学界一阵子热烈的讨论，以考古和古文字学界朋友为多，但仍没有得到科学的结论和较为一致的看法。我在读了有限的论证材料后，深受教益，心有所悟，也想说些粗浅的认识。我想从考古学的文化符号和原始思维的理解来说这个问题。我初步认为：中华龙的原形和母体是"鱼"而不是其他。何以见之？我们可以从下面几个方面来理清它的起源和发展脉络。

## 一 仰韶时期鱼类图像的发展变化

从氏族社会发展时代，即图腾制度较为发达的仰韶文化时期来找它的原型。

我国氏族社会的历史总有 1 万多年的时光，距今 8000 年前后，进入了前仰韶文化时期，开始出现了彩陶，这时多是些符号性质的简单纹饰。距今约 7000 年，进入了仰韶文化时代，是氏族社会的发展时期，图腾制度流行，彩陶纹饰以标示图腾符号和事物的图像发达起来，成为这一时期的突出特征。

仰韶文化的半坡时期（距今 7000～6000 年）是中国彩陶文化的发展阶

段①，彩陶纹饰以像生性的动物花纹为主，种类有鱼纹、鹿纹、鸟纹和蛙纹等，都很象形逼真。其中以鱼纹为主体，十分发达，是图腾制度的繁荣时期。鱼类图像，根据图形观察有四五种，我曾携带这些图像向西北大学生物系老师请教，他们可以指明的有三种鱼，即鲤鱼、鲟鱼和食肉鱼。其实从各遗址彩陶花纹中可以搜集到五六种不同鱼类图像。我们对这些鱼类图像作了全面的形态学的比较研究，探索出这些鱼类图像发展变化的规律和美学特点，基本搞清了它们存在的社会功能和意义。

（1）在半坡时期，是鱼类图像出现和变化多样化的时期，由于我们所获标本是一个聚落多层次长时期的堆积，所以所获标本较为全面，有初级阶段的像生形的图像，也有不同阶段形态的典型化的图案化形状。我们根据不同鱼形和相应的图案化特点，分组、分类作了地层学、类型学和形态学等的组合和变化，作排比、分析和研究，制定出它们的演变图式和发展规律及组合体系，符合史学和美学的科学发展观以及理念和实际。我在《仰韶文化的彩陶纹饰辩证的发展过程及其源流的考察》一文中，作了较全面的阐述，这里不再重述。

（2）由生动的鱼形图像到规律的图案化，经过了六七百年的时间变化，到仰韶文化发展时期的庙底沟文化时代（距今 6000 年左右），鱼的图形完全图案化。由于器物形制的发展变化适应这种发展的美学要求，纹饰的图标和结构也发生了变化。也许还因为社会的发展，导致社会结构和意识形态的变化也是纹饰变化的因素之一，便由直线、三角、圆点而演变成弧线三角、弧边三角和圆点组成更加繁复而结构和谐的花纹，由原来的二方连续而组成环绕器壁形成的连续一条带状的纹饰环绕器壁，十分华丽动人。这是仰韶文化最发达的时期，也是中华文明出现的前夕。

这时在黄河、长江的中下游，除仰韶文化外，周围地区发展形成几个文化区，即雁北区、燕辽区、海岱区、江浙区、两湖区、巴蜀区、甘青区，各有相应而发展起来的地区性的文化类型，即红山文化、大汶口文化、马家浜文化、大溪文化、金沙文化和马家窑文化，以仰韶文化为主体和核心

---

① 在我接触的艺术家中，钱志强同志是最早，也是对仰韶文化彩陶艺术最下功力研究，并且取得成果最多的同志，在艺术界和美术考古界有很大影响，我在本文中所引理论与实践成果，有些是从他的论著中取得的启发和借鉴。

而形成紧密联系的文化结构分子式，形成中华原始文化共同体。

这是仰韶文化的发展时期，由于文化的发展和融合，使仰韶文化的因素渗透融合到周边诸氏族部落文化之中。无疑，仰韶文化也融混有其他各文化的因素，只不过其表现与方式和类别不同而已，读者从仰韶鱼纹在各文化传统中的体现情况，就可知其关系之密切和重要了。

## 二　仰韶人对鱼的崇拜

仰韶文化的早中期，对鱼的崇拜相当发达，其中人面鱼纹具有图腾崇拜的含义："寓人于鱼"，鱼人融为一体。在古代社会所留的史迹中，人与动物的融合造型，多是与原始图腾信念有关，图纹中动物肖像的人形造像和形态，多是表现神话中或传说中的祖先形象，这是世界各地共存的现象。每一个鱼纹图饰，我们都可以把它解释成部落神或氏族神，是所代表氏族部落的标帜，是当时社会相当普遍的有典型性的一种意识形态和制度。

从仰韶文化彩陶艺术所体现的意识形态方面种种迹象看出，当时对"鱼"的崇拜和奉祀是很发达的，不少绘有鱼纹的陶器是"神器"。郭大顺同志说："据研究，仰韶文化中的众多彩陶器，原本并非实用器，是神职人员（巫师之类的人物）在祭祀时使用的，具有专用神器性质，而龙纹图案在红山文化彩陶器中出现，可以进一步证明彩陶器本为神器的观点。"的确，我们在半坡发现这类器物多是在埋葬小孩的瓮棺上，也印证了这种观点。

关于半坡人与鱼的关系和崇拜，钱志强先生作了符合原始思维的精辟论述：人们捕鱼是出于生存的实用目的，而崇拜是一种激烈的、狂热的敬仰情绪。对鱼崇拜的心理基础就是对鱼的感恩戴德，这是鱼图腾集团人们长期依赖鱼类生存的心理反映。人类不同于动物的重要特征之一，就是人类具有动物所不具有的思维能力和感情活动。这种感情与心理活动不能不受对象物形象的规定和制约，正是这种心理和感情在世代相传和相互交流的共鸣中逐渐形成了对鱼崇拜的心理基础。正如费尔巴哈所说的："人本来并不把自己与自然分开，因此也不把自然与自己分开，所以他把一个自然对象在他们自己身上所激起的那种感觉，直接看成了对象本身的性态。有益的、好的感觉和情绪，是由自然的、好的、有益的东西引起的；坏的、有害的感觉是由一个恶的东西，或者至少由坏心、恶念、愤怒等状态下的自然引起的。因此人们不由自主的、不知不觉地将自然的东西弄成了一个心情的东西，弄成了一个宗教的、祈祷的对象了。人便自然同他的心情同化，使自然从属于他的情欲，这样，他当然就把自然弄成顺从他、服从他的了。"在人类的生命生存活动不得不更多地依赖于自然的远古时代，那些与人们生存生命相关的自然现象，特别是人们赖以生存的动物或植物，当时的人们不能不那样对待它。人们感激它，同时也依自己的经验、以人的认识水平对待它的形态、活动及与人们的关系进行假设的思想，其结果只能把人们自己的心理态度、感情、愿望加到动物身上，这种动物就成了与人有同样感情和心理的动物了，人们衷心崇拜它以达到自己集群的目的。

另一方面，除了人们由于为生存依赖而产生的感激之情外，对鱼的神奇功能的惊异与赞颂也是产生崇拜的诱因之一。鱼虽然没有长牙利爪可以出没于山谷之中，呼啸于密林之中，也没有鸟儿的双翼翱翔于蓝天白云之间，但它却有自由悠游于江河大海之中的神奇本领。这就使人们在观念中、幻想中，从精神上满足这种欲望，就想象与鱼同化，以鱼为图腾来奉祀它，以达到这个目的。像"人面鱼纹盆"等器物，大约就是在这种观念形态中所产生的文化遗存。这种以像鱼为荣、以鱼为尊的现象，在今天无法为人们所理解，但对原始时代的人们而言，这不仅是必然的，而且也是必需的。闻一多先生曾说："就现代人的观点看来，人决不以像爬虫为尊荣，这完全是图腾主义之心理。图腾既是祖宗，又是神，人哪有比像祖宗、像神更值得骄傲的事呢！龙之所以有资格被奉为图腾，当然有个先决条件，一定是先假定了龙有一种无边的超自然的法力，即所谓'魔那'者，然后，肯奉它为图腾，崇拜它、信任它、皈依它，整个身体和心灵都交付给它。如果有方法使自己变得和它一样，那岂不更妙？在这里巫术——模拟巫术便是野蛮的人的如意算盘。"人们对鱼的崇拜和对龙的崇拜一样，都是因为它们有着神奇的本领和功能，对动物的拟人化和对人的"鱼化"都是在获取这种能力。事实上，我们原始的祖先，在他们多式多样的生产劳动和生活实践中时时刻刻都在创造多种多样的"神"，将自己的智慧和本领加到这些"神"身上。他们崇拜鱼，就以艺术绘画、雕塑形式表现鱼，以表达自己的感情和愿望，这种幻想的对象化的结果就以"鱼化"自己的形式表现出来。

而"鱼化"自己的观念与幻想的审美形成了彩陶鱼纹中的鱼形象。图腾制品是氏族公社时期的集团功利目的的集中体现。可以这样说，人们正是在生产实践中，对鱼产生了浓厚感情。人们从鱼身上看到了集团的力量，而且产生了美感，有了表现它的愿望，并在鱼形象中寄托他们更美的愿望，希望画出的鱼能像现实中的鱼一样显示出它的神奇的功能和本领。在以后的时间里，丰收和集团斗争的胜利使人们更自觉地用艺术的形式来赞颂它、描绘它，这也是仰韶文化时期绘画艺术发达的社会背景和动力之源。

最近一些科学家研究提出"鱼表达感情与人类相似"，是氏族社会时期人们接近鱼的原因。鱼对人有亲近感，和人一样用左脑对付外界。动物界中狗对人亲近，水族中也许就是鱼了。可能我们原始居民也有这种感受，从而对鱼发生了感情。

## 三　中国古代和世界一些地区的崇鱼信念

我国古籍中有人鱼互生互变的传说，对我们理解人面鱼纹的含义有一定借助作用：

《山海经·大荒西经》："有鱼偏枯，名曰鱼妇，颛顼死即复苏。"晋郭璞注："言其人能变化为鱼也。"

《淮南子》："后稷垄在建木西，其人死复苏。其半鱼在其间。"汉高诱注："人死复生或化为鱼。"

人鱼互生互化的传闻，应该说是人主观愿望和理想的表现，是人利用自然力以达到人们生存实用的功利目的的结果。在原始时代，人们在自然力面前还不能完全如愿地实现自己的理想，往往借助自然力以幻想或借助自然力的想象、思考以达到征服自然或利用自然的目的、作用和效果。这种想象、幻想被利用的自然物对象往往与人们自身融为一体，成为被人们赞美与崇拜的对象，而这种对象往往具有神奇非凡的本领和力量。

也许是偶合，也许是原始思维在人们头脑中起作用，在世界农业民族中，不少地方有祀鱼为神的信崇。鱼在不少民族中被奉为丰收之神、农神。在北亚地区：蒙古、北高加索、西伯利亚安拉加河流域，存留的公元前2000 年左右的石鱼像，有的高达 5 米，学者考察后认为是丰收之神。古代巴比伦的深渊之神"埃阿"，是带着鱼尾或背上有鱼的人形象。埃及尼罗河之神"哈伯",既是水神,又是丰收之神,常常化身为鱼。公元前3000年的哈伯造像,下身就刻着两条大鱼,旁边重覆着繁茂的树枝叶,显示着丰收的象征。

中国的农神后稷,传说中是半人半鱼的形象,是中国农业的发明者、创造者。所以高尔基说:"在原始人的观念中,神并非是一种抽象的概念、一种幻想的存在,而是一种武装着某种劳动工具的完全现实的人物,神是某种手艺的能手,人们的教师和同事,神是劳动成绩的艺术概括。而劳动群众的'宗教的'思想必须加上一个括弧,因为这乃是纯粹的艺术的创造。把人的功能加以理想化,同时好像预先感到了它们强大的发展,神话的创造在自己的基础上乃是现实主义。"

## 四 庙底沟时期的炎黄文化原始共同体的形成

在距今6000年前后,即庙底沟文化时期,中国大地就以仰韶文化为主体,与周围诸氏族部落文化结成了大的中华原始文化共同体,西至青海,东至东海,南至长江流域,北至蒙辽地区。这是中华民族历史上第一次大的民族与文化的统一体,其领域之大、文化认同之广且深、历史影响之深且长久,世界罕有其比。

当时周围诸氏族部落,大体处于同样历史文化水平,仰韶文化的一些文化和观念意识形态,程度不同地渗透在周边文化体中,周边氏族部落的文化同样也融会于中原文化丛中。这里值得注意的是仰韶文化的一些特点影响于其他各族群的融合方式和特点以地而异,以习俗而变化,是十分生动鲜活的。而其突出之点,多在彩陶的变化和表现,以及文化类型品的形制异同和使用方面。

譬如仰韶文化传布三峡地区后,一些意识形态的特点还保留,在大溪文化葬地中发现墓里用鱼随葬,而且摆置的部位和方法与人面鱼纹的形象相类,以记其先祖形象。但生活用品的一些陶器形制和大小有些变化,在红花套聚落里发现原仰韶一些器物已经小型化和礼器化。同样的器物器形特小为明器。还有些器物变了功能,如小口尖底瓶不用了,而把小口并至肩以上作为器盖使用。小口瓶的小苞口成了盖纽,十分奇特。这是说仰韶人到长江流域,随境域而改变了生活方式。但一些意识在彩陶纹饰和特点上还保留一些，只是颜色有些变化，装饰方式不同就是了。在东南沿海地区的马家浜和崧泽文化中，彩陶的纹饰用当地习用和熟悉镂孔的方法表现，各用其技而显其意。在北方红山文化和西南卡若文化中，仿其图形而以刻划纹的方式以表示之。所有这些，说明这个文化联合体，不仅是文化接触成员之间的交流，也具有一定程度的融合，不然很难达到这个程度。

## 五　陵鱼家族的显世

在仰韶文化鱼群中，有一种很特殊的鱼，钱志强同志的描述中称为"怪鱼纹"。他说："这种鱼头比较怪异，有的张口有牙，小眼，齿十分明显，作圆形或三角形，有二齿、三齿、四齿不等。特别是那张开的大嘴有时上卷，有的还露出半圆形的鼻，形象有点像猪头。在稍晚于半坡早期的渭南史家遗址中，还可以看到由这样两个怪鱼头构成的正面'猪面'，这种正面'猪面'，突出猪的圆形的嘴、鼻和两个鼻孔，额上还有显著的皱纹。"但志强同志不认为那是猪，把它当成怪异的鱼，因为它是从鱼群中详细分析而鉴定出来的典型标本，是一种怪异鱼，现在可称它为陵鱼，是一种猛鱼类属。大概是因为不常见的关系，我把它称为"猪嘴鱼"，它的嘴很像猪嘴，西北大学的学者定为凶猛型的食肉鱼。这种鱼在彩陶花纹中相当突出，其数量与鲤鱼差不多。原始画家这样多情地描述它们并给予突出地位，其中必有原因。经请教多人，这种鱼很可能就是《山海经》等古籍中记载的陵鱼。

《山海经》："西海中近列姑射山，有陵鱼，人面人手鱼身，见则风涛起。"

《楚辞·天对》云："鲮鱼人貌，迩列姑射是也。"

《山海经·海内北经》："陵鱼人面手足鱼身在海中。"

《海内北经》："鲮鱼吞舟。"

《山海经·海内西经》："龙鱼陵居，在其北，状如狸。"

《山海经·大荒西经》："有互人之国，人面鱼身。炎帝之孙名曰灵恝，灵恝生互人，是能上下于天。"

据袁珂先生解释："一国之人，通是人的脸，鱼的身子。"

《山海经·海内西经》："龙鱼陵居，状如狸。"《北堂书钞》一百三十七引《海内北经》："鲮鲤吞舟。"

《山海经·海内北经》记载："鲮鲤鱼吞舟。"鲮鱼背有刺如三角菱。

《太平御览》记有："陵鱼吞舟也，陵鱼海居，腹背有刺。"

明杨升庵《异鱼图赞》云："天舟之鱼，其名曰菱，背腹有刺，如三角菱，窖师畏之，网罗莫应。"

这些说明菱鱼有巨大的威力和神奇的本领，非人力之所可比也。因此人畏而敬之以为神也。

因此，仰韶人一定很重视这种鱼，形图以崇拜之，尊为族神以奉尊之，在仰韶早期后段相当发达。它是鱼中之霸，常作为部落神和氏族神以敬祀之。

弴族的族裔源远流长。近世的考古发现，诸多资料证明宝鸡一带仍留有弴族史迹。渭河中上游仍有弴族集团的史料出土。20 世纪 70 年代在宝鸡竹园沟、茹家庄一带发掘出一批弴国墓葬，弴族史迹相当丰富，而且富有特点。值得重视的是出土有一些西周青铜器，其中就有以"陵伯"为首的一些青铜器，其铭文陵字从鱼形，是当时在宝鸡一带的一个方国。这说明这个鱼陵方伯，是以陵鱼为始祖而流传下来的族裔。

传说中之陵鱼与彩陶鱼纹之间这种流传有序、十分吻合的现象说明，他们都属于新石器时期鱼图腾集团。

根据文献和考古史迹查知，其也是从文王晚期到昭穆之际。著名的"卷"的铜器在附近也有出土，据学者考证，"陵"当时也是一个方国，其铜器铭文上的陵字也从鱼形，而且其鱼刺也十分注目，这和传说中的陵鱼，及其从陵及神奇的三角菱状的鳍如出一辙。我们再联系到传说中周人始祖后稷为半人半鱼的形象，周地出现弴国，以及以鱼随葬的现象，说明彩陶鱼纹与传说之间，可能存在某些历史必然性的联系。因而，传说中陵鱼所体现的审美意识作为我们理解彩陶鱼纹的特征，借以窥察六七千年前先民创造彩陶鱼盆意识形态和目的的追求的心态，是有历史根据的。

## 六　炎黄东进与仰韶—红山文化之融合发展

从陵族的地望、人望及历史发展来看，它是在宝鸡地区成长发展起来的氏族部落，是仰韶文化族群中有地方特色而强悍的一个族群。我们知道宝鸡是炎黄二帝的故里，他们都是从这里出发向东方扩展的。我这样推测：

可能黄帝率部东征时，陵族部落（或氏族）是其组成的主力之一。

我们可以想到，当黄帝部族率诸氏族部落离开宝鸡地区，沿渭北高原东进，通过山西台地进军西辽河流域，与当时活动在这一地带的红山文化氏族部落接触融合而创造了灿烂的文化。这就是苏秉琦先生赞誉的"华山玫瑰燕山龙"，是仰韶文化与红山文化相结合的一个重要成果。我想在这一役中，陵族部落也参与其中而建了功勋。

关于"华山玫瑰燕山龙"的提法，学坛有议论和争论，有猪龙说、熊龙说，但没有鱼龙说。陵鱼，这种鱼从它的正面形象看和猪相似，钱志强也说像猪，但他不当猪看待，而当鱼看待（可看他在前面的描述）。我把它称为"猪嘴鱼"。现在可以称它为陵鱼了。林沄同志在他的《所谓"玉猪龙"并不是龙》一文中谈了他的论点，他讲的是对的、雄辩的，对我很有启示。他所提示的不少资料我在这篇文章中也作了引证。

黄帝部落东征时除了史书记载的那些兽界为代表的诸氏族部落外，很可能还有鱼族的诸氏族部落，这是可以想象得到的，不过我们今天能查找出来的只是宝鸡一带的陵鱼氏族部落史迹。

我是主张"鱼龙说"的，我认为中华龙的母题和原型是鱼，就是仰韶文化的"鱼"发展演变来的，与苏公提出"华山玫瑰燕山龙"一说，实际是一回事。"华山玫瑰"是庙底沟类型鱼纹图案化的形象，燕山龙是照仰韶文化陵鱼的形状做的玉龙像。两者是一回事，是一个实体绘画和刻雕所铸造描绘的两个艺术加工品，其意义是一样的。中国人常说"鱼龙变化"是有渊源的。

我们知道，燕山龙与华山玫瑰的原形（陵鱼）是十分相似的。燕山龙的出现，是仰韶鱼族部落到达西辽河源头后所出现的历史机遇和创造。

## 七　鱼龙形象对后世龙文化的传承和影响

当陵鱼部落创造了红山文化后，他们就从事于中国北部的历史创造活动，并在古代中国的历史编年中保存下他们的身影和记录，也流传着他们的图腾崇拜和神器礼物的珍贵品，成为有中国特色的鉴证标志。值得一提的是，中国历史上的神祖灵祭仪和重大公益活动场所奉献的玦、璜、璧、环，不论是金属制造还是玉石雕琢的那几种神器礼器，都是后来人承传他们的创造而留传下来的珍贵品。从玦、璜演变中，我们可以看出，不论华美的夏、商时期的玉玦、商代的铜璜、西周的玉璜、战国秦代的玉璜和西汉前期的玉璜，它们身躯装饰的都是鱼鳞纹和变形的鳞纹，在西汉的玉璧上我们称为谷粒纹的装饰花纹，实际还是鱼鳞纹。这些都说明鱼体是它们的原型。其中部分珍品一直流传到现在。特别是多元组成的所谓"勾云形玉饰"，其实是多族联合的标帜和信物，它是四个氏族联合的证据，它是神圣的，很有意义。

这里需要提示的重要一点，是他们所创造的一些珍贵纪念品，这些文物制度和实据，不仅流传散布在中国历史发展的长河里，同时借着渤海湾通运海路及沿海的方便条件，传播到中国东南沿海和环南中国海域的诸岛上，大约在距今5300年，就传播到台湾岛上，在台南文化特别发达，并传到附近的海域，为中国古文化的流传立了功勋，是值得我们庆幸的。

郭大顺同志在谈龙的起源问题时，给辽河流域的龙的起源以合适的地位和评价。他说："龙的起源是多源的，但又不是对等的，而是有主有次的，辽河流域的龙起始年代最早，种类最多，各阶段相互衔接，并对周围地区龙的出现和发展有所影响，成为中华龙起源的一个主要源头。"我觉得它是唯一作为"龙"体出现，它是唯一的一个源头，因为它是由鱼龙形态显世的第一相。

依考古资料看，从红山文化到战国的鱼龙体形的变化已如所述。西汉时期的玉龙头额前已长了额角，身上长出两个短足趾，其他都是鱼样。到东汉时画像砖上的龙，已长了四个足，尾巴已变成数条扫尾，可见它随世而在变化。闻一多先生曾说：龙是以蛇为主体，"接受了兽类的四脚，马的头，鬣的尾，鹿的角，狗的爪，鱼的鳞和须而形成的"。这种说法和推测与现在行世的"龙"体有一定的相似性，有它的历史传承性和正当性，为人们所接受。闻一多先生所说也符合这种发展变化趋势，但作为中华古老民族族徽，蛇是不能作为主体的，那是鱼身的延长，承传是有渊源的，这就是鱼（具体地说是陵鱼），它是中华龙的原型和母题。现在行世的龙，是鱼龙升华后所形成的影史形象，怎么变它也不会离开本象的。

雁北区系统的文化研究正在开展，那里蕴藏着十分丰富的文化内涵，还需要我们继续发掘探讨，将它的全貌揭示出来，一定还能解决我们古史上的一些奥秘问题。

**参考书目**

[1] 郭大顺：《龙出辽河源》，百花文艺出版社，2001 年。

[2] 林沄：《所谓"玉猪龙"并不是龙》，《二十一世纪的中国考古学——庆祝佟柱臣先生八十五华诞学术文集》，文物出版社，2006 年。

[3] 钱志强：《试论半坡期彩陶鱼纹艺术》，《史前研究辑刊》，1988 年。

[4] 宋文薰：《论台湾及环中国南海史前时代的玦形耳饰》，《"中央研究院"第二届国际汉学会论文集》，台北，1989 年。

（原载《濮阳职业技术学院学报》2011 年第 24 卷第 3 期）

# 生业兴起

## ——文明进程中的五谷、六畜、百工

袁　靖

（中国社会科学院考古研究所　复旦大学科技考古研究院）

多年来，我们的考古学研究主要侧重于人工的遗迹和遗物，比如对发掘出土的城墙、壕沟、宫殿的夯土基址、半地穴式的房屋、土坑竖穴的墓葬、铜器、陶器、石器和玉器的形状、纹饰特征等等进行探讨。由于研究方法的局限，对于古代，尤其是史前的技术与经济状况，比如新石器时代及夏商周时期的农业耕作、家畜饲养、铜器的冶炼铸造技术、陶器的制作工艺、玉石器的原料来源等等涉及不多，留下大量未解之谜等待我们去探索。

在研究中华文明的起源与早期发展过程中，认识当时不同地区及不同时间段里的技术与生业状况是一项十分重要的研究内容。为此，在国家科技攻关计划和国家科技支撑计划支持下，我们专门组建课题组，围绕公元前3500～前1500年中国文明形成与早期发展阶段的资源、技术与生业开展研究，计划通过金属和盐等重要资源的获取与利用、农作物种植、家畜饲养、冶金技术、陶器制作、石器研究、玉器加工技术等七个子课题研究，采用多学科交叉的方法，对特定遗址出土的动植物遗存、人工遗物及相关遗迹开展综合研究，重点考察在公元前3500～前1500年这个时段内，在中华文明起源进程中占有重要地位的遗址的农业和手工业特征，深入研究不同时期和地区的技术与生业发展状况，探讨技术、生业和社会组织结构的互动关系，明确技术和生业在中国文明产生与早期发展过程中的作用。

# 一　重要资源研究

（1）冶炼遗址

李延祥领导的研究团队在辽西地区的多处遗址中发现炼铜炉壁，有些遗址的碳－14 年代测定数据均集中在距今 3600～3500 年，显示这些炼铜遗物可能属于小河沿文化或夏家店下层文化早期。在内蒙古赤峰地区也发现属于夏家店下层文化的矿冶遗存。对上述遗址出土的矿石和炉渣的初步检测结果表明，当时开采和冶炼的是铜、锡、铅的共生矿石及含少量锡的砷铜。

在西北地区的河西走廊，发现 10 余处属于齐家文化或四坝文化的古代冶金遗址。对部分遗址的碳－14 年代检测数据显示其年代范围可早至距今 4000 年前，在这些遗址发现冶炼红铜、砷铜和锡青铜的炉渣。上述遗址的冶金遗存集中而丰富，显示出当时的冶金业具有相当的规模和较高的水准。

在中原地区的重要铜产地中条山周围，发现多处出土矿石、炉渣、木炭等冶铜遗物的遗址，其年代分别属于龙山文化晚期至二里岗文化早期。遗址里出土的炉渣皆系使用矿石炼铜的冶炼渣，冶炼的产物是红铜，不是铸造青铜器的熔铜渣。另外，在这些遗址中也没有发现陶范、石范等遗物。二里头遗址发现有铸造遗迹，其青铜器是用铜锡铅三元合金制作的，鉴于迄今为止发现的仅仅是红铜矿，因此，二里头遗址的锡和铅还有另外的来源。

此次研究初步揭示了早期矿冶遗址的分布规律，显示了从矿山、冶炼遗址到铸铜遗址的产业链，以及由多条产业链形成的冶金生产网络。

（2）盐业资源

李水城领导的盐业考古团队在位于三峡境内的中坝遗址发现埋藏数量巨大的制盐陶器，同时还发现有作坊、蓄卤池、浓缩池、盐灶等遗迹，证实这是一处典型的制盐遗址。在新石器时代晚期至夏代，当地采用花边口尖锥底（或小平底）器制盐，产业规模有限；商代改用小型羊角尖底杯制盐，产业规模扩大。上述制盐工艺的阶段性变化是中坝制盐产业规模不断扩大和生产组织强化的具体表现。对三峡地下卤水和中坝制盐陶器残留物的科学检测证实：1）该遗址文化堆积特征与世界各地的制盐遗址相同；2）三峡地区的地下卤水化学成分与中坝遗址制盐设施的土样成分类似；3）中坝制盐陶器残留物的矿物成分与云阳现代盐厂生石灰废料场残留物一致；4）中坝制盐陶器表面钠和氯浓度较高，由内向外形成清晰的梯度，显示其与熬盐有关。此外，从景观环境的角度研究表明，中坝制盐工艺的变化与过度开采山林资源，最终导致当地植被系统破坏，燃料匮乏有关。植物考古学和石器研究证实，中坝遗址缺乏农业证据，进一步印证了这处特殊产业遗留的性质。

晋南河东盐池是中原地区自古以来赖以生存的重要资源。相传尧舜时即已开发。由于河东盐池依赖自然风力日晒产盐，很难留下考古证据。近年来，有些学者通过对夏县东下冯遗址的考察和样品分析，提出它很可能是夏代在晋南建立的一个获取重要铜、盐资源的军事据点，但尚有待样品检测分析结果的验证。此外，也有学者通过对芮城清凉寺墓地的研究，提出这处墓地的主人很可能是控制晋南盐产品向南输出贸易通道的一个特殊群体，这一推论非常具有建设性。总之，在史前社会晚期，此地就作为盐业贸易的集散地和交通要道，到了二里头文化和早商时期，中原王朝进一步强化了对晋南重要资源的控制和使用。上述现象充分说明了特殊资源的攫取与控制在早期社会复杂化和文明起源的进程中所扮演的重要角色。

## 二　技术与生业研究

### （1）农业研究

赵志军领导的植物考古团队通过研究发现，在中华文明形成时期，不同文化区的农业经济特点和发展模式不尽相同。例如，西辽河流域地区和西北地区都以种植粟和黍两种小米为主，到距今4000年左右，西辽河流域地区出现了大豆，西北地区出现了小麦和大麦。长江中下游地区一直以稻谷为唯一的农作物。黄河下游地区具有稻旱混作特点，稻谷与小米都是主体农作物，基本不分伯仲，但到了岳石文化时期，稻谷的比重有所下降。中原地区一直以种植小米为主，在仰韶文化时期，稻谷已经北传到黄河流域，自龙山时代起开始普及，到二里头文化时期数量增多，自龙山文化开始出现大豆，小麦也开始传入并迅速普及。

中原地区的农业经济由初期的单纯依赖小米逐步演变成为后期的"五谷丰登"式的多品种农作物种植方式。由于不同农作物品种的生长习性和抗灾特性不同，多品种农作物种植方式可以有效使用有限的耕种土地，充分利用全年的生长季节，由此提高限定区域的农业生产总量，而且可以在最大程度上减轻各种自然灾害对农业生产造成的损失。

单品种农作物种植方式对环境的依赖性很强，抗灾害能力弱，这有可能是造成西辽河流域地区夏家店下层文化衰败，以及长江下游地区良渚文化突然崩溃的重要的经济原因。

（2）家畜饲养

袁靖领导的动物考古团队发现在公元前3500～前1500年这个时间段里，不同地区古代居民获取肉食资源的方式不尽相同。如西辽河流域的古代居民经历了以狩猎活动为主向以家养活动为主的转变过程，其饲养动物的种类由家猪和狗，变为增加了绵羊、黄牛。黄河流域古代居民一直以饲养家畜为主，其家养动物的种类从早到晚的变化十分明显，在仰韶文化时期是狗和猪，到龙山文化新增加了黄牛和绵羊。DNA的研究结果表明，绵羊中存在起源于西亚地区的B世系种类，黄牛则大多数来自起源于西亚地区的T3世系。食性分析的研究结果表明，到二里头时期，黄牛的饲料基本上由人控制。长江流域古代居民获取肉食资源的方式在相当长的时间里一直以渔猎为主，其中在长江下游地区，到良渚文化时期突然出现过一个饲养家猪的高峰，但是到后来的马桥文化时期，又回到以渔猎活动获取肉食资源这样一种模式。黄河流域的古代居民主要通过饲养家畜获取肉食资源，长江流域的古代居民主要通过渔猎活动获取肉食资源，这两个流域古代居民获取肉食资源的行为形成鲜明的对照。

西辽河流域地区和黄河上游地区的古代文化到公元前1600年左右相继发生变化，如辽河流域出现文化的中断，黄河上游地区的文化则发生经济形态的变化，其获取肉食资源的活动逐步向游牧经济转变。相比之下，黄河中下游地区获取肉食资源的行为一直保持相对的稳定状态，饲养狗、猪、牛、羊等多种家养动物，且在保持家养动物数量占绝对优势的前提下，牛和羊的比例有所增加。这个特征与后来商周时期中原地区饲养家畜的行为是一脉相承的，这对我们认识国家最终形成于中原地区是一个有益的启示。

　　饲养家畜和狩猎野生动物除了获取肉食资源外，还包括对动物的二次开发，如在山西陶寺遗址发现当时可能存在剪羊毛的行为。一直到龙山文化为止，古人都是利用猪骨和鹿骨制作骨器，但是到了二里头时期，改为以牛骨作为制作骨器的原料，且制作技术开始规范化。

　　在黄河上游地区齐家文化的墓地里发现马骨，在西辽河流域夏家店下层的遗址里也发现马骨。这些马骨的发现对我们研究中国家马的起源是十分重要的线索。由于黄河中下游地区到公元前 1300 年前后的商代晚期突然出现了大量的家马，这可能和外来文化的传播有关。而相当于龙山文化时期在甘肃和内蒙古地区发现的马骨，正好印证了我们认为家马是由外来文化传播进入中国的推测，甘肃地区和内蒙古地区可能都是家马从中国境外进入中国的中原地区的通道。依据以往的研究，鸡骨到二里头时期有所发现，但是尚有待于进一步确认。

　　（3）冶金术研究

　　梅建军领导的冶金考古团队认为，就现有的考古证据而言，西北地区发现的早期铜器远盛于中原和北方，表明该地区在中国早期冶金发展史上占据极其重要的地位。在出土的齐家文化铜器中首次发现了砷铜，在河西走廊地区发现了早期冶金遗迹，在新疆小河墓地发现了迄今中国所知年代最早的纯锡器和金银器。这些都是全新的重要研究成果。根据已有的研究，与欧亚草原早期青铜文化的密切联系，应是西北地区早期铜器兴盛背后的关键因素之一；另一个重要的因素则是基于西北本地社会文化需求的区域技术创新，它也构成了西北地区早期铜器兴盛的基础。

　　中国北方是另一个早期冶金术获得显著发展的重要地区，与西北地区的早期冶金存在密切的关系。有很多证据表明，北方地区与中原之间也存在文化联系与互动。因此，在中国早期冶金术的发展历程中，北方地区也属于区域互动中非常活跃的地区之一。

　　中原地区早期冶金术的发展是中华文明在中原崛起的技术和经济基础之一。青铜容器和组合范铸技术在二里头遗址的出现，构成了中原地区冶金术划时代发展的核心内容，也使中原地区成为当时中国的冶金技术中心。这种中心地位的形成，既吸收了来自西北和北方的技术因素，也有本地区技术演进的基础。中原、西北和北方地区之间文化互动的加强，是冶金术迅速传播并取得突破的基础和动因。

早期冶金技术演进的背后有着深刻的社会文化背景。生产和生活方式的差异、宗教和礼仪活动的不同，都可能影响并制约到早期冶金术的选择和发展。因此，关于早期冶金术的研究仅仅着眼于技术层面显然是不够的，还必须结合当时的社会文化背景进行综合性探讨。

（4）陶制品研究

由罗宏杰和王增林领导的陶器研究团队认为，在中华文明起源和早期发展过程中，黄河流域的先民制作一般陶器的原料属于易熔黏土，有可能是利用了河流沉积土；而白陶、印纹硬陶、原始瓷的原料属于瓷石类型，在部分陶器原料中加入草木灰、高岭石、石灰石等，这为后世陶瓷的生产奠定了物质基础；河南偃师二里头遗址出土的斗笠状白陶表面使用朱砂涂红，这是先民最早使用汞元素的一种见证；河南新密古城寨遗址城内和城外的先民在制陶原料方面存在差异，这证明当时可能存在"内外差别"或"城乡差别"；河南洛阳南洼遗址出土的作为高级别礼器的白陶并非来自二里头遗址，这两个遗址出土的白陶应该有各自的制陶场所。

尽管这一历史时期黄河中下游地区一般陶器的烧成技术没有明显改变，但长江下游地区的窑炉技术却在不断提高；先民已经有了改变烧制气氛的意识；由于高温技术和原料的突破，自公元前800年以来南方和北方都出现了原始瓷。

自仰韶文化中期陶器生产是慢轮制作，当时很可能已经是半专业化了；龙山时代快轮制陶术的出现，标志着陶器专业化生产的发展；二里头文化时期出现专门提供给贵族使用的陶礼器，陶礼器的胎土成分与一般日常用陶器的明显不同，显示出陶器专业化生产的进一步发展。

豫西地区部分仰韶文化遗址陶器的化学组成分析结果表明，当时这里的陶器与甘、青地区的马家窑文化之间存在交流；二里头文化的陶器中存在某些南方地区文化的因素；上海广富林文化的陶器来源是多样的，这些都反映了特定历史时期南北方不同地区文化的相互交流和影响。

（5）石器研究

王小庆、钱益汇等通过对山东地区多个遗址出土石器的测量分析，发现从大汶口文化到龙山文化时期，不同种类的石器制作存在专业化和非专业化的差异。到了岳石文化时期，普遍存在石器制作的专业化生产，尤其是石刀、纺轮等农业工具和纺织工具专业化程度较高。这些专业化生产程度的变化为我们了解当时的社会阶层分化和文明化进程提供了重要的线索。

黄河中下游地区自仰韶文化晚期到龙山文化时期，普遍存在石斧、石锄等工具在石器总体中所占的比例下降，石刀、石镰等工具数量大增这种现象。而这种变化在黄河上游地区表现的不是十分明显。黄河中下游地区的这种变化反映出当时人具备了一定的农业生产知识后，在农业生产的各个技术环节中投入劳动量的改变。即从龙山时代开始，人们在土地开垦和耕地的整备等环节上投入的劳动量较此前减少，而在田间管理和收获等环节投入的劳动量较此前有大量增加。这是农业经济水平显著提高的一个反映，为这一时期黄河中下游地区文明的出现和早期发展提供了坚实的经济基础。

（6）玉器研究

邓聪领导的玉器研究团队首次确立了红山文化存在三个不同的生产玉器毛坯体系。即1）由原砾石制作个体玉器；2）由对向片切割生产大型玉片；3）由砂绳切割生产玉片。西拉木伦河流域的红山文化玉器中，存在特殊的先钻孔、后砂绳切片的技术，这是红山文化中独特的玉器工艺技术。红山文化玉器中箍形器的制作过程，存在背向砂绳切割痕迹。学术界过去一直以为龙山文化时期才是片切割生产玉料的开端。此次在红山文化中首次发现的片切割生产大型玉片技术，改变了以往的认识，在中国玉器制作技术史上具有重大意义。

在距今4600年前左右，山东龙山文化玉器片切割开片技术异军突起，片切割彻底取代线切割在玉器开料上的地位，二里头文化的玉器全部是用片切割技术开料的，而三代玉器的开料技术主要是承袭了龙山文化的传统。

史前玉器在形制与功能上，都已具备三代玉礼器或玉礼器的雏形，史前玉器与礼的起源是一脉相承的关系。通过对红山文化玉器制作技术的研究，也证明了红山文化在中华文明起源和形成过程中的重要作用。

综合以上的研究结果，可以提出以下五点认识：

1. 公元前3500～前1500年西辽河、黄河及长江流域的技术状况出现了相当明显的进步。技术进步其一表现在出现了多品种农作物种植技术，这些技术可以有效地使用可耕种土地，提高有限区域内的农业生产总量，而且可以在最大程度上减轻各种自然灾害对农业生产造成的损失。其二是出现多种家畜饲养技术，这些技术提高了人们比较稳定地获取由多种家养动物组成的肉食资源的能力，帮助人们获得除肉食以外的奶等副产品。其三是出现冶金技术，开始制作铜器，而在公元前1800～前1500年出现的青铜礼器由合范制作而成，出现三元合金，这是冶金术的划时代进步。其四是陶器制作工艺技术由泥条盘筑向快轮制作转变，开始具备控制烧制气氛的能力，能够制作多种特殊陶器和原始瓷，制陶业开始专业化。其五是生产工具的形制由分别具有地区性特征逐渐趋于规范化，制作石器开始专业化。其六是玉器制作技术由线切割发展为片切割，提高了制作玉器的效率。其七是采矿技术和制盐技术逐步成熟，出现对重要资源进行专门开发、调控的迹象。农业生产技术的进步为人口增长、社会发展奠定了物质基础，而手工业技术的进步则促进了各种生产领域的专业化，公元前3500～前1500年各个地区的技术进步促进了整个社会的复杂化、文明化进程。

2. 技术的进步促进了以中原地区为中心的文化交流。技术的进步推动了各个地区生产具有地域性特征的产品，促进了地区之间文化交流的发展。包括古DNA测试在内的研究表明，到公元前2000年左右，原产于西亚地区的小麦、绵羊、黄牛等均已跨过中国西北及北部地区，进入黄河中游地区。另外，在西北和内蒙古地区都发现家马存在的证据，说明家马可能也是从中国境外传入的动物。冶金术研究、陶器成分分析证实，当时几个地区之间存在文化交流的现象。西辽河流域的红山文化的玉器制作技术传播到黄河下游地区的山东龙山文化，而后又传播到黄河中游地区和长江下游地区。在多个地区都能够看到由于技术进步而带来的文化交流现象，但是相比之下，中原地区是各种文化交流最为集中的地区，这对中国文明的形成和发展也具有不可忽视的重要作用。

3. 北方地区的经济状况比南方地区发达。从北方地区考古遗址中出土的农作物种类看，包括粟、黍、稻谷、大豆和小麦。而从南方地区考古遗址出土的农作物种类看，只见稻谷。可见北方地区的农作物种类明显比南方地区丰富。从家畜种类看，北方地区包括狗、猪、牛和羊。而南方地区只见狗和猪。相比之下，不但北方地区的家养动物种类比南方地区丰富，而且在数量上也明显占据多数。南方地区主要是通过渔猎的方式获取肉食资源。迄今为止的冶金遗物集中出土于北方地区。所以，从整个经济状况看，以黄河流域为主的北方地区明显要比以长江流域为主的南方地区发达。这是中国古代经济发展的独特现象，与夏商周三代均以黄河流域为中心建国存在必然联系。

4. 黄河中下游地区以外的各个地区的经济形态随着时间推进逐步衰退或转型。西辽河流域的农业经济一直属于比较单一的农作物种植方式，到夏家店下层以后，出现明显的衰退。黄河上游地区的农业经济自齐家文化晚期开始，逐步转为游牧型经济。长江流域的农作物种植一直是单一品种，而家畜饲养长期没有发展起来，尽管在良渚文化时期养猪业有过一个快速发展阶段，但是在随后的马桥文化中又明显地出现衰退的迹象。参考对古代自然环境研究的结果，可以看到这些地区经济形态的变化和当时自然环境的变化有着密切联系。我们现在还不能明确认定是自然环境的恶化或突发的自然灾害导致了这些地区原有经济形态的衰退或转型，但是从这些地区均种植比较单一或完全单一的农作物种类看，他们很可能承受不住当时自然环境变化的压力，进而影响到整个文化的发展进程。总而言之，自公元前1800年以来，上述这些地区的经济形态都没有在保持原来状态的基础上，进一步形成可持续发展的趋势，而唯独黄河中下游地区的经济形态呈现出持续发展的态势。

5. 中原地区的经济发展状况与中华文明演进的关系十分密切。自龙山文化时期开始，中原地区出现多品种农作物种植方式和多种饲养家畜的方式，这些不但为中原地区的经济发展奠定了比较坚实的基础，也保证了中原地区可以在最大程度上减轻自然灾害对农业生产的破坏。在中原地区多个遗址中发现砷铜和青铜器，出现合范技术，尤其是到了二里头时期，出现一定数量的青铜礼器，这是中国青铜文明的最核心的标志。各种陶礼器的制作技术也相当成熟，出现原始瓷。生产工具中用于收获的石器占据较大比例，石器制作规整化。玉器制作技法有了明显提高。发现以牛骨为主的制骨作坊，且制作技术具备一定的规范化，可见其手工业生产也出现了划时代的进步。同时还发现了冶炼遗址，并出现与盐业相关的遗存。这些都意味着中原地区在控制资源方面考虑得当。从整体上看，中原地区在农业、手工业及资源配置方面都处于强势地位。依据中原地区整个经济形态的强势及文明起源于中原地区的事实，我们可以推测中原地区的技术与经济形态对文明的起源及演进起到了很强的促进作用。当然，这并不是中华文明形成的唯一因素，但绝对是不可或缺的重要因素。

（原载《中国文化遗产》2012 年第 4 期）

# 石家河大聚落

## ——长江中游文明的崛起

张　弛

（北京大学考古文博学院）

　　长江中游地区以三峡出口宜昌至江西九江湖口为界限，长江从中穿过，四周为山地丘陵，中间是广阔的两湖平原。自古以来就是中华民族繁衍生息的重要场所。《史记·货殖列传》载，"楚越之地，地方人稀，饭稻羹鱼，或火耕而水耨，果隋蠃蛤，不待贾而足，地势饶食，无饥馑之患，以故呰窳偷生。"

　　中国古代史的长期研究证明，长江流域的经济和文化首次超过黄河流域的时间是在隋唐以后。而长江中游地区在中国古代可以稽考的先秦文献中一直是一个荒蛮的地区，直到东周时期的楚国和楚文化出现时才有和中原诸国一争高下的经济和文化实力。

　　但中华人民共和国 60 年来的考古学研究证明，长江中游地区在史前时代还有一个时期足以和当时的黄河流域媲美，这就是距今 5000～4000 年前的屈家岭—石家河文化时期。这个时期长江中游特别是两湖地区的经济和文化成就在古代文献中没有记载，是一个"消失"了的"史前文明"。这样一个"消失"了的"史前文明"是如何被发现的？它是个什么样子的"文明"？又为什么会"消失"？

## 屈家岭—石家河文化与城址的发现

　　1949 年之前的长江中游地区几乎没有考古工作。20 世纪 50 年代中期，石龙干渠穿过湖北天门石家河和京山屈家岭遗址，抢救发掘发现了两种不同的考古遗存，也因此分别以这两个地点命名了两个考古学文化。以后的考古发现和发掘证明，屈家岭文化和石家河文化主要分布在长江中游地区，向北一直发展到江淮之间。屈家岭文化直接发展到石家河文化，二者实际上是同一考古学文化，年代相加大约在公元前 2900~前 2100 年间。但当时的社会是个什么样子，一直都不清楚。

从 1985 年开始，由北京大学考古系严文明教授任领队，北京大学、湖北省文物考古研究所和荆州博物馆联合组成石家河考古队，对石家河遗址进行了大规模的调查和发掘，截止到 1992 年，共在这里发掘了邓家湾、谭家岭、土城和肖家屋脊四个地点近 1 万平方米。发现了大规模的建筑基址、墓地以及数千件小陶俑、刻划符号陶缸等令学界振奋的大量新的文化现象。考古队在 1990 年和 1991 年春季 4 个月的时间里，对石家河遗址群范围内、近 8 平方千米的每个遗址点都进行了踏查、钻探和铲探，并采集地表和剖面上的遗物，发现了屈家岭—石家河时期的巨大城址。那时候还没有 GPS 和全站仪等测量仪器，全凭从地理部门借来的一张万分之一地形图，测量则全部靠队员赵辉手执地质罗盘和步测。但这张手测的地形图与后来航拍照片绘制的地形图对比，误差竟然很小。

1990 年 4 月的一天，我们调查到三房湾附近一道像大堤一样的土垣上面，当地百姓有的说这个大堤是 1958 年修的，也有老人说从小就看见它在这里。从在大堤上修的一个龙窑剖面上可以看到，堆积中夹杂的陶片大多是屈家岭文化时期的，最晚不晚于石家河文化。临近大堤的邓家湾地点发掘证明，这个大堤建造的年代大致在屈家岭的早中期。在大堤的西面则是至今存水的南北长的条形堰塘——然后我们突然领悟，这哪里是什么堰塘，它应当是过去的护城壕！这里才是真正的屈家岭—石家河时期的城垣。

石家河城址的发现和确认，一下子提升了对石家河遗址乃至对屈家岭—石家河文化的认识。其实在湖南澧县城头山等遗址很早就发现有城垣，也有学者推测可能是屈家岭时期的，但一直没有得到确认。石家河城址的发现一下子就引发了长江中游地区屈家岭—石家河文化时期城址大发现。接下来的 10 余年间就确认了 15 座屈家岭—石家河时期城址，集中分布在大洪山南麓和洞庭湖西部。相信这样的城址今后还会发现更多。

# 城址及其领地

长江中游地区进入屈家岭—石家河文化时期以后，文化发展和聚落的演变出现了新的形式和格局。这主要表现在两湖地区聚落的数量进一步增多，特别是在两湖北部和西部地区，出现了大规模的城址等新的聚落形式以及大规模的聚落间的联合，没有证据表明这样的变化出自环境的原因，因此很可能是出自本地区社会内部及区域间社会互动。

调查相对仔细的地区如洞庭湖西部的澧阳平原发现大溪文化遗址有50处，屈家岭文化时期（含油子岭文化时期）遗址有63处，石家河文化时期则有192处，比大溪文化时期多近4倍。也就是说，在两湖平原和周围山地的交接地带，一般一个县的范围内就会有上百处这两个时期的遗址，有的地区还要多一些。

目前所知屈家岭—石家河文化15处城址包括：石家河、走马岭、阴湘城、城头山、鸡叫城、鸡鸣城、门板湾、陶家湖、马家垸、笑城、青河、城河、陈河、叶家庙、张西湾，大都是面积在10万平方米以上的大型遗址。其中石家河城址按照城圈围住的面积计算有120万平方米，加上环壕以外与城址同时期遗址的面积，整个聚落面积接近8平方千米。面积最小的是公安青河城，面积只有6万平方米。多数城址的面积都有几十万平方米。

在城址发现相对密集的两湖北部地区，可以尝试推测一下大型城址所代表的大型聚落的领地范围。这些大型的城址聚落一般都建成于屈家岭文化时期而兴盛于石家河文化早中期，因此它们在一定的时期应当是同时存在的。如最大规模的聚落石家河遗址西北距屈家岭遗址（70万平方米的环壕聚落）约17千米，东距天门笑城遗址约25千米。小一些的城址如笑城、应城门板湾和应城陶家湖大致呈等边三角形分布，笑城东距门板湾遗址22千米，陶家湖遗址在笑城和门板湾以北的中间位置，距这两个城址大约都有15千米。荆门城河西北距荆门马家垸约5千米，东北距荆门荆家城仅3千米。因此像石家河这样的特大型聚落群体领地半径可达10千米，门板湾、陶家湖等稍小一些的聚落领地半径大约7~8千米，再小一些的则在2千米左右。当然，由于这些聚落都分布在山前部位，所谓领地半径是指它们之间的距离，而这些聚落在山地和平原两个方向上一般没有其他的聚落，因此在这两个方向的领地范围显然要大很多，只是我们并不能够知道确切的数据。

## 石家河聚落群与石家河城址

一项围绕石家河遗址进行的全覆盖式调查成果显示，在以石家河为中心、方圆 150 平方千米的范围内，属于石家河文化早中期距今约 4500～4100 年的石家河遗址面积达 8 平方千米，在石家河遗址西北的河边以及东南部山脚下还有 21 处面积在数万平方米左右的小遗址，它们之间的距离很多都在 1 千米以内，应当与当时的石家河聚落有密切的联系，可以并称为石家河遗址群。到石家河文化晚期（公元前 2100～前 1800 年），石家河遗址的面积缩小，石家河遗址以外的同时期遗址只有 1 处。

石家河遗址所在的位置位于天门县北一片掌状分布的岗地向平原过渡地区的东、西二河之间，建于屈家岭文化时期的环壕土城就坐落在两河间岗地的尽头，西北高而东南低。位于遗址中心部位的土城平面略呈长方形，南北长约 1300 米，东西宽近 1200 米。城垣底宽 50 米、顶宽 15 米、顶面距环壕底部 6 米左右，系由生黏土分层堆筑而成，各层一般厚 10 厘米左右，经简单夯打。其东北角被西周时期的一座小土城及其环壕所破坏，现已不存，东南角则有一处宽约 450 米的缺口，而城东南是城里地势最低的地方，缺口处正好可以走水。城垣周围的环壕周长在 4800 米以上，最宽处达 80～100 米，窄的地方也有 40～60 米。环壕底部多有较厚的一层黑灰色淤泥，是使用时长期存水的明证，至今环壕的某些段落仍有水，如其西段的罗家泊即是。在环壕南部、西部和西北部外侧还有一圈断续的长条形土台，大概是由挖掘环壕的出土在用于修筑城垣后的剩余部分堆成。整个工程的动土量难以做具体计算，按环壕的出土量估算当在 50 万立方米以上。简单计算，单是石家河城垣本身就要 1000 人工作 10 年才能建成，同时还要有 2 万～4 万的人口才能供养这 1000 人。

## 石家河城内

石家河土城内面积在 120 万平方米以上，北部、西部和南部的地势都较高，而以中部谭家岭地点所在的位置最高，东南部最低。从地表踏查的情况看，自东南部蓄树岭、中部谭家岭至城北部很大一片范围内到处可见成片的红烧土一类的建筑堆积。20 世纪 80 年代中期以来，在谭家岭曾有过三处小面积的发掘，发现了叠压打破关系很复杂、厚达两三米厚的房屋建筑堆积，看来这里是长期存在的建筑居住区。这里有的分间式房屋墙厚 1 米，柱洞直径可达 30 厘米，间距 50 厘米，只是发掘面积不够大，未能揭露出一座这样的分间房屋。调查中发现蓄树岭、谭家岭与南部三房湾之间的低洼地带则分布着较厚的灰层，含有大量的陶片等文化遗物。

城内西北角邓家湾也有过较大面积的发掘，发现一片墓地，已清理墓葬百余座。在墓地东南不远的地方清理了多种祭祀遗存，上述遗迹附近也有个别房屋建筑。

城内南部三房湾所在的地方堆积很奇特，东边一个台子经钻探得知，那里分布着成层的黄黏土、红烧土、夹炭黄黏土和石块构成的堆积，堆积中夹杂有大量的红陶杯和其他器物。据初步探查，这种堆积的范围大约 90 米 × 75 米，厚度在 1～1.75 米之间，测算得知这里埋藏的红陶杯数量在数万乃至数十万只以上，相信这里会有非同一般的建筑遗存。

以上情况可见，城内显然有着建筑居住区、墓葬区及其他如祭祀活动区等不同的功能区域规划，本身就应该是一个较完整的聚落体系。

## 城外聚落肖家屋脊

石家河城垣环壕以外的四周除西北角以外，分布着大大小小二十来处台地，每一处台地都是一个聚落点，其中最大的一处面积有 30 万平方米，有的还三五成群分布。

城外东南的肖家屋脊台地，东北部经过多次发掘，总计发掘面积达6710 平方米。这里屈家岭文化时期至石家河文化早、中期（公元前 2500～前 2100 年）的遗迹有房屋、灰坑、排水沟、露天灶和墓葬等。房屋基址多很残破，但据残留迹象看，房屋一般成组集中分布，有的围成院落。如F15、F13、F3、F2、F5 几座共同组成的院落是“凹”字形的，占地范围南北接近 40 米。其中 F15 为单间房，F13 似为三开间以上的多间房屋。

肖家屋脊还发现了集中分布的三片墓地。每片都有墓葬 10～20 座。其中东南一片有屈家岭时期墓葬 18 座，石家河早期墓葬 2 座，这片墓地就在由 F15、F13、F3、F2、F5 几座房屋组成的"凹"字形院落外的西南角。而整个发掘范围内至少发现有三处以上这样的墓地，代表了至少 3 个"院落＋小型墓地"这样的聚落中最小社会群体——这里可以称之为家族，每个家族的占地面积约为 2000 平方米。这样一个社群规模和占地面积可以作为对整个聚落社群规模进行推测的依据。

邓家湾和肖家屋脊墓葬中都随葬大量陶器，但随葬陶器种类却是十分程式化的。不论是屈家岭文化还是石家河文化时期，一般的墓葬都至少随葬一套器物，包括小鼎（有盖，明器）、杯、碗或豆、壶等几种，这显然是一般人的日常生活所用的一套陶器，表明当时丧葬观念中强调的是死后还会有类似现实生活的延续。当然也有一些墓葬随葬 2~4 套，即便如此随葬品总数也不过几件或一二十件。但肖家屋脊和邓家湾墓地的很多墓葬都随葬有数十乃至上百件陶器，其中除一两套上述成套的器物外，其余几十件都是罐类，如拥有最多随葬品（103 件）的 M7。肖家屋脊 M54 随葬的 102 件陶器则干脆都是罐这样一种器物。

此外，很多墓葬中随葬的陶罐也不与其他几类成套陶器放在一起，一般成套陶器都放在棺内死者的头部或脚下，而大量的陶罐则放在棺外二层台上或在棺外脚下另挖的器物坑中，这样的例子几乎包括了全部的有二层台（有棺）的墓葬。这说明在当时的埋葬仪式中，成套的陶器与陶罐所表达的意义是有区别的。由于陶罐是储藏用具，因此，大量随葬陶罐也许是为了随葬陶罐中可能已经朽烂了的食物一类东西，即便就是随葬陶罐本身，表示的也只能是对大量拥有财富的渴求。而能够拥有个人或最小族群——家族自己的财富，说明家族这样一个最小的社会族群在当时已经是具有很大程度独立地位的经济实体。

## 社会崇拜

在石家河城内西北部经过发掘的邓家湾，发现有多种与祭祀活动相关的现象，包括与某种建筑相关的一些排列整齐的"扣碗"、套接的筒形器，以及"套缸"或"列缸"遗迹，邓家湾出土的套缸能够复原的就有 120 件，还有很多碎片没有复原。

邓家湾与肖家屋脊的陶缸样式均与山东地区大汶口文化同类器物基本

一样，在不少陶缸的腹部也有刻划的符号，符号样子有钺形、号角形、红陶杯形、镰形和高柄杯形等 9 种，多数形状与大汶口文化所见的不同，但"菱形"和"日月"符号与大汶口的相同。其中有符号的陶缸在大汶口文化中多见于墓葬中，一些小型的遗址也常见到。但在石家河文化中并没有用于随葬，而且仅见于石家河遗址，可见石家河聚落在当时的地位非同一般。

邓家湾"套缸"遗迹附近的 17 个灰坑中以及其他堆积物中还发现了上万个小红陶俑，单是 H67 一座灰坑中就有数千个个体。陶俑个体不大，一般 5～10 厘米，造型十分生动，有人、鸟、鸡、狗、羊、兔、龟、猪、象、虎和猫头鹰等十余种。动物与人的造型都有很多种。人物造型面部简单几乎没有区别，但动作的形象大致有三种，一是怀抱一条鱼跪坐，二是背物或抱物，三是舞蹈。其中抱鱼跪坐呈奉献状的人物俑数量最多，从这样的姿势来看，奉献的含义就比较明显了，也因此其他的动物类陶俑都可以判定为祭祀品。石家河文化红陶动物在两湖地区很多同时期的遗址中都有发现，甚至在河南的南部和中部也有一些发现，但数量都不多，大多只出几件，并且多数只有长尾鸟一种造型。其他地方出土的红陶俑的样式是与石家河所见完全一样的，其来源应当也就是石家河聚落。

屈家岭—石家河文化时期出现的新型社会形式就是以大型聚落为代表的大型政治实体，凝聚这样大型的社群一定要有新的意识形态。石家河的邓家湾和肖家屋脊都有刻符陶缸和陶俑的祭祀形式，可以看到大型聚落同时也是祭祀形式创新的中心地。说明石家河这样的大型政治实体具有远距离获取信息的能力，也有利用这种能力进行意识形态创新以维持社会稳定的能力。

## 城邦林立的史前文明

屈家岭—石家河文化时期一个突出的变化就是大量新型聚落形式——大型的环壕、环壕土城聚落以及聚落群的出现。这些大型聚落中，只有城头山和阴湘城在大溪文化时期就已经是比较大的环壕土城聚落，城头山遗址发掘表明在大溪文化时期城址就在不断扩建，城内面积逐渐增加，在屈家岭文化时期达到了 8 万平方米，似乎是该聚落自身增长的结果，其他的城则几乎都是在屈家岭文化或石家河文化时期新出现的。这种情况说明，仅仅是一个聚落内人口的自然生长，只会是像城头山那样造成聚落的逐渐扩展，但扩展的面积有限，顶多发展为小型城址，并不会造成像石家河那样的大型聚落的出现。因此像石家河那样的大型聚落的出现，乃是一种新型社会形态和社群组织形式出现的结果。从巨大城址以及石家河、门板湾那样在城之外还有很多居住性聚落的形态来看，这些大型聚落一定是聚集了大量的人口和社群，因此属于一种新型的聚落联合体。

目前所知的屈家岭—石家河文化时期的大型聚落都是有环壕或有环壕的土城环绕的，其中的环壕固然有水利以及交通的便利，但从一般城址所处的位置来看，其主要的功能还是为了防御，周围的小聚落依附于城址，其防卫的任务显然也是由大城来负担的。远离城址的一般的小聚落很多也发现有宽大的环壕围绕。这说明当时社群间的关系是十分紧张的，社群间的武装冲突时有发生。这一点还可以从石家河遗址肖家屋脊发现的"执钺武士"形象上得到证明，这说明屈家岭—石家河文化时期大规模新型社群出现的原因之一乃是紧张的社群关系，与人口的增长带来的资源的紧张以及社群的重组互为表里。

总之，屈家岭—石家河文化社会是一种新型的社会形态，形成于屈家岭文化时期，繁荣于石家河文化早期。如果仅仅以聚落面积进行比较，石家河聚落甚至比二里头还要大，同等范围内的聚落密度也是屈家岭—石家河文化要大于二里头文化。但石家河聚落的政治和经济控制能力是否也比二里头大则不是很清楚。可以认为屈家岭—石家河文化已经进入了中国古代典籍中描述的那种城邦林立的古国时期。

（原载《中国文化遗产》2012年第4期）

# "五谷丰登"是中华文明
# 形成的必要条件

赵志军

（中国社会科学院考古研究所）

## 一　问题的提出

**探讨中华文明起源，先要搞清楚什么是"文明"？**

一种概念将文明和文化等同，文明是人类创造的所有成就，包括物质文明和精神文明；还有一种概念将文明与野蛮相对，文明是人类历史进程中的一个阶段，文明阶段是从野蛮阶段转化过来的；再有一种概念将国家的出现作为文明形成的标志。

这些概念多是理论性的，很难从考古学的角度进行探讨。与历史学不同，考古学是以物说话，确定文明社会的形成，需要通过考古发掘寻找能够证明文明社会存在的实物证据，这就是常说的"文明要素"。

**什么是文明要素？**

学界先后列举出的文明要素很多，得到普遍认可的有城市、文字、金属冶炼、大型建筑、阶级分化等。城市作为文明要素从来没有异议，英文单词"civilization"中的"civil"是拉丁文"城市的"的意思，"civilization"就是城市化的意思。文字作为文明要素也得到普遍认同，凡是古代文明社会都有自己的文字，例如，古代美索不达米亚文明的楔形文字、古埃及文明的象形文字、古代中国文明的甲骨文、中南美洲玛雅文明的石雕刻文字等。金属冶炼是人类历史进程中的一场技术革命，世界上几大文明古国的成就都伴随着金属冶炼技术的出现或发展。大型建筑是指具有政治统治或宗教信仰意义的古代建筑，例如宫殿、庙宇、宗教祭祀场所等，是管理阶层和管理制度出现的标志。阶级的出现也是文明形成的要素之一，考古学可以很容易地从古代的墓葬大小以及陪葬品的多寡判别阶级分化。

这么多的文明要素，自然需要开展综合研究，因此就有了国家科技支撑项目"中华文明探源工程"，从不同的视角多学科地探索中华文明起源的时间、区域、过程和动因。

### 中华文明是什么时间开始形成的？

大众一般认为是5000年前，主要依据是"中华文明五千年"的这个说法；国内有学者认为是4000年，即夏商周文明或三代文明；国外有学者认为是3300年，即以盘庚迁殷为标志的殷商文明。"中华文明探源工程"将研究的时间范围设定在距今5500～3500年间。

### 中华文明最早在什么地方出现的？

根据考古学研究结果，在距今5500～3500年间，中华大地上曾经存在过数个强势的考古学文化区系，或者称作考古学文化圈。例如，分布在西辽河流域地区的红山文化—小河沿文化—夏家店下层文化系统，黄河下游地区的大汶口文化—海岱龙山文化—岳石文化系统，黄河中游地区的庙底沟二期文化—中原龙山文化—二里头文化系统，西北地区的齐家文化—早期青铜文化系统，长江下游地区的良渚文化—钱山漾/广富林文化系统，长江中游地区的屈家岭文化—石家河文化系统等。大约在距今4000年，其他文化系统相继衰落了，只有黄河中游地区的中原古代文化系统反而愈加强盛，最后发展到鼎盛的殷商文化。

### 农业与文明形成有什么关系？

农业经济发展是古代文明形成的最为重要的前提条件之一。农业生产代表着古代文明形成时期的生产力，生产力决定生产关系，生产关系总和是经济基础，经济基础决定上层建筑。"中华文明探源工程"中的一个重要研究内容就是复原距今 5500~3500 年间中国大地上不同地区的农耕经济特点和发展模式，探讨古代农业发展与中华文明形成的相互促进关系。

## 二　研究结果

在考古学中，古代农业的复原和研究主要依靠的是植物考古研究方法。在考古发掘过程中，采用科学的方法有目的地、系统地获取具有统计学意义的植物遗存资料；应用植物学的分析手段对获得的植物遗存资料进行鉴定和统计，得出具有可重复性和可比性的科学数据；根据对数据的分析，复原古代人类生活方式和解释人类文化的发展与过程。

为了复原距今 5500~3500 年间中华大地上的农耕生产特点，探讨各地古代农业发展模式与中华文明起源之间的关系，在西辽河流域、黄河下游、黄河中游、西北地区、长江下游和长江中游这六个区域内选定了 30 余处考古遗址开展了植物考古研究。从这些遗址出土了各种植物种子数十万粒，其中包括谷子（粟）、糜子（黍）、水稻、大豆、小麦和大麻等不同的农作物品种。

采用科学的量化分析方法对获取到的这批数量巨大的农作物遗存进行了统计分析，得出了一系列科学数据，并据此对当时的农业生产特点进行了复原。结果发现，在中华文明的形成过程中，即距今 5500~3500 年间，中华大地存在四个不同的农业区划：

其一，分布在西辽河流域和西北地区的中国北方旱作农业，特点是以种植谷子和糜子两种小米为主，后期出现了极少量的大豆或小麦；

其二，分布在长江中、下游地区的中国南方稻作农业，特点是仅种植水稻，未见其他农作物品种；

其三，分布在黄河下游地区的稻旱混作农业，特点是水田作物水稻和旱地作物小米并重；

其四，主要分布在黄河中游即中原地区的多品种农作物种植制度，即同时种植谷子、糜子、水稻、大豆和小麦五个不同的农作物品种。

需要说明的是，中原地区发现的五种农作物品种与古代文献中记载的所谓"五谷"恰好吻合。五谷的说法最早见于《论语》（《论语·微子》："四体不勤，五谷不分，孰为夫子？"），东汉时期的赵岐在注疏《孟子》中解释："五谷谓稻、黍、稷、麦、菽也。"其中稻就是水稻，黍是糜子，稷是谷子，麦是小麦，菽是大豆。

## 三　中原地区的古代农业发展与中华文明起源的关系

前面提到了，在中华文明出现之前，中华大地上至少有六个强势考古学文化区系，但是到后来其他地区的古代文化系统都衰败了，只有黄河中游地区的中原古代文化系统不仅没有衰落，反而愈加强盛，最后发展出中华文明的鼎盛时期——殷商文化。造成这种由百花齐放到一枝独秀现象的原因肯定是多方面的，但中原地区的农业生产特点也是因素之一。

距今 5500～3500 年间中原地区的农业生产特点是多品种农作物种植制度。那么，这个特点与中华文明起源究竟有什么关联呢？

这需要先解释什么是农业种植制度。农业种植制度是指一个区域在一定时期内为了适应当地的气候条件、土壤条件、水文条件、社会条件和经济技术发展水平而形成的农业生产的技术体系，包括土地的利用、农作物品种的构成和相应的种植方式。

多品种农作物种植制度，是指在一个区域内同时种植生产条件需求不同的多种农作物品种，比如水田和旱田、秋收作物和夏收作物等，由此采取的相应的生产方式如混作、套作、连作，等等。单品种农作物种植制度，是指在一个区域内仅种植一种农作物品种或几种生产条件需求完全相同的农作物品种，前者如长江中下游地区的单一品种水稻，后者如西辽河流域和西北地区的谷子和糜子两种小米。

在现今社会，单品种农作物种植制度是一种先进的农业种植制度，因为这种种植制度可以开展大面积种植作业，机械化使用方便，操作管理上相对简单经济。但是，在农业生产技术尚不发达的古代，单品种农作物种植制度具有很大的风险，特别当遇到专门针对这种农作物品种的自然灾害时，如天灾、瘟病、虫害等，其后果将是灾难性的，对整个区域的农业生产可能造成全面摧毁，发生在 1845～1852 年的"爱尔兰马铃薯大饥荒"就是单品种农作物种植制度造成的惨痛教训。

在距今 5500～3500 年间，长江中下游地区、西北地区和西辽河流域的农业生产都是以单品种农作物种植制度为特点，这很有可能就是造成这些地区古代文化突然衰亡的重要因素。例如长江下游地区的良渚文化，在距今 5000 年前后，其发展水平之高让人惊叹，但到了距今 4500 年前后突然衰亡，而且非常迅速。再例如，西辽河流域地区的夏家店下层文化曾经非常辉煌，但大概在距今 3600 年前后，也突然衰亡，被一支有强烈游牧文化因素的相对弱小的夏家店上层文化所取代。这些辉煌的古代文化竟然如此突然地消亡，其原因自然是多方面的，但其脆弱的单品种农作物种植制度也值得认真思考。

与单品种农作物种植制度相反，在古代，多品种农作物种植制度是一种先进的农业生产制度。原因是多方面的：其一，能够充分利用一个限定的区域内各种不同的自然条件，可以提高农业生产的产量，提高土地使用率。例如在低洼湿地种植水田作物水稻，在干旱的高地种植旱地作物小米，或者在同一块田地内种植秋收作物和夏收作物。其二，可以有效地应对各种灾害。对各种农作物品种而言，农业生产中的自然灾害往往是有针对性的，不同的农作物的抗灾特性以及天敌（如杂草和病虫害等）都是不同的，如果采用多品种的种植制度，可以保证应对自然灾难的能力，不至于使整个年度的农业生产遭到毁灭，比如遭遇旱、涝、虫灾时，都可以保证其中一个农作物品种的稳定生产。其三，可以增加植物的多样性，有利于发掘更多的种植品种。

我们的研究揭示了，黄河中游地区中原古代文化系统实施的多品种农作物种植制度农业生产特点，在当时的历史条件下，具有可持续发展的优势，为中华文明的形成提供了稳定的物质基础。由此可见，所谓"五谷丰登"，对中华文明的形成过程而言，不是歌颂赞美之词，而是必要条件。

（原载《科学画报》2012 年第 12 期）

# 庙底沟时代：早期中国
# 文明的第一缕曙光

## 陈星灿

（中国社会科学院考古研究所）

### 庙底沟遗址的发掘证明仰韶文化是中国古代文明的前身

在 1956 年河南陕县庙底沟遗址发掘之前，仰韶文化已经发现了 35 年。安特生发掘仰韶村之后，把它的半月形的、长方形的穿孔石刀，和华北地区当时还在流行的农具，比如形状近似的穿孔铁刀加以比较，把它的三个空足的陶鬲，与传世的商周时代的青铜鬲和金文的"鬲"字加以比较，认定仰韶文化是"中华远古之文化"，是汉民族远古祖先的文化。但是仰韶文化最为引人注目的彩陶，却没有在中国的任何文献里留下只言片语，他只好到外国去找寻它的来源。此前考古学家已经在今天土库曼斯坦的安诺和乌克兰的脱里坡留等地，发现了彩陶的遗物，纹饰又有几分接近，所以安特生很自然地提出了仰韶文化西来的假说。

仰韶文化发现之后，中国的考古学家和历史学家，也把仰韶文化和当时已经发掘的殷墟商文化加以比较，虽然认定两者有关系，但关系并不密切，或者像李济先生所说"殷商文化之代表于小屯者，或者另有一个来源，仰韶和它的关系最多不过像那远房的叔侄，辈分确差，年龄确其难确定"[1]。

---

① 李济：《小屯与仰韶》，《李济考古学论文选集》，文物出版社，1990 年，240 页。

在这个思想指导下，不久就在山东历城的城子崖遗址，发现了龙山文化。龙山文化的发现，不仅认为替殷墟商文化找到了"老家"，也把对"中国黎明期文化的认识"提到了一个新阶段。

龙山文化发现之后，中国考古学家经过比较研究，提出龙山文化自东向西、仰韶文化自西向东发展的二元对立学说，还认为这种发展的结果是在河南中西部地区形成所谓"混合文化"。仰韶村既发现彩陶，又发现龙山黑陶的现象，就被认为是这两种文化混合的结果。这种认识，一直延续到庙底沟遗址发掘的前后。

我们知道，安特生在仰韶村的发掘，是把上层的龙山文化和下层的仰韶文化混到一起来了。虽然早在 1937 年，尹达先生就给予正确的辨识，但龙山文化和仰韶文化东西二元对立、进而在两种文化的接触地带产生所谓"混合文化"的说法，还是流行了二三十年。庙底沟遗址的发掘，在仰韶文化层的上面，还发现了具有从仰韶文化到龙山文化过渡性质的文化层，发掘者把它命名为"庙底沟二期文化"，把它下面的庙底沟一期文化，命名为仰韶文化的"庙底沟类型"。通过庙底沟遗址以及在此前后周临地区不少遗址的发掘，学术界最终否定了"混合文化"的说法，提出中原龙山文化是从仰韶文化发展起来的；庙底沟二期文化，便是从仰韶文化向龙山文化过渡的一种史前文化。发掘者把它纳入龙山文化早期的范畴，但也有研究者把它纳入仰韶文化晚期或者末期的范畴。

庙底沟二期文化，既有仰韶文化的某些特点，也有龙山文化的鲜明特征，可以认定河南龙山文化就是从庙底沟二期文化发展起来的。这样一来，中原地区古代文明的连续性，中国古代文明的连续性，就得到了考古学的证明。仰韶文化发展成为龙山文化，龙山文化再发展成为商文化，中国古代文明的根，就这样追到了仰韶文化。庙底沟遗址的发掘和庙底沟二期文化的发现，在中国新石器时代考古学史上，因而占有十分重要的地位。

### 仰韶文化庙底沟类型的扩张促成了早期中国文化圈的形成

庙底沟遗址发掘之后，以庙底沟一期为代表的文化遗存，被命名为仰韶文化"庙底沟类型"。这是中国考古界第一次把仰韶文化划分为不同的类型。在此之前开始发掘的西安半坡以及文化面貌相近的遗址，则被命名为仰韶文化的"半坡类型"。此后二十年，有关这两个类型的关系问题，差不多成为仰韶文化讨论最多的话题。经过这么多年的研究，我们知道仰韶文化大体可以分为早中晚三期，每期又都可以划分为大小不一的许多类型。20世纪80年代以来，又有学者把仰韶文化的许多类型单独命名为文化。比如庙底沟类型，就有人称为"庙底沟文化"，也有人称为"西阴文化"。绵延两千年、横跨黄河中上游地区的仰韶文化，变成了许多文化的共同体。庙底沟类型仰韶文化，一般认为属于仰韶文化中期。它的核心是豫西、晋南和关中东部地区，但是差不多整个黄河中上游地区，都有这个文化的分布。在如此广大的范围内，广义的所谓庙底沟类型，实际上又可以划分为不同的地方类型，比如关中地区就往往被称为"泉护类型"，河南中部又往往称为"阎村类型"等等，各地方类型都有自己的特点，它们的形成过程也没有遵循一种模式。

　　以庙底沟遗址一期文化为代表的庙底沟类型，陶器以曲腹平底碗、卷缘曲腹盆、敛口钵、双唇口尖底瓶、盆形灶、折腹的圜底釜等为主，多平底器，基本不见圜底钵；与半坡类型比较，彩陶数量多，红色的素地上，多用黑彩描绘出回旋勾连纹、花瓣纹、窄带纹、垂弧纹、豆荚纹、网格纹等等，也有少量的动物纹。生产工具以石器为主，除斧、锛、凿外，还有不少体形很大的石铲和长方形的穿孔石刀。房屋是方形和长方形的半地穴式，中间立柱，四壁还立壁柱，有斜坡形门道，正对门道有很深的圆形灶坑。种种迹象表明，庙底沟类型的人们，过着稳定的定居生活，农业经济已经相当发达。墓葬一般是土坑竖穴墓，多单人葬，不见半坡类型的多人二次合葬和同性合葬墓。垃圾坑里开始出现随意摆放的人骨架，说明暴力和冲突可能已是司空见惯的事情。

　　庙底沟类型仰韶文化从豫西、晋南和关中东部核心地区，向周围强力辐射，使差不多整个黄河中上游地区的仰韶文化面貌，西到甘青和四川西北部、东到河南东部、北过河套、南达江汉，达到了空前一致的局面。不仅如此，它的影响力，还直接、间接地波及更遥远的周边地区：东北远及内蒙古东南部和辽宁西部，东达渤海和黄海之滨的山东和江苏北部，南面则跨过长江，深入长江中游地区。有学者把核心区之外，庙底沟类型的分布区，称为"主体区"，把更外围受到庙底沟类型影响的地区，称为"边缘区"。认为庙底沟类型的强力扩张，不仅使仰韶文化分布的地区，形成空前一致的文化面貌，更使包括边缘区在内的广大东部地区的诸考古学文化，交融联系，形成一个稳定的文化共同体①。

庙底沟类型所在的时代，经过碳–14 年代测定，一般认为约当公元前4000~前3300 年。这个时间，也是中国早期文化圈开始形成的时代。考古学家张光直先生把仰韶文化及其周围相关联的诸考古学文化，称之为"中国相互作用圈"。张光直先生说得明白："这个在公元前4000 年前开始形成，范围北自辽河流域，南到台湾和珠江三角洲，东自海岸，西至甘肃、青海、四川的'相互作用圈'（sphere of interaction），我们应当如何指称？我们也可以选一个完全中立的名词称之为 X，可是我们也不妨便径称之为中国相互作用圈或中国史前相互作用圈——因为这个史前的圈子形成了历史期间的中国的地理核心，而且在这圈内所有的区域文化都在秦汉帝国所统一的中国历史文明的形成之上扮演了一定的角色。"他还说："到了约公元前4000 年，我们就看见了一个会持续一千多年的有力程序的开始，那就是这些文化彼此密切联系起来，而且它们有了共同的考古上的成分，这些成分把它们带入了一个大的文化网，网内的文化相似性在质量上说比网外的为大。到了这个时候我们便了解了为什么这些文化要在一起来叙述：不但它们的位置在今天中国的境界之内，而且因为它们便是最初的中国。"②

庙底沟类型是最强势的。它把具有强烈仰韶文化色彩的文化因素，带到黄河下游、长江中下游和东北等地区，促进了当地史前文化的发展甚至转型。比如，黄河下游地区的大汶口文化，彩陶多为鼎、豆、壶、杯、缸、器座、盂和钵，几乎全部出土在墓葬中。具有庙底沟类型特征的彩陶，多出在大汶口文化大墓中。有学者提出这表示庙底沟和大汶口社会上层可能存在某种交流。大汶口 M2007，是一座小孩墓，不仅随葬花瓣纹的彩陶器座，还有低矮的二层台，M2005、M2018、M2020、M2011 等随葬庙底沟风格彩陶的墓葬，也多有二层台；有学者注意到 M2005 大墓还有用黄色胶泥涂抹墓坑四壁、底部和二层台侧壁的现象，认为这与灵宝西坡用泥封盖墓

① 韩建业：《庙底沟时代：早期中国》，《考古》2012 年第 3 期。

② 张光直：《中国相互作用圈与文明的形成》，《中国考古学论文集》，生活·读书·新知三联书店，2013 年，149、167 页。

室甚至填埋整个墓圹的做法类似，也表示两者之间存在某种形式的交流①。以庙底沟彩陶为代表的类似的中原文化影响，也发生在长江下游两岸的青莲岗—大汶口和马家浜—崧泽文化、东北地区的红山—小河沿文化、长江中游的大溪—屈家岭文化系统中，不过有的强一些，有的弱一些，方式也不尽相同。

不过，文化的影响总是互相的。研究证明，庙底沟类型的早期，中原地区对周边地区的影响多，到了后期，周围地区开始反弹，对中原地区又形成包抄之势，其中来自东方和南方的影响最为明显。灵宝西坡大墓成对出土的大口缸、中原地区仰韶文化罕见的玉钺，就有可能是从东方传入的。这个强劲的势头，在庙底沟类型结束之后，约当公元前3000年，南方的屈家岭文化和东方的大汶口文化从两个方向分别进入中原腹地，中原地区与周围各史前文化的关系愈益紧密。这个时期，中原地区好像处于文化的低潮，但这低潮，却也意味着更多的吸纳、更多的学习和交流，反而奠定了中原地区的历史地位，加速了以中原为中心的历史趋势的形成。又经过约一千年的激荡沉淀，在公元前两千纪的前半叶，以二里头文化为代表的青铜文明在伊洛盆地强势崛起。一般认为，二里头文化可能是夏代晚期文化，夏和随后的二里岗商文化便是建立在这史前文化长期密切交往形成的"中国相互作用圈"上。考古学上的二里头文化、二里岗文化以及随后的秦汉帝国，与庙底沟类型的分布区和影响区若合符节，显然并非偶然。

**庙底沟时代见证早期中国文明的第一缕曙光**

如前所述，庙底沟类型代表着仰韶文化的中期，因此也往往把它称为仰韶文化庙底沟期。在庙底沟遗址发掘之后，由于发现了中原地区古代文明的连续性，在相当长的时间内，中原地区又是历史时期中国古代文明的核心，因此不恰当地夸大了中原地区史前文化的作用，好像所有好的东西，都是从中原地区辐射出去的，这就是所谓的"中原文化中心论"。这种观点，在20世纪六七十年代达到顶峰。后来，随着各地史前文化的发现，各

---

① 李新伟：《中国相互作用圈视角下的红山文化》，《中国社会科学院古代文明研究中心通讯》第24期，2013年，38页。

地区文化序列慢慢建立起来，人们认识到，东北地区、黄河下游、长江中下游等地的史前文化，都有自己的发展谱系，并不能用中原文化的辐射或者农业人口的迁徙、移动来解释。自 70 年代末期以来，中国文明起源的"多元一体"学说逐渐形成。这个学说强调中国史前文化的多元性，认为各地区史前文化都为中国古代文明的形成做出了自己的贡献。这无疑是正确的。但是矫枉过正，又有意无意贬低了中原地区史前文化的作用和价值。这当然也跟 70、80 年代中原以外地区的众多重要考古发现有关。90 年代以来，庙底沟类型仰韶文化的一系列新发现，正在改变着我们对中原史前文化的看法；中原地区史前文化的核心地位，也变得越来越清晰。

如果我们把绵延数百年的庙底沟类型仰韶文化，放在更大的中国相互作用圈的背景下观察，就会发现，早期中国文明的第一缕曙光，已经在庙底沟时代出现。

定义"早期中国文明"，首先它必须是"中国"的，这个问题，在上面有关中国相互作用圈的讨论中已经说明；其次它又必须是"文明"的。文明的定义千差万别，一般理解文明就是早期国家。而社会分化，是早期国家形成的显著标志。

我们在河南灵宝铸鼎原所做的调查显示，这里的庙底沟类型仰韶文化最为繁盛，已经发现的 19 处遗址已经出现明显的分层。最大的北阳平遗址，面积近 100 万平方米；第二等的西坡遗址约 40 万平方米、东常遗址约 12 万平方米，其他的遗址多只有三五万平方米。从遗址的大小看，这个聚落群显然是分级的，至少可以分为三个层级。这个现象与我们在西坡遗址的发现，可以相互印证。西坡遗址夹在东西两条河流之间，南北又有人工开挖的壕沟，形成一个严实的防御系统。遗址的中心，有至少 3 座大型房屋。西北角的 F106，略呈五边形，室内面积 240 平方米，地面和墙壁经过多层夯筑，表面还涂成朱红色。西南角的 F105，室内面积 204 平方米，四周还有回廊，总面积达 516 平方米。东南角的 F108，室内面积超过 160 平方米。三座房屋的门道均大体指向中心广场。这些房屋显然不是一般的住房，而很可能是氏族、部落或更大规模的社会组织举行某些公共活动的场所。有学者推测，像 F106 这样的房子，大概需要 100 个劳动力，连续工作三个月才能完成。

　　西坡遗址南壕沟的外侧高地，是它的墓地。已经发掘的 34 座墓葬，也有等级差别。从墓圹和随葬品来看，至少也可以分为三个层级。M8、M27和 M29，规模都很大，皆在 10 平方米以上；最大的 M27，面积多达 16.9 平方米。墓室的二层台和脚坑上铺垫盖板，盖板上覆盖麻布；死者的脚端附设脚坑，是专门放置随葬品的地方。墓圹全部以混有多种植物茎叶的泥块封填。大墓 M8 和 M27 都有一对彩绘的大陶缸，M8 除了陶缸，右手外侧还随葬一把玉钺。西坡墓葬的随葬品好像已经有一定之规，几乎所有的随葬陶器都是专门为死者制作的明器，墓葬虽大，随葬器物却不多（M27 只有 9件陶器；M8 只有 11 件，其中也有 9 件陶器）；随葬品虽有差别，但并不特别突出；大墓和中小墓交织在一起，说明虽然已经出现贫富或者地位的分化，但还没有发现龙山时代比如良渚或陶寺那种专门的贵族墓地。玉钺在此前的仰韶文化中没有发现过，一般认为它是一种脱胎于石斧的专门性武器，它的出现，暗示战争或冲突与日俱增，这可能跟我们在西坡看到的防御设施和庙底沟遗址的乱葬灰坑是可以相互印证的。不过，有人推测玉钺是长江下游崧泽文化或者凌家滩文化影响的产物；如此说来，也许 M8 出土的一对陶簋，也可能是东南方史前文化影响的结果。这或许说明，中原地区仰韶文化中晚期的社会分化，也有不少来自东南方文化的影响。

　　西坡遗址的发掘，揭示仰韶文化中期的中原地区，已经开始走上了社会分化之路。严文明先生拿它跟东方的大汶口文化、东北地区的红山文化、长江中下游的崧泽文化、凌家滩文化和屈家岭文化等做比较，指出它是一个"务实进取"的文化，它"强调军权和王权，讲究气派（如大型房屋和大型墓葬）却不尚浮华"[①]。韩建业先生则直接提出"中原模式"，认为西坡大墓"阔大特殊而珍贵品不多"的现象，正说明这是"中原模式"的质朴习俗。

　　同属于庙底沟时代的大汶口文化、崧泽文化、红山文化、凌家滩文化和屈家岭文化，却有不很相同的表现，但也有不少共同因素。比如差不多都出现了聚落的等级分化；都出现了规模很大的墓葬，大墓中多随葬数量众多的高等级玉器、精美陶器及某些特殊随葬品；显示社会分化的程度已

---

　　① 严文明：《重建早期中国的历史》，《中华文明的始原》，文物出版社，2011 年，46 页。

经相当显著。比如，黄河下游的大汶口文化，它的典型遗址大汶口，面积约 80 万平方米；大汶口早期大墓 M2005，开口面积约 8.2 平方米，有熟土二层台，随葬品包括石器、陶器、骨器、象牙器、角器和獐牙器，多达 104件，有的陶器中还摆放猪下颌骨和牛头。这种墓葬跟同墓地一无所有的小墓，形成鲜明对比。凌家滩遗址的面积，多达 160 万平方米。最高等级的墓葬 07M23，墓坑虽不足 7 平方米，随葬品竟多达 330 件，仅玉器就有 200件。可能跟军事有关的石钺和仪式用石锛，在墓底竟然铺了好几层，多达数十件。墓葬中出土的内置玉签的玉龟形器，可能是挂在死者腰间的法器。而墓葬填土中发现的重达 88 千克的既写实又抽象的玉猪，也可能具有某种特别的宗教含义。发掘者因此推测墓主人在手工业生产、军事和宗教方面都有举足轻重的地位。红山文化的墓葬，集中发现在辽西牛河梁地区的数十处积石冢上，随葬品皆为玉器，有玉人、玉鹰、玉龙、玉凤等宗教用品和玉镯、玉耳坠等装饰品。墓葬也有大小之别，还出现了男女并穴合葬墓，随葬品虽没有大汶口文化和凌家滩文化丰富，但却带有强烈的宗教神秘色彩。虽然没有发现与此相匹配的高等级聚落，但无疑红山文化的社会也是明显分层的。有学者注意到，红山文化墓葬里不出玉钺，推测它凭借的不是武力，而是强烈的"宗教信仰和有效的组织能力"，也有人因此提出中国文明起源的"北方模式"，以区别于"中原模式"和以大汶口文化等为代表的"东方模式"。这些模式是否恰当当然还要接受今后考古研究的检验，但现有的证据已经证明，在公元前 3500 年前后的庙底沟时代，中国相互作用圈里面的几个文化，都已经走上了社会分化的道路。一方面彼此的交往越来越紧密，文化越来越趋同，另一方面社会却越来越分化，越来越分层。这种分化，虽然还达不到考古学上所见二里头青铜文明早期国家的水平，但是古史上所谓的"万国"时代，就要到来了。因此也可以说，庙底沟时代，见证了早期中国文明的第一缕曙光。

（本文据 2013 年 5 月 21 日作者在十九届中国（三门峡）国际黄河旅游节"仰韶文化探秘"专题讲座上的讲演整理而成，为便于读者，最低限度地补充了参考文献。原载《中国文物报》2013 年 6 月 21 日）

# 陶寺文化：中华文明之
# "中正"观缘起

何　努

（中国社会科学院考古研究所）

中华文明起源经历了多元一体化的过程，中华大地上的国家起源也同样经历了多元一体——从邦国到王国的过程。在公元前四千纪的后半叶龙山时代，中华文明的核心在黄河中游地区最终形成，以陶寺文化为代表的邦国开创了后来夏商周中原王朝国家的先声。

陶寺文化以陶寺遗址得名，位于今山西临汾市襄汾县城东北约 7 千米处，坐落于太岳山系（当地称塔儿山）向汾河谷地过渡的黄土塬大缓坡上。遗址面积 300 余万平方米。1978 ~ 1985 年，陶寺遗址的大规模考古发掘，确立了陶寺文化（公元前 2400 ~ 前 1900 年），早期王族墓地的发掘揭示出阶级对立的特征。

1999 年以来，陶寺遗址的考古发掘与研究先后被纳入"中华文明探源工程"和"中国社会科学院哲学社会科学创新工程"，初步了解近 20 万平方米的早期城址、超过 280 万平方米的中期城址，并发现了晚期宫城的一些线索。从都城微观聚落考古的角度，初步探明了宫城、王族墓地、下层贵族居住区、祭天及观象台礼制建筑区、祭地礼制建筑区、政府管理的大型仓储区（相当于国库）、工官管理手工业作坊区、农业人口聚居的普通居民区等，充分表明了陶寺遗址作为国家的政治、文化、经济中心的都城性质。

据塔儿山两侧、汾河以东陶寺文化遗址群宏观聚落形态调查结果初步判断，陶寺文化遗址群以陶寺都城为核心分为南北两大群，拱卫陶寺都城京畿。南北两大下属分布区各由百万平方米以上的地方中心聚落统领，而这些中心聚落是由自上而下的分支的行政派出模式发展起来的，并且发现有驿站型微型遗址，表明了中央与地方的行政关系的存在。在陶寺遗址晚期，出现了扒城墙、毁宫庙、捣王陵的政治报复行为和政治复辟现象，更加凸显了陶寺遗址的都城性质和陶寺文化的国家性质。

聚落形态考古资料证明了陶寺文化国家社会的物质文明发达程度，而相关的精神文化考古资料则显示出陶寺文化与国家社会相匹配的精神文明所达到的当时最高水平。陶寺观象台通过 1 个观测点、12 道观测缝与东南 7 千米远的塔儿山山脊线，构成一套完整的列石观测仪器。除了通过观测日出确定 20 个节令的纯阳历历法之外，还可以观测 16 年一周期的月出最南点，以预测月食，将"历象日月星辰，敬授民时"的科技软实力与宗教权力相结合，牢牢地掌握在邦国元首的手中，成为王权中非常重要而实用的软实力之一。

而陶寺早期官僚墓中出土的木立表和中期王墓 ⅡM22 漆圭尺构成一套完整的圭表测影仪器系统，以圭尺第 11 刻度 1.6 尺理论夏至影长，对外宣称陶寺为政治话语霸权层面上的"地中"，陶寺观象台如同 4100 年前的"格林威治皇家天文台"，使得陶寺城址顺理成章地成为"地中之都"，居住在其中的邦国元首自然"王者居中"以垄断与上天沟通的唯一通道，进而使得陶寺文化所代表的邦国成为"中土之国"，开创了"中国"最初始的意义。

陶寺圭表还可用于大地的测量，以陶寺城址"中表"为中心基点，按照陶寺城址的经纬线作为测量基线，对陶寺所在的东亚大陆的东西南北四至进行夏至晷影测量，以确立陶寺文化的四表。东表起自今山东的胶南市海滨，西表至叙利亚地中海东岸，南表起自今广东阳西县海岸，北表止于俄罗斯拉普捷夫海南岸。陶寺四表之间的距离同《淮南子》等先秦文献记载的"四海之内，东西二万八千里、南北二万六千里"的数据误差约6%～7%，可以说相当吻合。

由此可见，文献所谓上古时期尧舜的文德披于四表、格于上下、北及幽都（北极圈一带）、南至交趾（北回归线一带）、东起嵎夷、西至流沙

（叙利亚沙漠），并非都是无稽之谈，很可能是当时科学测量的结果。当然，陶寺国家领土实际控制范围仅限于晋南地区，陶寺四表所标定的四海之内的"表里河山"，只是陶寺元首们诗意般的理想蓝图而已。但不可否认的是，陶寺邦国已经存在领土概念，而且可以用圭表实际测量与确定出来。

基于此，圭尺作为王权的象征物——权柄，被元首所垄断，下葬于王墓ⅡM22 中，被先秦文献描述为尧传位于舜、舜传位于禹时的谆谆嘱托"允执其中"，并被清代帝王制作成"允执厥中"牌匾悬挂于紫禁城的中和殿正中。在王墓ⅡM22 墓圹头端，以公猪下颌骨为对称轴，左右各倒立摆放 3 件带彩绘木胎漆柄的玉石钺，以"獶豭之牙"的图示，表达修兵不战、威慑敌国的"上政"观念，以文德合和思想治国的政治理念。

陶寺城址内的早期王族与中期王族墓地的不同茔域，表明早中期之间王权的易手，是在两个完全没有血缘关系的王族之间进行的，颇具有汉儒们竭力赞美与讴歌的"禅让"特征。不过历史是无情的，正是由于陶寺邦国以文德治国、禅让政权的天真政治理念和幼稚统治手段，导致了陶寺文化晚期的灭顶之灾，以肥足鬲为代表的外来入侵势力的征服使陶寺国破家亡，虽有短时的复辟，最终其国家政权连同文明还是被彻底摧毁，与发展成为中原王朝的命运失之交臂。

这一历史使命最终落在了河南龙山文化即王湾三期文化的肩上。至二里头文化时期，中原最早的王朝国家在伊洛平原诞生，从此步入了夏商周三代王朝国家新纪元，中国文明开始著称于世界。而中国传统认同的"地中"也被从晋南地区移到以洛阳为代表的伊洛地区，标准也从陶寺的 1.6 尺夏至影长改为登封告成王城岗的 1.5 尺，后来被周公所继承确定了东都洛邑的选址，故国宝何尊上的铭文称"宅兹中国"。

（原载《中国社会科学报》2014 年 11 月 5 日）

# 探寻红山文化与中华五千年文明源头

刘国祥

（中国社会科学院考古研究所）

红山文化因内蒙古自治区赤峰市红山后遗址的发掘而得名，是中国东北地区最著名的新石器时代考古学文化之一，在中华文明起源和早期社会发展进程中占据重要地位，对东北亚地区同期或稍晚阶段的史前文化曾经产生过广泛而深远的影响。

红山文化主体分布在西辽河流域和大、小凌河流域，在考古学研究中通常称其为辽西地区，该地区连接东北平原与中原腹地，属于典型的文化交汇区域，史前文化内涵具有鲜明的东北区域特色，又与中原地区保持了紧密的联系。红山文化的年代为距今约 6500～5000 年，是探寻中华五千年文明起源的重要考古学文化之一。

苏秉琦曾经指出："中国文明之所以独具特色、丰富多彩、连绵不断，中华民族之所以能够形成一个统一的多民族国家，并在数千年来始终屹立在世界的东方，都与中国文化的传统、中国文明的多源性有密切关系。同世界上其他文明古国的发展模式不同，多源、一统的格局铸就了中华民族经久不衰的生命力。"[①] 红山文明在辽西地区崛起，是中华文明多元一体格局形成过程中的重要实证。

---

[①]　苏秉琦：《关于重建中国史前史的思考》，《考古》1991 年第 12 期。

# 红山文化发现与研究历程

1930 年，梁思永到赤峰英金河流域进行史前考古调查，揭开了辽西地区田野考古的序幕①。1935 年，日本东亚考古学会的滨田耕作、水野清一等人对赤峰红山后遗址进行考古发掘，获得一批丰富的陶器、石器等实物资料；1938 年，《赤峰红山后》考古发掘报告出版，提出了"赤峰第一期文化"和"赤峰第二期文化"的命名②。1949 年以前，对红山文化的研究大多停留在《赤峰红山后》报告所公布的材料范围之内。

1954 年，尹达首次正式提出"红山文化"的命名，强调红山文化对于研究长城以北和以南的新石器时代文化遗存的相互关系问题具有极大的启发和帮助③。

1983 年，牛河梁遗址群开始正式考古发掘，成为红山文化发现与研究历程中的重要转折点。牛河梁遗址群分布范围广达 50 平方千米，发现有祭坛、女神庙、积石冢、大型祭祀平台等遗存④，是迄今所知规模最大的红山文化晚期埋葬和祭祀中心，也是 20 世纪 80 年代中国最重大的考古发现之一。牛河梁遗址通过正式考古发掘出土了一批具有典型地域特征和时代风格的玉器，红山文化玉器群最终得以科学确认，成为中国史前玉器发展史上第一个高峰期的代表。苏秉琦由此提出探索辽西古文化古城古国这一重大课题⑤，红山文化成为研究辽西地区文明化进程和中华文明起源的重要内容之一。

2012 年春季，在实施中华文明探源工程（三）红山文化聚落考古调查的过程中，对兴隆沟遗址第二地点进行调查和抢救性考古发掘，出土并复原了一尊红山文化晚期的整身陶人，通高 55 厘米，头部戴冠，神态逼真，

---

① 梁思永：《热河查不干庙林西双井赤峰等处采集之新石器时代石器与陶片》，《梁思永考古论文集》，科学出版社，1959 年。

② ［日］东亚考古学会：《赤峰红山后》，1938 年。

③ 尹达：《中国新石器时代》，生活·读书·新知三联书店，1955 年。

④ 辽宁省文物考古研究所：《牛河梁——红山文化遗址发掘报告（1983～2003 年度）》，文物出版社，2012 年。

⑤ 苏秉琦：《辽西古文化古城古国——兼谈当前田野考古工作的重点或大课题》，《文物》1986 年第 8 期。

表情丰富，在全国同期考古材料中十分罕见，是红山文化晚期祖先崇拜的重要实证之一①。2012 年年底，《牛河梁——红山文化遗址发掘报告（1983～2003 年度）》正式出版，系统刊发了牛河梁遗址的田野考古发掘材料，对于深入推动红山文化研究具有里程碑式意义。

## 红山文化的分期及典型特征

红山文化历时 1500 余年，从现有的考古发现和研究结果看，可分为早、中、晚三期，每一期又可分出早、晚两段，各期的年代划分及典型特征如下。

早期阶段：距今约 6500～6000 年，代表红山文化的孕育和形成期。遗址数量偏少，早期早段的文化面貌更多地体现出对本地区文化传统的延续；早期晚段，吸纳中原地区文化因素，彩陶开始出现，文化面貌发生变化，红山文化在辽西地区正式形成。

中期阶段：距今约 6000～5500 年，代表红山文化全面发展阶段，开创了辽西地区新石器时代文化发展的繁荣期。遗址数量增多，分布密集，人口迅猛增长，出现大型中心聚落、中型次中心聚落、普通小型聚落，组群分布特点显著。社会组织结构发生变化，同一聚落内部出现不同等级的社区，社会分层加剧。手工业生产技术和农业生产技术提高，陶器的种类和数量增多，彩陶纹样日渐丰富，出现了成组分布的陶窑址。石器的加工和制作技术水平明显提高，以石耜为主的掘土工具的改进，有助于提高生产效率；双孔石刀作为主要的谷物收割工具开始大量出现，从而完善了辽西地区农业生产过程中用于谷物种植、收割和加工的配套农具，也由此确立了农业经济在红山文化中期以后的主导地位。同时也应看到，红山文化时期的渔猎经济依旧十分发达，红山文化中期开始流行的三角形平底、凹底石镞，代表了辽西地区细石器加工制作的最高水平。祖先崇拜观念盛行，以小型陶塑人像和人头像居多，女性特征突出。雕琢和使用玉器的传统得以延续，玉雕工艺技术显著提高，造型独特的"C"形玉龙出现，崇龙礼俗

---

① 刘国祥、田彦国：《内蒙古敖汉兴隆沟发现红山文化罕见整身陶人》，《中国文物报》2012年 7 月 18 日。

形成。

晚期阶段：距今约 5500～5000 年，红山文化的发展进入鼎盛期，社会内部发生重大变革。晚期晚段，距今约 5300～5000 年，红山文明形成。总面积达 100 万平方米的超大规模聚落出现，聚落内部出现高等级社区，社会分层更加明显，出现特权阶层及一人独尊的王者式人物。牛河梁遗址主体分布范围达 50 平方千米，规划统一，布局有序，建筑宏伟，出现了祭坛、女神庙、积石冢等标志性建筑。制陶业高度发达，除日用陶器外，还出现了数量可观的专属祭祀用陶器。积石冢内有中心大墓、次中心大墓、边缘墓之分，等级制度确立。玉器成为最主要的随葬品，多为墓主人生前使用，死后用来随葬，成为墓主人生前社会等级、地位和身份的象征和标志物，形成了具有唯一性的玉礼制系统。玉雕工艺技术获得了前所未有的发展和进步，出现了一批造型独特、内涵丰富，具有明确专属功能的器类。祖先崇拜、天地崇拜、龙图腾崇拜成为红山文化先民的共同信仰。不同区域间的文化交流为红山文明注入了新的内涵，也扩大了红山文明的影响力①。

## 红山文明的形成及主要标志

红山文明形成于红山文化晚期晚段，距今 5300～5000 年，辽西地区率先跨入文明的门槛，成为中华文明多元一体格局中的重要一元，对中原地区的古代文明产生了深远的影响。红山文化与红山文明是两个不同的概念。红山文明是在红山文化基础上的辽西地区新石器时代文化发展的高级阶段，其特点是出色传承、发挥优势、彰显本色；博采众长、融会贯通、凝聚精华；引领时代、开拓创新、文明典范②。

红山文明有六个主要标志：一是遗址分布密集，人口迅猛增加，生产力水平显著提高，手工业生产专业化加剧，以建筑、玉雕、陶塑为代表的高等级技术能力集中出现；二是等级制度确立，玉礼制系统形成，特权阶层出现，独尊一人式的王权确立；三是公共信仰和祭祀礼仪系统成熟，以祖先崇拜、天地崇拜、龙图腾崇拜最具代表性；四是红山文明所揭示出的

① 刘国祥：《红山文化研究》，科学出版社，2015 年，771～772 页。
② 刘国祥：《红山文化研究》，科学出版社，2015 年，772 页。

社会管理体系是神权和王权的统一，牛河梁大型墓的墓主人均为男性，说明红山文化晚期高层统治者中男性占据主导地位；五是以种植粟、黍为主导的成熟的旱作农业体系和发达的渔猎经济传统助推了红山文明的诞生；六是科学和艺术成就超越以往，前者是推动社会发展的强大动力，后者是展示社会繁荣和红山文化先民智慧的重要标志。

内蒙古自治区敖汉旗境内分布有 500 余处红山文化遗址，是整个红山文化分布区内遗址分布最密集的地区，见证了红山文化孕育、形成、发展、兴盛和衰落的整个过程，应为红山文化的核心分布区，是中华五千年文明的重要起源地之一。2012 年 9 月 5 日，敖汉旱作农业系统被联合国粮农组织正式评选为"全球重要农业文化遗产"，因其悠久的历史、独特的价值体系和对人类文明发展所做出的重要贡献，而受到海内外广泛关注①。

中华民族拥有五千多年的文明史，中国是四大文明古国之一，中华民族对人类文明的发展做出了十分卓越的贡献，中华文明有别于世界其他地区古老文明最显著的特征是连绵不断、延续至今。鉴于史前时期没有文字记载，即便进入历史时期，文献记载也多有局限性和不确定性，因此考古学成果对于研究中华文明起源及不断丰富中华文明的内涵发挥着不可替代的作用。红山文化系列重要考古发现和研究结果表明，红山文明形成于红山文化晚期晚段，距今约 5300～5000 年，内涵丰富，特色鲜明，影响深远，是中华五千年文明的重要源头之一。

（原载《中国社会科学报》2016 年 10 月 31 日）

---

① 刘国祥：《敖汉史前考古的重要发现与核心价值》，《中国社会科学报》2015 年 9 月 15 日。

# 长江流域的"古国时代"

莫多闻　江章华　郭伟民　秦　岭

（北京大学城市与环境学院　成都文物考古研究院
湖南省文物考古研究所　北京大学考古文博学院）

## 文明沃土——长江流域史前自然环境对文明演进的影响*

### 长江流域在中国人类起源和中华文明的发展史上具有突出重要的地位

重庆巫山龙骨坡、湖北建始、安徽繁昌人字洞等地已发现距今 170 万年前、甚至可能早至距今 200 万年前后的人类活动遗存。由于地处低纬地带，即使末次冰期（距今约 7 万 ~ 1.15 万年之间）的盛期，长江流域仍有人类活动。湖南道县玉蟾岩、江西万年仙人洞两个遗址出土的陶器年代可达 1.8 万 ~ 2 万年前，是目前世界上发现的最早陶器。两遗址还发现有世界最早关于水稻利用的遗存。

长江流域的许多古气候研究表明，末次冰期盛冰期之后，气温和降水波动性升高，至距今 9000 年前后，已接近现代的水平。

距今约 9000 ~ 6000 年间，气温和降水虽有波动，但整体维持较高水平。距今 6000 年之后，气温和降水有波动性下降趋势。长江流域全新世时期的气候虽有频繁波动，但整体而言，气温和降水较高，有利于各地区新石器

---

* 本部分由莫多闻执笔。

文化的发展，因此而成为中华文明起源与早期发展的重要地区。而流域内地貌和水文环境的空间差异及其变化，直接影响了人类活动的空间分布和区域文化的兴衰演化。

### 长江下游地区：东海海面升降与三角洲平原形成是重要的环境变化事件

末次冰期的盛期，东海海面比现代低 130 米以上。长江中下游干流及其支流都曾发生下切，区域内地貌景观与现代平原广布的特点有很大不同。随着末次冰期的结束，冰后期气候的来临，东海海面快速上升，至距今 7000 年前后达到大致现代的高度。近海的环太湖地区、长江北岸的江淮平原东部、杭州湾南岸的宁绍平原地区都曾被海水淹没。海水淹没范围的西界曾一度抵达镇江附近。受其影响，这一时期的长江下游广大平原地区很少有人类活动的遗迹。

距今约 10000 ~ 8500 年时，以浙江中部山地钱塘江流域一带为主的一些人群，以狩猎采集为主要食物来源的同时，已开始在河流谷地和山间盆地平原地区种植水稻，并在一些台地上营建定居聚落，由此形成了该地区新石器早期的上山文化，成为长江下游地区新石器文化的重要源头。

距今 8000 年前后，新石器时期的先民拓展到山麓平原地区，形成了以跨湖桥为代表的文化遗存。但距今 7000 年之前，由于海面波动性升高，这一文化在平原地区消失，相关遗址也被有海水影响的淤泥沉积覆盖。伴随东海海面上升的过程中，长江、钱塘江及淮河等河流泥沙由于海水顶托而在下游及河口地区快速淤积。

至距今 7000 年前后，长江下游地区及宁绍地区的陆地平原景观已基本形成，但河湖水域仍然广布。新石器中期的先民开始在山麓和开阔平原的一些台地上营建聚落，在聚落附近的山地或平原进行狩猎采集，在附近水域进行捕捞，同时在附近平原地区种植和收获水稻，长江下游地区的新石器文化进入了一个快速发展时期。5800 年前的江苏东山村崧泽文化贵族墓地、5300 年前的安徽凌家滩文化贵族大墓等标志着长江下游地区在发达的新石器文化发展基础上，开启了向文明社会过渡的社会复杂化进程。

距今约 5500 年开始，东海海面有所下降，环太湖平原地区陆地进一步扩大，水域进一步缩小，河湖水位有所降低，为新石器文化发展提供了更为有利的地貌与水文环境。距今 5300 ~ 4300 年之间，由于稻作农业的快速发展，以环太湖地区为主要分布区域的良渚文化，人口和聚落数量大幅增加，形成了以杭州良渚古城为都邑，以及分布于各区域的中心聚落和普通聚落为特征的多级聚落结构。良渚古城规模宏大的城垣和宫城台基建筑、十分奢华的贵族墓地、精美的玉礼器制作与使用制度、规模巨大的水利工程，充分体现出当时高度发达的经济社会发展水平。良渚文化末期，海面开始有所上升。由于长期的沉积积累，河流湖泊蓄洪排洪能力降低。涌潮和河流洪水等多因素共同影响，导致区域洪水位升高，洪泛过程增多，低洼地区的淤积过程加重并扩展。水文环境的变化可能是良渚文化快速衰落的主要原因。后续的广富林文化聚落稀少，文化水平远不及良渚文化时期。广富林文化之后，洪泛过程进一步加剧，并延续了数百年，导致长江下游地区文化发展处于一个相对低潮的时期。

**长江中游地区：河湖水系的水文环境是影响文明演进的重要因素**

横跨湖北、湖南两省的江汉—洞庭湖平原是长江中游最大的平原，是长江中游地区新石器文化起源早、并经长期发展而最早开启早期文明起源的地区。江汉—洞庭湖平原四周有山地丘陵环绕，平原内部地势西高东低，南北两侧高、中部长江两岸低。平原西南部，武陵山东麓澧阳平原地区旧石器时代晚期已经有人类活动。距今约 10000 ~ 8000 年之间在澧阳平原兴起的彭头山文化是区域内最早的新石器文化，当时已有较发达的稻作农业。彭头山先民能在平原之上的低矮台丘上营建定居聚落，并能够利用聚落周围的地形特点，在聚落周围修建环壕，将环壕同周围自然水系连通。这种环壕可以具有引水、蓄水的水资源利用和排洪功能，可以说是最早的原始水利工程，同时可以起到作为聚落边界象征和一定的防御功能作用。彭头山文化及其之后的各期新石器文化曾多次向地势稍低的环洞庭湖平原地区扩展，同样选择在一些平原之上的低矮台丘上营建定居聚落，但西南部离山麓较近、地势稍高地区始终是聚落分布更密集的地区。距今 8000 年前后，在西部长江两岸地势较高的平原地区受彭头山文化影响发展起来的是城背溪文化。距今 6700 年前后在江汉平原北部大洪山南麓地区最早出现的是边畈文化，该文化的兴起受到了北方黄河流域文化的影响。距今 6000 年前后开始，江汉—洞庭湖平原地区各文化之间的交流融合加快，距今5300年之后已形成基本统一的屈家岭文化。屈家岭文化时期在江汉平原北部的天门石家河建起了一座有规模宏大的城壕环绕、面积达120万平方米的大型古城。平原各区域还分布有十多座同样有城壕环绕、面积数十万平方米的中心城址，说明当时江汉—洞庭湖地区可能也已进入古国文明发展的早期。之后的石家河文化时期，该地区经济社会得到进一步发展。但即使是繁荣的屈家岭、石家河文化时期，平原中部长江两岸低平原地区的聚落数量也一直不多，说明水文环境对这些地区的发展形成了制约。石家河文化之后长江中游地区的文化显著衰落，这一过程比长江下游地区良渚文化的衰落稍晚。研究表明，长江水位升高，低平原地区水患加重应是主要的原因。这一过程既与东海海面及长江下游水位升高有一定联系，也与河湖水系长期沉积而导致蓄洪排洪能力降低有关。城头山古城及屈家岭、石家河时期诸多古城的城壕体系，作为古城社会地位的象征，以及对外防御和对内管控的社会功能是第一位的。而作为引水、防洪、航运等水控制调节的功能是第二位的。

### 长江上游地区：从川西高原到成都平原的文明演进环境背景

长江上游的四川盆地为一典型的高原盆地。盆地同黄河中上游和长江中游等新石器文化发达区有较远距离和山地阻隔，相对较为孤立。盆地内整体地势北高南低，东西两侧偏高，中部较低。盆地地貌上可以分为川西平原（或成都平原）、川中丘陵和川东平行岭谷三大区域。川中丘陵面积最大，川西成都平原面积最小，只占整个盆地面积九分之一。川东岭谷地区分布有多列平行的山地，平行山岭间的谷地亦主要为丘陵地形。由此可见，占盆地面积九分之八的川东和川中以丘陵地形为主，缺少冲积平原，狭窄的河谷低地又洪泛频繁，新石器时期的人类对环境的改造和控制能力很低，稻作农业难以发展。这些丘陵表土质地相对比较黏重，透气透水性较差，加上较为暖湿的气候，也不利于新石器时期北方黍粟旱作农业的发展。位于最西边的川西成都平原以较为平坦的冲积平原为主。但研究表明该区域全新世早中期大部分地区仍处于洪水频繁泛滥、冲积平原沉积加积的过程中，不利于人类活动。由于上述环境条件限制，四川盆地中新石器早中期的文化很不发达。新石器中期，长江中游的人类文化曾多次沿长江三峡谷地西进，到达盆地东南部，但未能在盆地中发展起来。

距今 5000 年前后，黄河上游地区的马家窑文化人群南下到成都平原西部山地边缘的河谷地区建立定居聚落，发展粟黍旱作农业。距今 4900 年前后，由于平原地区河谷下切和降雨减少等因素的共同影响，平原地区水患灾害减轻，上述人群才下到平原地区。距今约 4500 年，在平原腹地兴起的宝墩文化，除一大批聚落外，已发现的 8 座城址标志着长江上游地区已开启向文明时代演进的过程。虽然宝墩文化的源头可能主要来自黄河上游地区，但以稻作农业为主要生计方式、选择平原上地势稍高台地营建聚落以及城垣建筑方式等都与长江中游文化有关，体现出古代先民对于平原多水环境的文化调整与适应过程。距今 3700 年之后，在宝墩文化基础上，受中原地区夏商文化强烈影响而发展出三星堆文化。三星堆文化大量精美瑰丽的金、铜、玉制品及规模宏大的古城等表明，三星堆时期已进入古国文明时代。宝墩文化到三星堆文化的演进，书写了长江上游在中华文明起源这一宏大历史中的精彩篇章。

## 从简单聚落到神权古国——长江上游史前文明化进程[*]

### 目前长江上游最早的新石器文化发现于川西高原

2000 年以来，在川西高原的岷江上游与大渡河上游地区发现新石器时代文化遗址和遗物采集点达 80 余处，其中汶川姜维城、茂县营盘山、金川刘家寨等遗址进行了较大规模的发掘，证明这类遗址文化面貌一致，属同一性质的考古学文化，整体特征与中国西北的马家窑文化马家窑类型接近，年代约在距今 5000 年。考古材料显示，当时的先民过着定居的农业生活，以种植小米（粟、黍）为主。已有家畜饲养，主要有猪、狗、黄牛，渔猎活动是肉食来源的重要补充。奇怪的是该文化之后这个区域再出现的就是石棺葬文化，这中间大概约有 2000 年的文化断层，目前推测可能与发生在

---

　　[*] 本部分由江章华执笔。

该时期的气候变化有关。在距今约 5000 年之后，温湿气候逐渐结束，灾变性气候开始，地质历史进入了全新世亚北方期，全球无一例外受此气候的影响。黍和粟的生长需要一定的温热条件，可能因气温的下降，该区域无法从事原有旱地作物的种植，人群被迫向适宜生存的四川盆地和更南地区迁徙。这可能是成都平原桂圆桥一期和峡江地区哨棚嘴文化出现的背景。

成都平原发现最早的史前遗存是 2009 年在德阳什邡市桂圆桥遗址下层发现的距今约 4900 年的新石器文化遗存，暂称"桂圆桥一期遗存"，该文化的特征与川西高原新石器文化十分相近。近年在成都大邑县高山古城遗址下层和宝墩遗址下层，发现少量早于宝墩文化，晚于桂圆桥一期的一类遗存。这类遗存的特征既与桂圆桥一期具有一些相似特征，也与宝墩文化具有一些相似特征，明显属桂圆桥一期与宝墩文化之间的过渡性遗存。

### 宝墩人继承了长江中游的水稻种植和筑城技术

1995 年以来，先后在成都平原上发现了新津宝墩、温江鱼凫村、郫县古城、都江堰芒城、崇州双河和紫竹古城、大邑盐店、高山等 8 座史前时代的古城址，并发现了一大批同时代的古遗址。这些遗址具有相同的文化特征，其中以宝墩古城遗址发掘最早、遗址面积最大、最具有典型性，学术界将这一文化命名为"宝墩文化"，年代距今约 4500 ~ 3700 年，分为四期。该文化集中分布在成都平原，在富饶的四川盆地中心地带形成了一个相对独立的文化区。

综合从桂圆桥一期至宝墩文化的生计模式和文化变迁过程，结合环境等因素分析，成都平原的古代人群是从岷江上游逐步迁徙下来的。他们最初进入成都平原时，只会种小米，这是岷江上游人群的传统农业。最初主要活动在平原北部、西部至西南靠近山地相对较高的边缘地带，人口少，聚落小，如桂圆桥遗址。而平原腹心地区多河流、沼泽，不适宜种植小米。大约到了距今 4500 年的宝墩文化初期，长江中游的水稻种植技术传入成都平原，这时他们开始在适宜于种植水稻的环境小规模种植水稻。随着对成都平原多水环境的适应，人口逐渐增多，需要不断拓展新的生存空间，于是人群逐步向平原腹心地区移动。到了宝墩文化的中晚期，成都平原的腹心地区出现了大量密集的聚落。由于水稻的种植，食物的保障，带来了人口的增长。聚落密度的增大，带来了群体间的相互竞争，促使群体间的整合。

宝墩文化在其形成与发展过程中，吸收了长江中游屈家岭、石家河文化的一些因素。除稻作农业来源于长江中游外，宝墩文化城墙斜坡堆筑的方式与长江中游屈家岭、石家河城墙的修筑方法完全相同。在宝墩文化中发现部分陶器带有屈家岭、石家河文化的风格，突出表现在圈足类器物方面。宝墩文化中盛行的灰白陶似乎也与长江中游屈家岭、石家河文化类似。

目前聚落考古的研究表明，宝墩文化时期成都平原河流沼泽环境众多，气候温暖湿润。宝墩人的生计模式以水稻种植为主，少量种植小米，家畜、采集、渔猎作为食物的补充。人们选择台地营建聚落，聚落的基本结构是以家户为基本单元，由家户组成聚落，再由聚落组成聚落群。聚落群或聚落的规模大小取决于群体人口的数量，有单个家户的聚落，也有多个家户（家族）的聚落，以及多聚落组成的聚落群。聚落或聚落群的空间布局形式与所在区域的环境地貌有关，因地制宜。四期与四期之前区别明显。四期之前，大型聚落群与小型聚落的基本结构并无根本性的区别，除聚落大小规模有别外，大型聚落与一般聚落相比，也没有什么特殊的显赫物品，尚无明显的分级、分层证据。从墓葬看，社会成员没有明显的分化现象。目前还没有证据显示宝墩文化四期之前，已出现拥有权力的特殊阶层。综合目前已知信息，宝墩文化四期之前，社会整体来看似乎还是比较简单。到四期阶段明显发生了变化，重要证据是从墓葬反映出来的，首先属小型聚落的十街坊、化成村等，个别墓葬开始随葬有骨饰品或石工具。尤其是代表大型聚落的三星堆仁胜村墓地，部分墓葬随葬有代表特殊身份的显赫物品（玉器）。可以推测在宝墩文化的四期阶段，群体内部出现了分化，开始出现拥有一定权力的特殊阶层。重要的是聚落之间也出现了分化，三星堆聚落可能掌控了一些特殊资源，或某些特殊物品的贸易渠道，逐步强大起来，成为众多聚落中的强势聚落，其他弱势聚落自愿或被迫依附于三星堆聚落。伴随着群体间的整合，社会成员趋于复杂，管理也趋于复杂，特殊阶层的权力逐渐强化，于是逐步向复杂社会迈进。

## 混血了古蜀文明与中原、长江中下游文化的三星堆社会是神权政治国家

大约在距今 3700 年前，外来文化的侵入，伴随而来的是人群的移动，冲断了宝墩文化社会的正常演进过程，整个四川盆地的文化发生了突变，其结果是三星堆文化的兴起。目前的考古材料显示，这些外来文化可以观察到的主要有石家河文化（距今 4600 年）、良渚文化（距今 5300 年）、二里头文化（距今 3800 年），其中尤其以二里头文化因素在三星堆文化中表现特别突出。在宝墩文化晚期发现有比较典型的石家河文化陶器，如三星堆仁胜村、置信金沙园一期等地点发现的黑皮陶钟形圈足豆、圈足盘等，与湖北肖家屋脊石家河文化的同类陶器相近，属石家河文化因素的典型陶器。三星堆仁胜村 5 号墓出土了 3 件玉锥形器，为典型的良渚文化玉器，表明良渚文化的影响至迟在宝墩文化晚期已深入到了四川盆地的腹心地区。不仅如此，古蜀文化在相当长的时期还继承着良渚文化的某些观念与文化传统，这从金沙遗址发现的良渚文化风格的十节青玉琮体现出来。金沙村遗址出土了相当数量的玉琮，表明玉琮直到十二桥文化时期在宗教仪式活动中仍占有极其特殊的地位。大约在二里头文化三期之时，二里头文化从鄂西沿长江西进，进入四川盆地，在鄂西和三峡地区都发现有二里头文化的遗存。在三星堆文化当中，存在典型的二里头文化遗物，如今已知的有陶盉、铜牌饰、牙璋等，而且多反映在社会的上层文化中。二里头文化特征的某些器物在古蜀文化中保留了相当长的时间，在金沙遗址商代晚期至西周时期的遗物当中，还发现了明显带有二里头文化特征的器物，如牙璋、分段刃的大孔玉钺、梯形小孔玉钺、穿孔的石刀等。

三星堆文化主要集中分布在成都平原北部的沱江冲积扇和重庆峡江地区，早期阶段东边到达了鄂西地区。三星堆文化在其发展过程中，深受中原商文化的影响，突出表现在青铜器、玉器等仪式象征物品方面。殷商甲骨文中已提到了"蜀"。三星堆青铜器中的尊、罍（中国古代大型盛酒器和礼器）等明显属商式铜器的风格，玉器中的部分戈、瑗等与中原殷商同一时期的同类玉器风格一致。学术界认为商文化的入川路线有两种可能，一种可能是商文化先向南推进，经长江中游又溯江进入蜀地。另一种可能就是由关中平原经过周南下，越秦岭经汉中、城固到川西平原。

三星堆文化的代表性聚落是广汉三星堆遗址,是一座面积约 3.6 平方千米的大型城址。三星堆中心聚落比宝墩文化时期的聚落明显扩大,其聚落的营建明显更加成熟。三星堆最重要的发现是 1986 年发现的两个特殊性质的埋藏坑。其中一号坑内埋藏的器物有铜器、金器、玉器、琥珀、石器、陶器等共 420 件,另有骨器残片 10 件,象牙 13 根,海贝 62 枚以及约 3 立方米的烧骨碎渣。二号坑出土遗物 1300 件,其中青铜器 735 件,金器 61 件,玉器 486 件,绿松石 3 件,石器 15 件。另外还有象牙器残片 4 件,象牙珠 120 颗,虎牙 3 枚,象牙 67 根,海贝约 4600 枚。

### 延续近 500 年的三星堆文化至今是个谜

两个埋藏坑出土遗物多与宗教信仰及社会政治体系有关,为我们解读三星堆社会提供了大量关键性信息。可以看出,三星堆社会已有上层阶层控制的远程贸易。三星堆社会用大量的人力、物力,用当时最尖端的技术铸造青铜神树、青铜面具、青铜鸟、青铜人物雕像、神殿,制作各类精美的玉器和黄金制器,将黄金加工成薄片来装饰青铜人头的面部及器物的表面。这些精美的艺术品作为宗教圣物,用于各种宗教仪式。三星堆需要组织大量人力和专业化的工匠从事宗教物品的生产。从青铜神树、青铜面具、青铜鸟、青铜鸟身人首像、高大立人像等一整套宗教象征物品分析,三星堆社会有一套独特的信仰体系,统治阶层利用这套信仰体系来维系社会秩序与巩固其权力。相信在这套信仰体系的背后还创制了一套神话传说体系,来解释现实秩序与权力的合法性。学术界普遍倾向于三星堆社会信仰的核心内容是太阳神崇拜。围绕这一信仰体经常举行仪式活动,通过仪式活动让社会成员相信统治阶层掌握了与神沟通的神秘知识与能力。三星堆社会不仅出现了专业化的分工,而且应该有职业化的社会管理阶层,有至高无上的权力中心,新发现三星堆大城套小城的格局似可证明这一点。从工程浩大的城垣夯筑、复杂的青铜器铸造、精美的玉器加工、瑰丽的黄金制品,无不显示出权力阶层对社会的强大控制力。权力机构掌控着重要资源的获取与生产技术,拥有财富的集中和再分配。三星堆社会有规模宏大的政治中心,约 3.6 平方千米的三星堆都邑有明确的功能分区,有高大的夯土城墙围绕,推测还应该建有宏大的神庙。从种种现象分析,三星堆社会应该是一个神权政治比较浓厚的古代国家。

大约在距今 3200 年，鄂西地区巴人西迁进入四川盆地，在此背景下，三星堆文化演变为十二桥文化。

## 从众城之母到超级城壕聚落集群
### ——长江中游史前文明化进程*

### 从郧县旧石器到两湖楚王国：连续稳定的文明化进程

长江中游古文化历史悠久，郧县人化石的年代距今约 80 万～100 万年，比北京人还略早，洞庭湖平原西北岗地也有距今 70 万年前的人类遗存。从那个时代开始，人类一直在这里繁衍生息。目前长江中游，特别是洞庭湖地区已经建立起了距今 50 万年至 1 万年的旧石器时代文化序列。通过对虎爪山、乌鸦山、条头岗等一系列遗址的研究表明，以考古学文化构建起来的这个年代序列具有连续稳定的特征，意味着其背后人类文化进程的延续性和稳定性。大约在距今 1 万年，洞庭湖平原西北部—澧阳平原率先进入新石器时代。这里最早的一支新石器时代文化是彭头山文化，其基本特征是：磨制石器、制陶、水稻栽培、聚族而居。如此稳定的生产和生活必然导致人口的增殖，人多了，人群关系就复杂起来。

彭头山文化发展 2000 年后，洞庭湖平原上的村落明显增多，有的村落深入到了洞庭湖的腹地——当时只是较为低洼的河网水乡，并未形成后来的大湖景观。还有的人向北迁徙到了长江沿岸，拓土创业，开山立派，进而形成一支新的文化群落——城背溪文化。继彭头山和城背溪文化以后，长江中游相继出现了皂市下层文化、高庙文化、汤家岗文化、柳林溪文化、边畈文化、大溪文化。大溪文化的两支人群分别居于平原之上，以及平原西侧的河谷山地，该文化的年代为距今 6300～5500 年。大溪文化后期，江汉平原东部异军突起，出现新的文化——油子岭文化，它在很短的时间内整合了长江中游的原始文化，形成江汉—洞庭历史文化共同体，这个文化共同体经历了屈家岭文化、石家河文化，聚落形态与社会组织日趋复杂，

---

　　*　本部分由郭伟民执笔。

其程度甚至可以用古国文明加以概括。

石家河文化在距今4000年前后被肖家屋脊文化所取代,肖家屋脊文化的年代是距今约4100~3800年,这个文化的年代相当于中原地区的王湾三期文化,如果与上古文献对照,王湾三期文化后段大致就是历史上的夏王朝前期。肖家屋脊文化的人群是否与夏禹和启有关不得而知,但考古证据表明肖家屋脊文化的很多因素来自北方中原甚至更北的地区,意味着那时确实存在着密切的人群交往和文化交流。中原地区夏王朝晚期一般认为可以对应于二里头文化,商前期则以郑州商城和偃师商城为代表。二里头文化进入广域王权国家,其王国的扩张已经到达长江中游,继之而来的商王朝在夏朝的基础上进一步开拓南方,在长江沿岸的黄陂兴建了一座巨城——盘龙城。盘龙城是商王朝前期在长江中游的一个据点,或者说是整个长江流域的据点,顺江而下可抵皖赣,溯江而上可至峡江、湖湘。因此,商人在很短时间内从盘龙城出发占据了江汉—洞庭平原的大部分地区。在这个过程中,中原文化强势进入,导致长江中游本土文化格局发生重大变化,进而形成以中原因素为主导的区域性文化。晚商时期商人势力退出,地方文化再次勃兴,大致有洞庭湖的费家河文化和江汉平原西部的周梁玉桥文化。

晚商时期的洞庭—江汉土著力量一度维持着与安阳地区商王朝的关系,或许这种关系是通过铜资源的贸易来体现,是否形成实际上的臣属关系尚无法确定。南方是重要的铜资源产地,中原王朝绝不会轻易放弃。商人如此,周人亦是如此。周人在文王之时就可能把眼光投向了遥远的江汉—洞庭,并建立了某种联系。待到牧野鹰扬,武王伐商大功告成之后,周朝将其族中重臣南宫适封到了江汉地区建立曾国,并又接连分封了几个同族小国,在战略和资源极为重要交通网络节点上的随枣走廊形成汉阳诸姬,为西周王朝控制南方和获取资源立下功勋。

但是,江汉—洞庭古老的族群和文化并未彻底绝灭,他们或以苗蛮、荆楚,或以夷越、百濮之名,在西周封建立国的夹缝中生存下来,终于在西周晚期迎来新的转机——楚国走上历史舞台。

楚人君长在西周早期可能被周天子分封,但他是异姓诸侯,得到的地盘既差又小,所以早期楚国君"筚路蓝缕以处草莽,跋涉山林以事天子",

但其奋发荆楚的意志力和抱负宏大，在西周晚期走出丛林，来到江汉平原，开启了波澜壮阔的建国伟业。楚国在东周时期一步步发展壮大，东伐西讨，南征北战，地盘一天天扩张。据统计，楚灭国六十有四，终于形成了北至黄河、西接巴蜀、南抵五岭、东临大海的庞大帝国，基本完成了长江流域的统一。楚国的统一进程为后来秦汉帝国的国家统一奠定了基础，为多元一体的中华文明历史进程做出了重大贡献。

**高庙文化陶器上的凤鸟和兽面獠牙：中国浪漫主义文化传统的源头**

江汉—洞庭文明诞生于长江中游的江汉平原之上，平原周围又有山地丛林，因此，长江中游的文明首先具有大河平原民族以稻作农业为基础的特质，平原之上河网交织，平原和河湖中动植物丰富，渔猎采集也独具特色。这里是饭稻羹鱼的原乡，农耕文化的质朴崇实与精细灵动浑然一体。同时，平原周边的河谷山地也孕育了丰富多彩的文化，山地族群的狂野奔放与执蛮热烈的气质同样成为江汉—洞庭远古文化的特色。以屈原为代表的楚辞是楚人浪漫主义情怀的生动表达，也是巫风浓烈的楚文化的具体体现。班固在《汉书·地理志》中说"江南火耕水耨，信巫鬼，重淫祀"，也是对这里文化传统的真实概括。

虎座鸟架鼓和一系列实物图像的出土，楚人以"凤舞九天"闻名于世。凤鸟图像是江汉—洞庭新石器时代艺术母题，高庙文化陶器上刻印的凤鸟形态逼真，功能多样，"凤鸟载日"不仅是高庙文化的精神图腾，也是后来诸多文化和族群的共同观念，在河姆渡文化、肖家屋脊文化、三星堆—金沙文化、殷墟文化、楚汉文化中反复出现，成为中国传统文化的重要部分，凤鸟载日和绕日反映了原始时代人们对自然和天象观察以及在处理人与自然关系时的态度。高庙文化陶器上的兽面獠牙，成为良渚文化玉器图像的一部分，也是肖家屋脊文化、商周文化纹饰图像的重要成分。这类兽面獠牙造型长期存在于洞庭湖的沅江流域，是巫术傩面的基本素材，屈原创作的九歌所表达的情景或许就是其生动例证，獠牙傩面还广泛见于这一地区汉代墓葬中出土的滑石面具，并一直影响至今。

肖家屋脊文化的琢玉工艺或许外来，但玉器造型和纹饰图像则无疑是本土古老文化传统的反映。这类玉器和图像在商周文化中保存下来，同样成为中国传统文化的一部分。

通过这些实物遗存，我们看到了南方浪漫主义文化传统的源头，看到了楚汉文化的源头，也看到了一部分中国传统文化的源头。

### 城头山—石家河：众城之母与连城网络

行走在江汉—洞庭平原上，很容易看见兀自突立于平地的土岗，这类土岗很可能就是古遗址，甚至古城。澧县城头山史前古城遗址就是这样一个立于平原之上，仍然保留着六七米高的城墙，这座城的建造年代为距今6300年前，是目前为止中国发现的最早的城。城呈圆形，城内面积8万平方米。自1992年以来，已经进行了14次考古发掘，基本清楚了城的年代、文化特征。考古显示，筑城之前，这里原是汤家岗文化时期的一个环壕聚落。后来有四次大规模筑城，第一次筑城年代为6300年前的大溪文化一期，然后是大溪文化二期、油子岭文化和屈家岭文化时期三次筑城，每次筑城，城墙都有所加高、加宽，城壕外扩，最后一次筑城形成宽达50余米的护城河。考古发掘还大致厘清了城内布局，大溪文化时期的重心在城东，这里有居住生活区、作坊区、祭祀区和墓葬区，油子岭文化、屈家岭文化时期的重心在城的中西部，揭示出了庞大的建筑院落和墓地。城头山作为中国最早的城，堪称"众城之母"。城头山古城在石家河文化时期衰落，在它的东边十多千米处，则出现了另外一座城——鸡叫城。与此同时，江汉—洞庭平原先后还有20余座城，这些城大都兴起于屈家岭文化时期，年代上晚于城头山，沿平原东北至西南呈半月形分布，构成两湖平原上的"连城网络"。

屈家岭—石家河文化时期长江中游最大的城是天门石家河城，这座城的建造年代为屈家岭文化一期晚段，距今年代约为5200年。该城面积达120万平方米，西部城墙、护城河尚保存完整。自20世纪50年代以来经过多次发掘，屡有重要发现：邓家湾墓葬和祭祀遗存、谭家岭大型建筑基址和墓地、肖家屋脊墓葬和玉器、三房湾制陶作坊、罗家柏岭玉石作坊遗存、印信台套缸等都是极为重要的遗迹。还有筒形器、刻划符号、彩陶纺轮、陶塑人偶、陶塑动物、玉器、铜残片等重要遗物。另外，近年谭家岭的发掘还发现了随葬大量玉器的瓮棺葬和油子岭文化古城。石家河古城周边有数十处同时期聚落遗址，分布面积达 8 平方千米。这意味着石家河古城是一个超级城壕聚落集群。它的文明化因素和迹象非常丰富，是长江中游史前古国的鲜明代表。

### 夷夏相融：中国古代城池的母本与龙凤信仰的源头

江汉—洞庭的长江中游古代文化进程是中国远古文明化进程的一个重要组成部分，史前时期的诸多文化因素都被后世所继承，成为中国传统文化的重要代表。这里率先出现城壕聚落，具有早期城池的典型特征，其风格为中国古代城池所继承。这里的凤鸟和兽面图像成为夏商周青铜艺术的源头，也是后来历代王朝奉行的龙凤信仰的源头。这些史前文化是构成中华远古文化的重要内容，在中国文明化进程中扮演了重要角色。

夏商周时期的长江中游是南方土著与中原文化，苗蛮与华夏族群大融合时期，中原文化南下造成本土文化多次重组，不断注入新鲜血液，同时，南方文化和资源也输入中原王朝，增添其新鲜活力。长江中游丰富的铜矿资源北上，参与了中原王朝的制度建设和国家建设，由中原输出的以青铜为代表的礼乐制度又为边缘的融入提供了规范体系，物质与精神高度契合的背后是文化和观念的统一，中华文明就是在这样的文化浪潮中不断发展壮大的。及至楚国完成长江中游一统，进而全面拥有长江中下游的广阔空间，客观上加速了中华文明的一体化进程，为秦汉帝国的最终统一打下了基础。

在这个过程中，边陲的内陆化和族群的华夏化得以实现，一个空前统一强大的秦汉帝国出现在世界东方，长江中游也完成了它的文明化进程。

# 上古中国的第一个文明高潮
## ——长江下游的史前文明化进程*

### 从利用淡水湿地到单一稻作经济

虽然近海，长江下游的新石器先民却从未扬帆起航，发展出海洋适应

---

\* 本部分由秦岭执笔。

性文化。从河姆渡—马家浜文化开始，这个地区的农业发展经历了如下过程：同时利用林地和淡水资源，到以利用淡水湿地资源为主，最后逐渐走向单一的稻作经济。

位于浙江余姚的河姆渡文化田螺山遗址，距今 7000 ~ 6300 年间，由于饱水环境的特殊保存条件为我们提供了一幅村落经济的完整图景。这个遗址发现的植物类食物资源主要有四大类，分别是水稻、橡子、菱角和芡实，同时还有很多野生瓜果；这里的肉食资源主要来自林地，包括大大小小各种鹿科动物和一定比例的猪；还有一类主要食物资源就是鱼类，目前研究发现百分之九十九以上都是淡水鱼类，并且以黑鱼和鲫鱼类为主。

田螺山遗址出土的水稻还处于驯化进程当中，要到马家浜文化晚期也就是距今 6000 年左右，长江下游伴随着水田的出现才完成稻的驯化，进入稻作农业快速发展的进程。稻属资源在前述一万年的上山文化中就已经出现了，这个历经数千年的漫长发展进程，需要同对林地资源和各类淡水资源的利用结合到一起来理解。比较一下长江中下游的新石器时代遗址，我们会发现水稻的利用始终同大量野生瓜果和淡水植物资源结合在一起；同样，林地和湿地中的鹿科动物也始终在长江下游的肉食资源中占有一席之地，只有在良渚古城这样的都市文明中，因为祭祀和特殊仪式的需求，猪的比例才会大幅度提高。

过去一般认为，收割工具的发明促使作物驯化并促成了农业起源。然而在长江下游地区，我们见到的则是作物、水田和农具的共同进化。在马家浜晚期，水稻已完成驯化，且与水田同时出现。然而，完整的农业工具套却迟至崧泽晚期到良渚时期才出现。水田技术促进水稻同野生祖本的区隔生长，也增加了单位内的劳动力投入需求，并产生了更高效的收割和土地管理方式。在这之后（良渚晚期），大规模的水田才开始出现。至此，稻作农业发展已到达了一个节点——在铁质工具出现之前，石质工具和水田技术再无革新。

作为唯一的作物资源，水稻无疑促进了长江下游史前社会的加速发展。水稻不仅产量高，且要求稻农在同一地方反复经营耕作，并形成了一种固定的土地利用方式。这种方式使得人口增长，水田经济文化由此走向精耕细作而非向外扩张；在一个区域内，劳力组织与管理也被持续强化。同时，单一的稻作农业具有较强的季节性，这也为整个区域社会在农闲时期促进劳力的分工分化和进一步发展手工业经济提供了保障。总而言之，水稻资源和水田技术的发展给社会带来了两种新的资源——日益增长的人口和在一个限定的区域空间内相对稳定的聚落与社会关系。

### 良渚文明出现前夜的复杂社会——凌家滩与东山村

长江下游最早的社会分化出现在长江沿岸巢湖地区的凌家滩遗址（距今约5800～5500年）。同时期环太湖地区的马家浜晚期和崧泽早期文化、宁绍平原的河姆渡晚期文化，相对仍然是平等的村落社会。凌家滩遗址则出现了大型环壕，高等级墓地和祭坛等体现社会分层和社会权力的物质文化特征。

凌家滩遗址目前发现的墓葬共48座，墓葬从南到北分为8排，厚葬的大墓集中分布在南侧第一排和第二排，并集中于墓地中部东西向排列。各墓葬出土的随葬品不同，反映出身份和地位的不同，但随葬大量玉石器是凌家滩墓地的普遍特点，特别是在大型墓葬中随葬玉石器通常过百。目前规模最大、随葬品最丰富的是2007年第五次发掘时发现的一座中心大墓，编号为07M23。此墓共出土遗物330余件，其中包括玉器200件，石器近100件，陶器30余件。对这个墓玉器的无损分析显示，90%以上的都是软玉（闪玉nephrite），也就是我们所谓的"真玉"，说明当时最高等级的社群不仅有识玉的能力，也有控制软玉资源的渠道。

作为长江下游最早的玉文化中心，凌家滩遗址留给其后良渚文化的"遗产"不仅仅是对玉料的认识和制玉的技术，更是将玉石器视作一种身份标识物的观念。凌家滩文化衰败数百年后，良渚文化在环太湖地区崛起，不仅用玉石器来集中表现社会权力，并进一步结合器形与纹饰来承载他们的精神世界。

与凌家滩大体同时的另一处重要墓地是位于张家港的东山村遗址。尽管从出土玉石器的数量和质量上，东山村遗址无法同凌家滩相提并论，但是这个属于崧泽文化的遗址上，高等级大墓与一般小墓实行严格的分区埋葬。这种分区埋葬现象，在同时期的长江下游或者在全国范围内都是首次发现。

集中埋设的小墓,一般随葬品为 10 件左右,墓坑形同墓主人的尺寸,不过 2 米多长、不到 1 米见宽,面积大约 2 平方米;而有序排列的 8 座大墓在另一个墓区,随葬品多在 30 件以上,玉石器和陶器都有固定的组合,使用颇有章法,并且墓坑长 3 米以上,宽近 2 米,面积都约 5~6 平方米,还有比较复杂的葬具。

东山村不同墓区背后的社会规模同下一个阶段良渚文化单个墓地的社群大体相似;因此,良渚文化特有的以小型土台墓地对应最小社会单元,并在墓地之间体现社会等级的这种社会结构,在东山村墓地已然初见端倪。

尽管目前资料显示,凌家滩和东山村不管在年代上还是文化面貌上均未直接发展形成良渚文化,同良渚早期社会间没有明确的承继关系;但无论是玉石器资源还是制作技术,均能看到凌家滩—良渚之间一脉相承的手工业传统。同时,在良渚文明出现前夜,凌家滩、东山村均从不同角度通过墓葬差异强烈表现出了社会的分化和结构性,这些都对更好地理解良渚文明的兴起具有重要的启示和对比作用。

随着凌家滩聚落和宁镇—巢湖地区的衰落,这一地区作为贯通江淮和长江下游的通道作用日渐消失,经过短暂的沉寂,环太湖地区迅速进入了真正的古国时代,良渚文明一跃而起形成相对封闭有一定空间范围的地方政体,无论在物质、经济、政治还是精神文化层面均成为同时期新石器文化的翘楚。究其来源,东山村和凌家滩遗址仍然是理解其产生背景的重要依据。

### 权力、权力!——良渚古城遗址与良渚文化

良渚文化的兴起,在中国史前文化格局和早期文明进程中扮演着一个十分特殊的角色。同距今 5000 年的其他新石器时代文化相比,玉石器是良渚文化最突出的物质成就,它不仅是体现聚落规模和等级的标识,是文化传播和交流的载体,更是社会信仰和精神领域的主要反映。而良渚古城遗址在良渚社会中的中心地位,自 1986 年发现反山、瑶山墓地始便得以明确;又因 21 世纪良渚古城、水坝系统等一系列发现,被赋予了新的属性和内涵。良渚古国已经可以从经济、制度、社会、信仰等各个层面给予较为清晰的阐释和描述。

　　良渚古城遗址位于杭州 C 形盆地的北部，西北距杭州市区约 20 千米。从良渚古城的选址来看，南北分别峙立着大遮山和大雄山两座天目山余脉，西部散布着汇观山、窑山、南山、栲栳山等一系列山丘，这三处山体均距古城约 2 千米，向东则是敞开的平原，总体有一种以山为郭之感。发源于天目山脉的东苕溪，自西南向东北蜿蜒流过，最终注入太湖。苕溪不仅孕育了这片土地，也为良渚古城通往太湖、达于天下，提供了最为便捷的水路交通。

　　列入世界文化遗产名录的良渚古城遗址，保护区范围大概是 14 余平方千米，根据遗迹功能和类型，大概可分为三类。第一类是"城址"，包括中心的莫角山宫殿区、内城、外城和水陆交通体系；第二类是"外围水利系统"，包括谷口高坝、平原低坝和山前长堤；第三类是分等级墓地，包括最高等级的"反山""瑶山"两处墓地、代表第二等级的"姜家山"墓地、代表第三等级的"文家山"墓地和位于外郭代表最低等级的"卞家山"墓地。

　　莫角山宫殿区依托莫角山为中心的若干土台分布，位于良渚古城遗址的最中心。莫角山土台利用自然高地人工堆筑修正，形成东西长 630 米、南北宽 450 米的规整长方形覆斗台地，总面积将近 30 万平方米，是目前中国新石器时期规模最大的一处人工土台。在这个土台上，加筑了三个长方形规则排列的宫殿台基，在台基上和台基周围均发现了规则排列的房址。目前以保护措施为主，没有进行解剖式发掘，因此考古学家尚不清楚这些房址与台基是"王"之居所还是公共集会和仪式的设施。

　　最高等级的反山墓地紧邻莫角山土台西北角，跟宫殿区的建筑时间相当，可以理解为是同时期最高统治阶层的墓地所在。目前在反山墓地上共清理了良渚中期（相当于莫角山宫殿建筑年代）最高等级墓葬 9 座。以出土"琮王""钺王"的反山 M12 为例，随葬品多达 600 余件，其中绝大部分均为玉器，仅有若干陶器、石钺和一些残损漆器。反山和瑶山墓地均是如此，玉器是表现社会权力和统一信仰的重要载体，也是最高级墓葬中几乎唯一的一类随葬品。

　　除了控制稀有玉石资源和制玉技术，将权力浓缩体现在精美却又小巧的玉器之外；良渚古城也通过一系列大型公共设施的营建体现对社会力量的掌控。目前公布的十一条水坝类遗址，分别修筑在西北部较高的谷口位置和南部地势略低的山前平原。根据山间宽窄距离，这些水坝长 35 ~ 360 米不等，坝体宽约 100 米，堆筑高达十余米，构成一个完整的防护和蓄水体系。据考古学家和水利专家估算，整个水坝系统人工土方量达 288 万立方米，总库容达 4500 余万立方米，是同时期世界上规模最大的水利工程。

而整个良渚古城目前也是中国同时期规模最大的一座古城址。这个城在规划时巧妙利用了西南角和东北角两处自然山体，形成南北长 1910 米，东西宽 1770 米，总面积 300 万平方米的圆角方形城池。目前一共发现八处水门，四边各两处，另外在南城墙中部还有一座由三个夯土台基构成的陆城门。城内外基本通过水路相通，局部发掘显示，水道交通会因由不同阶段需求进行围堵改道等重新规划。

良渚古城作为良渚社会权力的集中体现，需要从几个层次来理解：首先，这个中心的形成，是中国最早的"城乡分野"。古城遗址不同于一般聚落的布局结构，对应的是一种非一般农业村落的社会形态。其次，在与其他良渚文化高等级墓地遗址的对比中可以发现，良渚古城与这些次级中心的关系网络是单方向、往外辐射的。高城墩、寺墩、福泉山等次级中心可以看到从良渚古城直接获得的高等级玉器等身份标志物，但是在古城中却鲜见来自其他良渚文化遗址的物质文化影响。第三，良渚古城也是整个良渚社会的宗教中心。目前良渚文化所见的各类遗物，其纹饰、母题、风格都与良渚古城保持着高度一致，并且只有在良渚古城内对特定母题的运用最为繁复多样，可见这一物化形式背后所承载的早期信仰体系是由良渚古城遗址的使用者来创造、解释并传播的。

### 中国古代对"礼"的最早实践——未载入史册的长江下游史前文明

良渚文化特有的信仰内容，以神人兽面为主要母题的崇拜对象，这些已经无法考证复原。良渚纹饰没有像肖家屋脊文化（后石家河文化）的"神祖面"纹那样，被后续的青铜时代理解并转用；良渚玉琮形制上的特点，在龙山时代改制、模仿和创新的各类玉琮中也已经消失。但是长江下游早期文明通过其特有的资源条件与发展途径，仍然为中华文明留下了最重要的文化遗产：礼。

礼，在这里代表了一种社会秩序。良渚文化通过对特殊图像及背后未知神灵的一种共同信仰，建立起了这样的一个秩序。只有在一种全体性的类似宗教认同的社会文化背景下，良渚才能够利用特殊手工业制品的生产分配和超大型公共工程的建设调动起全部的社会资源，形成稳定的社会权力，用极端物质化的形式来维持社会等级序列，从而营建一个"贵贱有等"的良渚古国。

长江下游逐步形成的对玉石资源技术和手工业的控制，以及这种"礼"的实践方式，对中国文明产生了深远的影响。这之后，三代文明的形成，就是以对祖先和上帝的祭祀与崇拜为中心，通过对铜矿资源、铜器生产分配的控制，实现和维持了一种"礼"，成就了中国辉煌又特殊的青铜时代。

富有意味的是，中国古代的社会秩序，似乎从来都是以高度意识形态化的认同为基础的。良渚时代的玉器、商周王朝的铜器，它们从来都不是生活必需品，也并非革新生产力的工具，更不是用以扩张疆域的坚兵利器，然而在一个普世的共同信仰的支持下，它们却都承载了特殊的文化意义，成为了一个"礼"制化社会必需的物质表现。从这个角度讲，良渚文化社会权力的来源，是中国古代对"礼"的最早的实践，它最终影响了一个"为国以礼"的青铜时代的诞生。

长江下游自给自足的淡水湿地资源和水稻农业技术是这一地区新石器社会得以复杂化的基础条件，却非社会权力赖以集中的基础。良渚贵族集团和高等级社会网络均是基于稀缺资源以及相配套的专门化技术所产生的。无论是玉器、象牙器还是漆器，它们都是复合技术体系下产生的非实用产品。这就意味着，若要获取它们必须有能力去集合各类资源与技术。背靠着庞大的资源与技术体系，这些产品的价值才得以体现。这样的手工业经济及其承载的信仰体系既是良渚社会权力的来源，某种程度上也是中国传统社会权力来源的主要表现。

（原载《中国国家地理》2019 年第 10 期）

# 仰韶文化与黄河史前文明探索

魏兴涛

（河南省文物考古研究院）

　　黄河文化是中华文明的重要组成部分，是中华民族的根与魂。主要分布于黄河流域的仰韶文化，是黄河文化的主根脉和早期最重要代表，其在史前率先开启社会复杂化和文明化进程，并具有鲜明特点。

## 仰韶文化的重要地位

　　1921 年，在河南渑池仰韶村遗址的发掘中，发掘出土大批陶器、石器等文物，首次证实中国历史上曾经存在非常发达的新石器文化，从此揭开了考古学探索我国史前文化的恢宏序幕，中国第一支考古学文化——仰韶文化，由此命名。经过一百年来几代文物考古工作者的不懈努力，仰韶文化的发掘与研究得到了极大发展。

　　仰韶文化是我国分布地域最广的史前文化，共涉及河南、陕西、山西、河北、甘肃、青海、湖北、宁夏、内蒙古、四川等 10 个省区。而且遗址数量众多，据近年开展的第三次全国文物普查，仅河南就多达 3000 余处，豫西三门峡地区特别是灵宝市仰韶文化遗址分布更加密集，全国罕见。值得注意的是，仰韶文化分布区中心的晋陕豫交界地区及渭河流域恰处华山（秦岭东段小秦岭又称华山山脉）北麓，这里存有丰富的关于黄帝和炎帝的古史传说。仰韶文化尤其是中期与中华人文始祖——黄帝以及华夏民族之"华"族的形成关系密切。

　　仰韶文化是我国延续时间最长的考古学文化，年代跨度约距今 7000 ~ 4700 年，长达两千多年，代表了中国新石器文化一个非常重要的发展阶段，被称为"仰韶时代"。仰韶文化大体可分为初、早、中、晚四个时期，其中仰韶中期即庙底沟期，是仰韶文化的鼎盛期。仰韶文化分布区文化面貌空前一致，向外则具有强大辐射力。仰韶文化彩陶十分发达，尤其是仰韶中期出土彩陶颇多，其富有特色、线条柔美流畅的彩陶图案在周边诸多文化内大范围传播，达到史前艺术巅峰，王仁湘全面研究后盛赞其掀起了中国史前一次波澜壮阔的艺术浪潮。长期以来，仰韶文化成为认识、定位周边其他史前文化年代的比照标尺。

　　仰韶文化也是我国史前影响最深远的主干性文化。著名考古学家严文明先生通过对中国史前文化的全面系统分析，提出多元一体"重瓣花朵"理论，指出以汉族为主体多民族现代中国的根基深植于遥远的史前时期，是具有统一性与多样性中国史前文化长期发展的结果。在史前文化格局中，"最著名的是中原文化区，它以渭河流域和晋陕豫三省邻接地区为中心，范围几乎遍及陕西、山西、河北、河南全境。"在大中原地区周围有甘青文化区、山东文化区、燕辽文化区、长江中游区和江浙文化区，更外层还有福建、台湾、广东、云南、西藏、黑龙江、内蒙古、新疆等文化区，"整个中国的新石器文化就像一个巨大的重瓣花朵"，中原位居花心位置，而中原文化区的主体就是仰韶文化。韩建业更认为，正由于仰韶中期的强力扩张影响，使得中国大部地区的考古学文化交融联系形成相对的文化共同体，为后来统一文明的建立提供了重要根基，可称之为"早期中国文化圈"或者文化上的"早期中国"，简称"早期中国"。

　　仰韶文化还是学术研究历史最长的中国新石器文化。考古学的发展进步大都与仰韶文化发掘及研究息息相关。百年前仰韶村遗址的发掘是我国新石器时代考古和近代田野考古学的发端，中华人民共和国成立前的考古工作者几乎都涉及了仰韶文化的研究。1951 年中国考古学的领导者夏鼐先生带队对仰韶村遗址进行了第二次发掘，成为中华人民共和国成立后率先开展的考古工作之一。20 世纪 90 年代初，由考古、环境、动植物及物理、化学等众多学科合作对河南渑池班村遗址的考古发掘，开创了中国田野考古中由多单位联合、多学科参加的发掘与研究工作的新模式，成为考古学科从物质文化史研究向复原古代社会和重建历史更高层次目标转变的重要标志，该遗址的主要内涵正是仰韶文化。

## 考古发现揭示的仰韶文化社会复杂化进程

结合第三次全国文物普查，我们近年对豫晋陕交界区域河南三门峡地区的新石器时代遗址开展了较全面的考古调查，其中灵宝盆地是仰韶文化尤其是其中期的核心分布区，在 1000 多平方千米的范围内发现新石器时代遗址 193 处，是中原地区新石器遗址数量最多、分布最密集的县市。这些遗址按照时代可划分为 366 处聚落，包含仰韶文化初期的聚落 26 处，仰韶早期聚落 74 处，仰韶中期聚落 105 处，仰韶晚期聚落 44 处，庙底沟二期文化聚落 70 处，龙山文化聚落 47 处。

通过区域聚落调查结合文化谱系的研究可知，进入仰韶时代后，当地文化、聚落便开始了稳定和持续的大发展，经仰韶初期、早期千余年的长期积累，到距今约 5800～5000 年前的仰韶中期，文化最为繁盛，无论聚落数目、聚落总面积、聚落面积均值，都达到了顶峰。这时聚落规模出现明显差异，有面积达近百万平方米的特大型聚落、四五十万平方米的大型聚落、二十万平方米左右的中型聚落、十万以下乃至仅有数千平方米小型聚落的差别，并已经出现区域（即灵宝盆地或铸鼎原周围）核心聚落、聚落群中心聚落、聚落组中心聚落和一般聚落的分化，呈现出了"金字塔"型多层级的区域聚落结构。

从河南灵宝西坡、三门峡庙底沟、南交口遗址发掘材料可知，聚落内部遗迹也出现面积达 200 余平方米以上的处理考究的特大型房址、百余平方米经精心加工的大型房址、墓口达 17 平方米的大型高等级墓葬，以及面积数十平方米的中型房址、中型墓葬，另外还有面积十余或仅有几平方米的小型简陋房址、仅可容身墓葬甚至灰坑乱葬。各个等级差距明显。其中西坡大墓出土包括玉器、象牙器在内的大批珍贵文物；最大的房址 F105 外带回廊，总面积 516 平方米，是迄今所见仰韶文化中期最大的单体建筑，开创中国回廊式古典建筑先河，推测其很可能是高耸的重檐大屋顶结构，具有殿堂性质。

从以上的考古发掘来看，显然此时的仰韶文化已分化出平民、显贵、首领甚至"王"的社会差别，已经进入复杂社会，文明火光闪烁，开始出现古国，著名考古学家李伯谦先生称其为"仰韶古国"。

我们认为，由于豫晋陕交界地区仰韶中期庙底沟期是在当地仰韶初期、早期文化基础上发展而来，在整个仰韶文化中最为发达，也最早出现社会复杂化现象，因此发生的文明化现象应是中原早期文明的中心、源头和最重要代表。这一时期仰韶文化对外产生强力辐射，其与周边其他史前文化之间主要是影响与接受的关系。又因为仰韶中期正如严文明所指出的，是"启动社会文明化进程最早的史前文化之一，并在短时间内迅猛发展而没有经验借鉴"，所以这里出现的早期文明应该可以视为中国史前的原生文明。

在仰韶文化分布区偏东区域的河南郑州以西至河洛地区，仰韶中晚期文化也十分繁盛，是仰韶文化发展的又一高峰。区域中心性大型聚落遗址呈集群状、丛体状分布，聚落规模普遍较大，动辄数十万平方米，多配有二或三周宽深的聚落环壕，防卫色彩浓重。郑州大河村遗址面积70万平方米，为一处包含多时期文化遗存的大型遗址，延续达3000多年，是仰韶文化遗址的典型代表，规模庞大、文化序列完整，发现经统一规划的原始村落、规则的围壕、墙体至今仍保存完好高1米左右的连间套房、发达的制陶技术以及绚丽多姿的彩陶艺术。在郑州西山遗址发现中原地区最早的城址，距今约5300~4800年，其中国最早的技术先进的版筑夯土城垣，在古代建筑史上占有重要地位，显示出巨大的技术进步和创造力，城内房址多有奠基坑，对于探讨早期城市起源具有非常重要的意义。考古人员最近在郑州点军台和大河村遗址也分别发现同时期的城址。巩义双槐树遗址位于伊洛河汇入黄河地理位置独具的"洛汭"地带，现存面积117万余平方米，是经过发掘确认最大的仰韶文化遗址，为仰韶中晚期的核心性聚落。其三重环壕，核心区是多组由半围墙和壕沟圈护的多排大型房址区组成似具准宫城性质的"宫殿"区，出现中国最早瓮城的雏形，有深厚夯土精心筑成的大型活动广场，呈"前朝后寝"的布局，显示其"古国时代都邑"的非凡气派。郑州青台遗址中心区及其外围共发现环壕4条，聚落功能分区明确，有居住区、墓葬区、祭祀区、作坊区。这里代表性的发现，是古人设置九个专门栽立陶罐组成的"北斗九星"图案，附近还有纯净夯土筑成的台基"圜丘"，斗柄指向北。"北斗九星"已被天文学家确认为5000多年前仰韶文化中晚期的天文类祭祀遗迹，由此刷新人们对于古人定方向、定季节、定时辰星象知识所达高度的认识，将中国观象授时的历史提前了近千年。青台以及附近的郑州汪沟遗址还发掘出中国最早的丝绸实物。双槐树遗址出土了牙雕家蚕造型文物，呈晶莹剔透吐丝前蓄势待发的亢奋状态，是中国年代最早的蚕雕艺术品。这些发现，以坚实的材料表明，丝绸发源于我国，是古代中国对人类做出的一大贡献，进而说明，在仰韶中晚期，农桑文明已经初步形成。

通过以上发现，可知仰韶中晚期的郑州至河洛地区文明化程度甚高，考古专家认为在5300年前后这一中华文明起源的黄金阶段，这里是当时最具代表性和影响力的文明中心。尤其是双槐树遗址的发现，填补了中华文明起源关键时期、关键地区的关键材料，被誉为"早期中华文明的胚胎"，是黄河文化之根。

此外，在河南濮阳西水坡遗址出土有距今6500年前仰韶早期四组沿子午线方向等距排列的大型蚌塑龙虎图案和特殊墓葬，龙形象已经十分成熟，冯时解读其为中国最早的天文宗教祭祀遗迹，反映了当时高度发达的知识体系、思想观念、农时意识、宗教和王权的制度。湖北枣阳雕龙碑、河南邓州八里岗、淅川龙山岗、南阳黄山诸遗址发现仰韶中晚期结构复杂的套间房址，带有先进的木质推拉门等设施。作为关中地区仰韶中晚期超大型中心聚落之一的陕西高陵杨官寨遗址，面积达80多万平方米，聚落布局规划性强，大型环壕、专门的墓地和制陶作坊区、聚落中央储水量达1000立方米的大型池苑等重大发现，填补了许多学术空白。仰韶晚期甘肃秦安大地湾遗址也是一处区域中心聚落，发现了一座高规格的特殊建筑F901，雄踞遗址北部高处，由主室、后室和东西两侧室相连构成，占地总面积约290多平方米，是前所未有的一座特大型复合体宏伟建筑，具有"前堂后室、东西厢房"的独特结构，主次分明，均衡对称。其主室地面铺敷的混凝土抗压强度相当于100号水泥，烧制温度1000℃以上。室内出土有四足大陶鼎、长条形陶盘、撮箕形陶抄、大石匕等，都非寻常日用品，而属重要的公用性器具，房前还有130平方米宽阔的平坦前坪。这座建筑当属社会组织的中心机构所在或首领居所，具有殿堂色彩和功能。

以上发现表明，各地各时期的仰韶文化，曾生发出许多熠熠闪烁的文明因素光芒，有的正在壮大转化，而有的甚至已经升华成为文明体，一起构成耀眼的仰韶文化的丰富内涵。

本人认为，由于仰韶文化的复杂化是仰韶初、早期阶段旱作农业经济稳步发展基础上先量变后质变，在仰韶中晚期出现的，是黄河流域自然条件背景下文化和社会发展的结果，长期积淀形成了世俗淳朴、务实重农、重贵轻富、王权至上、重族群集体、崇敬祖先轻淫巫神祇、兼收包容等诸多古代中原文明的基本品质，仰韶文化因起步早而成为中国最早文明化的史前文化。而正如李伯谦所指出的，仰韶文化社会复杂化的特点、发展模式符合中原地区的生存条件、文化传统、社会背景，而这里正是中原龙山文化和夏、商、周三代文明的地域舞台。因此仰韶文化开启的中原和黄河流域早期文明化进程一直被传承，其文明特质被夏商周三代乃至整个古代中国所继承和发展，为成熟的早期国家的诞生奠定了深厚基础并产生深远影响，确立了中国古代文明的基本特点和格调的趋势性方向。

## 仰韶文化与黄河流域早期文明

作为新石器时代的主体文化，严文明于 20 世纪 80 年代曾经指出，因其所处位置是中国古代文明的摇篮，仰韶文化是调查发掘遗址最多、研究最深入的文化，往往启示或推动着其余新石器文化的研究。此后由于各地考古工作的蓬勃开展，自 20 世纪 80 年代中期前后开始，周边一些地区陆续有惊人的遗迹遗物面世，恰于这时，中国史前考古研究也开始转向了以文明起源为中心的讨论，当时学术界通常采用是否具备所谓文明要素（即冶金术、文字和城市"三要素"）的办法来判断某一文化时期文明是否已经诞生，仰韶文化当时因缺乏这几种要素而被排除在文明起源探索的对象之外。由此，仰韶文化研究的势头似乎有所减弱。

其实，正如中国社会科学院学部委员王巍最近指出的，上述判断文明是否形成标志的"三要素"是西方学术界比较流行的，中华文明的形成有自己的特殊规律，遂提出了符合中华文明特质的判断社会是否进入文明的"四项标准"。他认为灵宝仰韶文化遗址群是中原地区发现的最早出现明显社会分化的例证，双槐树遗址考古发现则是实证中原地区 5000 多年文明的重要证据。考古学家赵辉也指出，在农业和手工业有相当发展的基础之上，在距今 5000 年前后，黄河流域、长江流域诸多地方出现了文明并立的现象，分别建立自己的国家，可把这个时代叫作"古国时代"，并总结出各个地方的文明特征。举其要者，各地文明都是社会分工和阶层分化充分发展，出现了复杂的社会管理运作体系和强权即王权。可见，随着中国考古学一百年尤其是 21 世纪以来的大发展，我国考古学家立足于大量具体材料，经过多阶段联合攻关，创造性地为古代文明研究贡献了文明标准的"中国方案"。

在考古学科新发展的背景下，我们明显感到，仰韶文化显非文明探源的局外者，未来需要更加重视仰韶文化的发掘与研究，重新评价仰韶文化的发展高度。一方面，由于仰韶文化时间长、分布广，实际上是一个巨大的文化系统，我们在肯定以往研究取得的诸多成就的同时，还应清醒地意识到，即使是已经开展较长时间的基础性的文化谱系结构研究中，仍有许多薄弱环节，既有资料原因所导致的时间序列上的缺环、地域空间上的不平衡或空白，还有因某些方面研究不够系统深入而存在的不确切甚至不适当的认识，这就要求我们应继续重视基本资料，做扎实细致的基础研究工作。另一方面，虽然仰韶文化已被认识到是中国最早开启文明化进程的史前文化，其发达的文化成就和优秀厚重的基本特质对周边及其后的诸多文化产生了巨大的影响，但是诸如仰韶文化的形成背景、动因及具体过程，仰韶晚期文化低潮或发展不平衡的原因，中原早期文明的起伏演进及发展模式，与周边其他史前文化或文明的关系，中原早期文明的突出成就及其对黄河文化发展壮大的贡献，其核心品质、价值观念、伦理道德、禀性精神在成熟华夏文明中的沿袭承递等许多问题，要么已有一定的认识尚需进一步深化理解，要么需要引起我们高度重视并继续倾力探究。唯有如此，才能够充分廓清仰韶文化的根本特征、精神实质与价值取向，充分阐释黄河文化和中华传统文化的优秀基因。

仰韶文化所蕴含的文明成就，作为"黄河故事"中的重要篇章，需要我们在未来继续大力加强仰韶文化研究、全面深刻地揭示其文明内涵。我们相信，随着发掘与研究工作进一步深入开展，仰韶文化与黄河史前文明的关系这一重要学术课题必将得到圆满解决。

（原载《光明日报》2020 年 9 月 19 日）

# 石家河遗址

## ——持续见证长江中游文明进程

方　勤　向其芳

（湖北省文物考古研究所）

湖北天门石家河遗址位于长江中游腹地、大洪山山脉南部的山前开阔平原，长江以北、汉水以东，东河、西河自北向南流经遗址后注入汉水的支流天门河，汇入长江。该遗址持续时间长，跨度为距今 5900～3800 年，这一时期正是中华文明形成的关键期，考虑到其在诠释中华文明尤其长江中游文明进程中的重要地位和价值，自 20 世纪 50 年代便开始进行考古，迄今已 60 余年。这 60 年中，有两个重要的考古阶段，一是 80 年代中期至 90 年代初，另一个便是 2014～2019 年。两个阶段大量艰苦细致的科学考古一步步深化了我们对于长江中游史前文明的认知。

尤其是 2014～2019 年，湖北省文物考古研究所、北京大学考古文博学院、湖北省天门市博物馆三家联合组成考古队，对石家河遗址群及外围 9 平方千米的区域进行了系统勘探，发现、确认了谭家岭城址、印信台大型祭祀区、谭家岭高等级玉敛葬、三房湾专业制陶作坊等重要遗址区，为深入了解石家河遗址群的宏观结构与组织分层提供了坚实的支撑，进一步揭示出长江中游地区新石器时代晚期生产专业化与社会分层化的总体趋势。

## 长江中游的中心聚落和都城

综合这些年的考古及研究，我们可以初步勾勒出石家河遗址的时空框架。我们将其分为中心聚落初步形成、文化持续引领与辐射、融入中原文明三期。

第一期是中心聚落初步形成期，经历了距今5900～4800年近千年的缓慢发展，建成了中心聚落谭家岭城，故也称谭家岭城时期。

谭家岭城位于石家河遗址的中心，平面大体呈圆角方形，城垣内总面积17万平方米，城壕内总面积则达26万平方米，远大于同时期同文化性质的城头山二期城址及其他遗址，是石家河遗址作为长江中游文化中心的重要开端，也是后来的石家河古城形成的重要基础。城垣由较纯净黄土堆筑而成，城垣顶宽约14.5、高约3.1米。城墙外有环绕一周的壕沟，壕沟内有附属的木构建筑。该木构遗迹位于城垣外侧壕沟，由一排与城垣平行的长木栏构成。

谭家岭城一直沿用至屈家岭早期。

第二期为石家河文化的强盛期，是引领与辐射长江中游的重要时期，以石家河城的建成为标志，也称石家河城时期。

石家河城遗址主体位于东西两河之间，总面积达8平方千米，是长江中游地区目前发现面积最大、等级最高的史前聚落遗址群。这一时期石家河城建成并沿用，城内面积达120万平方米，城外有宽阔的护城河、印信台祭祀建筑等配套建筑，是同时期长江中游的中心聚落和都邑性城市。

在石家河城的正西方，考古人员发现了人工堆筑的方形台地以及大量的套缸遗存。这处遗址被称为印信台遗址，南北长110米、东西宽130米，面积14300平方米。目前在台地发掘面积1475平方米，祭祀等遗迹位于3层下，文化层堆积局部揭露至第6层，主要分布在人工堆筑的台基之间的低洼处。

文化层堆积中包含大量陶缸、陶杯等碎片及少量人骨残骸，年代属于石家河文化晚期。5座人工堆筑的台基中，台基2长35、宽12、高1.1米。沿台基边缘分布100余套瓮棺类（盖鼎、扣碗、立缸等）遗存。台基之间有些废弃的红陶缸还呈现排列有序、相互套接的状态。部分套缸之间存在明显的叠压关系。陶缸均为夹粗砂红陶，器形以宽折沿深腹小平底缸为主，上有刻划符号。

专家推测，在印信台遗址，每一次祭祀都留下了套缸等遗迹，套缸有

图一　印信台的几处套缸遗迹

图二　谭家岭东区发掘现场及大型建筑台基

叠压关系（图一），表明曾经有多次祭祀，有早晚关系。对套缸成分进行分析显示，这些套缸来自于大约 5 个不同的生产场所，而且从形制、纹饰及套缸上的刻划符号可作大致区分，表明祭祀活动是不同的人群共同参与的结果。

　　在石家河城内南部偏西处考古人员发现一处三房湾遗址。目前发掘面积 200 平方米，文化层揭露至第 6 层，在第 3 层下，出土数以万计的厚胎红陶杯残件，还发现与制陶有关的黄土坑、窑、烧土面、洗泥池等遗迹。其中发现的一个小型陶窑，仅存底部，但结构清楚，同时还发现数个红陶杯叠烧在一起的现象，表明三房湾遗址曾经作为专业制陶作坊存在，并持续使用至石家河文化晚期。

位于石家河城内中部的谭家岭遗址，继 1989 年揭露出厚达八九十厘米的墙体外，2016 年又在石家河文化晚期文化层下面，发掘出一座残存的石家河早期的面积达 144 平方米的建筑台基（图二）。这些大型房屋建筑为确定谭家岭为石家河城的中心，以及在谭家岭一带寻找宫殿性礼仪建筑提供了重要线索。

石家河遗址的第三期又被称为肖家屋脊文化时期，距今 4200～3800 年，也是该文化的突变与衰落期，遗存数量减少。完全不同于前期的瓮棺葬开始流行，说明曾经的石家河城已经不再使用。不过肖家屋脊瓮棺葬、谭家岭瓮棺葬、严家山瓮棺葬，以及罗家柏岭遗址均出土了大量文化内涵丰富奇特的玉器（图三至一〇）。

图三　肖家屋脊遗址　　　　图四　肖家屋脊遗址　　　　图五　肖家屋脊遗址
　　　出土玉人像　　　　　　　出土玉人像　　　　　　　出土玉人像

图六　肖家屋脊遗址　　　　图七　罗家柏岭遗址　　　　图八　肖家屋脊遗址
　　　出土玉龙　　　　　　　出土玉人像　　　　　　　出土玉柄形器

图九　罗家柏岭遗址
出土玉凤

图一〇　罗家柏岭遗址
出土玉璧

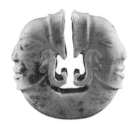

图一一　谭家岭遗址
出土连体玉人像

图一二　谭家岭遗址
出土玉冠饰

图一三　谭家岭遗址出土玉人像

图一四　谭家岭遗址出土玉双鹰

　　2015 年发掘的谭家岭高等级玉敛葬等级最高，玉器组合中包含了神人头像，填补了过去在玉敛葬等级划分上的缺环（图一一至一四）。从玉器的类型可以看出等级的不同，发现神人头像玉器的显然为最高等级，仅有虎、蝉等动物造型的为第二等级，而仅见少量边角料的等级最低。

严家山遗址出土了一些玉料与制玉工具，为肖家屋脊文化的部分玉器是本地制造提供了重要依据，说明即使在最后的衰落期，依然存在着发达的手工业。

## 逐步融入中原文明的怀抱

六十余载的石家河考古陆续勾勒出石家河遗址群宏观聚落格局的演变进程。石家河遗址在距今约 5900~3800 年主体时段内，经历了初兴、强盛、突变及衰落的阶段性变化。

谭家岭古城兴起，城垣的发现，将石家河遗址作为长江中游文化中心的年代提前至距今 5500 年。距今 4800 年石家河聚落发展开启了新一轮高峰，面积达 120 万平方米的石家河城出现，遗址分布范围也有明显的扩大，形成了以石家河古城为中心的 8 平方千米分布的核心区域。此时的长江中游地区已经形成文化面貌高度相似的文化统一体，存在 10 余座规模不等的城址，构成一个聚落等级与社会阶层明显分化的网络体系。

一个聚落遗址考古遗存如此丰富，既拥有同时期长江中游地区规模最大的城址，又有大型的居住址，同时还有印信台这样的大型祭祀遗址和三房湾遗址大型的制陶作坊。正是从聚落功能的专门分区和出土遗物的等级及丰富等多方面分析，石家河遗址被视为长江中游地区文明的中心，具有文化引领与文化辐射的重要地位。

距今约 4200~3800 年的肖家屋脊文化阶段，石家河文化明显受到中原龙山文化（主要是王湾三期文化）的强烈影响。与石家河文化第二期相比，堆积整体偏薄，遗存数量减少。而东南部遗址数量的增加，是石家河城废弃后，遗址中心区域向东发生位移的表现。大量精美玉器的发现，显示这里仍然存在发达的手工业，玉器的神人图案以及玉牙璋的出现，说明与中原文明的交流日益增强，尤其是进入夏纪年，逐步融于中原文明的怀抱。

（原载《人民日报》2020 年 10 月 31 日）

# 礼出红山

## ——牛河梁"坛庙冢"祭祀建筑遗址群再解读

### 郭大顺

（辽宁省文物考古研究院）

1986 年 7 月 25 日，一条关于辽宁省红山文化考古新发现的新闻报道在海内外引起很大反响。这条报道说："辽宁西部山区发现了距今 5000 多年前的大型祭坛、女神庙和积石冢群，说明那里存在着一个具有国家雏形的原始文明社会，把中华文明史提前了一千多年"；还讲到"这为夏以前的三皇五帝传说找到了实物证据"；进而又说到"这种'坛庙冢'三合一的建筑遗址，有点类似于明清时期北京的天坛、太庙与明十三陵"。虽是媒体报道，由于事先征求过专家意见，准备较为充分，所提出的中华文明起源提前到五千多年，与古史传说结合和文化传承，都是前沿课题，在当时的专业界这些课题讨论甚少，有的还较为敏感，一时感到有点出人意料，却牵动了 20 世纪 80 年代改革开放初期正面向世界的亿万中华儿女的心扉，于是出现了社会高度关注推动学术界开展中华文明起源大讨论的局面。

这次报道中最为引人注目也是最出人意料的，是将东山嘴与牛河梁遗址发现的 5000 年前红山文化的"坛庙冢"祭祀遗址群，与明清时期北京城祭祖与祭天的皇家礼制建筑相联系，这还要对苏秉琦先生当年在这方面的思考加以回顾。

1982 年 8 月初，在河北蔚县三关考古工地现场会上，正在思考中国古文化和文明起源从哪里突破问题的苏秉琦先生，得知辽宁朝阳喀左县东山嘴遗址的发现，当即建议下一年的会议移师关外，到辽宁朝阳召开，考察东山嘴遗址。苏先生并于 1983 年盛夏冒辽西酷热亲自登上遗址所在山岗。此后从 1983 年牛河梁遗址正式发掘到 1987 年他的短文《华人·龙的传人·中国人——考古寻根记》发表的五年中，苏先生对辽西山区的红山文化考古新发现每年都有多次论述，是他六十多年学术生涯中为一项考古发现举行有关讲座、谈话和发表文章最为集中的一段时间。苏先生如此重视新发现的红山文化祭祀遗址群，从他当时发表的文章和谈话中看，在将其视为中华文明象征和五千年古国代表的同时，具体的关注点有两个方面，一是祭祀遗址的配套，二是它们的布局。

早在东山嘴会前的 1983 年 5 月，苏先生在郑州召开的中国考古学会第三次年会参观嵩山中岳庙后，就联系东山嘴遗址谈他的感受："总的环境风貌是四周环山，北面嵩山高耸，中间有颍水从西向东，庙位置坐北向南，庙后是高高在上的一座方亭式建筑，庙前是长甬道通双阙……这多么和'东山嘴'位置、地形、地貌相似。"① 原来苏先生是因为东山嘴遗址的选址及建筑组合、布局与后世皇家级祭祀礼仪性建筑有相近特点而特殊关注这处遗址的。

东山嘴会后的 1983 年秋冬，牛河梁积石冢和女神庙遗址先后发现，先生立即将其与远在 30 千米以外的东山嘴遗址的祭坛放在一起，归纳为"坛、庙、冢"。并在即将于《文物》杂志上发表的东山嘴座谈会发言补充意见的校样上，特意加了这样一段话：

"这是活动于大凌河流域的红山人举行类似古人传说的'郊'、'燎'、'禘'等重大祭祀仪式活动留下的遗迹。"②

将红山文化的祭祀遗址群的性质与中国古代帝王举行的祭祀礼仪做进一步比较，突出了牛河梁新发现的红山文化祭祀建筑的高规格。后听童明康同志回忆，当时牛河梁遗址虽然还没有明确发现祭坛，但苏先生认为，有庙就会有坛，它们是配套的③。几年后，牛河梁遗址第二地点三号冢经

---

① 1983 年 5 月 28 日苏秉琦先生给本文作者的信。

② 苏秉琦：《我的一点补充意见——座谈东山嘴遗址》，《文物》1984 年第 11 期。

③ 童明康同志于 2019 年 10 月 12 日在北京大学考古文博学院举办的"回顾与反思——纪念苏秉琦先生诞辰 120 周年"座谈会上的发言。

解剖确认为祭坛，而且是规模更大、结构更为标准的祭坛，牛河梁遗址"坛庙冢"祭祀建筑组合，从而该遗址在红山文化的中心地位，得以确认。

此后苏秉琦先生又着重从布局上将新发现的红山文化祭祀建筑遗址与北京的天坛进行比较：

"坛的平面图前部像北京天坛的圜丘，后部像北京天坛的祈年殿方基。"

苏先生在这里特别强调了中轴线布局和圜丘在南的方位。关于中轴线，虽然是中国古代建筑的传统，但中国古代都城的定制在汉代以后。南郊圜丘祭天作为天子亲为的国家最高祭祀礼仪，历代文献多有记载，但田野考古多年几无涉及，当年已发表的只见于宿白先生依据文献记载对北魏洛阳城南郊圜丘地理位置的推定①。苏先生将避远的辽西山区的考古新发现，跨越近 5000 年，直接与明清时期皇家级祭祀礼仪建筑相联系，是看到了这些在中国文化传统中"长期起积极作用"的因素②，对后世祭祀礼仪形成和发展的强大传承力：

"发生在距今五千年前或五、六千年间的历史转折，它的光芒所披之广，延续时间之长是个奇迹。"③

以上论述，都在将中国古代祭祀礼仪制度的源头，追溯到五千年前的红山文化。

我们对于红山文化与礼的起源关系的认识，最初是从发现和鉴别红山文化玉器时有所感悟的。直觉是以龙与凤等动物形玉为主的红山文化玉器既高度抽象又十分规范，应有固定思维的制约，由此我们在论述辽河流域原始文明时，提到这已是礼的"雏形"④。

此后的进展，是归纳出红山文化有"唯玉为葬"的习俗，而且墓葬规模越大，这一习俗越普遍，这恰与王国维先生释"礼"（禮）创字的初意为"以玉事神"相吻合，说明玉器确为最早的礼器，红山文化玉器是早期玉礼

---

① 宿白：《北魏洛阳城和北邙陵墓——鲜卑遗迹辑录之三》，《文物》1978 年第 7 期。

② 苏秉琦先生在《向建立中国学派的目标攀登》（1989 年）一文中谈中国文明起源研究："围绕中国文明起源，对中国文化传统（长期起积极作用的因素）如何从星星之火成为燎原之势，从涓涓细流汇成长江大河这个千古之谜，从考古学寻找'破密'的钥匙。"

③ 苏秉琦：《象征中华的辽宁重大文化史迹》，《辽宁画报》1987 年第 1 期。

④ 孙守道、郭大顺：《论辽河流域的原始文明与龙的起源》，《文物》1986 年第 8 期。

器的典型代表①。接着是 2000 年前后在费孝通先生倡导的"中国古代玉器与传统文化"历次讨论会上，我们试探性地从礼的起源理解礼的本质：从红山文化已有较为发达的祖先崇拜导致社会关系有序化，人的行为受约束看礼的内化自觉②；从红山文化积石冢的独立性所表现出的血缘纽带的顽强保持和礼的因素在史前诸考古文化频繁交汇中出现，如《礼记》所记"礼尚往来"③，看礼的强大维系力；从红山文化祭祀建筑人文景观融于自然景观的选址、布局和玉器制作追求玉本质最大限度的发挥，以达到通神最佳效果的思维观念，看礼的中和性，有度而非保守封闭以及"以玉比德"等④。

至于从祭祀建筑遗址探索礼的起源，由于敖汉旗草帽山积石冢前祭坛、朝阳龙城区半拉山积石冢后部庙址的发现和牛河梁遗址第二地点祭坛功能与组合的进一步确认⑤，红山文化的祭祀建筑在类型、结构、组合与布局上已显示出规范化特点。

### 关于结构与类型

目前所见红山文化的祭祀遗迹，有祭坛、庙宇和祭祀坑，共三类（积石冢本身由于有方或圆的成形的地上砌石建筑和成排的无底彩陶筒形器环绕，可能也具祭祀功能）。它们因功能不同而结构各有特点，但每种类型以共同点为主。祭祀坑见于牛河梁遗址第五地点和半拉山遗址，都为土坑式，圆形，直径 1 米左右，坑底多经火烧，坑底面以上常铺有碎石和细砂层，坑

---

① 郭大顺：《红山文化的"唯玉为葬"与辽河文明起源特征再认识》，《文物》1997 年第 8 期。

② 参见费孝通先生在沈阳召开的《中国古代玉器与传统文化讨论会》闭幕式上的讲话，见《玉魂国魄——中国古代玉器与传统文化讨论会》（一），北京燕山出版社，2003 年。

③ 高炜在《中国文明起源研讨会》上的发言，《中国文明起源研讨会纪要》（1991 年 11 月 27～30 日），《考古》1992 年第 6 期。

④ 郭大顺：《从"唯玉为礼"到"以玉比德"——再谈红山文化的"唯玉为葬"》，《玉魂国魄——中国古代玉器与传统文化学术讨论会论文集》（一），北京燕山出版社，2003 年；郭大顺：《从史前玉礼器的演变看"礼源于俗"》，《玉魂国魄——中国古代玉器与传统文化学术讨论会论文集》（二），杭州出版社，2004 年；郭大顺：《再谈"礼源于俗"》，《玉魂国魄——中国古代玉器与传统文化学术讨论会论文集》（三），北京燕山出版社，2008 年。

⑤ 辽宁省文物考古研究所：《牛河梁——红山文化遗址发掘报告（1983～2003 年度）》，文物出版社，2012 年。

内有出较完整陶器，个别出玉器，可明确具祭祀性质。但规模小，不普遍，分布尚无规律可循。庙址除牛河梁女神庙以外，也见于半拉山遗址，都为土木建筑，有柱洞显示木柱支撑的屋顶。祭坛已发现的四座都为石筑，坛面铺石，无覆罩，突出露天的效果，其形状有两座为圆形，另两座不够规则，且圆形的两座祭坛，边缘的砌筑都很讲究，形状也十分规整，牛河梁第二地点祭坛还起三层圆。所以圆形和露天，是红山文化祭坛的标准形制。

红山文化祭祀建筑主要是祭坛与庙宇在结构上表现出巨大的差异性，当与功能的差别有关。

关于红山文化祭祀建筑址的具体功能，苏秉琦先生在这些祭祀建筑遗址刚发现时，在概括性地讲到"坛庙冢"类似于后世的禘、郊、燎的同时，已在将东山嘴遗址的圆形祭坛与北京天坛的圜丘相比较。1989 年为北京科学教育电影制片厂拍摄的《中国文明曙光》组片所撰短文中，也提到牛河梁遗址女神头像"是由五千五百年前的'红山人'模拟真人塑造的神像（或女祖像）……是红山人的女祖"①。我们也多次论述牛河梁女神庙遗址为红山人祭祀先祖的场所。庙与坛在结构上的差异，为进一步确认它们的功能提供了新的证据。

这也以牛河梁第二地点祭坛最说明问题。这座祭坛三圈之间的距离，非等距，由外向内分别为：22 米、15.6 米和 11 米，即外圈距中圈较中圈距内圈的距离要大。对此，冯时同志以为，圈与圈之间的距离非随意，其比值与《周髀算经》所记古人对天文观察的二分日与二至日的日行轨迹有关②。近西北大学陈镱文、曲安京二位从北京大学藏秦简《鲁久次问数于陈起》有关三方三圆的记载中计算出不等间距同心圆结构的宇宙模式③，其数据与牛河梁第二地点祭坛起三层圆及三层圆中外圈与中圈距离大于中圈与内圈距离的结构有惊人的对应，故可确认这座祭坛即为当时红山人举行祭天的圜丘。文献也多有"祭天圜丘"的记载。这样，祭坛与女神庙功能的分化也进一步得以明确，庙宇确为祭祖场所。

———————

　① 苏秉琦：《写在〈中国文明曙光〉放映之前》，《中国文物报》1989 年 5 月 12 日。

　② 冯时：《红山文化三环石坛天文学研究——兼谈中国最早的圜丘与方丘》，《北方文物》1993 年第 1 期。

　③ 陈镱文、曲安京：《北大秦简〈鲁久次问数于陈起〉中的宇宙模式》，《文物》2017 年第 3 期。

### 关于组合与布局

草帽山和半拉山遗址都以南北向的长方形积石冢为主体。草帽山的祭坛位置在积石冢南冢界前中部，冢内南部为墓葬区，北部空旷，北部的前中部出一尊石雕人像的头部残件。半拉山庙址在积石冢北部正中部位，冢内的墓葬区也在冢的南部，积石冢南冢界前（南）未见祭坛。先前发现的东山嘴遗址，也以石砌方形址为主体，圆形祭坛在方形址南界之前（南）的中部，方形址内虽未见墓葬，但有多件草拌泥质建筑构件和人体塑像残件，暗示也曾有庙址。以上三处所见的祭祀址，除墓葬外，都或有庙或有坛，且有庙在北，坛在南以中轴线分布的规律。

由此分析牛河梁遗址群主要是女神庙与第二地点祭坛之间的关系：

牛河梁遗址第二地点的这座祭坛（N2Z3）具有规模大，22米的外径几乎为东山嘴祭坛的近10倍；用料讲究，为远地运输而来的玄武岩石质，且都为五棱体石柱型，质地甚坚硬，色泽为统一的淡红色；构筑独特，坛界是将石料立置而非通常石构建筑所用的平砌，形成如石栅的效果。如此筑成的祭坛，结构严谨，坛体所起三层，由外向内，层层有高起，略成台状；各圈所选用石桩的规格也由大（外）渐小；为保持坛界和坛面在北部略高坡面上的水平，由北向南坛界所用石桩也依次增高。且此祭坛位置居中，东西侧各布置两个积石冢。呈东西一线铺开，是为坛与冢的组合。

不过，对于这样一座构筑考究、位置显要的大型祭坛，在第二地点内与其他单元之间彼此的位置却显得过于紧凑，祭坛西距二号冢仅1.8米，东距四号冢也不过两三米，远远缺少与祭坛相配的空间。与此有关的是，在方位上，第二地点各单元的布置与其他地点顺山势定方向的情况不同，都为正南北向，几无偏差，显然是刻意而为。各单元北部边界以外都再无其他遗迹，只有祭坛的北部外圈以外尚有积石建筑遗迹，即发掘报告所称的第六单元积石冢（N6）。暗示祭坛除了与同地点积石冢为组合外，有北向延伸的趋势。而由此向北，就是去第一地点女神庙的方向。从第二地点到其以北的第一地点，相距1050米，其间仍不断有遗迹露头，已发现三座窖坑（N1H1、N1H2和N1H3），分别出有与祭祀有关的小型人体陶塑像（N1H3）、近于方器的彩陶器残片（N1H2）、人体陶塑件和包括方"鼎"形器底部在内的方器（N1H1）等器物。这样，从整个遗址群的视角观察女神庙、祭坛的位置和与相邻遗迹的布局关系：第一地点女神庙和山台在北，坐落在位置较高的主梁顶部西南坡，第二地点的祭坛在南，位置低于第一地点，它们之间以近于正南北略偏向西的轴线布置。这同前述其他遗址的祭坛在南、庙在北、北庙南坛的方位布置是完全一致的。同时，从时间上看，第二地点祭坛下垫土中出较多早期（下层积石冢阶段）筒形器片，是第二地点诸单元中除四号冢以外所见早期遗存最多的一个单元，说明其延续时间较长，在年代上与时间在上层积石冢之前就已建造的第一地点女神庙共存并立。所以，第二地点的祭坛除与同地点诸积石冢关系密切以外，也与第一地点女神庙有组合关系，它们南北照应，共同构成牛河梁祭祀遗址群的主干。

以上可见，红山文化的祭祀礼仪已有了祭天与祭祖为主要功能的分化，文献常将上古"郊祀"与"祖宗"分别加以记载，红山文化的考古发现可与之相互对应①。但它们又不是各自完全孤立存在的，而是庙与坛既为两套又成组合，且在布局上也有规律可循。加之多类型成系列的龙形象的演变和较为成熟的龙与凤形象及组合，都是从祭祀遗存的规范化显示祭祀礼仪的制度化，表明红山文化的信仰已成体系。

《礼记·祭统》："礼有五经，莫重于祭"，刘师培："礼源于俗"（通神巫术），都是说礼制及其形成，与通神和通天的祭祀有着直接关系②。红山文化祭祀建筑的规范化和祭祀礼仪的制度化，为礼起源于史前时期提供了一个典型实证。

红山文化祭祀礼仪的发达不是偶然的。其原因与当地历史文化基础和文化交流有关，也是中国文明起源自身发展道路与特点的反映。

红山文化的发展在当地有着深厚的历史文化基础，阜新查海遗址与敖汉兴隆洼遗址，多见具魅神效果的玉耳玦饰等玉器③和在聚落广场摆塑巨大

---

① 许倬云：《神祇与祖灵》，《玉魂国魄——中国古代玉器与传统文化学术讨论会论文集》（一），北京燕山出版社，2003 年。文中虽然具体观点有所不同，但关于郊祀与祖灵是两套等的提法，对相关研究应有所启发。

② 李泽厚：《历史本体论·己卯五说》，生活·读书·新知三联书店，2003 年。

③ 杨伯达：《东北夷玉文化板块男觋早期巫教辨——兼论兴隆洼文化玉文化探源》，《巫玉之光续集》（上），紫禁城出版社，2009 年。

的"类龙"形象①，新近阜新塔尺营子所出带獠牙的人面石雕件，工艺和图案的技术、文化含量都已较高②。辽西古文化又是以东北和东北亚为大背景的。东北地区的史前文化，虽然遗址少，堆积薄，但玉器出土频率高，且出现年代早。黑龙江乌苏里江左岸的小南山遗址，出有小玉璧、环、珠、管、玦、匕形器等中国古代玉器常见器形，年代距今 9000 年左右③。我们曾提出玉器的起源与渔猎文化有关，都一再被证实④。在这样的历史文化背景下成长的红山文化，拥有丰富的祭祀遗存，是完全可以理解的。

在文化交流方面，与东北地区其他史前文化相比，红山文化特别是红山文化晚期发生了突变，这应同东北渔猎文化与中原农耕文化、西部草原文化的交汇有关。不同经济类型不同文化传统之间的交流融合，往往产生意想不到的成果。分布在西辽河流域的红山文化，处于这一交汇的前沿地带。红山文化以渔猎为本又有农耕的发展，文化内涵多元性特点清晰。尤其要强调的是，红山文化是中原地区仰韶文化与周边文化关系中最为密切的一支。这在红山文化对彩陶使用上有充分体现。在积石冢周边立置的成排筒形陶器，多数为彩陶，女神庙的祭器也全部为彩陶和与彩陶有关的泥质红陶。彩陶作为主要来自仰韶文化的外来因素，被红山人视为神圣，成为红山文化信仰体系的组成部分，表现出红山文化对待异质文化因素的高容纳度，善于辨别、吸收、融合邻近文化的先进文化因素充实和发展自身，这是红山文化礼出现较早并在文明起源过程中先走一步的一个主要原因。

关于中国文明起源形成自身的特点和道路，依张光直先生观点，与西方以发展生产和贸易、改造自然的"断裂性文明"不同，以中国为代表的东方，具有将世界分为天地人神等不同层次的宇宙观和通过沟通天与神以取得政治权力和财富的"连续性文明"⑤。在这种类型文明的形成过程中，精神领域、思维观念往往得以超前发展。红山文化祭祀活动频繁有序推动

---

① 辽宁省文物考古研究所：《查海——新石器时代聚落遗址发掘报告》，文物出版社，2012 年。

② 滕铭予等：《2015 年辽宁省阜新蒙古族自治县塔尺营子遗址试掘报告》，《边疆考古研究》（第 25 辑），科学出版社，2019 年。

③ 黑龙江省文物考古研究所、饶河县文物管理所：《黑龙江饶河县小南山遗址 2015 年Ⅲ区发掘简报》，《考古》2019 年第 8 期。

④ 郭大顺：《玉器的起源与渔猎文化》，《北方文物》1996 年第 1 期。

⑤ 张光直：《考古学专题六讲》，文物出版社，1985 年。

祭祀建筑的发达和礼的形成，就是集中表现。而所见对后世表现出的强大的传承力，虽然从史前经三代到两汉，经历了如庙与墓从结合到分离到再结合、宗庙与宫室地位主次转换、秦汉时期崇东理念等的曲折演变过程①，但祭祀建筑的类型、组合、结构及功能、总体布局，特别是祭天坛体的三环式圜丘结构和方位在南的布局，一直延续到明清时期。

所以，"礼出红山"，既是中国文明起源自身道路与特点的反映，也是中华五千年文明连绵不断的一个典型例证。

（原载《玉出红山——红山文化考古成就展》，北京时代华文书局，2020 年）

---

① 参见巫鸿：《从"庙"至"墓"》，《庆祝苏秉琦考古五十五年论文集》，文物出版社，1989年；于倬云：《故宫三大殿形制探源》，《故宫博物院院刊》1993 年第 3 期；梁云、王璐：《论东汉帝陵形制的渊源》，《考古》2019 年第 1 期。

# 仰韶文化：华夏文明的奠基者

## 曹兵武

（中国文化遗产研究院）

2021 年是以田野为主要方法和手段的现代中国考古学诞生和仰韶文化发现与命名的百年纪念。1921 年，作为当时中国政府矿政顾问的瑞典人安特生带队在河南省渑池县仰韶村首次以田野发掘的方法，发现、认定和命名了中国第一个史前时期的考古学文化——仰韶文化，这是将中国历史与文明的基础和源头追寻到文献与传说时代边界之外的首批实证性材料，也是安特生依据仰韶彩陶与西亚、东欧彩陶的某些相似性而提出中国文化和文明西来说的重要依据，开启了以现代考古学探索中国史前文明基础的先河。

100 年过去了，仰韶文化的新发现和新认识不断进步，已基本上可以确定这是一支大约距今 7000～5000 年、以黄河中游地区为中心、吸收广阔地域的早期文化因素融合形成、自身演变脉络相当复杂、辐射广泛甚至可以说是同时期东亚地区规模最大、人口最众的以农业为主的史前文化体系。而关于仰韶文化和史前中国文化的源头以及中国文明的起源，也经过西方学者的西来说到举世公认的本土说，从中原中心说（安志敏、夏鼐等）到满天星斗说（苏秉琦等）和相互作用圈、多元一体说、重瓣花朵模式等（严文明、张光直等），日趋丰富而细密。但是应该承认，关于中国文明形成的关键问题，比如具体源流、标志性内涵、演讲过程和机制及其所决定的文明体系特点等，尽管经过了中国文明探源工程等系统研究，但至今未能形成关键性共识，反而有众说纷纭、越描越乱的趋向，实证五千年中华文明，证成了一个源流歧乱的复杂丛体。

窃以为，中国文明起源的部分关键密码仍在仰韶文化中。当然，这不是说仰韶时代已经步入了文明时代，也不是说仰韶文化就是中国早期文明本身或者其代表——仰韶文化的发展水平，按照国内外学界通行标准甚至都算不上复杂的分层与不平等的社会——但是，一方面，追寻早期中国文明在东亚广阔大地上脱颖而出执其牛耳的过程，还只能以考古发现和研究为主要手段；另一方面，仰韶文化确实在东亚地区走向文明社会的族群互动和文化进程中起了举足轻重的作用，用一个准确的词汇来说，就是具有核心性地位，扮演了华夏族群和华夏文明奠基者的角色。多元一体中的那个体之主体，重瓣花朵的那朵花骨架，实际上就是由仰韶文化奠定的，经过龙山时代的淬火之后，最终走向了以城市和国家为载体的复杂文明体系。

因此，考古与仰韶，仍然是探索中国文明起源的关键所在。可以从以下几个方面来进一步认识这个问题：

一是仰韶文化的区位占据了后世俗称的中原。从公元前 2000 年到公元 1000 年，大约 3000 年间中原一直是中国以王朝为特征的国家文明的龙兴和存身之地；

二是仰韶文化是以融合方式率先形成的以农业为主要经济形态的考古学文化，其核心区遗址密集，聚落数量在当时诸文化中首屈一指；其幅员辽阔，超百万平方米的超大型遗址已发现多处，为当时诸考古学文化中所仅见，是当时东亚大地最为庞大的具有向心力和扩张性的人群，现代多学科研究成果基本上可以确定这一考古学文化遗存背后的族群实际上就是汉藏语系和今天汉族形成的主源和主根系，是早期华夏文明的人口和语言文化基础；

三是仰韶文化的一些文化因素和文化特性，包括聚落结构、中心广场、小家庭、公共性大房子、彩陶纹样等所体现的社会组织与文化心理特征，作为重要的文化基因具有长期的延续性和影响力。

因此可以说，仰韶文化最终成为早期东亚地区各文化互动、吸纳、辐辏、分化、重组、整合、提升的基本盘。

仰韶文化是最先通过融合形成的一支以定居性农业为主的文化。它借助全新世大暖期的适宜环境和地理区位优势，将发源于西北中国黄土高原地带的小米（包括黍和粟）文化圈内的大地湾、白家、磁山、裴李岗包括部分的兴隆洼等区域性文化逐步整合融合起来，同时还吸收了其他如东南中国稻作文化的一些因素，在黄河中游诸河谷盆地和黄土高原东南缘一带形成小米大米并存的复合型锄耕农业为主的经济形态，并以此为中心实现了对黄河中上游地区和整个黄土高原及其边缘广大区域的整合和一体化，在农业相对发达和区域内人口相对饱和后向周边相对落后或人口稀少地区大量移民拓殖，产生了强烈的辐射和人口与语言的奠基效应。在其半坡和庙底沟的大肆扩张阶段，其他地区尚处于农业聚落零星发端的起步阶段，因此，早中期的仰韶文化某种程度上可以说是一枝独秀的，考古学所见的彩陶文化的广泛影响正是以此为支撑的。而当周邻各区域也步入兴旺发达的农业社会、走向区域整合和一体化并构成苏秉琦先生概括的多元之元时，仰韶文化大扩张后广泛的分布区内反而因为地域辽阔、环境波动、文化进一步发展等原因而走向相对衰落的分化甚至解体阶段。

需要指出的是，即便是仰韶晚期和后仰韶的文化低潮阶段，相对于周边其他区系的文化而言，位居中原的仰韶文化故地的聚落与人口规模也未落下风，不过，从庙底沟顶峰阶段的跌落和解体，则为其吸纳周边文化因素提供了新的机遇和空间。东部的大汶口文化、南方的屈家岭文化以及东南的良渚文化等在区域一体化高峰阶段对仰韶故地的挤压和渗透态势，加上环境变化、仰韶系统内部解体之后北方地区的仰韶后人携带变异和源自更远的西北方向的新文化因素向故地的回归，使其原有的核心分布区即所谓的中原一带较早进入一种不同血缘族群重叠挤压的复合式文化融合与重组的演化状态，加上小麦、牛羊、冶金等新经济因素的加盟，从而形成了石峁、陶寺、瓦店、新砦和二里头等广泛综合各地文化创造的新型中心城镇。乱葬坑、殉人、活人奠基和祭祀遗存等在中原地区的大量发现，表明在此融合重组过程中不乏血腥冲突与对抗。但是，这种同一区域中的复群化社会分层状态，恰恰为社会组织形式突破血缘、超越部落和部族的国家的诞生创造了前提条件，这也正是红山、良渚以及海岱和江汉地区同时期周邻区域文化传说中所缺乏的重要文明基质。因此，中原地区最终能够成为诸早期王朝的降生与盘踞之地。而所谓王朝，可以理解为诸王来朝的中国式国家文明中心，也可以理解为争夺文化正统的中国式文明形成模式。

所以说，仰韶文化的形成很重要，仰韶文化的解体也同样重要。仰韶文化的形成与扩张奠定了华夏族群的人口与语言文化基础，仰韶文化的解体为跨族群竞逐中国家的脱颖而出创造了条件。仰韶文化尽管未及形成文明，但却是华夏文明的奠基者。当然，中国早期以王朝为载体的华夏文明的形成并不是仰韶文化的简单复兴和崛起，而是一个更加复杂、壮阔甚至血腥的以仰韶故地为舞台的文化碰撞、融合、重组和新的蜕变。但是，正是自仰韶时代开启的农业村寨和族群文化间的互动模式，为真正的东亚早期国家文明的登场提供了大规模高密度的人口基础、语言文化认同和地理舞台背景。在此过程中，也确定了仰韶文化作为华夏传统的奠基者角色与地位。

按照一些学者对仰韶文化内涵特征及历史文献与传说的概括把握，从彩陶纹样、一系列相关地名、人名与华之传说等，有理由将仰韶文化理解为东亚大地主干族群的华化——族群记忆与认同过程中首次浓墨重彩的底色铺设，使其具有了从花到华的意识形态认同倾向。服饰美丽谓之华，文化高雅谓之夏。当然，这种模糊的文化优越和认同感经过国家文明尤其是春秋战国文化交互加剧过程的淬火，才渐渐清晰和定格，成为相对于四夷的中原族群的文化自觉，华夏、秦汉乃至唐人，慢慢成了东亚文明的内圈核心，文化上的统一与扩张也客观上普及了这一认同在以中原为中心的广大地域的共识化与长期影响。因此，仰韶文化可被视为是华夏传统在东亚脱颖而出的第一个关键形成期，为周边族群和文化上的逐鹿中原提供了可供争夺的人口资源对象和文化认同正统，传统才有了可以被传承的世界观框架和文化内核。

100年之后，中国考古与文明认识的突破，仰韶文化的重新认识仍是关键一环。一方面中国考古学需要在系统揭示考古遗存时空框架与内涵特征的基础上进一步结合新兴科技手段和理论方法追寻其背后的人群、语言、经济与社会组织等演进轨迹与动力机制，另一方面也面临着将文化与文明放在东亚乃至人类宏阔的历史背景中进行理论整合与概括，追寻中华民族、中华文化和中华文明从涓滴之流汇成江海、从多元走向一体如同滚雪球般发展壮大的过程与机制。

当年，著名考古学家苏秉琦先生绕开传统历史叙事大一统模式的怪圈，通过对仰韶文化的条分缕析及其与周边诸文化的比较研究提出中国文明起源的满天星斗和多元一体学说，但是苏秉琦先生并非要解构大一统、颠覆大一统，而是希望以考古发现实证性揭示从多元到一体那个客观的过程。走向大一统是中国文化与文明演进的逻辑宿命，中国考古学的使命就是揭示这个复杂过程及其内在的机理，从而对自身及民族文化传统与人类命运共同体有更准确更深刻的认识和把握。考古学中国学派的形成和成熟，仍然寄望于其在与仰韶文化研究的相互砥砺中不断前行。

（原载《中国文物报》2020 年 11 月 20 日）

# 龙图腾：考古学视野下
# 中华龙的起源、认同与传承

袁广阔

（首都师范大学历史学院）

　　龙是中华民族的图腾和象征。中国人自古以来就以龙为傲、认同自己是人文意义上龙的传人。在漫长的历史进程中，龙已渗入到中华民族始祖崇拜的文化脉络里，贯穿于中华文明发展的汤汤长河间。作为神话性的动物，龙并不存在于现实生活中。那么龙的原形是什么？经历了哪些发展阶段？本文以我国新石器至夏商时期考古发现的龙纹为基础，简要梳理考古学视野下中华龙的起源、发展与传承，探讨龙逐渐融入中国传统文化基因和精神内核的脉络。

## 一　地缘与风物：仰韶时代与龙文化起源

　　中华龙文化历史悠久，在我国新石器时代的考古学文化中，距今7000～5500年的仰韶文化已开始出现原始的龙纹，如鱼龙、蛇龙、猪龙、鳄龙等。这些早期龙形文化遗存的产生，与自然崇拜密切相关。

　　这一阶段社会生产力水平低下，原始宗教盛行，提供了"万物有灵"的文化土壤。一些与早期文明生活关联紧密或具有威慑力的动植物，成为自然崇拜的对象。从已有的考古资料来看，仰韶时代存在着四个不同的文化体系：东北地区的赵宝沟—红山文化系统，太行山—嵩山以西的仰韶文化系统，太行山—嵩山以东的后冈一期文化系统以及长江中游的大溪文化系统。不同文化系统孕育了不同的生活习惯和精神信仰，进而形成了四大自成体系的原始宗教区：东北地区祀蛇和猪，太行山以西崇鱼和鸟，太行山以东敬虎和鳄鱼，长江中游尊鳄鱼。这些动植物在先民崇拜、敬畏的文化滤镜下被逐渐神化，形象上更经由不断加工、融合、创新，形成了不同区域各有特色的原始龙形象。简言之，仰韶文化中不同地区鱼龙、蛇龙、鳄龙的原形，均是现实生活中鱼、蛇、鳄等自然形象神格化的产物。

### 1. 辽河流域的蛇龙与猪龙

辽河流域是我国玉文化最早的发源地之一。玉制的各类动物形神兼备，尤以玉猪龙最负盛名；而玉猪龙的原形，正是蛇和猪的复合体。其拱鼻与头鬣类猪，但器身多卷曲无足，与猪迥异，而和蛇相似。这类造型融合在彩陶上体现得更为明显。小山遗址发现一件赵宝沟文化的尊形器，腹部图案环绕猪、蛇、鹿和鸟首。其中，猪嘴闭合，獠牙外露，眼睛微闭，颈部以下由黑白相间的蛇身缠绕而成，有学者形象地称它为"猪首蛇身"（图一，1）。拼合式的蛇形，实际上是对蛇进行神化的一种加工；而选择用猪首来神化蛇，则源于先民对猪的偏爱和崇拜。兴隆洼文化、赵宝沟文化均发现较多用猪祭祀的迹象，可作为猪龙神格化的考古学证据。这类猪、蛇拼合式图像崇拜，在红山文化猪首蛇身玉猪龙上达到了顶峰（图一，3）。

### 2. 关中、陇东地区的鱼龙与猪龙

新石器时代中期，发源于渭河流域的仰韶文化半坡类型展现出蓬勃生命力，其后，兴起于关中、河南、山西地区的庙底沟文化也大放异彩，二者均孕育出大量精美而细腻的彩陶。长期以来，学界大多认为庙底沟文化彩陶的主要纹样是鸟纹、花瓣纹。近年来，王仁湘、张鹏川等先生通过对庙底沟彩陶纹饰的系统分析，提出了"大鱼纹"的文化概念：庙底沟文化广泛流行的叶片纹、花瓣纹、菱形纹、圆盘形纹和带点圆圈纹等，多由鱼纹简化、拆解后重组而成，构成了一个"大鱼纹"象征系统，最后完全图案化。这类半坡、庙底沟仰韶文化中的鱼纹体系又渐次融入到了龙纹系统。一是鱼纹中出现了一些龙的特征，如宝鸡市北首领遗址出土的水鸟啄鱼纹蒜头壶，鱼形头部作方形，竖耳，初步具备了龙首的形象；二是受到西辽

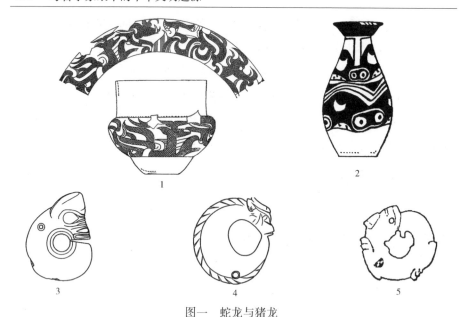

图一　蛇龙与猪龙

1. 小山遗址　2. 姜寨遗址　3. 牛河梁遗址　4. 凌家滩遗址　5. 罗家柏岭遗址

河流域兴隆洼—赵宝沟—红山文化蛇（猪）龙的影响，如陕西临潼姜寨发现的史家类型彩陶龙，形象为猪的正面，大嘴上卷，鼻作圆形，上额有多道皱纹（图一，2）；三是甘肃武山西坪出土的一件小口高领平底瓶的腹部绘出一个瞠目张口，形体庞大的鲵鱼纹，其特征与商代晚期青铜器虎食人卣的龙纹特征接近，二者具有一定的传承关系，说明鲵鱼也是龙的一个来源（图二，1、2）。

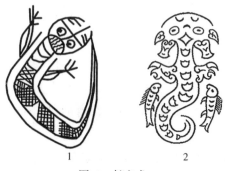

图二　鲵鱼龙

1. 甘肃西坪　2. 商代虎食人卣

### 3. 河南地区的鳄龙

太行山以东的考古学文化中，距今 6400 年前后的后冈一期文化濮阳西水坡遗址发现了三组用蚌壳堆塑的图形，每组都有龙的形象。

西水坡 M45 是一在东、西、北三面各设一小龛的土坑墓。墓主东、西两侧，分别用蚌壳精心摆塑一龙一虎图案。龙头朝北，背朝西，昂首厉目、长芯微吐、舒身卷尾、高足利爪，整体形象与鳄鱼十分接近。M45 之北，复有一合体龙虎，龙虎背上还有一鹿。其南又有一蚌壳摆塑的龙形图案，头朝东，背骑一人。这些蚌壳摆塑的动物群，推测为 M45 祭祀活动遗存（图三，1）。西水坡 M45 遗址集中发现蚌塑鳄龙，或与这一区临近雷龙神出没的"雷泽"有关。《山海经·海内东经》记："雷泽中有雷神，龙身而人头。鼓其腹，在吴西。"《五帝本纪·正义》引《山海经》言，"雷神"鼓其腹则"雷"。可知雷泽神作龙形，正如王充《论衡·龙虚篇》"雷龙同类"所论。上述传说中，雷泽的雷神龙身人头，以腹为鼓而雷声作；再结合蚌塑鳄龙，可知文献中的龙泽很可能就是鳄鱼池。事实上，鳄鱼在早期文明中已留下文化印记，文献中夏代的豢龙氏养的就是鳄鱼，而山西陶寺遗址出土的鳄鱼皮制作的鼍鼓，很可能就是传说中雷泽神鼓腹的实证。

仰韶文化后冈类型之后，太行山东麓的鳄鱼龙继续向西发展。河南中部仰韶文化"阎村类型"的汝州洪山庙遗址就发现了多件与之相关的彩绘瓮棺，其中第 128 号瓮棺上的彩绘鳄龙纹，头作扁圆形，身为椭圆形，由四条短弧线组合而成，细尾较长，四肢曲伏于壁，四爪分开（图三，2）。

### 4. 长江中下游地区的鳄龙

仰韶文化阶段，长江流域也出现了鳄、蛇一体的龙纹。巢湖流域凌家滩文化中出土的玉龙，头部雕出鳄鱼的须、嘴、鼻眼，龙身与红山文化玉猪龙相类，应是鳄鱼与猪龙的融合（图一，4）。距今约 6000 年的长江中游湖北黄梅焦墩大溪文化遗址也发现了河卵石摆塑的鳄龙，龙身长 4.46 米，头西尾东，头生一角，张口吐舌，昂首爬行（图三，3）。

仰韶文化阶段不同区域的考古学文化体现出相互融合的特点。一方面，各地涌现出地缘特征明显的纹饰图案，如关中仰韶时期的鱼纹、鸟纹，河

图三　鳄龙
1. 西水坡遗址　2. 洪山庙遗址　3. 黄梅焦墩遗址

南中部的太阳纹、几何纹，长江中游的水波纹、几何纹。另一方面，以龙纹为代表，仰韶文化区出现了明显的文化认同与交互融合现象，如长江中下游凌家滩玉龙纹既与红山文化玉猪龙的颇多相类，猪、蛇、鳄鱼和谐共存的特征也可与中原地区蚌塑龙纹互文；同时姜寨猪龙与赵宝沟文化猪龙也存在内在联系。由是观之，仰韶时代龙的形象在东方和北方已形成相互交融的文化圈，或与当时巫师阶层间的频繁交流相关。在这一自然崇拜的文化动因下，龙的观念与形象突破文化区际，形成了文化认同。

## 二　格制与权力：龙山时代与龙文化的融合

距今5000～4000年前的龙山时代是中华文明起源与形成的关键阶段。这一时期，各地考古学文化争奇斗艳，古国、青铜、文字等文明因素不断涌现，文明化进程大大加快，文化间的交流更加频繁、剧烈。地缘化的鱼纹、鸟纹等开始减少，南北各地自成一格的各种龙纹形态则开始趋同，统一表现为鳄鱼与蛇纹的融合体。这一新的格制化龙纹形象，经过先民不断汇融、取舍、创新和改造，体现出更为神灵化的特征，更加接近神龙的形象。

### 1. 北方地区的龙纹

石峁遗址位于陕西省神木县高家堡镇秃尾河与洞川沟交汇处的梁峁之上，年代大约在公元前2300～前1800年之间。城内出土大量石雕，其中皇城台大台基南护墙下层出土的8号石雕，长约120、高约15厘米，左右用减地浮雕技法刻划出两个对称的龙形纹图案。双龙相背，龙首向外，面部形象为倒尖额、梭形纵目、长条形鼻翼；龙身两处曲折，从头部先向上，至中部向下圆曲，再至尾部又向上圆曲，上饰有曲线纹。尾部竖直上翘，呈锥状（图四，3）。

### 2. 中原地区的龙纹

晋南龙山文化龙纹遗存以陶寺遗址为代表。陶寺文化是龙山时代发展水平最高的考古学文化，创造了规模宏大的城址、高等级的墓葬及丰富的礼器，如彩绘陶器、石磬、鼍鼓等；建筑了世界上最早的观象台；并初步掌握了铜器锻造技术。此外，龙纹的逐步成熟化与格制化也是陶寺文化的重要特点。陶寺遗址龙山文化墓地出土的多件彩绘陶盘上，均描绘出同一形态的龙纹：龙首形如鳄鱼，头有角状饰物，身躯细长似蛇，有鱼鳞；长嘴利齿，张嘴吐芯，身体盘曲呈环状（图四，1，2）。陶盘彩陶龙纹的形象，综合了鳄鱼、鱼、蛇三种动物的特征，应为仰韶时代鳄龙、鱼龙、蛇龙交互融通的产物。

河南龙山文化末期，龙纹遗存以新密新砦遗址为代表。新砦遗址出土陶器盖残片上的龙纹，以阴线刻出龙首纹样，面额近圆角方形，蒜头鼻，两组平行线将长条形鼻梁分刻为三部分，梭形纵目，弯月眉，两腮外似有鬃（图四，4）。其龙首特征与石峁一致，体现出前后继承关系。

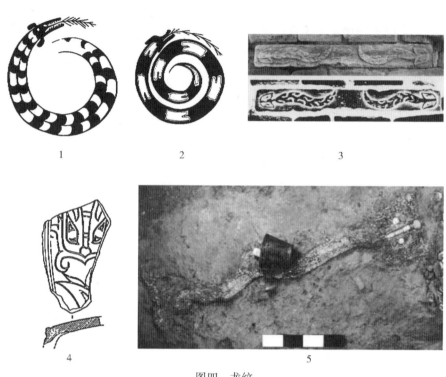

图四　龙纹

1、2. 陶寺遗址　3. 石峁遗址　4. 新砦遗址　5. 二里头遗址

### 3. 南方地区的龙纹

龙山时期南方地区最发达的考古学文化遗存中均发现了龙纹，如长江中游的石家河文化与长江下游太湖流域的良渚文化。

环太湖流域良渚文化龙形图案玉器、玉龙首，以及浙江海盐龙潭港龙纹宽把陶杯中，匠人们通过塑绘蛇纹与鸟纹相间缠绕的模式，创造出独具特色的龙纹。

湖北石家河文化天门石家河罗家柏岭遗址出土有龙形玉环。龙身躯卷曲，首尾相接，圆弧头，吻部突出，以穿代眼，躯体上有前后对称的小爪

（图一，5）。湖南澧县孙家岗墓葬遗址出土了透雕龙形玉佩。龙体蟠曲，头顶作高耸华丽的角状装饰，小圆眼，双足盘曲于腹下。龙形明显可见鳄鱼的嘴和鼻眼特征，身体环形如蛇。

综上，龙山时代的龙纹已摆脱仰韶时代单一动物形象的特征，以蛇与鳄为主体，吸收虎、鱼等动物的特征，成为汇集多种形象的趋同神格化形象。此外，遗存性质提供的信息展示出这一时期龙纹应是权力和王者的标志，陶寺的龙纹盘、凌家滩玉钺、龙形玉器都出自大型王墓之中。"龙"作为王权的象征，早在中央集权王国形成之前的方国时期已经出现，龙形象的不断成熟与格制化，造型日趋定型、完善，可视为中华文明不断发展的侧影。

## 三　协和与融通：龙文化的统一与认同

夏商时期龙进一步成为国家形成的标志。大约在公元前21世纪，盘踞于中原的夏后氏雄霸而起，开启了全新的国家政权。夏人是一个开放、包容的族群，在文化基因上，不仅认为龙是自己的神祖，而且认为龙与自身族群的存亡联系紧密。《归藏启筮》云："鲧（禹之父）死……化为黄龙。"《山海经·大荒西经》："有人珥两龙，乘两龙，名曰夏后开（启）。开（启）上三嫔于天。"

二里头文化发现了大量的龙纹，可分为陶塑、雕刻、绿松石粘嵌三大类。2002年二里头遗址宫殿区墓葬（编号02VM3）遗址发现了一件用2000余片各种形状的绿松石片组合而成的龙形器，由龙头和龙身二部分组成。龙头为方形，臣形双目；眼为圆饼形白玉，鼻以蒜头形绿松石粘嵌，鼻梁和额面中脊用青、白相间的玉柱排列成纵长条形。龙头之外又见用绿松石片表现的卷曲弧线。龙身卷曲，呈波状起伏，象征鳞纹的菱形绿松石片分布全身（图四，5）。就形体特征而言，二里头文化的龙纹继承了龙山及新砦文化时代以鳄和蛇为主体的余续，其文化来源应是新砦期文化，而新砦文化龙纹又是承续陶寺文化龙纹并创新发展的产物。与龙山时代的龙纹相比，二里头文化的龙纹更加抽象化、图案化，且拼合了更丰富的动物特征，如鳄鱼、虎、鱼等，已经是典型的成熟龙纹了。

继夏代之后，商人对龙的信仰抱有更大的热忱，铸形以象物，在祭祀坑及墓葬中埋藏数量惊人的青铜器。匠人们夜以继日，铿锵捶打着件件祭器，以满足商人永不停息的宗教热情。与前代相比，商代的物质与精神文明都有了长足发展。商人的宗教虔诚与文化自信推动着艺术创作在形式和内容上形成突破与创新。这一时期的龙纹在继承蛇龙、鳄龙等原始龙纹的基础之上，又具有了鸟、象、鹿、马等动物的特点，形象上更为怪异神秘、绚烂瑰丽。商代龙纹是青铜器装饰图案中最优秀的作品之一，代表了时代铸铜工艺的最高水平。它涵容化用"百物"特点，奠立了后世龙形象的基本特征，体现了中华文明协和万邦、海纳百川的博大胸怀。随着华夏民族和中国概念的确立，龙的形象更趋成熟化与格套化，最终成为中国的象征和代表。

综上所述，考古学视野下中华龙的起源与演变大致经历了三个阶段：仰韶时代以单一动物为原型的龙纹；龙山时代以鳄、蛇纹为主体，兼容一两种动物特征的龙纹；夏商时期以鳄、蛇为主体，兼容鱼、虎、鹿、鸟等多种动物特征的龙纹。龙纹从孕育到滥觞，经过仰韶和龙山时代的发展传承，夏商时期的协和融通，最终风驰雷动、孕育成形，奠立起后世龙的基本格制。中华龙的形象，是撷取拼合多种动物交融的神物，其形成与演变过程正是中华文明不断发展的真实写照：从仰韶时代以中原为主星，带动周边满天星斗；到龙山时代的逐渐融合，最终形成夏商时期多元一体的格局。经历数千年的创造、演进、融合与涵育，龙最终升华为中华民族的精神象征、文化标志、信仰载体和情感纽带。

（原载《光明日报》2020 年 12 月 2 日）

# 在石峁感受4000年前的辉煌

孙周勇

（陕西省考古研究院）

　　2020年12月20日凌晨，半梦半醒之间收到了来自斯坦福大学刘莉教授、英属哥伦比亚大学荆志淳教授发来的消息。美洲考古学会主办的《考古》杂志评选出了过去十年"世界十大重大考古发现"，石峁古城作为中国唯一的项目，与尼安德特人基因测序、埃及木乃伊作坊等考古发现一同入选。

　　突如其来的喜讯，让我睡意顿无。

　　十年往事，历历在目。

　　万里长城穿越吕梁山与大青山，蜿蜒于鄂尔多斯和晋陕高原的漫漫黄沙之上。穿过明长城著名营堡、中国历史文化名镇——高家堡古镇，沿着弯曲的小路蜿蜒而上，爬上山坡，眼前沟壑纵横。盘延在宽阔的秃尾河北侧山峁之上的石峁古城，赫然横亘在北方的天空下。

　　白云苍狗，黄土莽莽。经过几代考古工作者的不懈努力，这座消失了的都邑在手铲下逐渐拂去了厚厚的黄土，向世人诉说着四千年前的极致辉煌。从1958年春夏之交的陕西文物工作者首次踏足，到20世纪七八十年代的戴应新、巩启明、吕智荣等先生的试掘和踏查，考古工作者对石峁遗址的探索，倏忽之间已然掠过了一个甲子。无论是认作了长城附属设施，还是管中窥豹般的亲密接触，石峁之谜却越来越扑朔迷离。每次艰苦卓绝的尝试，愈发激起了考古人探索未知、揭示本源的决心。尽管岁月的流逝，这种坚韧与坚持却始终没有衰减过一丝一毫。

半个多世纪后的 2011 年，陕西省考古工作者重返石峁，确认了石峁遗址是中国已知规模最大的史前城址。由皇城台、内城、外城及城外预警设施构成的石峁城址，面积超过了 400 万平方米，结构清晰、形制完备、保存良好，世所罕见。

皇城台为一处四围包砌石砌护墙的高阜台地，三面临崖，一面以皇城大道与内城相接。台顶分布有成组的宫殿建筑基址，北侧有池苑遗址。台体呈顶小底大的金字塔状，周边以多达十余阶的护坡石墙包裹，层层退台，鳞次栉比。仍然保留在台顶之上的大型高台宫室建筑，虽已历经四千年风雨，仍然气势恢宏，石砌墙面上神面、人面、动物等装饰图像，栩栩如生，体现了成熟的艺术构思和精湛的雕刻技艺，仿佛使人重新折返回那段苍茫的年月，感受着石峁古城曾经的繁荣与辉煌。

皇城台是石峁王国高等级建筑的核心分布区，或相当于后世城址中的"宫城"，布局有序、巍峨壮丽，是整个城址的中心和贵族居住区，也是宫庙基址、祭祀等礼仪性建筑所在。皇城台的修建倾注了建设及使用者的大量精力，在追求本体固若金汤的同时，保持了令人肃然的威仪感和震慑力。

内城将"皇城台"包围其中，城墙依山势大致呈东北—西南向分布，面积约 210 万平方米；外城是利用内城东南部墙体向东南方向再行扩筑的一道弧形石墙形成的封闭空间，城内面积约 190 万平方米，内外城城墙总长度约 10 千米，宽度在 2.5 米以上。

被称为"华夏第一门"的外东门遗址，以其体量巨大、结构复杂、筑造技术先进而颠覆了学术界对中国古代城建史的认知。石峁城址外城东门址包含内外两重瓮城、砌石夯土墩台、门塾、马面等城防设施，出土了玉铲、玉钺、玉璜、牙璋、陶器和石雕头像等重要遗物。外城东门址是中国目前所见最早的结构清晰、设计精巧、保存完好、装饰华丽的城门遗迹。即使在四千年后的今天，经过风雨剥蚀仍然让人感觉到气势恢宏、威严高大、庄严肃穆。作为石峁城址的制高点，坚固雄厚的外城东门既是控制交通、外防内守的实体屏障，也是石峁统治者构建的精神屏障。

流金铄石，玉汝于成，石峁的横空出世，迎来了一片"石破天惊"的惊呼和讶异。原来，这漫漫黄沙地亦曾是水草丰美的锦绣河山，不仅孕育了数千年的生态演化和自然变迁，默默见证了农牧交错地带的杀伐与生息，也滋养了秃尾河畔的宏大都邑——石峁王国。

4000 年来，石峁古城承载了太多的秘密。藏玉于墙的诡异，杀戮祭祀的血腥，蝉鸣蜂舞的口簧，振翅而立的趄趄雄鹰，肃穆狰狞的神面石雕……每一次发现让人震惊之余，更像是一串串的密码，欲言又止地向人们倾诉着，这座横空出世的古城到底有着怎样的辉煌，又是谁在那久远的干戈玉帛、万邦林立的黄土高原，修葺了如此气势磅礴的巍峨城池？

石峁遗址处于游牧文明与农耕文明的交错地带，其发展高度、复杂程度以及建筑技术，远远超过了我们对距今 4000 年前后这一文明高度的判断，是探索中国乃至东亚早期文明的一座里程碑。作为世界早期文明版图上熠熠生辉的人类重要遗产，石峁古城为理解中国文明起源形成的多元性和发展过程注入了新鲜血液。

时光压抑不住文明的光芒。石峁，从山峁沟壑走向了世界，一座再普通不过的北方小山村，成为追寻中国早期文明的圣地。让干涸的泉眼恢复喷涌，让被人忘却的东西为人记起，让历史的长河川流不息。石峁考古人惊叹于比肩金字塔的巍巍皇城台，领略着 4000 年前的极致辉煌，感触着国家起源的文明脉搏。这一刻，我们与你虔诚地凝视着，一眼千年，内心洋溢着无上荣耀。

世界的石峁，石峁的世界。重现石峁辉煌，我辈任重道远。

（原载《光明日报》2020 年 12 月 25 日）

# 良渚古城遗址

刘　斌

（浙江大学艺术与考古学院）

　　从杭州的武林门往北大约 20 千米是余杭良渚镇，1936 年施昕更先生就是在良渚一带调查发现了以黑陶为特征的遗址，他将考古报告取名为《良渚——杭县第二区黑陶文化遗址初步报告》，故有了后来的良渚文化之名。

　　从良渚镇往西约 5 千米是余杭的瓶窑镇。这里在南宋时期称为亭市镇，以烧造一种酱釉的陶瓶而著名，传说这种陶瓶是南宋名将韩世忠的军队所造，故俗称为韩瓶。如今在瓶窑镇的窑山周围到处可见烧造韩瓶的窑址堆积。出自天目山脉的东苕溪从镇上流过，瓶窑镇正是因溪而兴的一座古镇。东苕溪的上游有上千平方千米的山地，有着丰富竹木山货。南苕溪、中苕溪和北苕溪三条主要的支流在镇前汇聚，溪水至此而深缓，形成物流码头，顺溪而下，至太湖不过百余里，自然地理条件造就了瓶窑千古繁华。也正是由于这种地理的缘故，每到雨季，大雨三天，则山洪涌下，溪满成灾。由于这段苕溪的大堤位于杭州的西部，位置险要，是保卫杭州的屏障，因此被称为西险大塘。

　　2007 年发现的良渚古城就位于瓶窑镇的东面。这里曾经是杭州市著名的大观山果园。距今约 4100 年，苕溪的泛滥与钱塘潮的涌入，使 1000 平方千米的杭州盆地一片汪洋。千年繁华的良渚王国的都城从此销声匿迹。在经历了将近 2000 年的沉寂之后，从汉代开始此处又渐渐人丁兴旺起来。他们临河而居，饭稻羹鱼，死后便埋葬在周围的山坡和良渚人留下的高台土冢上。这样的生活方式一直延续到 20 世纪。谁也不知道他们生活的脚下，几千年前，那曾经的繁华。

直到 2006 年在大观山果园西侧的葡萄畈村，浙江省文物考古研究所发现了铺垫石头地基的一段城墙，良渚王国的大门才重新被打开。2007 年经过将近一年的钻探调查，最终确认了四面城墙。一座南北约 1900 米，东西约 1700 米，总面积约 300 万平方米的巨大城池，在消失了 4000 多年以后，又重新展现在世人面前。从 2007 年至今，良渚古城的考古工作一直在进行之中。考古学家们找到了四面的城门，对城内的功能布局有了比较清楚的认识。原来 1992 年发现的莫角山遗址，这座东西 600 多米、南北 400 多米的高大土台就位于城的中心位置，而 1986 年发现的反山贵族墓地，紧邻莫角山宫殿区的西侧。2010 年又确认了外郭城。从 2009～2015 年经过不断探索与求证，最终发现确认了 11 条水坝，这些水坝在良渚古城的西北面形成了大约 14 平方千米水域的库区。加上 1987 年发现的瑶山祭坛和墓地及 1991 年发现的汇观山祭坛和墓地。它们共同构成了良渚古城的完整体系。

距今 5300 年左右，太湖流域的崧泽文化发展为良渚文化。此时社会的等级更加突出，文化的面貌表现出高度一致，出现了掌握神权的贵族阶层，在太湖流域产生了人们共同信仰的统一神灵（图一）。这或许暗示着某一个头戴羽冠、手持玉钺权杖的王，完成了太湖流域的统一。在信仰统一的同时，

图一　神徽

创造了玉琮、冠状饰、三叉形器、玉璜等一整套标志权力身份和祭祀神灵的玉礼器系统（图二）。

从墓葬的随葬品的制度化与规范化，可以使我们看到其社会管理的规范化。随着生产力的提高，社会组织能力的加强，以及以水稻为主的农业经济的发展，良渚文化的人口得到了迅速的增长，人们开始向沼泽平原进发，开垦土地，种植水稻。因此，良渚文化的遗址与之前比较，出现了成数十倍增长的现象。人们不再延续依山傍水的简单生活，良渚人在湿地上堆筑起了许多人工台地，大规模地规划营建村寨聚落。开始了人类大规模改造自然的历史。

在瓶窑镇与良渚镇所在的约 50 平方千米的山间平原，进入良渚文化时期，从以前的寥寥几处遗址，突然增加至几百处。而且出现了反山①、瑶山②、汇观山③等专门埋葬贵族的墓地。这绝非是由原先的几个村落自然发展而来。2007 年良渚古城的发现，让这一切有了答案。良渚古城的出现应该是良渚文化所代表的族群的部落联盟共同选择的结果。他们为什么要选择这里作为都城呢？从比较大的地理环境看，这里是太湖的主要水源地东苕溪流域的中游，是杭州所在的南北 20 多千米、东西 40 多千米、面积将近1000 平方千米的"C"字形盆地的边缘。它的南、西、北面以及东南面都被天目山的支脉所包围着，在地理位置上远离其他族群，是一个安全的大后方。这 1000 平方千米的平原湿地，是良渚都城可以直接依托的稻作农业与采集捕鱼经济的来源，而西面与北面的广袤山地，则有取之不尽的山禽野兽与野果珍馐。

在整个盆地的北部，大雄山与北面的大遮山之间是一个相对独立的地理单元，南北约 5 千米，东西约 10 千米，东苕溪从西南向东北蜿蜒流过。如果你站在良渚古城中心的莫角山宫殿区的高大土台上，你可以感受到这里是三面环山的中心。良渚古城的设计者就是要达到这种居天地之中的感

---

① 浙江省文物考古研究所：《反山》，文物出版社，2005 年。

② 浙江省文物考古研究所：《瑶山》，文物出版社，2003 年。

③ 浙江省文物考古研究所、余杭文物管理委员会：《浙江余杭汇观山良渚文化祭坛与墓地发掘简报》，《文物》1997 年第 7 期；浙江省文物考古研究所：《良渚文化汇观山遗址第二次发掘简报》，《文物》2001 年第 12 期。

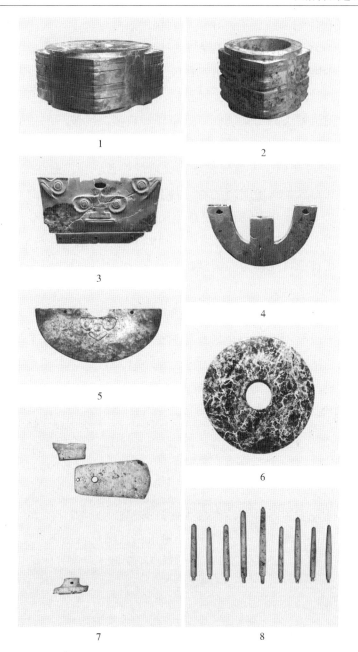

图二　良渚文化玉礼器

1、2. 玉琮（反山 M12：98、M20：122）　3. 冠状器（反山 M12：11）　4. 三叉形器（反
山 M12：83）　5. 玉璜（反山 M23：67）　6. 玉璧（反山 M23：168）　7. 玉钺复原示意图
（反山 M20：143、144）　8. 玉锥形器（反山 M12：74）

觉。5000 年前他们来到这里，在渚水萦绕的这片绿洲上，兴建城墙、宫殿和水坝。1000 多万立方米的工程在短短的数年甚至数月就完成了，因为从水坝和城墙的堆土我们可以看出，在堆筑的过程中几乎没有间歇和停留的痕迹。要在短时间内完成这么大规模的工程，我们可以想见当年几万人甚至几十万人热火朝天的劳动场面。这也正是良渚高度统一的信仰下，国家文明的集中体现。

在距今 5000 年前，主要依靠水路交通的古代江南，通往太湖的苕溪，使这个看上去地处偏狭的封闭之地，具有退可以依山据守，出可以通江达海的地理优势。从良渚古城沿苕溪顺流而下，到达太湖只有 60 多千米，进入太湖则可以上下长江，通达四域。当理解了这种交通之便与地理之优势，我们便理解了良渚古城作为太湖流域良渚文化这个族群之都的选择——隐于山野，兼及天下。

良渚古城所在的遗址密集区域有 100 多平方千米，这是当年良渚城兴建时统一规划的范围。2019 年良渚古城遗址被列为代表中华五千年文明的世界遗产。遗产区的范围约 14 平方千米，包含了城址区、水利系统区和瑶山祭坛区三个部分（图三）。分别简要介绍如下。

图三　良渚古城整体结构图

# 一　城址区

良渚古城的城址区占地约 8 平方千米，包括了宫殿区、仓储区、贵族墓地区、城内手工业作坊区、内外城墙等几个部分。

**宫殿区**　位于城址区的中心，经过几千年的沧桑，当年雕梁画栋的宫殿早已灰飞烟灭，如今只剩下如小山一般的宫殿台基，它们都是由人工堆筑而成，当地人称为大莫角山、小莫角山、乌龟山、皇坟山等，相对高约 9～15 米，总面积约有 40 多万平方米，堆筑土方量达 300 多万立方米。

莫角山宫殿区是宫殿区的核心，为形态规整的长方形覆斗状高台，东西约 630 米、南北约 450 米，人工堆筑高度约 12 米，在基础高台之上，再分别堆筑相对高约 4 米的三个大型台基，考古学家们在这里发现了 30 多座建筑遗迹，应该是主要的宫殿或神庙所在。

**仓储区**　在莫角山宫殿区的南侧，皇坟山高台西面，是一块独立的台地，面积约 10000 平方米，有一条堤状的道路向北连接到莫角山，当地的名称叫作池中寺。当年这里三面环水，与这个地名很相应。在池中寺台地下面，发现了约 50 厘米厚的炭化稻米层，这是当年粮仓失火后留下的遗迹，以千粒重测算，当年烧毁的粮食约有 200 吨。以此我们可以了解这座城市当年的粮食储备。

**贵族墓地区**　位于莫角山宫殿区的西面，有人工河沟与宫殿区相隔，这种布局或许反映了他们的生命观，日出日落，周而复始。1986 年发现的反山墓地是到目前为止发现的良渚早期最高级的墓地，距今约有 5000 年，他们或许是城市建好后的第一代王。在反山 12 号墓葬，第一次发现了良渚文化的完整神徽和最大的玉琮与玉钺；2016 年在反山南面约 200 米处，又发现了姜家山墓地，其年代与反山墓地处于同时期，在这里埋葬的既有贵族，也有普通人和儿童，因此姜家山可能是与反山相关的家族墓地。

**城内手工业作坊区**　主要沿着河道分布，良渚古城内河道纵横，构成发达的水路交通体系与临水而居的居住模式。在古河道内发现了大量的陶器、石器以及漆木器等遗物，在这些出土遗物中包括不少玉器、石器、骨器、漆木器的坯料和半成品以及加工工具。因此我们知道除宫殿区以外，临水的台地主要是手工业作坊区。另外，在古河道内还发现了大量的动物骨头和果核等植物遗存，我们因此可以了解当年的植被、动物种群以及除稻米之外的食物种类。

**内外城墙**　由不同方式修建而成，内城略呈圆角长方形，南北长约1910米、东西宽约1770米，总面积近300万平方米，共发现8座水城门，四面城墙各2座，另在南城墙中部发现陆城门1处。除南城墙无外城河，其余三面城墙均有内外城河，这种夹河筑城的模式，一直延续至后世的江南。由于城墙于沼泽地上起建，所以城墙的底部都铺垫有约50厘米的石头，这些石头开采自南北的山谷，同时沼泽地的泥土不适宜筑墙，因此墙体也是用取自山坡的黄色黏土夯筑。城墙的宽度约为20～150米，高约4米，宽大的城墙在良渚文化晚期也成为居住地，因此在四面城河里都有大量的良渚文化晚期的生活堆积。

到良渚文化晚期，随着人口的增加，又逐渐向城的外围扩展，在一些原有的居住地基础上，规划扩展人工营建，最终形成了扁担山—和尚地、里山—郑村—高村、卞家山及东杨家村、西杨家村等长条形高地，构成古城的外郭城，合围面积达8平方千米。外郭城的城墙没有石头地基，堆筑土也不如内城纯粹，或许反映了良渚晚期环境的变化。

## 二　水利系统区

水是地球上生命赖以生存的基础，无论干旱还是洪水都会给人类的生命带来直接的威胁。因此世界许多民族都有关于洪水的传说。对于水的利用和治理是人类文明的标志。

在良渚城兴建的同时，规划修筑了外围的水利系统。水利系统由11条水坝组成，分为山前长堤、连接两山之间的谷口高坝和连接平原小山的低坝三部分。

### 1. 山前长堤

原称塘山或土垣遗址，位于良渚古城北侧2千米，北靠大遮山脉，距离山脚约100～200米，全长约5千米，呈东北西南走向，是水利系统中最大的单体。

从西到东可将其分成三段。西段为矩尺形单层坝结构。中段为南北双层坝体结构，北坝和南坝间距约 20～30 米，并保持同步转折，形成渠道结构。北坝坝顶高程约为海拔 15～20 米，南坝略低，坝顶高约 12～15 米。渠道底部海拔约 7～8 米。双坝的东端连接大遮山向南延伸的一条分水岭。分水岭以东为塘山东段，为单坝结构，基本呈直线状分布，连接到罗村、葛家村、姚家墩一组密集分布的土墩。

### 2. 谷口高坝

位于西北侧较高山地的谷口位置，包括岗公岭、老虎岭、周家畈、秋坞、石坞、蜜蜂弄等 6 条坝体。可分为东、西两组，各自封堵一个山谷，形成水库。高坝体高程约为海拔 30～35 米。因谷口一般较狭窄，故坝体长度在 50～200 米间，大多为 100 米左右。坝体厚度近 100 米。

### 3. 平原低坝

建于高坝南侧约 5.5 千米的平原内，由梧桐弄、官山、鲤鱼山、狮子山 4 条坝将平原上的孤立小山连接而成，坝顶高程大约 10 米。坝长视小山的间距而定，在 35～360 米间不等。高坝与低坝之间的库区略呈三角形，面积约 8.5 平方千米，库区地势很低，现今仍为泄洪区。库区东端与塘山长堤相接，共同组成统一的水利体系。

这个系统可形成约 14 平方千米的库区，库容量可达 4600 余万立方米。这是同时期世界上规模最大的水坝系统。这个系统可能兼有防洪、运输、灌溉等诸方面的用途。

水利系统与城址区总的土石方量可达 1000 多万立方米。如此巨大的工程量，也反映了当时的社会组织规模。

## 三　瑶山祭坛与墓地

瑶山是一座海拔约 35 米的自然山丘，位于良渚古城东北约 5 千米。1987 年在瑶山的顶上第一次发现了良渚文化的祭坛和墓葬[1]。

1996～1998 年，又对瑶山进行了较大规模的发掘，证明在修筑祭坛时，

---

[1]　浙江省文物考古研究所：《瑶山》，文物出版社，2003 年。

自山脚至山顶都经过规划和修整，在山的南坡、西坡和北坡都发现了护坡挡土的石坎。

2017 年，为配合良渚古城申遗和遗址公园建设，对瑶山再次进行了全面揭露和清理。

瑶山祭坛主体是依托山顶砂性红土修筑的一处长方形覆斗状土台，边缘有石砌护坡，正南北向，东西长约 40 米、南北宽约 19 米，土台西北角残存的石坎高度近 1 米。在土台西半部中央，用挖土填筑的方式做出，东西约 9 米、南北约 11 米的回字形灰土方框，推测最初用于观象测年。当祭坛功能废弃后，作为神圣之地成为贵族的墓地。

瑶山共发掘出土了 13 座良渚大墓，分两排埋在祭坛的南侧。从瑶山墓葬的随葬品规律看，作为武器的钺只有南排墓葬才有，而纺轮和织具等则仅见于北排墓中，所以我们推测南排墓可能是男性，北排墓则可能是女性。瑶山墓地的年代与反山相仿，部分墓略早于反山。高等级的墓葬居中，边缘的墓葬相对级别较低，墓葬排列的位置，可能反映了墓主人生前的位次。

良渚文化是距今约 5300 ~ 4300 年，中国长江下游环太湖流域的一个考古学文化。良渚古城的规模、墓葬的等级与分化、玉器所体现的权力与信仰等，都反映出良渚社会已经进入了成熟的国家文明阶段。良渚文明与古埃及、苏美尔、哈拉帕等文明处于相同的时间阶段与同样的北纬 30°。

另外，良渚文化在中华文明共同体的形成过程中，也曾起过十分重要的作用，以良渚文化的典型玉器——玉琮为例，在陕西延安芦山峁遗址、榆林神木石峁遗址，及广东石峡文化的一些遗址中都有出土。而在更晚的河南殷墟妇好墓和四川成都金沙等商代遗址中则见有仿良渚的玉琮。以此我们可以看到良渚文化的传播影响和传承，也可以看到中华文明从多元走向一体的过程。